Deutsch in Alltag und Beruf

Kurs- und Übungsbuch A2

mit Video und Audio auf DVD-ROM

Stefanie Dengler
Ludwig Hoffmann
Susan Kaufmann
Ulrike Moritz
Margret Rodi
Lutz Rohrmann
Paul Rusch
Ralf Sonntag

Ernst Klett Sprachen

Stuttgart

Von
Stefanie Dengler, Ludwig Hoffmann, Susan Kaufmann, Ulrike Moritz, Margret Rodi, Lutz Rohrmann, Paul Rusch, Ralf Sonntag
Phonetik: Anne Heyn, Ann-Kathrin Löbe
Video-Clips, Drehbuch: Theo Scherling

Projektleitung: Annalisa Scarpa-Diewald, Angela Kilimann
Redaktion: Annalisa Scarpa-Diewald, Angela Kilimann, Carola Jeschke, Anna Weininger
Gestaltungskonzept und Layout: Britta Petermeyer, Snow, München
Umschlaggestaltung: Studio Schübel, München
Coverfoto: © Monkey Business – Fotolia.com und pkchai – shutterstock.com
Illustrationen: Hans-Jürgen Feldhaus, Feldhaus Text & Grafik, Münster

Fotoarbeiten: Hermann Dörre, Dörre Fotodesign, München
Fotomodelle: Leila Almeida-Forgas, Ruth Althammer, Moritz Benkert, Markus Brendel, Sabrina Cherubini, Giulia Comparato, Tobias Denk, Emilio di Vizia, Marco Diewald, Sabrina Gall, Berthold Götz, Herbert Gstöttner, Teresa Immler, Carola Jeschke, Sandra Kuse, Nikola Lainović, Patrick Leistner, Florian Marano, Rossana Martins Ribeiro, Victoria Martins Ribeiro, Anna Preyss, Athula Ratnayaka, Dominique Remus, Jenny Roth, Gerd Schmitz, Benjamin Stadler, Helge Sturmfels, Gabriele Wall, Sara Yammouri

Für die Audios:
Tonstudio: Plan 1, München und Manfred Greunz Produktion, Klagenfurt
Musik: Peter Fischer, Annalisa Scarpa-Diewald
Aufnahme, Schnitt, Mischung: Christoph Tampe, Toni Nirschl, Anna Merkle
Sprecher und Sprecherinnen: Ulrike Arnold, Margarita Brahms, Vladimir Brahms, Markus Brendel, Giulia Comparato, Marco Diewald, Sarah Diewald, Lionel Doleschel, Peter Fischer, Berthold Götz, Carlotta Immler, Teresa Immler, Angela Kilimann, Nikola Lainović, Florian Marano, Henry Wucher, Theo Wucher, Anna Preyss, Günther Rehm, Anne Remus, Annalisa Scarpa-Diewald, Rudi Sigl, Benjamin Stadler, Jenny Stölken, Helge Sturmfels, Ulrich Scharmer, Peter Veit, Anna Weininger, Sabine Wucher-Missalla; aus Österreich: Hannes Höbinger, Christopher Lamprecht, Florian Nimmrichter; aus der Schweiz: Alexandre Müller

Für die Videos:
Produktion: Bild & Ton, München
Regie: Theo Scherling

Verlag und Autoren danken Priscilla Pessutti Nascimento, Anna Pilaski, Evguenia Rauscher, Monika Rehlinghaus, Dr. Annegret Schmidjell und allen Kolleginnen und Kollegen, die mit wertvollen Anregungen zur Entwicklung des Lehrwerks beigetragen haben.
Wir danken außerdem dem Blumengeschäft blumobil Peter Meier (Vaterstetten) sowie allen Kollegen und Kolleginnen für ihre freundliche Unterstützung bei den Fotoaufnahmen.

Linie 1 A2 – Materialien

Kurs- und Übungsbuch A2.1 mit Audios und Videos auf DVD-ROM	607070	Intensivtrainer A2	607078
Kurs- und Übungsbuch A2.2 mit Audios und Videos auf DVD-ROM	607072	Testheft mit Audio-CD A2	607079
Kurs- und Übungsbuch A2 Gesamtband mit Audios und Videos auf DVD-ROM	607074	Audio-CDs A2.1	607071
		Audio-CDs A2.2	607073
		Audio-CDs A2	607075
Linie 1 Digital A2 mit interaktiven Tafelbildern	607077	DVD A2	607076
Lehrerhandbuch A2	607080	Vokabeltrainer mit CD-ROM A2	607081

Audio-Dateien zum Download unter www.klett-sprachen.de/linie1/audioA2 Code: L1-a2&Xa
Video-Dateien zum Download unter www.klett-sprachen.de/linie1/videoA2 Code: L1-a2&Yb
Lösungen, Transkripte, Kapitelwortschatz u.v.m. kostenlos unter
www.klett-sprachen.de/linie1/DownloadsA2

Besuchen Sie uns auch im Internet: www.klett-sprachen.de/linie1

1. Auflage   1⁸ ⁷ ⁶ | 2021 20 19

© Ernst Klett Sprachen GmbH, Rotebühlstraße 77, 70178 Stuttgart, 2017
Erstausgabe erschienen 2016 bei Klett-Langenscheidt GmbH, München

Das Werk und seine Teile sind urheberrechtlich geschützt. Jede Verwertung in anderen als den gesetzlich zugelassenen Fällen bedarf deshalb der vorherigen schriftlichen Einwilligung des Verlags.

Satz und Repro: Franzis print & media GmbH, München
Druck und Bindung: Elanders GmbH, Waiblingen

ISBN 978-3-12-607074-4

1 Freut mich, Sie kennenzulernen   1

Lernziele **Sprechen** sich vorstellen*; das Du anbieten/ablehnen*; etwas begründen; über Probleme sprechen*; höfliche Bitten äußern; Einladungen interkulturell vergleichen | **Hören** Gespräche am Arbeitsplatz und über die Arbeit* | **Schreiben** Blogeintrag | **Lesen** WhatsApp über die Arbeit; E-Mail über den Arbeitstag; Berichte über Einladungen | **Beruf** sagen, wo man gerne arbeiten möchte; Gespräche mit Kollegen führen*

Redemittel Darf ich mich vorstellen? | Wollen wir Du sagen? – Ja, gerne. | Es freut mich, Sie kennenzulernen. | Auf gute Zusammenarbeit! | Darf ich Sie etwas fragen? | In meinem Land ist das ganz anders.

Grammatik Nebensätze mit *weil* | Verben mit Dativ | Verben mit Dativ und Akkusativ

Aussprache Betonung in höflichen Bitten und Fragen

Übungen Übungen | Leichter lernen: Wörterbuch | Richtig schreiben: Konsonanten am Wortanfang   8

2 Zusammen wohnen   15

Lernziele **Sprechen** Möbelstücke benennen; über Umzugserfahrungen sprechen; die Position von Gegenständen angeben; Gefallen/Missfallen äußern; über Aufgaben in einer WG sprechen | **Hören** Gespräche beim Umzug; Gespräche zwischen WG-Bewohnern | **Schreiben** Antwort auf eine Einladung*; Beschreibung eines Gegenstands zum Verkauf | **Lesen** E-Mail; Verkaufsanzeigen im Internet | **Beruf** Elektriker

Redemittel Ich bin schon dreimal umgezogen. | Der Tisch steht in der Küche. Wir legen den Teppich in den Flur. | Mir gefällt das Zimmer (nicht), weil ... | Wer putzt diese Woche das Bad? – Du bist dran.

Grammatik Wechselpräpositionen | Nebensatz mit *weil* im Perfekt und mit Modalverben | Positionsverben und Aktionsverben

Aussprache Satzakzent

Übungen Übungen | Leichter lernen: Wiederholen | Richtig schreiben: Wörter mit *z* und *tz*   22

HALTESTELLE A Spielen und wiederholen | Sprechtraining | Beruf: Arbeitsalltag | **TESTTRAINING** Hören | Sprechen   29

3 Bei der Arbeit – nach der Arbeit   33

Lernziele **Sprechen** über Kollegen sprechen; seine Meinung über andere Leute äußern; einen Termin vereinbaren*; sagen, was man nach der Arbeit macht | **Hören** Gespräch unter Kollegen; Gespräch über Vereine | **Schreiben** Informationen in einer E-Mail erfragen* | **Lesen** Mitarbeiterzeitung; Kalendereinträge; E-Mail; Anzeigen | **Beruf** Betriebszeitung; Gespräche am Arbeitsplatz*

Redemittel Was machst du in der Freizeit? | Hast du gehört, dass ...? | Ich finde, dass ... | Hast du am Montag Zeit? | Ich hätte gern Informationen ...

Grammatik Possessivartikel im Dativ | Possessivartikel (Zusammenfassung) | Nebensatz mit *dass*

Aussprache *-e* und *-er* am Wortende

Übungen Übungen | Leichter lernen: Im Alltag lernen | Richtig schreiben: Texte korrigieren   40

4 Was ziehe ich an?   47

Lernziele **Sprechen** im Kaufhaus um Informationen bitten; Einkaufs-/Verkaufsgespräche führen*; über Kleidung sprechen; Gefallen/Missfallen ausdrücken | **Hören** Dialoge beim Einkaufen*; Gespräche über Kleidung | **Schreiben** Forumsbeitrag zu Kleiderfragen | **Lesen** Informationstafel im Kaufhaus*; Chat; Forumsbeitrag zu Kleiderfragen | **Beruf** Verkaufsgespräche führen

Redemittel Entschuldigung, wo finde ich Röcke? – Im zweiten Stock, bei Damenmode. | Kann ich Ihnen helfen? | Der Hut steht dir gut. Und deine Bluse gefällt mir.

Grammatik Adjektive nach dem unbestimmten Artikel | Fragewort *Was für ein ...?*

Aussprache *ei* und *ai*

Übungen Übungen | Leichter lernen: Wörter und Personen | Richtig schreiben: *ei* oder *ie*?   54

HALTESTELLE B Kennen Sie D-A-C-H? | Blitzdiktat und Laufdiktat | Spielen und wiederholen | **TESTTRAINING** Lesen | Schreiben | Sprechen   61

*Lernziel des Rahmencurriculums für Integrationskurse „Deutsch als Zweitsprache"

5 Fahrrad, Auto oder Bus? — 65

Lernziele **Sprechen** über Verkehrsmittel sprechen; etwas vergleichen; Vor- und Nachteile von Verkehrsmitteln nennen; sagen, was man am liebsten mag, am besten findet | **Hören** Gespräch über den Weg zur Arbeit; Gespräch im Taxi; Radioinformationen* | **Schreiben** über den Weg zur Arbeit / zum Deutschkurs | **Lesen** Anleitung*; Text aus einer Reisezeitschrift | **Beruf** Vor- und Nachteile des Berufs *Taxifahrer*

Redemittel Schon wieder Stau! | Ich fahre lieber mit der U-Bahn als mit dem Auto. | Die U-Bahn ist schneller als der Bus. | Wenn mein Fahrrad kaputt ist, bringe ich es in die Werkstatt. | Ich fahre am liebsten Zug.

Grammatik Adjektive: Komparativ und Superlativ | Nebensatz mit *wenn*
Aussprache ä, ö, ü – lang und kurz
Übungen Übungen | Leichter lernen: Wörter und Bilder | Richtig schreiben: Umlaute — 72

6 Ein Besuch in Berlin — 79

Lernziele **Sprechen** Ratschläge geben*; nach dem Weg fragen und den Weg beschreiben*; Eintrittskarten kaufen; vom eigenen Abendprogramm erzählen; im Restaurant bestellen* | **Hören** Gespräch in der Touristeninformation; telefonische Ticketreservierung | **Schreiben** Eintrag in ein Gästebuch | **Lesen** Anzeigen; Homepage; Speisekarte* | **Beruf** jemanden beraten; als Bedienung Gespräche mit Gästen führen

Redemittel Was kann man denn in Berlin machen? – Gehen Sie doch zuerst … | Entschuldigung, wie komme ich zum/zur …? – Gehen Sie hier geradeaus … | Was kann ich für Sie tun? – Gibt es noch Tickets für … | Was darf es sein? – Ich hätte gern …

Grammatik Lokale Präpositionen | Präpositionen und Kasus
Aussprache Komposita
Übungen Übungen | Leichter lernen: Im Alltag sprechen | Richtig schreiben: Texte korrigieren — 86

HALTESTELLE C Beruf: Serviceberufe | Spielen und wiederholen | — 93
TESTTRAINING Hören | Sprechen

7 Angekommen? — 97

Lernziele **Sprechen** seine Meinung über Stadt/Land äußern; Vergleiche früher/heute anstellen; über Erfahrungen berichten*; Wünsche formulieren* | **Hören** Äußerungen zu Fotos; Gespräch über berufliche Erfahrungen/Ziele in Deutschland*; Lied | **Schreiben** Forumsbeitrag über Erfahrungen* | **Lesen** E-Mail über Auswanderungsmotive; Migrationsgeschichten | **Beruf** über Ausbildung und Arbeitserfahrungen sprechen und schreiben*

Redemittel Auf dem Land ist nichts los. Aber in der Stadt … | Ich wollte immer ins Ausland gehen. | Als ich ein Kind war, konnte ich noch kein Deutsch. | Ich habe zehn Jahre Erfahrung in meinem Beruf. | Ich wünsche mir, dass …

Grammatik Modalverben im Präteritum | Nebensatz mit *als* | Nebensatz mit *(immer) wenn*
Aussprache v und w
Übungen Übungen | Leichter lernen: Ziele setzen | Richtig schreiben: Unterscheidung f und v — 104

8 Der Betriebsausflug — 111

Lernziele **Sprechen** Vorschläge machen und begründen*; seine Meinung zum Betriebsausflug ausdrücken; über das Wetter sprechen* | **Hören** Wetterberichte; Planungsgespräch; Gespräche beim Betriebsausflug | **Schreiben** Vorschlag für einen Kursausflug; über Ereignisse in der Vergangenheit; seine Meinung | **Lesen** Aushang*; Vorschläge von Kollegen; Berichte über Vergangenes | **Beruf** einen Betriebsausflug planen

Redemittel Ich schlage vor, dass … – Ich finde den Vorschlag nicht so gut, weil … | Gefällt dir das Schloss? – Dieses hier? | Was für ein Wetter heute! | Ich möchte Ihnen/dir herzlich danken …

Grammatik Präteritum | Nebensatz mit *bevor* | Demonstrativartikel *dieser, dieses, diese*
Aussprache -ig
Übungen Übungen | Leichter lernen: Korrektur | Richtig schreiben: Adjektive mit -ig und -lich — 118

HALTESTELLE D Sprechtraining | Sprechen und schreiben | Kennen Sie D-A-CH? | — 125
TESTTRAINING Lesen | Schreiben

IV * Lernziel des Rahmencurriculums für Integrationskurse „Deutsch als Zweitsprache"

9 Anna mag Mathe. 129

Lernziele **Sprechen** über die Schulzeit berichten; über Betreuungsangebote sprechen* | **Hören** Betreuungsangebote*; Stundenplan; Elternabend | **Schreiben** Bericht über meine Schulzeit; E-Mail an Kinderhort* | **Lesen** Betreuungsangebote*; Einladung zum Elternabend; Text „Mathematikstunde"; Text über Schulen in Deutschland | **Beruf** Lehreralltag; Praktikum in einer Schule

Redemittel Ich fühle mich wohl in der Klasse. | Wir suchen eine Nachmittagsbetreuung. | Herr Klinke ärgert sich heute nicht. | Mein Lieblingsfach war Mathe. | Herzlich willkommen zum Elternabend! | Rund um die Schule.

Grammatik Reflexivpronomen im Akkusativ | Verben mit Präpositionen

Aussprache der *h*-Laut

Übungen Übungen | Leichter lernen: Wörterbuch (2) | Richtig schreiben: *-er* und *-a* am Wortende 136

10 Zusammen geht es besser! 143

Lernziele **Sprechen** Konfliktgespräche führen*; Ärger ausdrücken; sich entschuldigen*; Wichtigkeit ausdrücken* | **Hören** Streitgespräche; Gespräche auf einem Fest | **Schreiben** WhatsApp-Nachrichten; Bitten | **Lesen** Text über Zusammenleben in der WG; kurze Nachrichten; Zeitungsartikel über besondere Freundschaften | **Beruf** Kollegen um einen Gefallen bitten; Probleme ansprechen; auf Kritik reagieren

Redemittel Das ärgert mich. | Der Wecker klingelt, deshalb stehe ich auf. | Würdest du mir bitte helfen? | Entschuldigen Sie, das habe ich vergessen. | Es ist wichtig, dass man zusammen streiten und lachen kann. | Das ist eine ganz andere Welt.

Grammatik Folge ausdrücken mit *deshalb* | Höflichkeit ausdrücken mit Konjunktiv II

Aussprache Entschuldigungen

Übungen Übungen | Leichter lernen: Dialoge üben | Richtig schreiben: *e* oder *ä*? 150

HALTESTELLE E Beruf: Arbeitsorte | Sprechtraining | Spielen und wiederholen | 157
TESTTRAINING Hören | Sprechen

11 Nicht ohne mein Handy! 161

Lernziele **Sprechen** über Medien sprechen*; Tipps geben; Meinungen äußern und begründen* | **Hören** Dialog im Kaufhaus; Interview über Lernen mit neuen Medien | **Schreiben** Forumsbeitrag zu Mediennutzung; Bericht; Werbetexte | **Lesen** Zeitungsanzeigen; Forumsbeiträge über Mediennutzung; Umfrage | **Beruf** Beratungsgespräche im Kaufhaus

Redemittel Kann man das reparieren? Das Gerät hat noch Garantie. | Kauf doch ein neues Handy! | Ich finde es praktisch, dass der neue E-Book-Reader so leicht ist. | Im Sprachkurs verwende ich meine Wortschatz-App. | Ich habe das gegoogelt.

Grammatik Adjektive nach dem bestimmten Artikel (Nominativ, Akkusativ)

Aussprache englische Wörter im Deutschen

Übungen Übungen | Leichter lernen: Texte verstehen | Richtig schreiben: Verben als Nomen 168

12 Ausbildung und Zukunftswünsche 175

Lernziele **Sprechen** über die Zukunft sprechen; über Vor- und Nachteile von Berufen diskutieren*; Tipps geben; über Ausbildungsberufe sprechen* | **Hören** Gespräch am Arbeitsplatz*; Gespräch beim Berufsberater* | **Schreiben** Kommentar in einem Forum | **Lesen** Zeitungsartikel über eine Firma; Texte über Traumberufe; Berufsbeschreibungen; Forumsbeiträge | **Beruf** Ausbildung; Anerkennung von Abschlüssen

Redemittel Morgen gehe ich in die Berufsschule. | Was wolltest du als Kind werden? | Paula interessiert sich für eine Ausbildung als Malerin. | An deiner Stelle würde ich ein Praktikum machen. | Man hat meine Ausbildung anerkannt.

Grammatik Zukunft ausdrücken mit Zeitangabe und Präsens | das Verb *werden* | Präpositionen mit Akkusativ (*für, gegen, ohne*) | Ratschläge geben mit Konjunktiv II

Aussprache *nk* und *ng*

Übungen Übungen | Leichter lernen: Gespräche im Beruf | Richtig schreiben: *-d / -t* am Wortende 182

HALTESTELLE F Kennen Sie D-A-CH? | Schreiben | Spielen und wiederholen | 189
TESTTRAINING Lesen | Schreiben | Sprechen

* Lernziel des Rahmencurriculums für Integrationskurse „Deutsch als Zweitsprache"

13 Das gefällt mir! 193

Lernziele **Sprechen** sagen, was einem (nicht) gefällt*; Komplimente machen und darauf reagieren*; Preise verhandeln*; Bilder beschreiben; Vermutungen äußern*; über Musik sprechen | **Hören** Gespräche auf dem Flohmarkt; Bildbeschreibung; Online-Buchung | **Schreiben** Bericht über eine Veranstaltung | **Lesen** E-Mail über Upcycling; Facebook-Nachrichten | **Beruf** etwas verkaufen; verhandeln

Redemittel Die Kette passt super zu dem blauen Kleid. | Auf dem Bild sieht man ein Kind und einen Hund. | Die Tasche habe ich aus meiner alten Jeans gemacht. | Ich buche Tickets immer online. | Ich möchte euch etwas über meine Lieblingsband erzählen.

Grammatik Adjektive nach dem bestimmten Artikel im Dativ
Aussprache au, äu und eu
Übungen Übungen | Leichter lernen: Mit Liedern lernen | Richtig schreiben: i, ie, ih oder ieh? 200

14 Radtour um den Bodensee 207

Lernziele **Sprechen** sich bei der Touristeninformation erkundigen; Vorschläge machen*; Meinungen austauschen*; etwas genau beschreiben | **Hören** Gespräch im Tourismusbüro; Beschreibungen von Fotos; Gespräche auf Reisen | **Schreiben** Nachricht/E-Mail/WhatsApp an Freunde; Blog über Reiseerlebnisse | **Lesen** wichtige Informationen in Reiseprospekten; Berichte über eine Reise | **Beruf** im Tourismusbüro

Redemittel Die Führung dauert eine Stunde. | Hast du das Zimmer für heute reserviert? | Ich lasse mein Fahrrad reparieren. | Möchtest du ins Museum? Nein, ich glaube, das ist langweilig | Auf dem Foto ist ein Freund, der auch auf dem Schiff war. | Konstanz ist eine schöne Stadt.

Grammatik das Verb lassen | Relativsätze im Nominativ
Aussprache Satzakzent
Übungen Übungen | Leichter lernen: Texte planen | Richtig schreiben: -g oder -k? 214

HALTESTELLE G Beruf: Zwei interessante Berufe | Sprechen | Spielen und wiederholen | **TESTTRAINING** Hören | Sprechen 221

15 Ich muss zum Amt. 225

Lernziele **Sprechen** Informationen weitergeben; Probleme und Lösungen nennen*; nachfragen und um Wiederholung bitten*; über eigene Erfahrungen sprechen | **Hören** Informationsgespräch in der Fahrschule; Beratung zu Problemen mit Behörden | **Schreiben** Text über den eigenen Führerschein | **Lesen** Brief von einer Behörde*; Tipps zu Behördengängen | **Beruf** im Büro der Fahrschule; in einer Behörde; Integrationslotse

Redemittel Mein Führerschein ist nur noch einen Monat gültig. | Können Sie mir sagen, wann die Prüfung ist? | Der Integrationslotse fragt, ob er mit zum Amt gehen soll. | Können Sie mir das erklären, bitte?

Grammatik Indirekte Fragesätze mit Fragewort | Indirekte Fragesätze mit ob
Aussprache Höfliche Nachfragen
Übungen Übungen | Leichter lernen: Gemeinsam lernen | Richtig schreiben: Briefe korrigieren 232

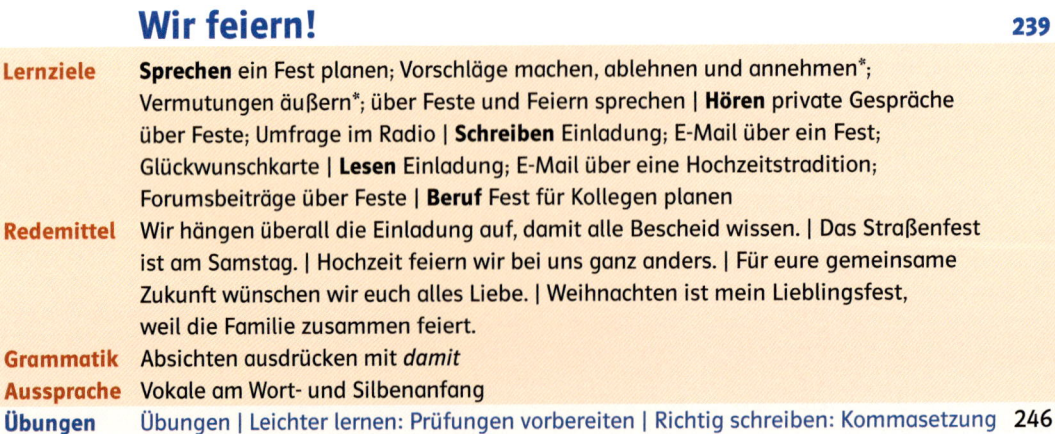

16 Wir feiern! 239

Lernziele **Sprechen** ein Fest planen; Vorschläge machen, ablehnen und annehmen*; Vermutungen äußern*; über Feste und Feiern sprechen | **Hören** private Gespräche über Feste; Umfrage im Radio | **Schreiben** Einladung; E-Mail über ein Fest; Glückwunschkarte | **Lesen** Einladung; E-Mail über eine Hochzeitstradition; Forumsbeiträge über Feste | **Beruf** Fest für Kollegen planen

Redemittel Wir hängen überall die Einladung auf, damit alle Bescheid wissen. | Das Straßenfest ist am Samstag. | Hochzeit feiern wir bei uns ganz anders. | Für eure gemeinsame Zukunft wünschen wir euch alles Liebe. | Weihnachten ist mein Lieblingsfest, weil die Familie zusammen feiert.

Grammatik Absichten ausdrücken mit damit
Aussprache Vokale am Wort- und Silbenanfang
Übungen Übungen | Leichter lernen: Prüfungen vorbereiten | Richtig schreiben: Kommasetzung 246

HALTESTELLE H Stationenlernen **TESTTRAINING** Lesen | Schreiben 253

Anhang: Grammatik IX | Unregelmäßige Verben XX | Alphabetische Wortliste XXIII | Quellen XXXII | Zahlen, Zeiten, Maße, Gewichte XXXVI | Linie 1 im Netz XXXVII | Video XXXVIII | Übersicht der Prüfungsaufgaben XL

* Lernziel des Rahmencurriculums für Integrationskurse „Deutsch als Zweitsprache"

Linie 1 – aktiv und sicher zum Lernerfolg

So geht es.

Ziele

Linie 1
→ stellt das Sprachhandeln in den Vordergrund und macht so fit für Alltag und Beruf.
→ trainiert gezielt alle Fertigkeiten: Hören, Sprechen, Lesen und Schreiben.
→ bietet eine sanfte Grammatikprogression und eine systematische Ausspracheschulung.
→ unterstützt den Unterricht mit heterogenen Lerngruppen.
→ orientiert sich am „Gemeinsamen Europäischen Referenzrahmen für Sprachen" (GER) sowie am „Rahmencurriculum für Integrationskurse Deutsch als Zweitsprache".

Der Gesamtband A2 führt zum Niveau A2 und bietet Material für ca. 160–200 Unterrichtsstunden.

Struktur Kurs- und Übungsbuch

Linie 1 hat auf jeder Niveaustufe
→ 16 Kapitel mit Kurs- und Übungsbuch,
→ 8 Haltestellen mit einem Angebot zu Landeskunde, Beruf, Wiederholung und mit Testtraining,
→ eine alphabetische Wortliste,
→ einen Grammatiküberblick im Anhang.

Aufbau der Seiten

Die **Einstiegsseiten** führen in das Kapitelthema ein und präsentieren Lernziele, Wortschatz und wichtige Redemittel.

Auf **3 Doppelseiten** werden die sprachlichen Schwerpunkte des Kapitels in mehreren Lernsequenzen erarbeitet und gefestigt. Alle vier Fertigkeiten werden ausgewogen geübt.

Auf den **Rückschauseiten** werden der Lernerfolg gesichert („Das kann ich") und die Grammatik zusammengefasst („Das kenne ich").

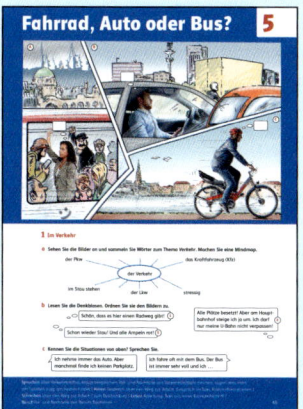
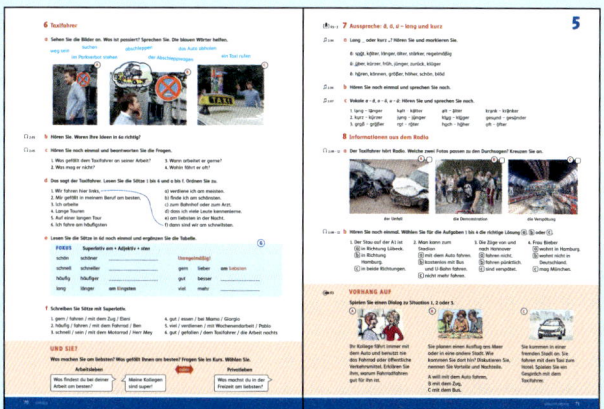

Die **Übungsbuchkapitel** schließen direkt an die Kursbuchkapitel an und folgen in der Nummerierung dem Kursbuchteil. **Zu jeder Aufgabe** im Kursbuchkapitel gibt es vertiefende Übungen im Übungsteil.

Kursbuch

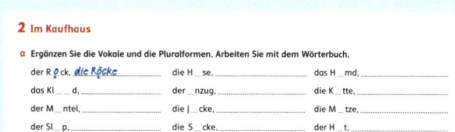

Übungsteil

sieben VII

Didaktische Konzeption

- Handlungsorientierte Aufgaben bereiten die Lernenden auf **Alltag und Beruf** vor.
- Die Lernsequenzen schließen mit **UND SIE?**-Aufgaben ab, in denen die Lernenden über sich selbst sprechen können und dabei das Gelernte anwenden.
- Die Rubrik **VORHANG AUF** bietet die Möglichkeit, das Gelernte spielerisch und dialogisch zu aktivieren.
- Viele Lernsequenzen sind als kleine **Szenarien** strukturiert, in denen alltägliche Kommunikationssituationen geübt werden.

- Die **Grammatikarbeitung** erfolgt nach den Prinzipien des entdeckenden Lernens.

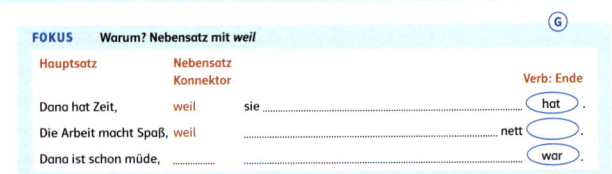

- Die Aufgaben zur **Aussprache** sind in die Lernsequenzen integriert.

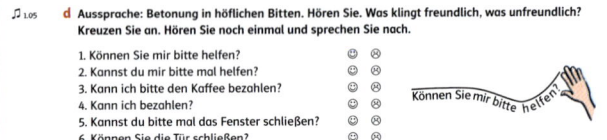

- Die **Landeskunde** in den „Haltestellen" bezieht Wortschatz aus den **D-A-CH**-Ländern ein.
- **Spielerische Aktivitäten** gibt es in den Kapiteln und in den „Haltestellen".

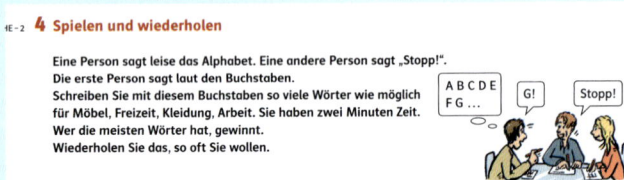

- Wiederkehrendes **Kapitelpersonal** bietet die Möglichkeit zur Identifikation.

- **Binnendifferenzierung** erfolgt durch Wahlmöglichkeiten nach Lerntyp, Interessen, Lerntempo usw.

- **Lerntechniken** werden in den Kapiteln und auf der letzten Seite des Übungsteils vermittelt.

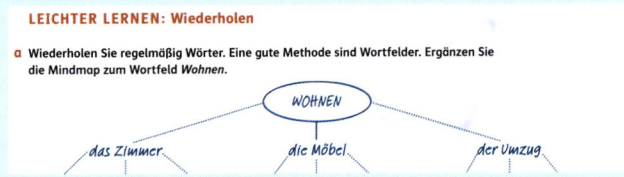

- **Rechtschreibung** wird von Anfang an gezielt geübt.

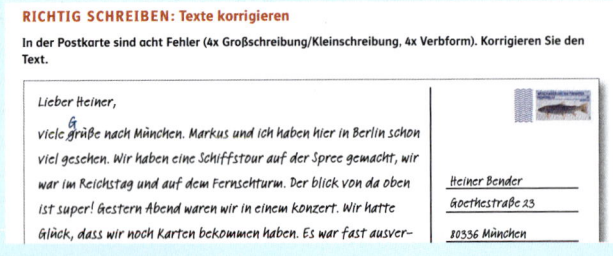

- Das **Testtraining** in den „Haltestellen" bereitet auf die Prüfungen *telc Deutsch A2, Goethe-Zertifikat A2* und *DTZ* vor.

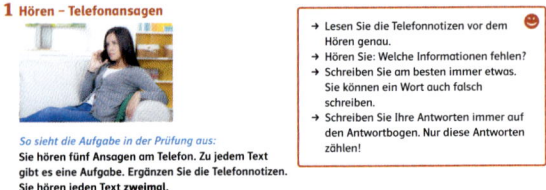

Symbole

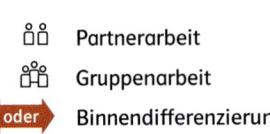

VIII acht

Freut mich, Sie kennenzulernen

1

A im Lager
B an der Kasse
C im Büro

1 So viel Arbeit!

a Was sehen Sie auf den Fotos? Sprechen Sie im Kurs.

b Lesen Sie die Dialoge und ordnen Sie die Fotos zu.

1. ……….
   ● Das gibt es doch nicht! Wie lange dauert das heute?
   ○ Es sind nur drei Kassen geöffnet. Das ist das Problem.

2. ……….
   ● Frau Wilhelm, beantworten Sie doch bitte noch dieses Schreiben.
   ○ Ich habe gleich Feierabend. Das schaffe ich heute nicht mehr!

3. ……….
   ● Mensch, Louis, willst du nicht endlich mal Pause machen?
   ○ Einen Moment noch! Ich räume die Getränke noch ein, dann bin ich fertig.

c Wo möchten Sie gerne arbeiten? Wo nicht?

im Büro   im Krankenhaus   im Hotel   am Flughafen   im Restaurant   in der Fabrik   …

> Ich möchte gerne im Krankenhaus arbeiten. Ich bin Krankenpfleger.

> Im Büro ist es langweilig. Da möchte ich nicht gerne arbeiten.

Sprechen sich vorstellen; das Du anbieten/ablehnen; etwas begründen; über Probleme sprechen; höfliche Bitten äußern; Einladungen interkulturell vergleichen | **Hören** Gespräche am Arbeitsplatz und über die Arbeit; Begrüßungsgespräch | **Schreiben** Blogeintrag; Stellungnahme | **Lesen** WhatsApp über die Arbeit; E-Mail über den Arbeitstag; Berichte über Einladungen | **Beruf** im Supermarkt; sagen, wo man gerne arbeiten möchte; Gespräche mit Kollegen führen

2 Mein Name ist ...

🎧 1.02 **a** Hören Sie das Gespräch. Welches Foto passt? Kreuzen Sie an.

A ☐  B ☐

🎧 1.03 **b** Lesen Sie Satz 1 bis 7. Hören Sie dann den zweiten Teil und kreuzen Sie an: richtig oder falsch?

	R	F
1. Dana kennt alle Kollegen schon.	☐	☐
2. Ahmed Gül arbeitet im Lager.	☐	☐
3. Danas Arbeitsvertrag liegt im Büro.	☐	☐
4. Dana hat noch nie in einem Supermarkt gearbeitet.	☐	☐
5. Frau Lorenz arbeitet schon lange im Supermarkt.	☐	☐
6. Alle Kollegen sagen Du.	☐	☐
7. Dana hat einen Schrank für ihre Sachen.	☐	☐

c Lesen Sie die Dialoge. Welcher Dialog ist freundschaftlich/familiär, welcher ist formell?

Dialog 1
● Hallo, mein Name ist Nowak.
○ Hallo. Ich bin Kevin Reitner. Wollen wir Du sagen?
● Ja, gerne. Ich heiße Dana. Schön, dich kennenzulernen, Kevin.
○ Willkommen im Team!

Dialog 2
● Darf ich mich vorstellen? Ich bin Dana Nowak.
○ Guten Tag, Frau Nowak! Ich heiße Lorenz.
● Es freut mich, Sie kennenzulernen.
○ Auf gute Zusammenarbeit!

d Ergänzen Sie die Sätze. Die Dialoge in 2c helfen.

sich selbst vorstellen	Reaktion
_Mein Name ist_____ / Ich heiße _____.	Freut mich! Ich bin _____.
Darf ich mich _____?	Es freut mich, Sie _____.
Ich bin _____.	Schön, dich _____.
Du und Sie sagen	**Reaktion**
Wollen wir _____?	_____ Ich heiße Dana.
Du kannst ruhig Du _____.	Das ist nett, vielen Dank.
Wir duzen uns hier alle.	Ich möchte lieber Sie sagen.

UND SIE?

Stellen Sie sich im Kurs vor. Variieren Sie dazu die Dialoge in 2c.
Sprechen Sie in der Sie- und der Du-Form.

Alexandro Popolov.

Freut mich! Ich heiße ...

2 zwei

3 Warum?

a Lesen Sie die Nachrichten. Was schreibt Dana über ihre neue Arbeit?

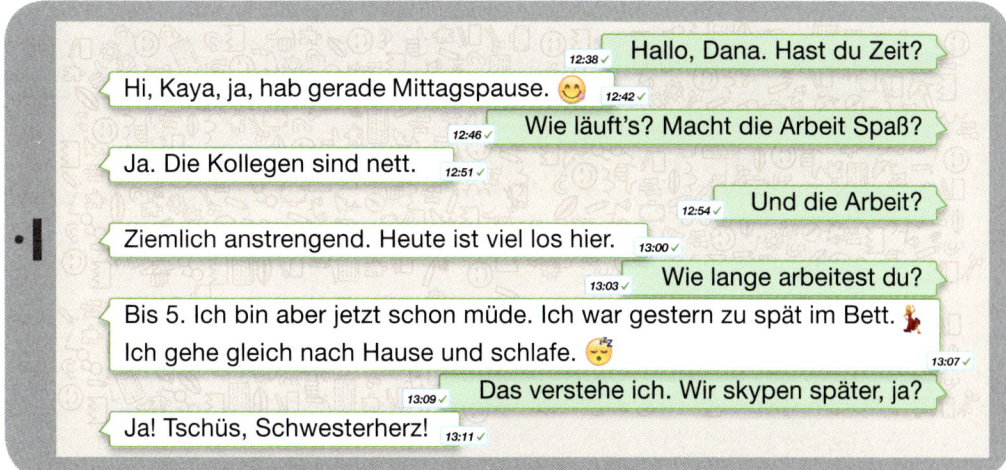

b Warum? Lesen Sie die Nachrichten noch einmal. Verbinden Sie die Sätze.

1. Dana hat Zeit,
2. Die Arbeit macht Spaß,
3. Die Arbeit ist anstrengend,
4. Dana ist schon müde,

a) weil sie gestern zu spät im Bett war.
b) weil im Supermarkt so viel los ist.
c) weil sie gerade Mittagspause hat.
d) weil die Kollegen nett sind.

c Ergänzen Sie die Sätze aus 3b in der Tabelle.

FOKUS — Warum? Nebensatz mit *weil*

Hauptsatz	Nebensatz Konnektor		Verb: Ende
Dana hat Zeit,	weil	sie	hat .
Die Arbeit macht Spaß,	weil	.... nett	⬭ .
Dana ist schon müde,	....	....	war .

d Welche Begründung passt? Verbinden Sie und schreiben Sie Sätze mit *weil*. Vergleichen Sie im Kurs.

1. Ich spreche mit meinem Chef.
2. Wir gehen jetzt nach Hause.
3. Viele Leute kaufen heute ein.
4. Frau Klein ist gestern zu Hause geblieben.
5. Die Kollegen schenken ihrer Kollegin Blumen.
6. An der Kasse ist eine lange Schlange.

a) Sie hatte Kopfschmerzen.
b) Morgen ist Sonntag.
c) Die Kasse ist kaputt.
d) Sie hat Geburtstag.
e) Wir arbeiten schon seit 7 Uhr.
f) Ich bleibe morgen zu Hause.

1. Ich spreche mit meinem Chef, weil ich morgen zu Hause bleibe.
2. ...

e Formulieren Sie drei Aussagen. Schreiben Sie zu den Aussagen so viele Gründe wie möglich.

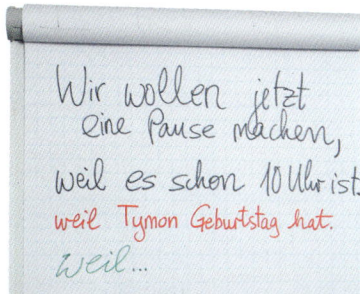

drei 3

4 Jemand muss der Kassiererin helfen!

a Welches Problem hat Dana? Sprechen Sie im Kurs.

b Lesen Sie die E-Mail. Vergleichen Sie mit Ihren Ideen in 4a. Wer löst das Problem?

> Liebe Eleni,
> uff, mein erster Tag war ganz schön stressig. Ich habe die Kollegen kennengelernt. Dann habe ich meinen Arbeitsvertrag unterschrieben. Ich habe gleich an der Kasse gearbeitet. Im Bewerbungsgespräch habe ich ja gesagt, ich kenne das System. Aber natürlich war ich nicht so schnell. Das hat den Kunden nicht gefallen. Sie waren total genervt: „Das geht aber heute langsam!", „Jemand muss der Kassiererin helfen." Ich war fix und fertig. Und dann hat die Kasse auf einmal nicht mehr funktioniert – und ich war ganz allein mit einer langen Schlange von Kunden. Ich habe den Chef angerufen, aber er war nicht im Büro. Plötzlich war mein Kollege Ahmed da und hat das Problem gelöst. Du, der ist echt nett! Ich war total dankbar. Aber er hat gesagt, ich muss meiner Kollegin Frau Lorenz danken, weil sie Ahmed gerufen hat. Tschüs, ich brauche heute einen gemütlichen Abend und mache jetzt den Fernseher an.
> Liebe Grüße,
> Dana

Artikel im Akkusativ und Dativ (G)

	maskulin	neutrum	feminin	Plural
Akk.	den/einen	das/ein	die/eine	die/–
Dat.	dem/einem	dem/einem	der/einer	den/–

c Akkusativ oder Dativ? Ergänzen Sie die Sätze aus der E-Mail in der Tabelle.

FOKUS Verben mit Akkusativ und Verben mit Dativ (G)

	Akkusativ	Dativ	
Ich habe	die Kollegen	___	kennengelernt.
Das hat	___	___	nicht gefallen.
Jemand muss	___	___	helfen.
Ich mache jetzt	___	___	an.

d Akkusativ oder Dativ? Sortieren Sie die Verben und schreiben Sie Sätze.

helfen   kennen   kennenlernen   danken   unterschreiben
anrufen   gefallen   reparieren   gehören   schmecken

> Das Verb entscheidet: 😊
> Akkusativ oder Dativ?
> → Verbliste S. VII.

<u>mit Akkusativ</u>
kennen: Wir kennen die Lehrerin gut.

<u>mit Dativ</u>
helfen: Mein Mann hilft unserem Sohn gerne.

UND SIE?

Wie lösen Sie Probleme? Erzählen Sie. Wählen Sie.

Alltag ← oder → **Arbeit**

> Ich verstehe meinen Arzt nicht gut. Aber meine Tochter hilft mir immer.

> Ich muss eine Bewerbung schreiben. Ich frage meine Nachbarin: Können Sie mir bitte helfen?

1

5 Willst du nicht auch kommen?

a Hören Sie das Gespräch. Wen ruft Dana an und warum?

b Hören Sie noch einmal und lesen Sie die Sätze. Was ist richtig? Kreuzen Sie an.

- ☐ 1. Dana möchte ihrem Kollegen Ahmed Danke sagen.
- ☐ 2. Ahmed hat ihr die Kasse gezeigt.
- ☐ 3. Frau Lorenz hat ihrer Kollegin die Kasse erklärt.
- ☐ 4. Ahmed gibt seiner Kollegin einen Tipp.
- ☐ 5. Er wünscht ihr viel Glück.
- ☐ 6. Ahmed soll ihr eine Nachricht schicken.

c Ergänzen Sie die Tabelle mit den Sätzen aus 5b.

FOKUS Verben mit Akkusativ _und_ Dativ

		1. Dativ (Person)	2. Akkusativ (Sache)	
Dana	möchte	ihrem Kollegen Ahmed	Danke	sagen .
....	....	....	....	gezeigt .
Frau Lorenz	....	....	....	....
....	....	....	einen Tipp.	

d Schreiben Sie Sätze.

1. der Chef / erklären / die Praktikantin / der Fehler / .
2. Dana / schickt / ihre Freundin / eine E-Mail / .
3. der Hausmeister / geben / der Mann / der Schlüssel / .
4. der Chef / wünscht / der Mitarbeiter / viel Glück / .
5. Ahmed / schenken / seine Kollegin / Blumen / .

1. Der Chef erklärt der Praktikantin den Fehler.

e Schreiben Sie die Verben aus 5d, Personen und Gegenstände auf Karten.
Legen Sie alle Karten offen auf den Tisch.
Nehmen Sie zwei Personenkarten, eine Gegenstandkarte und eine Verbkarte.
Bilden Sie Sätze.

Die Kinder schenken dem Friseur die Schere.

f Dana hat Sie eingeladen. Antworten Sie.

*Liebe alle,
ich mache am 11. März eine Party. Hoffentlich habt Ihr Zeit! Ihr müsst nichts mitbringen. Für Essen und Trinken sorge ich. Seid ihr dabei? Sagt mir bitte bis Montag Bescheid.
Bis dann! Ich freue mich!
Dana*

Di., 15. März 13:45

Hallo, Dana, danke für die Einladung …

Liebe Grüße …

6 Auf dem Weg zu Dana

a Ahmed kommt zu spät zu Dana. Warum? Erzählen Sie.

b Ahmeds Fragen und Bitten – Was passt zu den Fotos? Kreuzen Sie an. Was macht diese Fragen freundlich? Markieren Sie.

1. Entschuldigen Sie, darf ich Sie etwas fragen? War das die Linie 15?
2. Können Sie mir bitte helfen? Wo wohnt Dana Nowak?
3. Komm bitte zu mir.
4. Ich hätte gerne einen Blumenstrauß.

> **höfliche Fragen und Bitten**
> Entschuldigung, darf ich Sie etwas fragen?
> Ich hätte gerne …, bitte.
> Kannst du bitte / Können Sie bitte …?

c Schreiben Sie die Sätze 1 bis 6 freundlicher (wie in 6b).

1. Ich will dieses Brötchen.
2. Hilf mir mal.
3. Rufen Sie ein Taxi.
4. Machen Sie die Tür zu.
5. Sag mir Bescheid.
6. Hat Herr Kunz angerufen?

1. Ich hätte gerne dieses Brötchen.
2. Können Sie mir bitte …

🎵 1.05 **d** Aussprache: Betonung in höflichen Bitten. Hören Sie. Was klingt freundlich, was unfreundlich? Kreuzen Sie an. Hören Sie noch einmal und sprechen Sie nach.

1. Können Sie mir bitte helfen?　☺ ☹
2. Kannst du mir bitte mal helfen?　☺ ☹
3. Kann ich bitte den Kaffee bezahlen?　☺ ☹
4. Kann ich bezahlen?　☺ ☹
5. Kannst du bitte mal das Fenster schließen?　☺ ☹
6. Können Sie die Tür schließen?　☺ ☹

Können Sie mir bitte helfen?

e Sprechen Sie die Sätze aus 6d (oder auch eigene Sätze) freundlich oder unfreundlich. Ihr Partner / Ihre Partnerin entscheidet: ☺ freundlich oder ☹ unfreundlich.

7 Das Abendessen

🎧 1.06 **a** Hören Sie das Gespräch. Warum ist Ahmed überrascht?

🎧 1.06 **b** Lesen Sie die Sätze. Hören Sie dann noch einmal. Korrigieren Sie die falschen Informationen.

1. Ahmed ist pünktlich.
2. Es gibt gleich Abendessen.
3. Ahmed bringt ein Geschenk mit.
4. Dana hatte gestern Geburtstag.
5. Sie hat viele Blumen bekommen.
6. Die anderen Kollegen sind schon da.

1. Ahmed ist nicht pünktlich. Er ist zu spät.

c Sprechen Sie im Kurs über die Situation.

UND SIE?
Wann waren Sie das letzte Mal zum Essen eingeladen? Wie war das? Erzählen Sie.

8 Zu Gast bei …

a Lesen Sie die Tipps 1 bis 6 und die Blogeinträge. Welche Tipps passen zu welchem Eintrag?

1. Loben Sie die Köchin.
2. Kommen Sie pünktlich.
3. Essen Sie vorher nichts.
4. Ziehen Sie an der Haustür Ihre Schuhe aus.
5. Lassen Sie immer etwas auf dem Teller liegen.
6. Machen Sie Ihr Handy vor dem Essen aus.

Sonia, 29
4, ...
Neulich hat mich meine ägyptische Freundin zum Abendessen eingeladen. Ich habe mich zuerst informiert. Man muss aufpassen, denn man kann schnell Fehler machen. Natürlich bringt man seiner Gastgeberin ein Gastgeschenk mit. Das ist Tradition. An der Wohnungstür muss man die Schuhe ausziehen. Das ist auch gut, weil man beim Essen auf dem Boden sitzt. Beim Essen soll immer etwas auf dem Teller zurückbleiben. Man isst nicht alles auf. Das ist in Ägypten höflich. Aber mir hat es so gut geschmeckt und ich habe alles aufgegessen.

José, 38
....
Ich war am letzten Wochenende bei meinem deutschen Chef zum Abendessen in seinem Apartment eingeladen. Um 19 Uhr 30. Bei uns in Brasilien kommt man immer später, man ist nie ganz pünktlich. Ich bin also erst um Viertel nach acht zu meinem Chef gekommen. Alle Gäste waren schon da und haben auf mich gewartet. Das war ziemlich peinlich . Aber eine Sache war wenigstens richtig: Ich habe mein Handy vor dem Essen ausgemacht. Bei einem Gast hat nämlich oft das Handy geklingelt. Das hat alle genervt.

Anna, 42
....
Mein Ehepartner kommt aus Polen. Wir haben uns bei der Arbeit kennengelernt. Seine Eltern besuchen uns ganz oft und haben letzte Woche groß für uns gekocht. Auf dem Tisch war kein Platz mehr. Zum Glück hatte ich viel Hunger. Ich habe alles probiert und die Köchin sehr gelobt. Das Essen war prima, aber ziemlich fett und mit viel Fleisch. Ich möchte ja nicht dick werden, aber ich habe trotzdem viel gegessen. Für den Gast viel kochen – das ist in Polen ganz normal und gastfreundlich.

b Was ist bei Ihnen auch so? Was ist anders? Sprechen Sie im Kurs.

> Bei uns muss man auch die Schuhe ausziehen.

interkulturell vergleichen
Bei uns muss man / macht man / gibt es …
In meinem Land ist das genauso / ganz anders.
Ich finde das gut / nicht gut.

c Schreiben Sie einen Blogeintrag. Wählen Sie.

Schreiben Sie einen Text mit Informationen über Ihr Land.

oder

Schreiben Sie Ihre Meinung zu einem Text aus 8a.

 VORHANG AUF

Planen und spielen Sie Dialoge.

A Sie haben Ihre Nachbarn zum Essen eingeladen. Die Nachbarn kommen viel zu früh, Sie sind noch nicht fertig. Spielen Sie das Gespräch.

B Sie sind eine Gruppe von vier Personen. Sie arbeiten in einer Firma und kennen sich noch nicht. Sprechen Sie. Jeder wählt eine Person. Stellen Sie sich vor (Name, Beruf, Aufgaben in der Firma, duzen oder siezen, …).

C Sie kommen zu spät zur Arbeit. Letzte Woche sind Sie auch zu spät gekommen. Ihr Chef möchte wissen, warum. Sagen Sie den Grund für Ihre Verspätung. Spielen Sie das Gespräch.

ÜBUNGEN

1 So viel Arbeit!

a Wo arbeiten die Menschen? Schreiben Sie.

im _Krankenhaus_   in der _____   im _____   in der _____

im _____   im _____   in der _____   am _____

🎧 1.07–09 **b** Da möchte ich arbeiten – Hören Sie die Dialoge. Was ist richtig? Kreuzen Sie an: ⓐ, ⓑ oder ⓒ?

Dialog 1
Was will Sinan machen?
ⓐ ein Praktikum
ⓑ einen Deutschkurs
ⓒ eine Ausbildung

Dialog 2
Wen sucht das Hotel?
ⓐ eine Rezeptionistin
ⓑ eine Putzfrau
ⓒ eine Küchenhilfe

Dialog 3
Warum will Dorina ab Oktober im Supermarkt arbeiten?
ⓐ Der Supermarkt öffnet im Oktober.
ⓑ Ihr Mann bleibt dann zu Hause.
ⓒ Ihr Sohn geht dann in die Schule.

2 Mein Name ist …

a Du oder Sie – was sagen die Leute?

Sie   _____   _____   _____

_____   _____   _____   _____

🎧 1.10 **b** Welche Reaktion passt? Verbinden Sie. Hören Sie zur Kontrolle.

1. ● Wollen wir Du sagen?
2. ● Wir duzen uns hier fast alle.
3. ● Hallo, ich arbeite auch hier.
   Ich heiße Sibel.
4. ● Darf ich mich vorstellen?
   Ich bin Dr. Aladin.

a) ○ Es freut mich, Sie kennenzulernen.
   Ich habe viel von Ihnen gehört.
b) ○ Ja, gerne. Ich bin Andrea.
   Arbeitest du schon lange hier?
c) ○ Ich möchte lieber Sie sagen.
   Ich kenne doch alle noch nicht so gut.
d) ○ Schön, dich kennenzulernen. Ich bin Iga.

3 Warum?

🎧 1.11–14 **a** Hören Sie. Was ist richtig? Kreuzen Sie an: ⓐ oder ⓑ.

1. Dana kommt nicht mit zur Bäckerei,
   ⓐ weil sie keinen Hunger hat.
   ⓑ weil sie schon ein Brötchen hat.

2. Die Geschäfte sind heute sehr voll,
   ⓐ weil Wochenende ist.
   ⓑ weil morgen ein Feiertag ist.

3. Frau Lorenz hört nächstes Jahr auf,
   ⓐ weil sie sehr krank war.
   ⓑ weil sie schon so alt ist.

4. Teresa ist müde,
   ⓐ weil sie zu früh aufsteht.
   ⓑ weil ihr Kind schlecht schläft.

b Warum? Schreiben Sie die Sätze mit *weil*.

Ahmed hat Stress,

1. es / Probleme / im Supermarkt / geben / . *weil es im Supermarkt Probleme gibt.*
2. kaputt / die Kasse / sein / .
3. krank / sein Kollege / sein / .
4. sein Chef / sein / nicht / da / .
5. viele Kunden / haben / Fragen / .

Dana ist glücklich,

6. sein / Wochenende / .
7. ein neues Fahrrad / sie / haben / .
8. kommen / viele Freunde / zu Besuch / .
9. gefallen / ihr / die Musik / .
10. anrufen / am Sonntag / ihre Mutter / .

c Arbeitsalltag – Schreiben Sie die Sätze mit *weil*.

1. Die Chefin ist heute nicht da (sie krank sein).
2. Der Hausmeister kommt diese Woche mit dem Bus (sein Auto kaputt sein).
3. Frau Bunke geht um 12 Uhr nach Hause (sie nur vormittags arbeiten).
4. Herr Efe repariert den Computer von Frau Bunke (er gerade Zeit haben).
5. Frau Müller hat Obst gekauft (sie Hunger haben).
6. Frau Kittel hat viele Fragen (sie neu in der Firma sein).
7. Herr Witte schließt die Tür vom Lager nicht (er den Schlüssel nicht finden).
8. Herr Navid telefoniert mit seiner Freundin (sie zusammen nach der Arbeit ins Kino gehen).

Die Chefin ist heute nicht da, weil sie krank ist.

d Schreiben Sie fünf Sätze mit *Ich mag ..., weil ...* über sich.

Ich mag das Wochenende, weil ich meine Freunde besuche.
Ich mag ..., weil ...

4 Jemand muss der Kassiererin helfen!

a Lesen Sie die Dialoge und ergänzen Sie die Sätze.

essen   danken   machen   mögen   ~~haben~~   machen   finden
gefallen   helfen   aufräumen   putzen   schreiben   suchen   gehören

Dialog 1

● Junger Mann, Sie (1) _haben_ meinen Einkaufswagen.

○ Entschuldigung, dieser Wagen (2) .... mir.

● Aber wo ist mein Wagen? Ich (3) .... meinen Wagen.

○ Ist das da Ihr Wagen?

● Ach, da ist er ja! Ich (4) .... Ihnen.

Dialog 2

● Frau Brose, haben Sie Zeit?

○ Ja. Ich bin gleich fertig.

● Bitte (1) .... Sie der Kollegin an der Kasse. (2) .... Sie dann bitte das Lager .... und (3) .... Sie den Kühlschrank. (4) .... Sie danach den Brief. Dann können Sie eine Pause (5) ....

Dialog 3

● Was sollen wir heute Abend (1) ....?

○ (2) .... du Fisch?

● Ja, Fisch (3) .... ich super.

○ Dazu (4) .... wir noch einen Salat.

● Heute essen wir gesund. Das (5) .... mir!

b Artikel im Akkusativ oder Dativ? Achten Sie auf das Verb und markieren Sie den passenden Artikel.

1. Herr Lange ist neu in der Firma. Heute unterschreibt er **den**/dem Arbeitsvertrag.
2. Er kennt die/den Kolleginnen und Kollegen noch nicht gut.
3. Aber die Firma gefällt ihm, weil er eine/einer gute Arbeit hat.
4. Er muss die/den Autos reparieren und die/den Kunden helfen.
5. Aber alles ist neu. Er muss den/dem Chef gut zuhören und darf keinen/keinem Fehler machen.
6. Er begrüßt eine/einer Kollegin. Er wünscht den/der neuen Kollegin „Alles Gute".
7. Mittags macht er eine/einer Pause. Das Essen schmeckt die/den Kollegen sehr gut.

5 Willst du nicht auch kommen?

a Mittagspause – Kevin kauft für die Mittagspause ein. Ergänzen Sie die Artikel.

1. Kevin bringt d*er*......... Kollegin an der Kasse e............... Salat mit.
2. Er kauft d............... Praktikantin e............... Joghurt.
3. Er bringt d............... Chef e............... Käsebrötchen und e............... Cappuccino mit.
4. D............... Kollegin im Büro kauft er e............... Stück Kuchen.
5. Er bringt d............... Hausmeister e............... Brötchen mit.
6. D............... Kollegen im Lager kauft er e............... Eis.
7. Die Kollegen geben Kevin d............... Geld.

 das • dem • ein • der • Den • der • ein • einen • dem • ein • einen • ein • ein • dem • Der

b Wählen Sie aus jeder Spalte ein Wort. Schreiben Sie Sätze mit Dativ und Akkusativ. Es gibt viele Möglichkeiten. Vergleichen Sie im Kurs.

Agata	schicken kaufen	der Hausmeister	die Kasse
Nino	geben	die Frau	das Geld
Mehmet		die Kunden (Pl.)	der Brief
Herr Krüger	zeigen schreiben	das Mädchen	die Schlüssel (Pl.)
Zara Deebak	erklären	die Kollegin das Kind	die Hausaufgabe der Ball
Frau Schneider	schenken	die Studenten (Pl.)	die Blumen (Pl.)

Nino gibt dem Kind den Ball.

c Sie wollen eine Party machen. Schreiben Sie Ihren Freunden eine Einladung. Schreiben Sie etwas über:

– Grund für Ihre Einladung
– Zeit und Ort für die Party
– Essen und Getränke
– Ihre Telefonnummer

Liebe ..., ich möchte dich ...

6 Auf dem Weg zu Dana

a Welche Antwort passt? Verbinden Sie.

1. Kann ich diese Blumen kaufen?
2. Haben Sie auch Postkarten?
3. Darf ich Sie etwas fragen?
4. Können Sie mir hier bitte mal helfen?
5. Entschuldigen Sie, wie spät ist es?
6. Entschuldigung. Wohnen Sie hier?
7. Kann ich Sie morgen Vormittag anrufen?

a) Es ist 20 Uhr 17.
b) Natürlich. Was möchten Sie fragen?
c) Nein, ich bin nur zu Besuch.
d) Ja, natürlich. Sie sind wirklich sehr schön.
e) Ja, ich bin zwischen 9 und 11 Uhr zu Hause.
f) Einen Moment, bitte. Dann helfe ich gerne.
g) Nein, Postkarten haben wir leider nicht.

elf 11

b So sagen Sie es höflich – Ergänzen Sie die Sätze. Manchmal gibt es mehrere Möglichkeiten.

bitte   Können Sie   Entschuldigen Sie   Darf ich
Entschuldigung   ~~hätte gerne~~   Kannst du

1. Ich ....*hätte gerne*.......... einen Blumenstrauß.
2. Was kosten die Blumen, ...?
3. ...., um wie viel Uhr fährt der nächste Bus?
4. .... mir sagen: Wo ist die Bahnhofsstraße?
5. .... mir bitte mal dein Handy geben?
6. .... bitte, ist das die Hausnummer 8?
7. .... Sie etwas fragen?

♪ 1.15 **c** Aussprache: Hören Sie. Einige Fragen sind besonders freundlich. Welche? Markieren Sie mit einem ☺. Sprechen Sie dann die Fragen noch einmal nach.

1. Warum rufst du an? ☺........   4. Was soll ich mitbringen? ....
2. Was ist los? ....   5. Warum kommst du nicht? ....
3. Wann ist denn die Party? ....   6. Wie ist die Adresse? ....

7 Das Abendessen

Welche Reaktion passt? Kreuzen Sie an: ⓐ oder ⓑ.

1. ● Hier, die Blumen sind für dich!
   ○ ⓐ So ein Mist!   ⓑ Oh, wie schön!
2. ● Dein Freund Rick hat angerufen. Er ist in der Stadt und kommt!
   ○ ⓐ Das ist ja toll!   ⓑ Herzlichen Glückwunsch!
3. ● Sandra kann leider nicht zur Party kommen.
   ○ ⓐ Das ist eine gute Idee!   ⓑ Schade!
4. ● Meine Schwester ist im Krankenhaus.
   ○ ⓐ Das tut mir aber leid!   ⓑ Vielen Dank!

8 Zu Gast bei ...

a Welches Verb passt?

einladen   mitbringen   kochen   ausmachen   sitzen   probieren
haben   ausziehen   ~~machen~~   kommen   werden   decken

a) einen Fehler *machen* ....   g) auf dem Boden ....
b) eine Person zum Essen ....   h) pünktlich ....
c) ein Gastgeschenk ....   i) das Handy ....
d) die Schuhe ....   j) den Tisch ....
e) Hunger ....   k) das Essen ....
f) für die Gäste ....   l) dick ....

ÜBUNGEN 1

b Ergänzen Sie den Text.

~~Nachbarn~~   Abendessen   Brot   Land   anders   Abend   Zeit

Ich war schon einmal bei meinen deutschen (1) _Nachbarn_
zum Abendessen eingeladen. Wir haben (2) .... mit
Käse und Wurst gegessen, aber das war auch alles! In meinem
(3) .... ist das ganz (4) .... Bei
uns gibt es am (5) .... ein warmes Essen. Wir nehmen
uns für das (6) .... viel (7) ....

c Schreiben Sie über Einladungen in Ihrem Land. Vergleichen Sie im Kurs.

Ich komme aus …   Ich bringe gerne … mit.   Das ist höflich: …   Die Leute in meinem Land …
Wir trinken …   Bei uns ist das so: …   Wir essen gerne …   Das Essen dauert bei uns …

Ich komme aus Eritrea. Wir essen gerne Brot mit Fleisch und Gemüse …

LEICHTER LERNEN: Wörterbuch (1)

a Nutzen Sie Ihr Wörterbuch. Suchen Sie Nomen. Finden Sie Artikel und Plural.

Beispiel 1
m (maskulin) = der

Tisch *m* -(e)s; -e

Beispiel 2
n (neutrum) = das

Es•sen <-s, -> SUBST *n*

Beispiel 3
f (feminin) = die

Köchin *f* –, -nen

Artikel und Nomen:
der Tisch

Artikel und Nomen:
....

Artikel und Nomen:
....

Plural:
die Tische

Plural:
....

Plural:
....

b Suchen und notieren Sie Artikel und Plural für die folgenden Wörter.

Freund   Land   Gastgeber   Nachricht   Einladung

RICHTIG SCHREIBEN: Viele Konsonanten am Wortanfang

🎧 1.16 **Hören Sie und ergänzen Sie dann. Achten Sie auf Groß- und Kleinschreibung. Hören Sie noch einmal zur Kontrolle.**

1. Meine _Schw_ester findet ....eiben ....ecklich ....er.
2. ....eckt dir das ....itzel?
3. Hast du den ....üssel für das ....arze Auto?
4. Meine ....iegermutter hat ....erzen im Hals und ....upfen.
   Die Medikamente ....ecken ihr aber nicht.

schm
schw   schr
schl
schn

dreizehn   13

Mein Deutsch nach Kapitel 1

Das kann ich:

mich vorstellen		**Sprechen Sie.** ● Darf ich …? Mein Name ist … ○ Freut … Ich bin …
jemandem das Du anbieten		**Bieten Sie einer Person das Du an und reagieren Sie.** Wollen wir …? ☺ Gerne, … / ☹ Ich möchte lieber …
etwas begründen Warum? … weil, …		**Schreiben Sie zu jeder Frage eine Begründung.** Warum hast du keine Zeit? Warum lernst du Deutsch? *Ich habe keine* Warum bist du müde? *Zeit, weil …*
höfliche Bitten äußern Ich hätte gerne … Kannst du bitte …? Können Sie mich …?		**Sagen Sie es höflich.** Bring mir einen Kaffee mit. Rufen Sie mich morgen an. Ich will einen Bleistift.
Eine Einladung beantworten Liebe/r …, am Montag feiere ich meinen Geburtstag. Du bist herzlich eingeladen. Du kannst gerne ein paar Freunde mitbringen. Liebe Grüße Dorothee		**Ergänzen Sie die Antwort-SMS.** Hallo, Dorothee, danke für die ……………… Ich ……………………… gerne. Ich bringe ……………………… mit. ……………… fängt deine Party an? Ich ……………………… mich sehr. Liebe Grüße, Daniel

www →A2/K1

Das kenne ich:

Nebensatz mit *weil*

Hauptsatz	Nebensatz Konnektor		Verb: Ende	Im Nebensatz steht das konjugierte Verb am Ende.
Dana hat Zeit,	weil	sie Mittagspause	hat.	
Die Arbeit macht Spaß,	weil	die Kollegen nett	sind.	

Verben mit Dativ

Nach einigen Verben steht immer der Dativ. Das sind die wichtigsten:
antworten, danken, gefallen, gehören, glauben, gratulieren, helfen, schmecken, wehtun, zuhören.
Ich danke dir / Ihnen / euch / dem Team / den Kollegen. Meine Tochter hilft mir immer.

Verben mit Dativ und Akkusativ

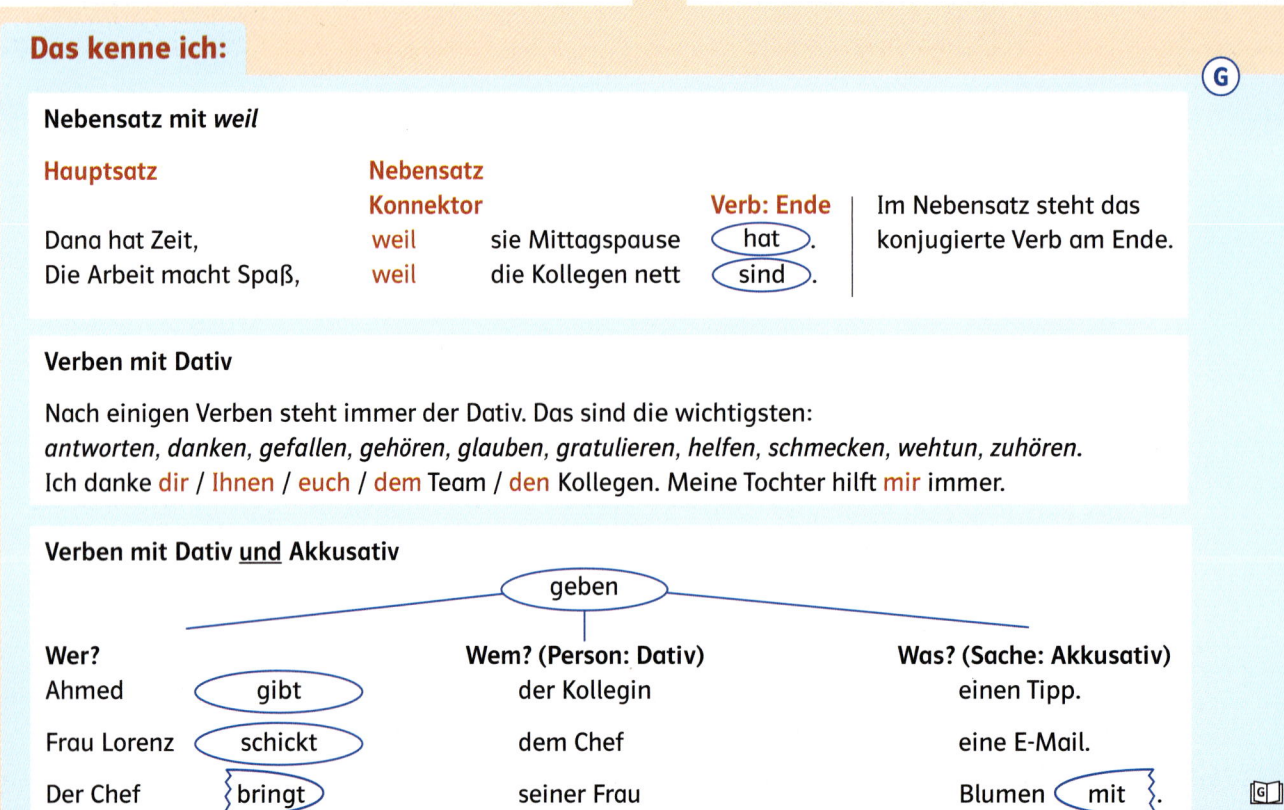

		Wem? (Person: Dativ)	Was? (Sache: Akkusativ)
Wer?			
Ahmed	gibt	der Kollegin	einen Tipp.
Frau Lorenz	schickt	dem Chef	eine E-Mail.
Der Chef	bringt	seiner Frau	Blumen mit.

14   vierzehn

Zusammen wohnen

2

1 Eleni zieht um.

a Ordnen Sie die Wörter dem Foto zu. Sprechen Sie Singular und Plural laut.

1. der Schrank, ¨-e
2. der Herd, -e Stove
3. der Teppich, -e
4. der Spiegel, –
5. der Kühlschrank, ¨-e
6. der Schreibtisch, -e
7. das Bett, -en
8. das Sofa, -s
9. das Kissen, –
10. das Bild, -er
11. das Regal, -e
12. die Uhr, -en
13. die Kaffeemaschine, -n
14. die Pflanze, -n
15. die Mikrowelle, -n
16. die Lampe, -n
17. die Spülmaschine, -n

b Kettenübung – Was bringt Eleni in die WG mit?

> Eleni bringt einen Schrank mit.

> Sie bringt einen Schrank und eine Lampe mit.

> Sie bringt einen Schrank, eine Lampe und …

c Wie oft sind Sie schon umgezogen? Was haben Sie mitgenommen? Sprechen Sie.
moved

> Ich bin mit der Familie schon dreimal umgezogen. Wir haben immer viele Dinge mitgenommen: …

Sprechen Möbelstücke benennen; über Umzugserfahrungen sprechen; die Position von Gegenständen angeben; Gefallen/Missfallen äußern; über Aufgaben in einer WG sprechen | **Hören** Gespräche beim Umzug; Gespräche zwischen WG-Bewohnern | **Schreiben** Antwort auf eine Einladung; Beschreibung eines Gegenstands zum Verkauf | **Lesen** E-Mail; Verkaufsanzeigen im Internet | **Beruf** Elektriker

15

2 Der Umzug

a Hören Sie das Gespräch. Was ist das Problem und wen bringt Eleni mit?

b Hören Sie noch einmal. Verbinden Sie die Sätze.

1. Der Lieferwagen ist groß,
2. Eleni hat so viele Möbel,
3. Die Möbel waren im Keller,
4. Eleni ist aus ihrer Wohnung ausgezogen,
5. Sie hatte Probleme mit dem Vermieter,
6. Eleni hat Glück,

a) weil die Wohnung zu teuer war.
b) weil er die Katze Minka nicht mag.
c) weil sie in einem Möbelhaus gejobbt hat.
d) weil die Mieter Haustiere haben dürfen.
e) weil da viel Platz war.
f) weil Eleni so viele Möbel hat.

c Schreiben Sie die Sätze aus Aufgabe 2b in die Tabelle.

FOKUS der Nebensatz mit *weil* im Perfekt und mit Modalverben

Hauptsatz	Nebensatz			
Eleni hat so viele Möbel,	weil sie	in einem Möbelhaus	gejobbt	hat.
Eleni hat Glück,	weil die Mieter	Haustiere	haben	dürfen.

d Verbinden Sie die Sätze mit *weil*.

1. Eleni ist zufrieden. Der Umzug hat nicht lange gedauert.
2. Der Umzug hat nicht lange gedauert. Alle haben geholfen.
3. Eleni ist glücklich. Sie darf ein Haustier in der Wohnung haben.
4. Dana ist überrascht. Eleni hat so viele Möbel mitgebracht.
5. Eleni ist froh. Fabian und Ahmed können alle Möbel tragen.

1. Eleni ist zufrieden, weil ...

happy

e Wie viele Möbel und Haushaltsgeräte gibt es jetzt in der Wohnung? Sprechen Sie.

Dana gehören:
ein Kühlschrank • ein Sessel • ein Staubsauger • ein Schrank • eine Lampe • ein Couchtisch

Fabian gehören:
ein Regal • eine Lampe • eine Kaffeemaschine • eine Uhr • ein Fernseher • eine Waschmaschine • vier Stühle

Eleni gehören:
zwei Regale • ein Sofa • viele Kissen • ein Schrank • ein Sessel • zwei Lampen • drei Stühle • eine Mikrowelle • vier Bilder • eine Kaffeemaschine • eine Spülmaschine • ein Staubsauger

Es gibt zwei Staubsauger.   Es gibt ...

3 Aussprache: Satzakzent

Hören Sie die Sätze. Markieren Sie den Satzakzent. Sprechen Sie die Sätze nach.

1. Ich habe einen **Kühl**schrank. 2. Ich brauche eine Kaffeemaschine. 3. Der Couchtisch ist noch ganz neu.
4. Dana gefällt die Lampe sehr. 5. Eleni hat zwei Regale. 6. Die Waschmaschine funktioniert sehr gut.

UND SIE?

Sprechen Sie. Wählen Sie.

Welche Möbel haben Sie alle zusammen? Sammeln Sie.

Wir haben zwei Schränke, drei ...

Welche Möbel möchten Sie haben? Warum? Sammeln Sie in der Gruppe.

Ich habe ein Sofa. Ich möchte noch drei Kissen, weil das Wohnzimmer dann schöner aussieht.

16 sechzehn

4 Die Suche

a Hören Sie das Gespräch. Was ist passiert?

b Was denken Sie: Wo ist Minka?

Vielleicht ist sie unter der Decke.

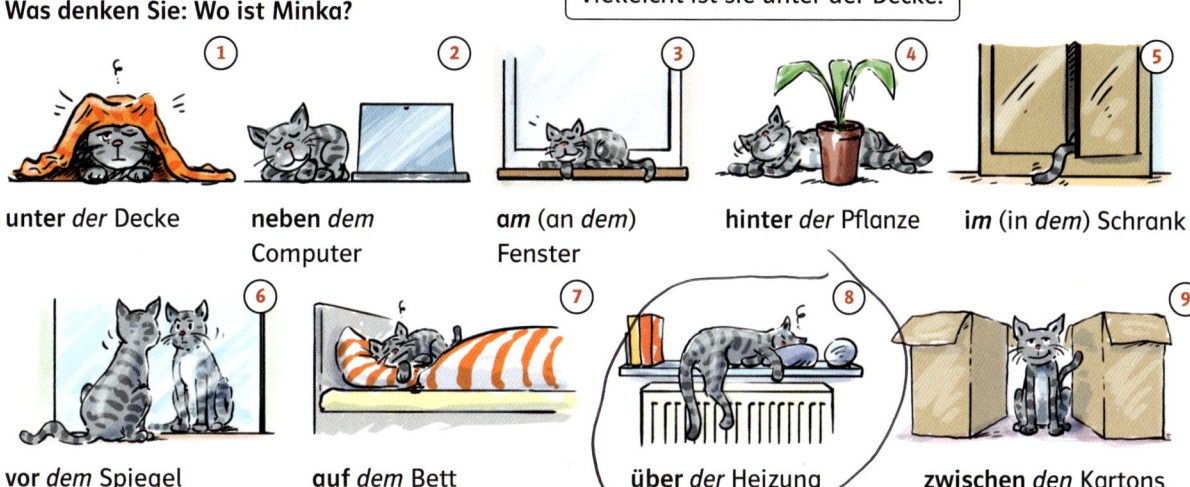

1. **unter** *der* Decke
2. **neben** *dem* Computer
3. **am** (an *dem*) Fenster
4. **hinter** *der* Pflanze
5. **im** (in *dem*) Schrank
6. **vor** *dem* Spiegel
7. **auf** *dem* Bett
8. **über** *der* Heizung
9. **zwischen** *den* Kartons

c Hören Sie. Wo schläft die Katze? Kreuzen Sie das richtige Bild in 4b an.

d Hören Sie die Sätze. Ergänzen Sie die Präpositionen.

1. Die Katze liegt _im_ Karton.
2. Die Katze steht _vor_ dem Spiegel.
3. Die Katze sitzt _auf_ dem Sessel.
4. Oder liegt sie da _unter_ dem Fenster?
5. Vielleicht schläft sie hier _auf_ dem Stuhl _neben_ dem Tisch?
6. Minka liegt bestimmt _im_ Schrank.
7. Hier schläft sie _zwischen_ den Kartons.
8. Alles falsch. Sie liegt _auf_ dem Regal _über_ der Heizung.

G

Position

Wo? → Präposition + Dativ
Die Katze <u>sitzt</u> **vor** *dem* Spiegel /
am Fenster / **im** Schrank.

stehen | hängen 
liegen  | sitzen

e Wo *steht / liegt / hängt / sitzt* …? Schreiben Sie Sätze.

 A
 B
 C
 D
 E

A: Das Buch liegt auf dem Tisch. Das Handy …

f Üben Sie mit Gegenständen im Kursraum.

Wo liegt das Buch?

Auf dem Kopf.

5 Wohin mit den Möbeln?

a Lesen Sie die Fragen. Unterstreichen Sie die Verben. Schreiben Sie die Verben zu den Bildern.

1. Wohin stellen wir den Schrank?
2. Wohin legen wir den Teppich?
3. Wohin hängen wir die Lampe?
4. Wohin setzen wir den Hund?

 an die Wand ....  auf den Boden ....

 an die Decke ....  auf das Bett ....

b Wohin kommen die Sachen? Ergänzen Sie das Verb. Hören Sie zur Kontrolle.

 1  2  3  4

Wir .... den Sessel neben den Tisch.
Wir .... den Teppich vor das Bett.
Wir .... das Bild an die Wand.
Wir .... Hasi auf den Stuhl.

Aktion

Wohin? → Präposition + Akkusativ
Wir <u>legen</u> den Teppich **in den** Flur / **ans** Fenster / **ins** Wohnzimmer.

---

c Schreiben Sie Sätze. Achten Sie auf die Artikel.

Wer?	Verb	Was? (Akkusativ)	Wohin? (Präposition + Akkusativ)
Wir	stellen • legen •	der Tisch • der Spiegel • das Bett •	die Küche • der Keller • der Flur •
Ich	hängen • setzen	der Sessel • das Bild • der Teppich •	das Schlafzimmer • das Bad • ...
Eleni ...		die Mikrowelle • die Lampe • ...	

Wir stellen den Tisch in den Flur.

d Eleni und ihre Freunde haben zu viele Dinge in ihrer WG. Was können sie machen? Machen Sie Vorschläge.

Sie haben zwei Staubsauger. Sie können einen Staubsauger in den Keller stellen oder verschenken.

Sie haben
- zwei Staubsauger
- drei Regale
- zwei Kaffeemaschinen
- vier Lampen
- zwei Schränke
- sieben Stühle

in den Keller stellen
auf den Balkon legen
...

verkaufen
verschenken
wegwerfen

6 Alles ist fertig.

a Sehen Sie das Foto an. Wie gefällt Ihnen das Zimmer?

Gefallen/Missfallen äußern

Mir gefällt das Zimmer (nicht) …, weil …
Ich finde das Zimmer sehr schön / gut /
zu groß / zu klein / toll / …
Es gibt keinen/kein/keine …
Es gibt (zu) viele / (nur) wenig(e) …

Aktion
Perfekt regelmäßig
hängen → hat gehängt

Position
Perfekt unregelmäßig
hängen → hat/ist gehangen

b Lesen Sie die E-Mail. Wie gefällt Eleni ihr Zimmer und warum?

Liebe Leute,

ihr wartet schon so lange auf Nachrichten von mir. Aber ihr wisst ja, ich bin umgezogen und hatte viel Arbeit. Meine neue Unterkunft ist in einer WG. Ich habe sie ohne Makler gefunden und musste keine Kaution bezahlen. Die Miete ist niedrig und nebenan ist ein Supermarkt. Mein Zimmer gefällt mir. Es ist hell und freundlich. Die meisten Möbel habe ich mitgenommen. Mein Bett habe ich an das Fenster gestellt. Dort ist es schön hell. Und auf das Bett habe ich drei Kissen gelegt. Meine Bilder habe ich noch nicht an die Wand gehängt. Das mache ich nächste Woche. Meine Mitbewohner Dana und Fabian sind total nett. Sie lieben meine Katze. Fabian will jetzt auch ein Haustier, einen Vogel. Aber Minka liebt Vögel auch sehr 😉.
Seid ihr jetzt neugierig? Vielleicht möchtet ihr mich mal besuchen? Wann kommt ihr?

Liebe Grüße
Eleni

c Sehen Sie das Foto in 6a an und lesen Sie die Mail noch einmal. Fragen und antworten Sie.

> Wo wohnt Eleni jetzt?   > Wohin hat Eleni das Bett gestellt?   > Wo steht …?

d Schreiben Sie Eleni eine Antwort. Schreiben Sie etwas zu diesen Punkten:

• Sagen Sie etwas über Elenis Zimmer.
• Danken Sie Eleni für die E-Mail.
• Wann können Sie Eleni besuchen?

1. Überlegen Sie eine passende Reihenfolge für die Punkte.
2. Vergessen Sie Anrede und Gruß nicht.
3. Variieren Sie den Satzanfang.

UND SIE?

Wo sind Ihre Möbel und Sachen? Wohin stellen Sie was? Wählen Sie.

Ihre Wohnung   **Ihr Arbeitsplatz**

> Ich stelle meinen Kinderwagen immer vor die Wohnungstür.

> Meine Brille liegt immer vor dem Computer.

> Mein Fahrrad steht im Winter immer in der Garage.

7 Ich brauche Platz!

🎧 1.23   **a** Wohin mit den Möbeln? Hören Sie das Gespräch in der WG. Kreuzen Sie an.

		R	F
1. Eleni hat genug Platz für ihre Möbel.		○	○

2. Eleni soll die Möbel ○ auf dem Flohmarkt verkaufen.
   ○ verschenken.
   ○ im Internet verkaufen.

		R	F
3. Fabian möchte Elenis Lampe kaufen.		○	○

4. Die Lampe ○ kostet 25 €.
   ○ kostet 10 €.
   ○ kostet nichts.

b Lesen Sie Elenis Anzeigen. Was ist gut an den Angeboten (+), was ist nicht so gut (–)? Machen Sie Notizen.

Regal

Preis (Euro): 25,–
Breite (cm): 80
Tiefe (cm): 28
Höhe (cm): 202

EURO: [ ] Bieten

Beschreibung:
Ich bin umgezogen und verkaufe ein Regal aus Holz. Das Regal ist gebraucht, aber in Ordnung. Hinten ist es ein bisschen kaputt, aber das ist nicht schlimm. Sie müssen das Regal bei mir in München abholen. Mit der Post verschicken ist zu teuer. Für die Portokosten können Sie auch ein neues Regal kaufen.

+ nur 25,– Euro
...

Kaffeemaschine

Preis (Euro): 12,–
Marke: TOP 325

EURO: [ ] Bieten

Beschreibung:
Ich verkaufe meine Kaffeemaschine mit zwei kleinen Tassen. Die Maschine ist circa 3 Jahre alt. Sie funktioniert noch sehr gut.
Der Kaffee schmeckt gut. Aber die Kanne ist aus Plastik und sieht nicht mehr neu aus. Man kann sie nicht in die Mikrowelle stellen.

– in München abholen

Kühlschrank

3***-Gefrierfach
Preis (Euro): 30,–
Energieklasse: E

EURO: [ ] Bieten

Beschreibung:
Der Kühlschrank funktioniert sehr gut, aber er verbraucht viel Strom. Er hat unten eine praktische Gemüseschublade und oben ein Gefrierfach.

Nur für Selbstabholer!

c Sie wollen etwas verkaufen. Beschreiben Sie das Produkt (Farbe, Alter, Preis …).
Hängen Sie Ihr Angebot im Kursraum auf.

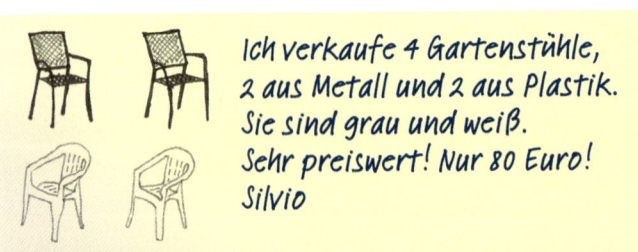 Ich verkaufe 4 Gartenstühle, 2 aus Metall und 2 aus Plastik. Sie sind grau und weiß. Sehr preiswert! Nur 80 Euro!
Silvio

Wer will meinen Schlafzimmerschrank haben?
Er kostet <u>nichts</u>. ☺
2 Meter hoch.
Farbe: braun. Bitte bei mir abholen.
Lydia

d Welchen Gegenstand wollen Sie kaufen?
Lesen Sie die Angebote im Kurs.
Suchen Sie den Verkäufer / die Verkäuferin
und verhandeln Sie.

> Ich möchte deine Gartenstühle kaufen. Ich gebe dir 15 Euro.

> Was? Sie sind fast neu!

20   zwanzig

8 Aufgaben in der WG

a Ordnen Sie die Wörter zu.

die Leiter   der Strom   der Elektriker   die Glühbirne

🎧 1.24   **b** Hören Sie das Gespräch und beantworten Sie die Fragen.

1. Was macht Eleni?   2. Wo hat sie das gelernt?

🎧 1.24   **c** Hören Sie noch einmal und kreuzen Sie an: richtig oder falsch?

	R	F
1. Die Lampe in der WG war kaputt.	☐	☐
2. Eleni hat den Strom abgeschaltet.	☐	☐
3. Am Ende funktioniert die Lampe.	☐	☐
4. Eleni ist in der WG für Strom und Elektrogeräte verantwortlich.	☐	☐
5. Dana hat heute die Küche geputzt.	☐	☐
6. Fabian muss das Bad sauber machen.	☐	☐

d Welche Aufgaben gibt es im Haushalt? Lesen Sie und sammeln Sie weitere Aufgaben im Kurs.

das Geschirr spülen   den Müll wegbringen   die Pflanzen gießen   Elektrogeräte reparieren   …

e Was machen Sie im Haushalt gerne? Was machen Sie nicht so gerne? Sprechen Sie.

> Ich putze nicht gerne die Fenster. Aber ich bügele gerne.

VORHANG AUF

Planen und spielen Sie Dialoge.

A Sie ziehen zusammen in eine WG. Was brauchen Sie, was brauchen Sie nicht? Diskutieren Sie.

> Wir brauchen unbedingt noch einen Staubsauger.

B Sie richten zusammen ein WG-Zimmer ein.

> Stellen wir den Schrank neben die Tür?

> Nein, lieber ans Fenster.

C Sie wohnen zusammen in einer WG. Verteilen Sie die Aufgaben.

> Und wer putzt diese Woche das Bad?

> Du bist dran.

einundzwanzig   21

ÜBUNGEN

1 Eleni zieht um.

a Wohnzimmer, Küche oder Schlafzimmer? Finden Sie Wörter und ordnen Sie zu.
Notieren Sie auch den Plural.

Wohnzimmer:
das Regal – die Regale

Küche: ...

🎧 1.25 **b** Beatas Umzug – Hören Sie. Welche Dinge hat Beata in ihre neue Wohnung mitgenommen? Kreuzen Sie an.

☐ Teppich ☐ Sofa ☐ Tisch ☐ Bücherregal ☐ Schrank
☐ Kühlschrank ☐ Regal ☐ Lampe ☐ Stühle

2 Der Umzug

a Verbinden Sie die Sätze mit *weil*. Schreiben Sie wie im Beispiel.

1. Ich ziehe bald um,
2. Meine Freunde helfen mir,
3. Ich nehme nicht alle Möbel mit,
4. Die alte Wohnung war zu klein,
5. Ich habe jetzt eine Wohnung mit Balkon,
6. Ich habe auch einen Platz in der Garage,

ich / im Sommer / draußen / frühstücken wollen / .
ich / viele Dinge / neu / kaufen wollen / .
ich / meine Möbel / nicht allein / tragen können / .
ich / eine tolle Wohnung / gefunden haben / .
ich / gerade / ein Auto / gekauft haben / .
ich / immer / viel Besuch / bekommen haben / .

1. Ich ziehe bald um, weil ich eine tolle Wohnung gefunden habe.

b Warum nicht? Antworten Sie mit *weil*-Sätzen im Perfekt.

sie heute nicht gearbeitet haben   ich eine Freundin besucht haben
er mir nicht gefallen haben   ~~er in den Urlaub gefahren sein~~   der Bus so lange gebraucht haben

1. Warum hast du den Chef nicht angerufen? — *Weil er in den Urlaub gefahren ist.*
2. Warum bist du nicht zum Deutschkurs gekommen? ....
3. Warum hast du nicht mit deiner Kollegin gesprochen? ....
4. Warum bist du so spät nach Hause gekommen? ....
5. Warum hast du den Schrank nicht gekauft? ....

3 Aussprache: Satzakzent

🎧 1.26 **Hören Sie den Text. Markieren Sie in jedem Satz den Satzakzent. Lesen Sie den Text laut.**

Meine Wohnung ist ganz **neu**. Sie ist groß und hell. Sie hat zwei Zimmer, eine Küche und ein Bad.
Mein Wohnzimmer ist hell und gemütlich. Die Küche ist modern und nicht zu groß. Meine Wohnung hat
auch einen Balkon. Er ist klein und dort ist es sehr ruhig. Ich sitze oft auf meinem Balkon, trinke Kaffee
und lese Zeitung. Ich bin sehr glücklich.

4 Die Suche

a Schreiben Sie die Wörter richtig. Notieren Sie auch den Artikel.

1. tBet _das Bett_
2. nisKse ....
3. aofS ....
4. cisTh ....
5. dWna ....

6. kahrScn ....
7. Ssesle ....
8. nguzieH ....
9. gRale ....
10. konalB ....

b Wo ist …? Schreiben Sie die Präpositionen.

auf

   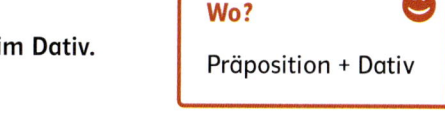

zwischen • hinter • unter • über • auf • vor • neben • an • im

c Sehen Sie die Bilder in 4b an. Ergänzen Sie den Artikel im Dativ.

Wo? 😊
Präposition + Dativ

1. Die Puppe sitzt auf _dem_ Bett.
2. Das Buch liegt unter .... Kissen.
3. Der Tisch steht vor .... Sofa.
4. Die Lampe hängt über .... Tisch.
5. Der Schrank steht an .... Wand.
6. Die Bücher stehen in .... Schrank.
7. Die Pflanze steht hinter .... Sessel.
8. Der Sessel steht neben .... Heizung.
9. Der Fernseher hängt zwischen .... Regalen.

d *Hängen – liegen – stehen – sitzen*? Ergänzen Sie die Verben.

Liebe Katharina,

endlich bin ich umgezogen. Meine Wohnung ist richtig groß. Ich habe ein Wohnzimmer.

Es ist sehr gemütlich. Vor dem Fenster (1) _liegt_ ein Teppich. Auf dem Teppich

(2) .... ein Tisch. Über dem Tisch (3) .... eine Lampe. Mein Sofa

(4) .... hinter dem Tisch an der Wand. Auf dem Sofa (5) .... oft meine

Katze Morli und schläft. Sie findet mein Wohnzimmer auch toll ☺. Meine Bilder (6) ....

über dem Sofa an der Wand. Das sieht sehr schön aus. Und meine Bücher haben auch alle

Platz. Sie (7) .... im Bücherregal. Vielleicht möchtest du mich mal besuchen?

Liebe Grüße

Anna

e Wo ist was bei Ihnen? Schreiben Sie Sätze. Achten Sie auf die Artikel.

Mein Handy Mein Kalender	stehen	in über	der Schreibtisch die Wand
Mein Fahrrad	sitzen	hinter an	der Sessel
Mein Computer	hängen	auf unter	die Garage der Tisch
Meine Tasche		zwischen	der Keller das Bett
Mein Kursbuch ...	liegen	vor neben	das Sofa der Schrank ...

Mein Handy liegt unter dem Sofa.

5 Wohin mit den Möbeln?

a Antworten Sie auf die Fragen. Schreiben Sie Sätze.

1. Wohin stellen Rita und Joe den Schrank? (in / der Keller)
2. Wohin hängen sie das Bild? (an / die Wand)
3. Wohin legen sie den Teppich? (unter / der Tisch)
4. Wohin stellen sie die Bücher? (in / das Regal)
5. Wohin legen sie die Kissen? (auf / das Sofa)
6. Wohin hängen sie die Lampe? (über / der Tisch)
7. Wohin setzen sie das Baby? (auf / der Stuhl)
8. Wohin stellen sie den Schreibtisch? (vor / das Fenster)

> **Wohin?** 😊
> Präposition + Akkusativ

1. Sie stellen den Schrank in den Keller.

b Welches Verb ist richtig? Markieren Sie.

So ein Chaos!

John bekommt gleich Besuch. Er muss sein Zimmer noch aufräumen. Was macht er? Er (1) steht/**stellt** die Stühle an den Tisch. Dann (2) legt/liegt er seine Sachen in den Schrank. Er (3) stellt/steht die Bücher in das Regal.

Jetzt sieht alles besser aus:

Die Stühle (4) stellen/stehen am Tisch, die Sachen (5) liegen/legen im Schrank und die Bücher (6) stehen/stellen im Regal.

Dann (7) legt/liegt er noch die Kissen auf das Sofa und (8) sitzt/setzt die Katze auf das Kissen. Danach (9) stellt/steht er die Teller in die Küche. Und zum Schluss (10) legt/liegt er die Zeitung auf den Tisch. Dann kontrolliert er noch einmal: Ist alles in Ordnung? Ja. Die Kissen (11) legen/liegen jetzt auf dem Sofa. Die Katze (12) sitzt/setzt auf dem Kissen. Die Teller (13) stellen/stehen in der Küche. Und die Zeitung (14) liegt/legt jetzt auf dem Tisch.

6 Alles ist fertig.

a *Wohin hast du ... gelegt/gestellt/gehängt?* Schreiben Sie Fragen und Antworten.

Was?		Wohin?
das Bild der Teppich der Fernseher die Mikrowelle der Spiegel der Computer die Pflanze der Schrank	legen hängen stellen	die Wand der Schreibtisch das Bad das Fenster das Kinderzimmer die Küche das Schlafzimmer das Wohnzimmer

Wohin hast du den Schrank gestellt? – Ins Schlafzimmer.
Wohin hast du ...

🎧 1.27–30 **b** Sie hören vier kurze Texte je einmal. Kreuzen Sie an: ⓐ, ⓑ oder ⓒ.
P

1. Welches Möbel ist neu?

ⓐ    ⓑ    ⓒ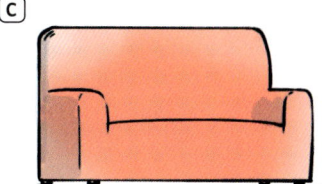

2. Welches Regal kauft Frau Schmidt?

ⓐ 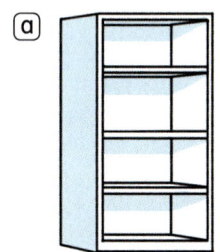   ⓑ 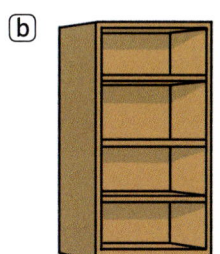   ⓒ

3. Was ist kaputt?

ⓐ 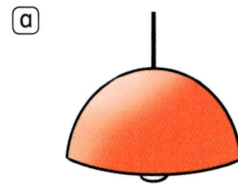   ⓑ    ⓒ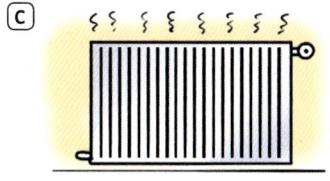

4. Wohin stellen die Männer den Schrank?

ⓐ    ⓑ    ⓒ

7 Ich brauche Platz!

a Lesen Sie die Anzeigen und ergänzen Sie die Wörter.

A

Ich (1) **verkaufe** mein Sofa. Die (2) .... ist blau. Auf dem Sofa können drei Personen sitzen. Eine Person kann auf dem Sofa auch (3) .... Das Sofa (4) .... noch ganz neu .... (5) .... ist jetzt drei Jahre alt. Das Sofa soll 100 € (6) ....

kosten
schlafen
aussehen
~~verkaufe~~
Farbe   Es

B

neu
abholen
nichts
stellen
alt
Sachen

Ich habe eine neue Wohnung und zu viele (1) .... Eine Mikrowelle und einen Schrank verkaufe ich. Den Schrank kann man in ein großes Wohnzimmer (2) .... Er ist noch wie (3) .... Man muss ihn in Köln (4) .... Die Mikrowelle ist fünf Jahre (5) .... Sie kostet (6) ....

C

Wer (1) .... einen Schreibtisch? Ich möchte ihn sofort verkaufen.
Er braucht nicht viel Platz und ist sehr (2) ....
Der Tisch ist (3) .... und nicht sehr (4) ....

braucht
weiß
praktisch
groß

b Lesen Sie den Text und die Aussagen 1 bis 5. Kreuzen Sie an: richtig oder falsch?

Deutsche kaufen gerne online ein

Einkaufen im Internet ist sehr praktisch, weil es keine Öffnungszeiten gibt. Online-Shops sind 24 Stunden jeden Tag in der Woche geöffnet. Man kann von zu Hause fast alles bestellen. Die Sachen kommen dann direkt nach Hause. Besonders wichtig ist der Preis. Im Internet sind die Produkte oft billig. Aber manchmal gibt es beim Einkauf im Internet auch Probleme, weil man das Produkt nicht genau ansehen kann. Im Geschäft kann man die Schuhe anprobieren und die Verkäuferin kann dem Kunden helfen. Im Internet geht das nicht. Oft muss man das Produkt zurückschicken, weil es nicht passt oder weil es einen Fehler hat. Dann bekommt man sein Geld zurück.

Besonders oft kaufen die Deutschen im Internet Kleidung, Sportsachen, Bücher und Spiele für ihre Kinder. Fast 50 Prozent kaufen auch ihre Urlaubsreise oder Tickets für Kino, Konzerte oder Theater im Internet.

	R	F
1. Die Geschäfte im Internet haben 12 Stunden geöffnet.	☐	☐
2. Die Produkte im Internet sind immer sehr billig.	☐	☐
3. Im Internet bekommt man keine Hilfe von Verkäufern.	☐	☐
4. Die Kunden kaufen oft im Internet Bücher und anderes.	☐	☐
5. Kinder kaufen im Internet gerne Spiele.	☐	☐

ÜBUNGEN 2

8 Aufgaben in der WG

a Welches Verb passt? Ordnen Sie zu. Es gibt mehrere Möglichkeiten.

bügeln • putzen • wegbringen • reparieren • spülen • gießen • ~~kochen~~ • aufräumen

1. Essen   kochen
2. eine Lampe ....
3. die Küche ....
4. die Wäsche ....
5. den Müll ....
6. die Pflanzen ....
7. das Geschirr ....
8. das Bad ....

b Lesen Sie die E-Mail von Daniel. Was ist positiv? Was ist negativ? Markieren Sie.

Hallo …,

danke für deine E-Mail. Ja, du hast richtig gelesen: Ich wohne jetzt in einer WG ☺. Wir sind vier Leute. Alle sind nett und wir haben viel Spaß. Aber manchmal gibt es auch Probleme, zum Beispiel beim Putzen. Meine Mitbewohner putzen nicht gerne. Heute habe ich einen Plan gemacht. Jetzt weiß jeder, wann er putzen muss ☺. Wie ist das bei dir? Schreib mal.

Liebe Grüße, Daniel

c Schreiben Sie Daniel eine Antwort.   *Lieber Daniel, …*

LEICHTER LERNEN: Wiederholen

a Wiederholen Sie regelmäßig Wörter. Eine gute Methode sind Wortfelder. Ergänzen Sie die Mindmap zum Wortfeld *Wohnen*.

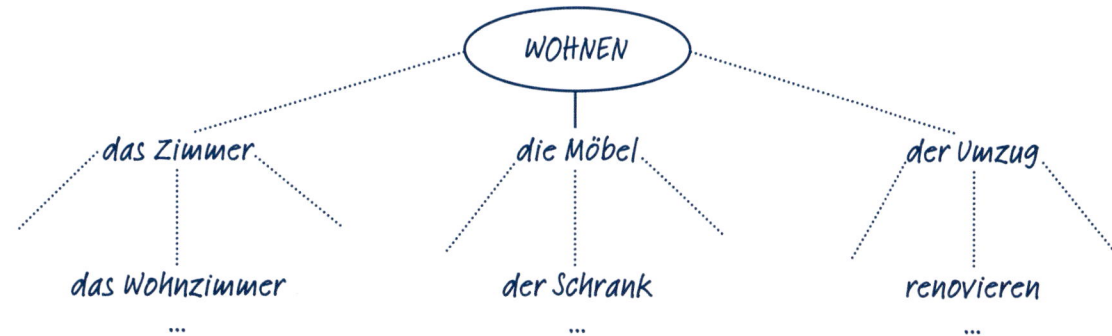

b Machen Sie eine Mindmap zum Thema *Arbeit*, *Freizeit* oder *Familie*.

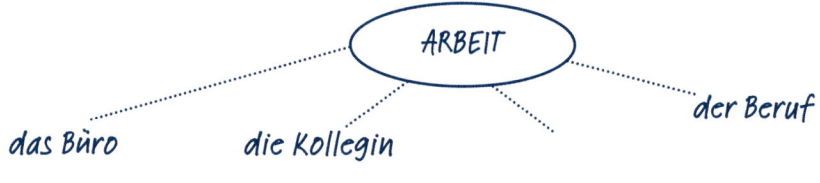

> Nach Konsonanten und Doppelvokalen steht fast immer z, nicht tz!

RICHTIG SCHREIBEN: Wörter mit *z* und *tz*

Ergänzen Sie *z* oder *tz*.

si........en • der Pla........ • die Schwei........ • pu........en • ankreu........en • tan........en •

fünf........ig • kur........ • die Ka........e • der Spi........er • Fran........ösisch • schwar........

Mein Deutsch nach Kapitel 2

Das kann ich:

Möbelstücke benennen

Schreiben Sie die Wörter mit Artikel.
Ergänzen Sie noch vier Wörter. Sprechen Sie.

> Hast du ein Sofa?

> Nein, ich habe kein Sofa. Ich habe ein Bett. Hast du …?

ein Zimmer / eine Wohnung beschreiben

stehen   sitzen   liegen   hängen

Beschreiben Sie Ihr Zimmer.

Mein Zimmer ist klein. Neben der Tür steht das Sofa …

über Umzugserfahrungen sprechen

Wie oft bist du umgezogen?
Was hast du alles mitgenommen?
Wohin hast du die Möbel gestellt?

Fragen und antworten Sie.

> Wie oft bist du umgezogen?

> Ich bin erst einmal umgezogen.

ein Möbelstück oder einen Gegenstand verkaufen

Welche Farbe?
Wie alt?
Welcher Preis?

Schreiben Sie ein Angebot.

Wer will meine(n) …?
Er/Sie kostet …

www → A2/K2

Das kenne ich:

(G)

Die Wechselpräpositionen

unter   neben   an   hinter   in   vor   auf   über   zwischen

Nebensatz mit *weil* im Perfekt und mit Modalverben

Hauptsatz	Nebensatz Konnektor		Verb: Ende	
Eleni hat so viele Möbel,	weil	sie in einem Möbelhaus	gejobbt	hat .
Eleni hat Glück,	weil	die Mieter Haustiere	haben	dürfen .

Aktion

Wohin? → Präposition + Akkusativ

Wir legen den Teppich   in den Flur.
Sie stellt die Vase   ans (an das) Fenster.
Er hängt die Lampe   an die Decke.
Ich setze das Plüschtier   ins (in das) Wohnzimmer.

Position

Wo? → Präposition + Dativ

Die Katze liegt   auf dem Teppich.
Die Vase steht   am (an dem) Fenster.
Die Lampe hängt   an der Decke.
Der Hund sitzt   im (in dem) Wohnzimmer.

HALTESTELLE

1 Kopf oder Zahl

Spielen Sie zu zweit oder zu viert (in zwei Paaren).

1. Werfen Sie eine Münze. Kopf: Sie gehen einen Schritt. Zahl: Sie gehen zwei Schritte.

2. Sie wählen eine Aufgabe: blaues Feld = blaue Aufgabe, gelbes Feld = gelbe Aufgabe.

3. Sie lösen die Aufgabe: Richtig? Sie dürfen bleiben. Falsch? Sie müssen auf das letzte Feld zurück.

4. Jetzt ist die andere Gruppe dran. ⚠ Sie können jede Aufgabe nur einmal im Spiel verwenden.

Start → 1 2 3 4 5 6 7 8 9 10 11 → 12
Ziel ← 23 22 21 20 19 18 17 16 15 14 13

Ergänzen Sie: *Ich bin nach der Arbeit müde, weil …*	Thema *Supermarkt* – Sagen Sie fünf Nomen mit Artikel.
Was schenken Sie gerne?	Wie heißt das Perfekt von *fliegen, lesen, essen, trinken, fahren*?
Ergänzen Sie: *Ich möchte jetzt eine Pause machen, weil …*	Thema *Essen* – Sagen Sie drei Nomen mit Artikel, drei Verben und drei Adjektive.
Laden Sie jemanden zum Essen ein.	Ergänzen Sie die Präpositionen: … *12 Uhr*, … *Samstag*, … *Mai*.
Ihr Freund hat eine Arbeit gefunden. Was sagen Sie?	Imperativ – Sagen Sie die Du-Form von *gehen, warten, nehmen, kommen*.
Sie kommen zu spät zu einer Einladung. Was sagen Sie?	Wie heißt der Satz? *die Chefin / schreiben / ihre Mitarbeiterin / eine SMS / .*
Stellen Sie sich vor: Name, Alter, Herkunft, Wohnort, Hobby.	Wie heißt der Satz? *arbeiten / ich / bis 5 Uhr / müssen / heute / .*
Wie oft sind Sie schon umgezogen?	Sagen Sie fünf Möbelstücke mit Artikel.
Beschreiben Sie Ihr Wohnzimmer.	Ergänzen Sie den Satz: *Die Katze sitzt zuerst vor … Spiegel. Später setzt sie sich auf … Bett.*
Thema *Wohnen* – Was gefällt Ihnen? Was gefällt Ihnen nicht?	Bilden Sie je einen Satz mit *stellen, stehen, legen, liegen*.
Arbeiten in der Wohnung – Was machen Sie gerne? Was machen Sie nicht so gerne?	Wie heißen die Artikel und die Pluralformen von *Teppich, Kühlschrank, Herd, Uhr, Sofa*?
Wo steht was in Ihrer Küche?	Verbinden Sie die Sätze mit *weil*: *Er ist froh. Er hat eine neue Wohnung.*
Sie wollen etwas verkaufen. Beschreiben Sie den Gegenstand.	Bilden Sie je einen Satz mit *setzen, sitzen, hängen*.

2 Sprechtraining

🎧 1.31 **a** Betonung – Hören Sie den Text. Was stimmt hier nicht?

🎧 1.32 **b** Lesen Sie den Text laut. Welche Informationen betonen Sie? Welche Informationen betont Ihr Partner / Ihre Partnerin? Es gibt mehrere Möglichkeiten. Hören Sie dann unsere Version und vergleichen Sie.

Ich bin total froh, weil ich eine Wohnung gefunden habe. Die Wohnung ist klein, aber hell, und das Stadtviertel ist wunderschön. Es gibt kleine Läden, einen Park und einen Spielplatz für meinen Sohn.

c Wählen Sie einen Text aus Kapitel 1 oder 2 und lesen Sie ihn laut vor. *oder* Schreiben Sie einen eigenen Text und lesen Sie ihn laut vor.

HA-1 **3 Beruf – Arbeitsalltag**

1.33–36 **a** Sehen Sie die Bilder an und hören Sie. Welcher Dialog passt zu welchem Bild? Was ist das Problem?

A ☐   B ☐   C ☐   D ☐

1.33–36 **b** Hören Sie noch einmal. Sind die Personen freundlich ☺ oder unfreundlich ☹? Kreuzen Sie an.

der Rezeptionist im Hotel	Herr Meyer, Firma Elektrik	die Verkäuferin an der Kasse	der Chef
☺ ☹	☺ ☹	☺ ☹	☺ ☹

c Lesen Sie den Text. Welche Probleme haben die Personen im Berufsalltag? Wie lösen sie die Probleme? Ergänzen Sie die Tabelle unten in Ihrem Heft.

Umfrage: Wie gehen Sie mit Stress im Beruf um?

Im Berufsalltag gibt es viele Probleme. Wir haben Leute gefragt: „Wie reagieren Sie?"

Maria Veltner arbeitet seit fünf Jahren an der Kasse in einem Supermarkt. „Das ist ein harter Job. Manchmal ist es langweilig, aber am Abend kommen dann ganz viele Kunden. Sie wollen schnell einkaufen und dann nach Hause. Manchmal sind Kunden verärgert, weil sie an der Kasse warten müssen. Ich bleibe aber immer freundlich. Warum soll ich mich ärgern?"
Maria Veltner, Verkäuferin

Jorgos Panopulos arbeitet an der Rezeption in einem Hotel in Berlin. „Viele Gäste sind sehr zufrieden und kommen immer wieder. Aber es gibt auch Probleme. Ein Gast findet zum Beispiel ein Zimmer zu laut oder der Kaffee schmeckt ihm nicht ... Ich höre dem Gast gut zu und suche eine Lösung. Die meisten Gäste sind zufrieden, weil ich ihnen helfe. Aber manchmal kann ich nichts tun. Dann muss ich meinen Chef rufen."
Jorgos Panopulos, Rezeptionist

Ralf Meyer ist Chef von einem Elektrounternehmen und hat fünf Mitarbeiter. „Manchmal kommt ein Elektriker zu spät und der Kunde muss warten und ruft verärgert in der Firma an. Ich rufe dann sofort meinen Mitarbeiter auf dem Handy an und frage, was los ist. Oft hat er für eine andere Arbeit mehr Zeit gebraucht. Ich entschuldige mich dann bei dem Kunden. Die meisten Kunden verstehen das."
Ralf Meyer, Elektrikermeister

Kennen Sie ähnliche Situationen? Wie reagieren Sie? Schreiben Sie uns.

Name	Beruf	Problem	Lösung
Maria Veltner	Verkäuferin	Kunden müssen warten	

d Spielen Sie zu zweit die Situationen aus 3a freundlich.   **oder**   Schreiben Sie einen Text wie in 3c.

TESTTRAINING

HALTESTELLE **A**

Die Testtrainings A bis H in Linie 1 A2 bereiten Sie auf den Deutsch-Test für Zuwanderer, auf das Goethe-Zertifikat A2 und auf telc Deutsch A2 vor.
Alle drei Prüfungen haben vier Teile: Hören, Lesen, Schreiben und Sprechen. In den Testtrainings A bis H und in den Übungsteilen von Kapitel 1 bis 16 üben Sie alle Aufgaben aus den Prüfungen. Eine Übersicht über alle Aufgaben finden Sie auf S. XXIV.
Unter www.klett-sprachen.de, www.telc.net und www.goethe.de finden Sie komplette Modelltests.

1 Hören – Telefonansagen

🎧 1.37

So sieht die Aufgabe in der Prüfung aus:
Sie hören fünf Ansagen am Telefon. Zu jedem Text gibt es eine Aufgabe. Ergänzen Sie die Telefonnotizen. Sie hören jeden Text zweimal.

→ Lesen Sie die Telefonnotizen vor dem Hören genau.
→ Hören Sie: Welche Informationen fehlen?
→ Schreiben Sie am besten immer etwas. Sie können ein Wort auch falsch schreiben.
→ Schreiben Sie Ihre Antworten immer auf den Antwortbogen. Nur diese Antworten zählen!

Beispiel

0 Frau Lorenz

im Supermarkt arbeiten

Zeit: morgen ab
10 Uhr

3 Praxis Dr. Neubert

neuen Termin machen

Telefonnummer:
....

1 Nils

Einladung zum Essen

bitte mitbringen:
....

4 Herr Kaulbach

morgen Möbel ansehen

Was?
.... und Tisch

2 Vermieterin

Schlüssel abholen

Termin:
.... um 12 Uhr

5 Reisebüro

Flug nach Istanbul

Preis heute:
.... €

einunddreißig 31

HA-2 **2 Sprechen – sich vorstellen**

a **Lesen Sie die Informationen und üben Sie.**

So sieht die Aufgabe in der Prüfung aus: *So können Sie üben:*

Stellen Sie sich vor. Sprechen Sie über folgende Punkte.

Name?
Alter?
Land?
Geburtsort?
Wohnort?
Arbeit / Beruf?
Familie?
Sprachen?
Hobby?

→ Lesen Sie zuerst die Wörter links genau.
→ Schreiben Sie dann Ihre Vorstellung auf Deutsch. Sie müssen nicht zu jedem Wort etwas sagen, aber schreiben Sie mindestens sechs Sätze.
→ Bitten Sie jemand, dass er/sie Ihren Text korrigiert.
→ Lesen Sie Ihren Text laut.
→ Nutzen Sie die Wörter links und sprechen Sie.

⚠ In der Prüfung müssen Sie frei sprechen!

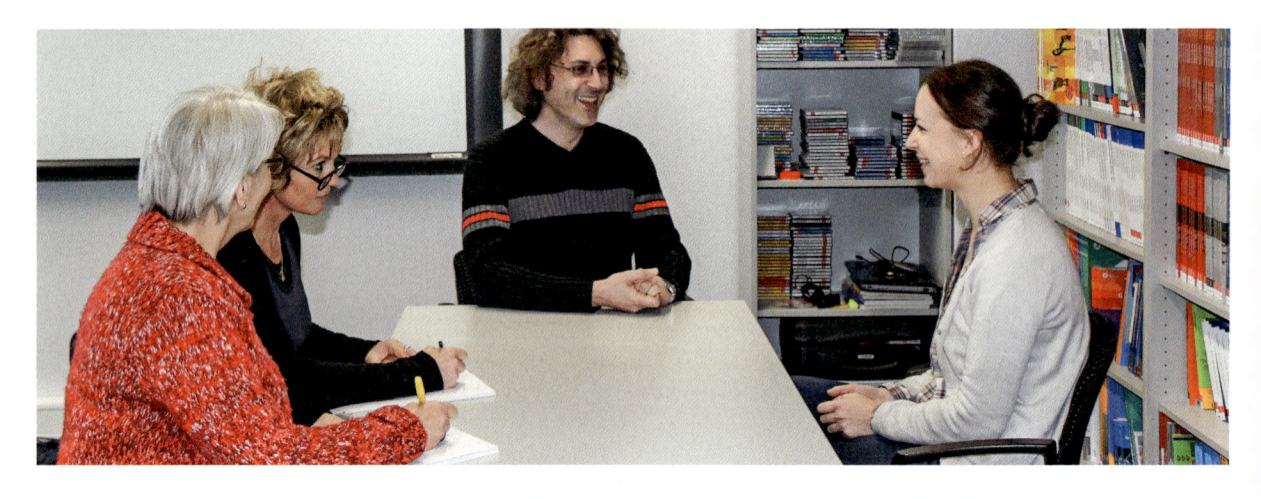

> Herzlich willkommen zur Prüfung. Zuerst stellen Sie sich bitte kurz vor.
> Die Wörter hier helfen Ihnen. Ich gebe Ihnen ein Beispiel:
> Mein Name ist Gundula Ebers. Ich bin 42 Jahre alt ... Ich komme aus Deutschland und bin in Stuttgart geboren, aber ich wohne schon seit 16 Jahren in München. Hier arbeite ich als Deutschlehrerin. Ich habe eine Tochter, sie ist 14 Jahre alt. Ich spreche natürlich Deutsch, dann noch Englisch, Spanisch und ein bisschen Türkisch. Meine Hobbys sind Wandern und Lesen. So, und jetzt Sie, bitte!

b **Nach der Vorstellung bekommen Sie noch Fragen. Üben Sie mit diesen Fragen.**

Wie ist Ihre Adresse?   Wo arbeiten Sie?   Was möchten Sie später einmal arbeiten?

Wie viele Kinder haben Sie?   Was machen Ihre Kinder?   Wo haben Sie Deutsch gelernt?

> Sie finden eine Frage zu privat? Dann sagen Sie: *Entschuldigung, diese Frage möchte ich nicht beantworten. Bitte geben Sie mir eine neue Frage.*

Bei der Arbeit – nach der Arbeit

3

1 Arbeit – Freizeit

a Die Fotos zeigen Aman Eid und Jana Barth. Was sagen die Fotos über die beiden? Machen Sie zwei Steckbriefe und sprechen Sie im Kurs.

Aman
Beruf: Techniker?
ungefähr 35 Jahre alt
...

Jana

Ich glaube, Aman ist Techniker von Beruf.

Vielleicht ist er Ingenieur.

🎧 1.38 – 39 **b** Hören Sie Jana Barth und Aman Eid. Vergleichen Sie mit Ihren Ideen aus 1a.

Sprechen über Kollegen sprechen; seine Meinung über andere Leute äußern; einen Termin vereinbaren; sagen, was man nach der Arbeit macht | **Hören** Gespräch unter Kollegen; Gespräch über Vereine | **Schreiben** Informationen in einer E-Mail erfragen | **Lesen** Beitrag in der Mitarbeiterzeitung; Kalendereinträge; E-Mail; Anzeigen | **Beruf** Betriebszeitung; Gespräche am Arbeitsplatz

33

2 Die Gewinner heißen Jana Barth und Aman Eid.

a Arbeiten Sie zu viert. Zwei lesen Text A und zwei lesen Text B. Notieren Sie Informationen zu diesen Stichpunkten.

Beruf oder Aufgabe in der Firma • Freizeitaktivitäten und Hobbys

Das sind die Mitarbeiter des Jahres

Seit 10 Jahren wählen wir bei SolarCom den Mitarbeiter und die Mitarbeiterin des Jahres. Auch in diesem Jahr haben Sie Vorschläge gemacht und die Geschäftsleitung hat aus Ihren Vorschlägen ausgewählt. Die Gewinner in diesem Jahr heißen Jana Barth und Aman Eid. Wir stellen sie vor.

A

Fast alle bei SolarCom kennen Jana Barth. Sie ist seit 15 Jahren in der Firma und organisiert erfolgreich die Arbeitspläne in ihrer Abteilung.
5 „Bei meiner Arbeit bin ich immer sehr konzentriert," sagt Frau Barth.
Sie plant die Arbeit von ihren Kollegen sehr genau und ist immer freundlich und hilfsbereit.
Aber das ist nicht alles. Frau Barth spielt auch in
10 unserem Volleyballteam und sie organisiert jedes Jahr unseren Betriebsausflug.
Frau Barth arbeitet Vollzeit. Neben ihrer Arbeit mit einigen Überstunden und ihrer Familie bleibt Frau Barth nur wenig Freizeit. Aber sie hat ein
15 Hobby: Kochen. Sie geht am Wochenende gerne einkaufen und kocht dann für ihre Familie, aber auch für Freunde und Kollegen. Ihre Menüs sind fantastisch.

B

Die Wahl von unserem Mitarbeiter Aman Eid freut besonders den Außendienst. Herr Eid arbeitet seit drei Jahren in unserer Firma. Er liefert, installiert
5 und repariert Solaranlagen im Inland und Ausland. „Wir können alle viel von ihm lernen", sagen seine Kollegen, „Aman kennt keine Probleme, er hat immer eine Lösung." Das
10 sehen die Kunden von SolarCom auch so.
In seiner Freizeit ist Herr Eid stundenweise in einem Schulprojekt aktiv. Bei diesem Projekt sollen Mädchen und Jungen Spaß an Technik bekommen. Herr Eid ist auch gerne mit seiner
15 Familie und mit seinen Freunden zusammen. Er arbeitet auch im Sportverein an seinem Wohnort mit. Er trainiert dort die Jugendmannschaft im Tischtennis.

Die beiden Gewinner haben eine Prämie von je 500 Euro bekommen und natürlich das „SolarCom Flugzeug". Auch wir von SolarComIntern gratulieren den beiden Gewinnern sehr herzlich.

b Fragen und antworten Sie in Ihrer Gruppe.

> Was ist Aman von Beruf?   Was macht … in der Freizeit?

c Lesen Sie beide Texte. Kreuzen Sie die Aussagen 1 bis 6 an: richtig oder falsch?

	R	F
1. Bei SolarCom gibt es zum ersten Mal *Mitarbeiter des Jahres*.	☐	☐
2. Die Geschäftsleitung wählt die Gewinner aus.	☐	☐
3. Jana hat nicht viel Freizeit.	☐	☐
4. Jana hat keine Hobbys.	☐	☐
5. Aman hat einen zweiten Beruf als Lehrer.	☐	☐
6. Aman macht viel für andere Menschen.	☐	☐

UND SIE?

Wie viel Zeit brauchen Sie für Ihren Beruf, für das Deutschlernen, für Ihre Familie und Ihre Freunde, für Sport und Freizeit … pro Woche? Sprechen Sie.

> Ich mache zwei Stunden Sport pro Woche. Ich …

K3-1 **3 Mit wem, von wem?**

a Possessivartikel im Dativ – Suchen Sie Beispiele in den Texten 2a und ergänzen Sie die Tabelle.

FOKUS Possessivartikel im Dativ

dem Mitarbeiter	Die Wahl von **unser**............ Mitarbeiter freut alle.
dem Team	Frau Barth spielt in **unser**............ Volleyballteam.
der Familie	Aman ist gerne mit **sein**............ Familie zusammen.
d**en** Freunde**n**	Aman macht sehr viel mit **sein**............ Freunde**n**.

Nicht vergessen: 😊
Diese Präpositionen stehen immer mit Dativ:
aus, bei, mit, nach, seit, von, zu.

b Schreiben Sie die Antworten.

1. Wann arbeitet Aman in der Schule? — in / seine Freizeit
2. Von wem bekommt Herr Eid seine Arbeitsaufträge? — von / seine Kollegin Frau Barth
3. Mit wem spielt Jana Volleyball? — mit / ihre Kollegen
4. Mit wem muss Jana abends lernen? — mit / ihr Sohn
5. Mit wem ist Aman gerne in der Freizeit zusammen? — mit / seine Freunde und seine Familie
6. Von wem bekommen Jana und Aman eine Prämie? — von / ihr Chef und ihre Chefin

1. In seiner Freizeit.

c Dialoge bei SolarCom – Ergänzen Sie die Possessivartikel im Dativ.

● Frau Barth, wann machen Sie etwas mit .... Familie?
○ Das ist ein Problem. Ich möchte eigentlich viel mehr mit .... Kindern machen.

◐ Aman ist jetzt Trainer von der Tischtennisjugend bei .... Verein.
◓ Da kann er mit .... Kindern trainieren.

◑ Kann ich meine Tochter zu .... Ausflug mitbringen? Ich habe keinen Babysitter.
◒ Ja, klar kannst du mit .... Tochter kommen.

4 Aussprache: -e und -er am Wortende

♪ 1.40 **a** Welchen Possessivartikel hören Sie? Kreuzen Sie an.

1. seine [X] / seiner ☐
2. meine ☐ / meiner ☐
3. ihre ☐ / ihrer ☐
4. unsere ☐ / unserer ☐
5. deine ☐ / deiner ☐
6. eure ☐ / euer ☐

♪ 1.41 **b** Hören Sie und sprechen Sie nach. Achten Sie auf die Endung.

Seine Freunde sind Lehrer. – Meine Schwester hat zwei Kinder. – Mein Vater ist Techniker.

UND SIE?

Ihre Person der Woche. Wählen Sie.

Beschreiben Sie eine Person aus dem Kurs. oder **Beschreiben Sie eine Person aus Ihrem Alltag.**

*Turgut ist meine Person der Woche.
Er ist immer gut gelaunt.
Er hilft uns viel.*

*Ich mache viel mit meiner Freundin Zelia zusammen.
Sie hat immer einen Tipp für mich. Sie kocht super und …*

5 Hast du gehört, dass …?

a Sehen Sie die Bilder an und hören Sie die Dialoge. Welche Reaktion 1 bis 3 passt wo?

A 
● Hast du gehört, dass Jana und Aman Mitarbeiter des Jahres sind?
○ ☐

B 
◐ Weißt du schon, dass Jana und Aman die Gewinner sind, Merle?
● ☐

C 
○ Aber findest du nicht, dass Lina das auch verdient hat?
◐ ☐

1 Vielleicht schon. Aber vergiss nicht, dass Jana unseren Betriebsausflug organisiert.

2 Ist das wahr? Bei Aman verstehe ich das, aber …

3 Ja, Anne, und ich finde, dass sie das verdient haben.

b Schreiben Sie Aussagen und Fragen aus 5a in die Tabelle. Achten Sie auf das Verb.

FOKUS Nebensatz mit *dass*

Hast du gehört,	dass	Jana und Aman Mitarbeiter des Jahres	sind	?
Weißt du schon,				?
Findest du nicht,				?
Vergiss nicht,				.
Ich finde,				.

c Wählen Sie vier Sätze aus und formulieren Sie die Aussagen mit *dass*.

1. Theo denkt, Frau Barth ist nervig.
2. Anna glaubt, beide haben die Prämie verdient.
3. Merle meint, Jana ist sehr nett.
4. Der Chef sagt, Frau Barth arbeitet sehr genau.
5. Theo findet, Lina hat den Preis auch verdient.
6. Amans Sohn denkt, sein Vater hat nicht genug Zeit.
7. Jana sagt, Kochen macht viel Spaß.
8. Aman sagt, das Projekt in der Schule macht Spaß.

Sätze mit *dass*
stehen oft nach diesen Verben:
sagen, meinen, glauben, finden, denken, erzählen, vergessen, wissen

> Theo denkt, dass Frau Barth nervig ist.

UND SIE?

Denken Sie positiv! Wählen Sie.

Sprechen Sie über andere Menschen, Situationen … **oder** Sprechen Sie über sich.

Ich finde, dass Jussuf gut Deutsch spricht.
Ich denke, dass der Kurs toll ist.

Ich glaube, dass ich viel lerne.
Ich finde super, dass ich einen Job habe.

6 Nach der Arbeit

a Die Wochenkalender von Jana und ihrer Tochter Svenja. Wer macht wann was? Fragen und antworten Sie.

> Was macht Frau Barth am Montagabend?

> Am Montagabend ist der Elternabend von Svenjas Klasse.

März – Mama

Mo 23	19 Uhr Elternabend: Svenja
Di 24	20 Uhr Volleyballtraining
Mi 25	19 Uhr: Besprechung Betriebsausflug
Do 26	
Fr 27	18 Uhr Friseur
Sa 28	10 Uhr Großeinkauf, KOCHEN; 19.30 Uhr Abendessen Merle + Aman

März – Svenja

Mo 23	16 Uhr Nachhilfe Mathe, 18–20 Uhr Tischtennistraining
Di 24	
Mi 25	15–16 Uhr Flötenunterricht
Do 26	
Fr 27	15–19 Uhr Geburtstag Tina
Sa 28	

🎧 1.45 **b** Hören Sie das Telefongespräch. Warum ruft Svenja an?

🎧 1.45 **c** Hören Sie noch einmal. Was machen Frau Barth und ihre Tochter zusammen? Wann?

d Sie wollen zu zweit ins Kino gehen. Schreiben Sie Kalender wie oben und spielen Sie.

einen Termin vereinbaren

	+	–
Hast du am Montag Zeit?	Ja, da habe ich Zeit, aber nur bis …	Nein, da habe ich keine Zeit. Da ist …
Um/Ab wie viel Uhr hast du Zeit?	Ab … Uhr.	
Bis wie viel Uhr hast du Zeit?	Bis … Uhr.	Nein, da kann ich leider nicht. Ich …
Wie lange ist der/das/die …?	Bis … Uhr.	
Kannst du am Freitag nicht?	Doch, ich kann um/bis/ab … Uhr.	

UND SIE?

Machen Sie ein Interview. Wählen Sie.

Was machen Sie nach der Arbeit oder dem Unterricht? Fragen Sie im Kurs und berichten Sie.

oder

Vergleichen Sie: freie Zeit in Deutschland, freie Zeit in Ihrer Heimat. Sprechen Sie und berichten Sie im Kurs.

> Was machst du nach deiner Arbeit?

> Montags habe ich immer Sport.

> Christian hat montags immer Sport. Er sagt, dass …

> In Deutschland gehe ich abends oft spazieren. In meiner Heimat habe ich …

> Marta geht hier abends oft spazieren. Aber in ihrer Heimat …

siebenunddreißig 37

7 Amans Verein

a Lesen Sie die drei Nachrichten schnell. Was möchte Herr Moreno von Herrn Eid?

1

Lieber Herr Eid,

herzlichen Glückwunsch zum „Mitarbeiter des Jahres"! Mein Name ist Rafael Moreno. ...4...

Ich komme aus Salamanca in Spanien und kenne Frankfurt und die Umgebung noch nicht gut. In der Mitarbeiterzeitung habe ich gelesen, dass Sie hier in einem Verein sind und die Tischtennisjugend trainieren. Ich habe früher selbst Tischtennis gespielt und .... Meinen Sie, dass Ihr Verein etwas für mich und meine Familie ist? .... Meine Telefonnummer ist: 01228 4374569.

Mit freundlichen Grüßen

Rafael Moreno

2

Hallo, Herr Moreno! Ich bin morgen im Betrieb.
.... Um 12 Uhr 30 in der Kantine?

MfG, Aman Eid

3

O. k., danke! Bis dann.
Rafael Moreno

b Lesen Sie die Nachrichten in 7a noch einmal. In welche Lücken passen die Sätze 1 bis 4?

1. Können wir mal telefonieren?
2. Treffen wir uns beim Mittagessen?
3. meine ganze Familie ist auch sehr sportlich.
4. Seit einem Monat arbeite ich in der Exportabteilung.

🎧 1.46 **c** Hören Sie das Gespräch beim Mittagessen. In welchem Verein ist Herr Eid?

Eintracht FRANKFURT
Badminton   Fußball
Eishockey   Tischtennis
Fitness und Gymnastik   Volleyball

Frankfurter Turnverein 1860
Gymnastik   Tischtennis
Jazztanz   Turnen
Schach   Wandern

🎧 1.46 **d** Hören Sie noch einmal. Kreuzen Sie an: richtig oder falsch?

	R	F
1. Herr Moreno und seine Familie sind in Frankfurt.	☐	☐
2. Herr Eid sagt, dass man in Vereinen schnell Kontakt finden kann.	☐	☐
3. Herr Eid ist seit 13 Jahren in einem Verein.	☐	☐
4. In Herrn Eids Verein kann man auch singen.	☐	☐
5. Herr Moreno kann sich den Verein am Montag ansehen.	☐	☐

e Sie möchten Informationen über Eintracht Frankfurt.
Schreiben Sie eine E-Mail zu allen vier Punkten.
Vergessen Sie die Anrede und den Gruß nicht.

– Sport für Kinder ab 6?   – Tischtennisgruppe für das Alter 35+?
– Kosten pro Monat?   – Dokumente für die Anmeldung?

Informationen erfragen
Ich hätte gern Informationen …
Bieten Sie … an?
Was kostet …?
Gibt es auch …?
Was brauche ich …?

38 achtunddreißig

8 Freizeit in Frankfurt

a Lesen Sie die Anzeigen. Zu welchen Themen passen die Anzeigen? Ordnen Sie zu.

1. Essen .... 2. Sport .... 3. Einkaufen .... 4. Radtour ....

A
Das Shopping-Erlebnis im Herzen von Frankfurt
Das Skyline-Plaza ist ein zentraler Treffpunkt in Frankfurt. Hier finden Sie rund 170 Fachgeschäfte und Dienstleistungsbetriebe für alles, was Ihr Herz begehrt.

B
Davis Cup Frankfurt am Main
Tickets für das Tennis DAVIS CUP-Heimspiel Deutschland gegen Frankreich vom 06. bis 08.06. in der Fraport Arena in Frankfurt. Karten im Vorverkauf unter ticket.frankfurt.de. 3-Tages-Karte: 38 Euro

C
Frankfurt mit dem Fahrrad kennenlernen
Start und Ziel: Frankfurt Zentrum (Hauptwache)
Länge: 25 Kilometer
Sehenswürdigkeiten: Naturmuseum, Palmengarten, Zoo …
Tag: 15. Mai. – Uhrzeit: 9 Uhr bis 16 Uhr

D
Rebstockbad Frankfurt
Das Erlebnisbad für die ganze Familie
• 120 m Rutsche
• 125 m Black-Hole-Rutsche
• Schwimmerbecken, Nichtschwimmerbecken u.v.m.
Ab 15. Mai wieder Schwimmkurse für Kinder ab 3.

E
Flohmärkte in Frankfurt und Umgebung
03.03.   8–14 Uhr Frankfurt, Höchst, Jahrhunderthalle
07.03.   8–14 Uhr Eschborn, Mann-Mobilia
14.03. 12–18 Uhr Bad Vilbel, Rewe-Markt
21.03. 10–16 Uhr Frankfurt, Rödelheim, Metro

F
APFELWEIN WAGNER – SACHSENHAUSEN
– Handkäs mit Musik
– Frankfurter Grüne Soße mit Ei und Bratkartoffeln
– und vieles andere mehr
Kehren Sie ein und genießen Sie diese einzigartige Atmosphäre. Wir freuen uns auf Ihren Besuch!

b Familie Moreno möchte Frankfurt kennenlernen. Lesen Sie die Situationen 1 bis 5. Für wen ist welche Anzeige besonders interessant? Für eine Situation gibt es keine Lösung. Zwei Anzeigen bleiben übrig.

1. Herr Moreno liebt Sport. In Spanien war er oft bei Sportveranstaltungen. ☐
2. Frau Moreno geht gerne schwimmen und möchte, dass Sara (4 Jahre) schwimmen lernt. ☐
3. Carla (17 Jahre) möchte fotografieren lernen. ☐
4. Frau Moreno möchte mal typisches Frankfurter Essen genießen. ☐
5. Lucas (12 Jahre) liebt Tiere und möchte einen Ausflug machen. ☐

c Welche Anzeige finden Sie interessant? Begründen Sie.

> Ich finde „Frankfurt mit dem Fahrrad kennenlernen" interessant, weil ich …

d Sammeln Sie Ideen: Sie sind in einer neuen Stadt. Wie und wo finden Sie Kontakte?

> Ich habe meine Tochter in den Kindergarten gebracht. Da habe ich andere Frauen kennengelernt.

VORHANG AUF

A
Gerüchteküche
Spielen Sie zu viert. A erzählt ein Gerücht.
B, C und D reagieren. Dann beginnt B usw.

> Hast du gehört, dass …
< Nein, echt? Wann denn?
> Ich finde …
< Das glaube ich nicht!

B
Spielen Sie zu zweit.
A möchte Informationen über einen Verein:
Angebote, Monatsbeitrag, Dokumente für die Anmeldung …
B ist Mitglied in diesem Verein und gibt Informationen.

neununddreißig 39

ÜBUNGEN

1 Arbeit – Freizeit

a Ordnen Sie die Wörter: Was passt zu *Arbeit*, was zu *Freizeit* und was zu *Arbeit und Freizeit*?

der Techniker   der Feierabend   reparieren   der Ingenieur   der Betrieb
~~der Kollege~~   die Familie   das Büro   verkaufen   der Laptop   spielen
joggen   kochen   einkaufen   der Beruf
das Team   lernen   der Kalender   der Arbeitsplatz   der Elektriker   Freunde   telefonieren
programmieren   der Mitarbeiter

Arbeit	Freizeit	Arbeit + Freizeit
der Kollege		

b Personen und Berufe – Ergänzen Sie die femininen oder die maskulinen Formen.

1. *der Elektriker* — die Elektrikerin
2. der Ingenieur — ....
3. .... — die Ärztin
4. der Kollege — ....
5. .... — die Hausfrau
6. der Mitarbeiter — ....

2 Die Gewinner heißen Jana Barth und Aman Eid.

Lesen Sie den Text und ergänzen Sie die Wörter in der richtigen Form.

installieren   Gewinner   Freizeit   kochen   trainieren   organisieren
Abteilung   ~~Mitarbeiter~~   Außendienst   arbeiten   Sportverein   fantastisch

Die Firma SolarCom wählt jedes Jahr zwei (1) *Mitarbeiter*

des Jahres. Dieses Jahr heißen die (2) .... Jana Barth

und Aman Eid.

Jana Barth (3) .... schon seit 15 Jahren in der Firma.

Sie ist Sachbearbeiterin und (4) .... die Arbeitspläne

in ihrer (5) ....

Aman Eid ist Techniker und arbeitet im (6) ....

Er (7) .... und repariert Solaranlagen.

In seiner (8) .... ist Aman Eid in einem Schulprojekt aktiv.

Er arbeitet auch in einem (9) .... mit. Dort

(10) .... er Jugendliche im Tischtennis.

Jana Barth (11) .... in ihrer Freizeit gerne. Ihre Freunde

und Kollegen finden, sie kocht (12) ....

3 Mit wem, von wem?

a Jana Barth zeigt Fotos. Markieren Sie den passenden Possessivartikel.

1. Das ist mein Kollege Aman mit **seiner** / seine Frau und seiner / seinen Kindern.
2. Hier, das bin ich mit meinen / meinem Gewinn, dem „SolarCom Flugzeug".
3. Und das hier sind die Kollegen aus unserem / unserer Abteilung.
4. Ach ja, und hier: ein Foto von meinem / mein Schreibtisch.
5. Das ist bei uns zu Hause. Das sind meine Kinder Svenja und Hannes bei ihre / ihren Hausaufgaben.
6. Und hier sind die beiden in unserem / unserer Garten. Sie spielen mit den Kindern von unsere / unseren Nachbarn.

b Ergänzen Sie die Endungen im Dativ.

1. Seit ein **em** Jahr arbeite ich bei der Firma Minoforma. In unser............ Abteilung sind wir vier Mitarbeiter und Mitarbeiterinnen. Alle sind sehr nett. Seit ein............ Woche haben wir eine neue Kollegin.

2. Emil Krull kann aus sein............ Büro in Frankfurt den Main sehen. Oft arbeitet er an sein............ Schreibtisch, aber manchmal muss er Kunden besuchen. Zu ihnen fährt er dann mit sein............ Auto.

3. Alle in d............ Firma mögen Frau Bellan, weil sie immer sehr freundlich zu ihr............ Kollegen ist. Am Freitag hatte sie Geburtstag. Alle Kollegen aus ihr............ Abteilung haben ihr gratuliert.

c Nominativ, Akkusativ oder Dativ? Ergänzen Sie die Possessivartikel.

Jana Barth hat auch in (1) ....**ihrer**........ Freizeit viel zu tun. Sie kocht für (2) .... Familie jeden Tag. (3) .... Kinder machen Sport und Musik und Jana bringt sie mit (4) .... Auto zum Sportverein oder zur Musikschule.

Herr Barth hilft (5) .... Frau viel im Haushalt. Aber auch (6) .... Arbeitstage sind lang und er kommt oft spät nach Hause. Manchmal reist er für (7) .... Firma ins Ausland. Aber am Wochenende hat er immer Zeit für (8) .... Familie.

Er sagt: „Wir arbeiten zu viel. (9) .... Kinder sehen uns zu selten." Aber bald sind endlich Sommerferien. Dann fährt Familie Barth in Urlaub.

seine • Unsere • seiner • Ihre • seine • seine • ihre • ihrem • ~~ihrer~~

♪ 1.47 **4 Aussprache: -e und -er am Wortende**

Hören Sie und sprechen Sie nach.

-**er**: mit seiner Kollegin • von ihrer Chefin • in seiner Freizeit • von meiner Schwester
-**e**: für seine Kinder • für eure Freunde • an meine Schwester • in meine Tasche

5 Hast du gehört, dass ...?

a Suchen Sie acht Verben. Ergänzen Sie dann in den Dialogen das passende Verb in der richtigen Form.

a	b	f	m	e	m	u	h	f	g	l	e
t	k	s	a	g	e	n	l	i	u	t	g
z	n	r	e	u	i	s	m	n	c	h	l
w	i	s	s	e	n	i	x	d	e	a	a
m	d	a	n	d	e	n	k	e	n	p	u
v	w	e	d	h	n	o	j	n	l	a	b
a	c	y	l	m	c	s	ü	r	f	h	e
e	r	z	ä	h	l	e	n	n	e	a	n
c	h	v	e	r	g	e	s	s	e	n	i

1. _Findest_ du, dass der Kurs Spaß macht? – Ja, ich d................., dass die Lehrerin sehr nett ist.
2. W................. du, dass der Unterricht morgen schon um 9 Uhr beginnt? – Oh nein, ich
   v................. immer, dass wir donnerstags schon um 9 Uhr anfangen.
3. S................. du Frau Raimund bitte, dass ich morgen nicht kommen kann? Ich muss zum
   Arzt. – Ja, klar, ich e................. ihr, dass du einen Termin beim Arzt hast.
4. M................. du, dass Li schon in China Deutsch gelernt hat? – Ja, ich g................., dass er dort
   schon zwei Jahre Unterricht hatte.

b Schreiben Sie Sätze mit *dass*. Variieren Sie die Satzanfänge mit Verben aus 5a.

A Was denkt Theo über seine Kollegen?
1. Jana arbeitet zu viel.
2. Aman ist ein super Kollege.
3. Merle hatte Probleme mit dem Chef.
4. Anne muss mal Urlaub machen.

1. _Theo findet, dass Jana zu viel arbeitet._
2. ....
3. ....
4. ....

B Was sagt Jana über ihre Kinder?
1. Svenja spielt gerne Tischtennis.
2. Hannes hat viele Freunde.
3. Hannes kann gut Klavier spielen.
4. Svenja hat gestern eine Freundin besucht.

1. _Jana erzählt, dass Svenja ..._
2. ....
3. ....
4. ....

6 Nach der Arbeit

a Hören Sie zu und ergänzen Sie Merles Kalender.

Montag 14	Dienstag 15	Mittwoch 16	Donnerstag 17	Freitag 18	Samstag 19	Sonntag **20**
17.00 Uhr Zahnarzt	Kinder zum Tischtennis: 18.00 Uhr!!!			frei		Geburtstag Verena

b Ordnen Sie den Dialog. Hören Sie zur Kontrolle.

- [b]
- ○ Donnerstagabend … einen Moment, bitte. Was willst du denn machen?
- ○ Ins Kino? Wann denn?
- ○ Oh, da kann ich nicht. Ich muss Donnerstag bis 20 Uhr arbeiten.
- ○ Ja, da kann ich, aber das ist mir zu spät. Was ist mit Freitag? Könnt ihr auch am Freitag?
- ○ Super! Rufst du mich gleich noch mal an?

a) Um 19 Uhr.
b) Hallo, Malik, hast du am Donnerstagabend Zeit?
c) Für mich ist Freitag okay. Ich frage mal Luis.
d) Luis und ich wollen ins Kino gehen. Kommst du mit?
e) Schade. Aber weißt du was? Der Film läuft auch um 21:30 Uhr.

7 Amans Verein

a Nach Information fragen. Ordnen Sie zu.

1. Ich hätte gerne Informationen über — c) Ihren Verein.
2. Was brauche ich für
3. Bieten Sie
4. Gibt es auch
5. Was kostet ein

a) die Anmeldung?
b) Tischtenniskurs?
c) Ihren Verein.
d) Kurse für Kinder an?
e) Angebote am Vormittag?

b Schreiben Sie die passende Frage / den passenden Satz aus 7a zu den Antworten.

1. Ich hätte gerne Informationen über Ihren Verein.

Gerne. Was möchten Sie denn wissen?

2. ....

Nein, leider nicht. Unsere Kurse sind immer nachmittags und abends.

3. ....

Zwischen 80 und 120 Euro im Jahr.

4. ....

Ja, wir haben einen Kurs für Kinder ab 7. Er ist immer mittwochs von 15 bis 17 Uhr.

5. ....

Sie müssen das Anmeldeformular ausfüllen. Bringen Sie bitte auch Ihren Pass oder Ausweis mit.

c Lesen Sie die Anzeigen 1 bis 3. Was ist richtig? Kreuzen Sie an: a, b oder c?

1

• • • **Tischtennis für Kinder** • • •
Wir haben Tischtenniskurse für Kinder von 7 bis 10 Jahren,
immer mittwochs von 15 bis 17 Uhr.
Anmeldung:
Montag bis Freitag von 10 bis 12 Uhr,
Donnerstag und Freitag auch von 15 bis 17 Uhr
unter der Telefonnummer **069-987123**

Die Anmeldung ist möglich
a mittwochs von 15 bis 17 Uhr.
b nur am Montag und am Freitag.
c von Montag bis Freitag am Vormittag.

2

Sommerkurse für Jugendliche
Hallo! Bleibt ihr in diesem Sommer zu Hause?
Bei uns im Sportverein könnt ihr diese Sportarten kennenlernen:
Badminton, Tischtennis, Fußball, Basketball, Fitness und Gymnastik.
Für Jugendliche ab 13 Jahre.
Bringt zur Anmeldung bitte die Unterschrift von euren Eltern mit.
Anmeldung bis Donnerstag, den 15. Juni

Die Kurse sind für
a Jugendliche bis 15 Jahre.
b Mädchen und Jungen ab 13.
c Eltern und ihre Kinder.

3

ACHTUNG! • ACHTUNG! • ACHTUNG! • ACHTUNG! • ACHTUNG!
Das Volleyballteam macht **vom 15.7. bis zum 15.8. Pause**,
weil die Sporthalle geschlossen ist.
Wer Lust hat, kann samstags in den Park zum Fußball kommen.
Treffpunkt: 17 Uhr am Eingang Römerstraße.
Nach dem nächsten Training können wir grillen.

Das Volleyballteam
a hat 4 Wochen kein Training in der Sporthalle.
b trainiert bis 17 Uhr im Park.
c macht jeden Samstag ein Fest im Park.

8 Freizeit in Frankfurt

Ergänzen Sie in der E-Mail die Verben im Perfekt.

Hallo, Jasmin,

du (1) _hast gesagt_ (sagen), dass ich dir schnell aus Frankfurt schreiben soll.

Ich (2) _bin_ erst Donnerstagabend hier .... (ankommen), aber wir

(3) .... schon viel .... (sehen). Die Stadt gefällt mir sehr gut.

Am Samstag (4) .... wir eine Tour mit dem Fahrrad .... (machen).

Wir (5) .... viele Sehenswürdigkeiten .... (besuchen).

Der Palmengarten (6) .... mir besonders gut .... (gefallen).

Am Sonntag (7) .... wir zum Flohmarkt an den Main .... (gehen).

Abends waren wir in einem Restaurant in Sachsenhausen mit typischen Speisen. Ich

(8) .... Frankfurter Grüne Soße mit Ei und Bratkartoffeln ....

(probieren). Das (9) .... gut .... (schmecken)!

Und wie geht es dir, Paul und den Kindern? Schreib mir bitte bald!

Liebe Grüße, Svetlana

bin angekommen • haben besucht • haben gemacht • sind gegangen • hat gefallen • habe probiert • ~~hast gesagt~~ • hat geschmeckt • haben gesehen

LEICHTER LERNEN: Im Alltag lernen

a Momente im Alltag zum Lernen nutzen

- einkaufen • hat eingekauft, sprechen • hat …
- Hören Sie den Dialog noch einmal.
- ein Euro neunundachtzig

b Überlegen Sie: Wann gibt es in Ihrem Alltag Momente zum Lernen und Wiederholen?

- Nach dem Kurs warte ich immer eine halbe Stunde auf den Bus.
- Ich hole meine Kinder vom Kindergarten ab. Manchmal muss ich dort warten.

RICHTIG SCHREIBEN: Texte korrigieren

Im Brief sind 13 Fehler markiert. Korrigieren Sie den Text und schreiben Sie ihn ins Heft.

> Lieber Martin,
>
> es tut mir leid, *das* ich dir so lange nicht geschrieben habe.
> Aber du *weist* ja, *das* ich im Moment sehr viel arbeite.
> Die Arbeit bei SolarCom hier in Frankfurt ist interessant und meine *kollegen* in der Firma sind auch sehr nett. *Sait* einem *monat* ist jetzt auch meine Familie hier. Die Kinder finden Frankfurt klasse. Lucas und Carla sprechen schon gut *deutsch*, weil sie schon in Spanien einen *Schprachkurs* besucht haben. Jetzt wollen sie hier in einem *Verien* Sport machen. Ich glaube, sie finden schnell Freunde. Meine Frau sucht *arbeit* und hat schon viele Bewerbungen geschrieben. Hoffentlich hat sie Glück.
> Wann wollt ihr uns besuchen? Wir laden euch *Herzlich* ein.
>
> Viele *Grüse*
> Rafael

Lieber Martin,
es tut mir leid, dass ich dir so lange nicht geschrieben habe.
…

Mein Deutsch nach Kapitel 3

Das kann ich:

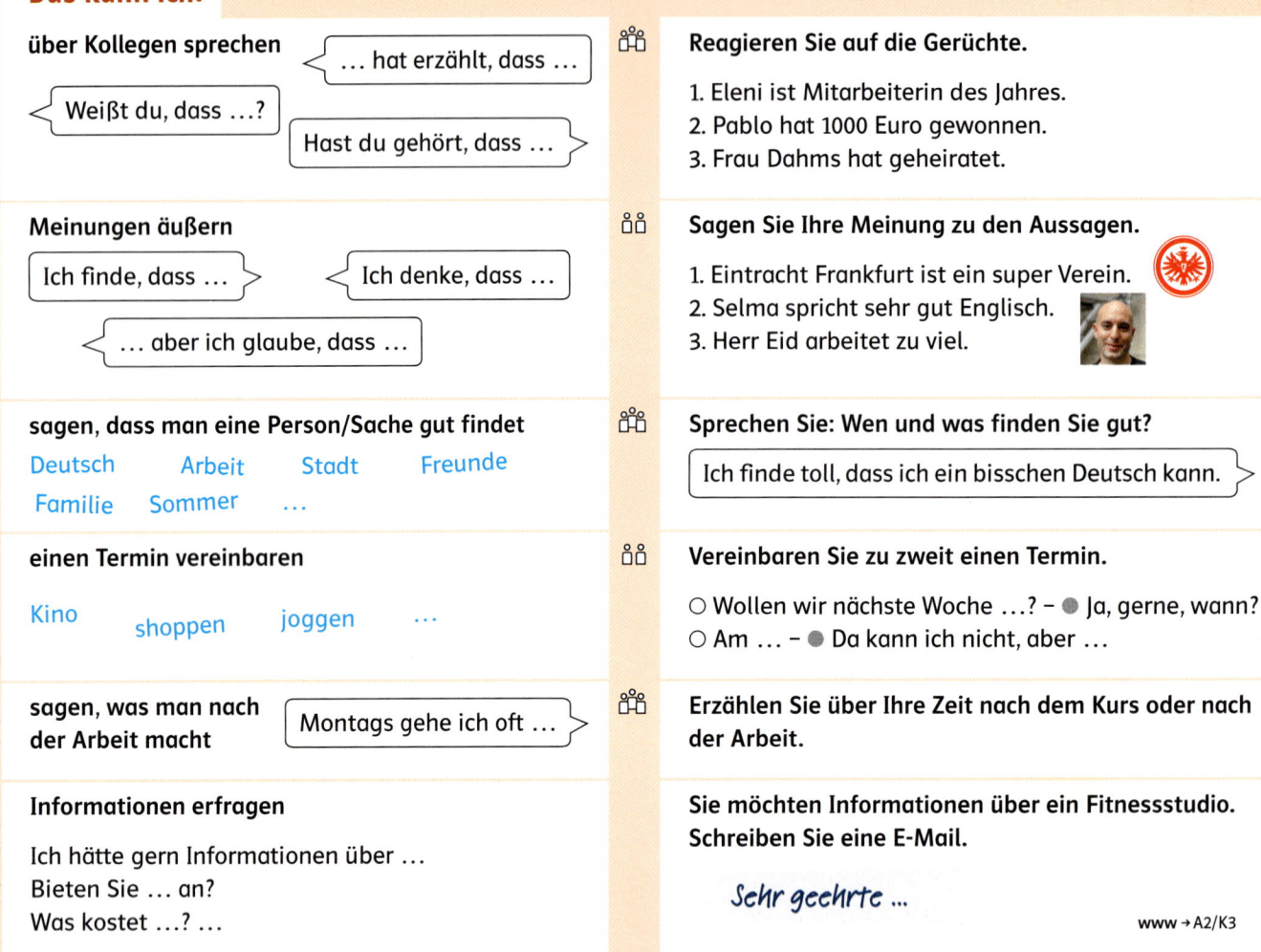

über Kollegen sprechen

- … hat erzählt, dass …
- Weißt du, dass …?
- Hast du gehört, dass …

Reagieren Sie auf die Gerüchte.

1. Eleni ist Mitarbeiterin des Jahres.
2. Pablo hat 1000 Euro gewonnen.
3. Frau Dahms hat geheiratet.

Meinungen äußern

- Ich finde, dass …
- Ich denke, dass …
- … aber ich glaube, dass …

Sagen Sie Ihre Meinung zu den Aussagen.

1. Eintracht Frankfurt ist ein super Verein.
2. Selma spricht sehr gut Englisch.
3. Herr Eid arbeitet zu viel.

sagen, dass man eine Person/Sache gut findet

Deutsch   Arbeit   Stadt   Freunde
Familie   Sommer   …

Sprechen Sie: Wen und was finden Sie gut?

Ich finde toll, dass ich ein bisschen Deutsch kann.

einen Termin vereinbaren

Kino   shoppen   joggen   …

Vereinbaren Sie zu zweit einen Termin.

○ Wollen wir nächste Woche …? – ● Ja, gerne, wann?
○ Am … – ● Da kann ich nicht, aber …

sagen, was man nach der Arbeit macht

Montags gehe ich oft …

Erzählen Sie über Ihre Zeit nach dem Kurs oder nach der Arbeit.

Informationen erfragen

Ich hätte gern Informationen über …
Bieten Sie … an?
Was kostet …? …

Sie möchten Informationen über ein Fitnessstudio. Schreiben Sie eine E-Mail.

Sehr geehrte …

www → A2/K3

Das kenne ich:

Possessivartikel im Dativ

der Mitarbeiter	von **dem** Mitarbeiter	Die Wahl von uns**erem** Mitarbeiter …
das Team	von **dem** Team	Frau Barth spielt in uns**erem** Volleyballteam.
die Mitarbeiterin	von **der** Mitarbeiterin	Die Wahl von uns**erer** Mitarbeiterin des Jahres …
die Freunde	mit **den** Freunden	Aman ist gerne mit sein**en** Freund**en** zusammen.

Possessivartikel (Zusammenfassung): mein, dein, sein, ihr, unser, euer, ihr/Ihr

Singular	Nom.	Akk.	Dat.	Plural	Nom.	Akk.	Dat.
der	mein	mein**en**	mein**em**	die	mein**e**	mein**e**	mein**en**
das	mein	mein	mein**em**				
die	mein**e**	mein**e**	mein**er**				

Nebensatz mit *dass*

Hauptsatz	Nebensatz Konnektor		Verb: Ende	
Ich finde/glaube/denke,	dass	sie die Prämie	(verdient) (hat).	Im Nebensatz steht das konjugierte Verb am Ende.
Er sagt,	dass	Frau Barth zu viel	(arbeitet).	

Was ziehe ich an? 4

die Strumpfhose, -n
die Bluse, -n
die Krawatte, -n
das Hemd, -en
das Kleid, -er
das T-Shirt, -s
die Hose, -n
das Jackett, -s
die Socke, -n
der Schuh, -e

1 Was soll ich denn anziehen?

a Sehen Sie das Foto an. Was denken und sagen die Personen? Schreiben Sie Sprechblasen oder Denkblasen.

> Ich finde Mamas Schuhe toll.

🎧 1.50 **b** Hören Sie den Dialog. Vergleichen Sie mit Ihren Vermutungen aus 1a.

🎧 1.50 **c** Hören Sie noch einmal. Was ist richtig? Kreuzen Sie an.

1. Familie Wächter ist zu einer Hochzeit eingeladen. ◯
2. Das Kleid passt Lena Wächter nicht. ◯
3. Jonas geht gerne Kleidung einkaufen. ◯
4. Anna braucht auch ein Kleid. ◯

d Kaufen Sie gerne ein? Was kaufen Sie gerne ein? Mit wem kaufen Sie ein? Sprechen Sie.

> Ich gehe oft mit …   Manchmal gehe ich …   Normalerweise …   Am liebsten kaufe ich …

Sprechen im Kaufhaus um Informationen bitten; Einkaufs-/Verkaufsgespräche führen; über Kleidung sprechen; Gefallen/Missfallen ausdrücken | **Hören** Dialoge beim Einkaufen; Gespräche über Kleidung | **Schreiben** Forumsbeitrag zu Kleiderfragen | **Lesen** Informationstafel im Kaufhaus; Chat; Forumsbeitrag zu Kleiderfragen | **Beruf** Verkaufsgespräche führen

2 Im Kaufhaus

a Wie heißen die Kleidungsstücke? Ordnen Sie zu. Das Wörterbuch hilft.

> Nr. 1 ist ein Hemd.

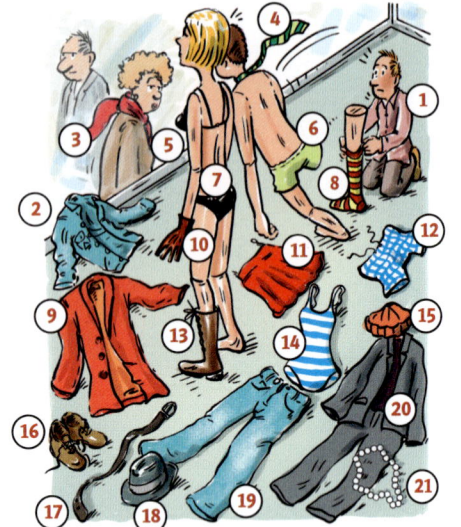

das Hemd der Gürtel die Badehose die Jacke der Anzug der BH **der Slip** der Rock der Mantel der Badeanzug der Hut die Mütze die Jeans der Schal die Kette der Stiefel der Strumpf die Hose die Unterhose **der Schuh** die Krawatte der Handschuh

b Ordnen Sie die Wörter aus 2a. Wie? Hier einige Beispiele. Haben Sie noch andere Ideen?

Männer	Frauen	Sommer	Winter	Freizeit	Arbeit	...	...

c An der Information – Welche Kleidungsstücke aus 2a kann man wo kaufen? Sehen Sie die Informationstafel an. Spielen Sie Dialoge.

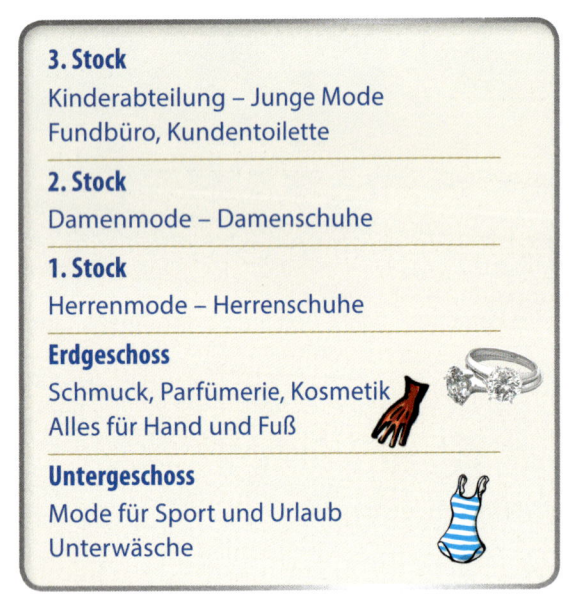

3. Stock
Kinderabteilung – Junge Mode
Fundbüro, Kundentoilette

2. Stock
Damenmode – Damenschuhe

1. Stock
Herrenmode – Herrenschuhe

Erdgeschoss
Schmuck, Parfümerie, Kosmetik
Alles für Hand und Fuß

Untergeschoss
Mode für Sport und Urlaub
Unterwäsche

> Entschuldigung, wo finde ich Röcke?
> Im zweiten Stock, bei Damenmode.
> Und Parfüm?
> Ich suche einen Anzug.
> Da müssen Sie in den ersten Stock gehen.

Nicht vergessen: ☺
Wo?
im zweiten Stock
Wohin?
in den zweiten Stock

UND SIE?

Wo kauft man in Ihrer Heimat Kleidung? Wo haben Sie schon in Deutschland eingekauft?

in der Boutique  | im Kaufhaus  | im Internet  | in der Schneiderei  | auf dem Markt

48 achtundvierzig

3 Wie gefällt dir ...?

a Sie hören zwei Dialoge. Welche Bilder passen? Ordnen Sie zu.

A ☐   B ☐   C ☐

b Lesen Sie die Dialoge. Markieren Sie die Personalpronomen im Dativ und die Verben mit Dativ. Welche anderen Verben mit Dativ kennen Sie?

1
- ● Kann ich Ihnen helfen?
- ○ Ja, gern. Mein Sohn braucht eine Hose.
- ● Welche Größe hast du denn?
- ○ Er hat Größe 172.
- ● Schau mal, die Hose steht dir sicher gut.
- ◐ Hm, ich weiß nicht. Wo kann ich die Hose anprobieren?
- ● Die Anprobe ist dahinten rechts.

2
- ○ Jonas, die Hose sieht sehr schön aus.
- ● Das finde ich auch. Sie steht ihm ausgezeichnet. Der Stoff ist auch sehr gut.
- ◐ Quatsch! Die Hose gefällt mir gar nicht. Sie ist hässlich, absolut uncool und sie passt mir auch nicht. Sie ist viel zu weit.
- ○ Haben Sie die Hose auch in Größe 164?
- ● Ja natürlich, einen Augenblick ...

c Wiederholen Sie die Personalpronomen im Dativ. Notieren und sprechen Sie.

ich → mir
du → dir ...

d *stehen, gefallen, passen* – Was gefällt Ihnen? Wählen Sie.

Sprechen Sie über das Foto.   **oder**   Sprechen Sie über Kleidung im Kurs.

„Die Jacke von Carola gefällt mir sehr!"

„Steht Victoria die Bluse?"

„Ja, ich finde, sehr gut."

e Kleidung einkaufen – Welche Redemittel kennen Sie? Sammeln Sie. Die Dialoge in 2c und 3b helfen Ihnen.

Verkäufer/in	Kunde/Kundin
Kann ich Ihnen helfen?	Ich suche ...
...	...

f Spielen Sie Dialoge. Einmal sind Sie Kunde, einmal Verkäufer.

neunundvierzig 49

4 Eine grüne Hose?

a Lesen Sie den Chat. Was braucht Jonas?

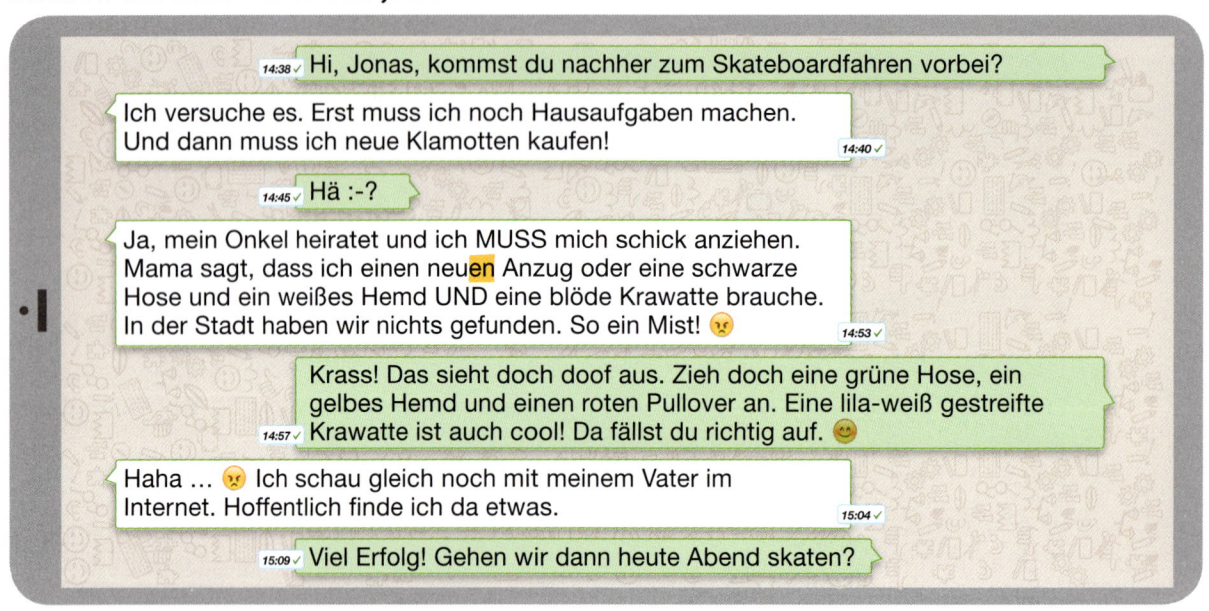

> 14:38 Hi, Jonas, kommst du nachher zum Skateboardfahren vorbei?
>
> Ich versuche es. Erst muss ich noch Hausaufgaben machen. Und dann muss ich neue Klamotten kaufen! 14:40
>
> 14:45 Hä :-?
>
> Ja, mein Onkel heiratet und ich MUSS mich schick anziehen. Mama sagt, dass ich einen neu**en** Anzug oder eine schwarze Hose und ein weißes Hemd UND eine blöde Krawatte brauche. In der Stadt haben wir nichts gefunden. So ein Mist! 😠 14:53
>
> 14:57 Krass! Das sieht doch doof aus. Zieh doch eine grüne Hose, ein gelbes Hemd und einen roten Pullover an. Eine lila-weiß gestreifte Krawatte ist auch cool! Da fällst du richtig auf. 😊
>
> Haha … 😠 Ich schau gleich noch mit meinem Vater im Internet. Hoffentlich finde ich da etwas. 15:04
>
> 15:09 Viel Erfolg! Gehen wir dann heute Abend skaten?

b Lesen Sie den Chat in 4a noch einmal, markieren Sie die Adjektivendungen und ergänzen Sie die Tabelle.

FOKUS — Adjektive nach dem unbestimmten Artikel und Possessivartikel

	der	das	die	die (Plural)
Nom.	Das ist ein/mein neu**er** Anzug.	Das ist ein/mein neu**es** Hemd.	Das ist eine/meine neu......... Krawatte.	Das sind neu**e** Stiefel / meine neu**en** Stiefel.
Akk.	Ich suche einen/meinen neu......... Anzug.	Ich suche ein/mein neu......... Hemd.	Ich suche eine/meine neu......... Krawatte.	Ich suche neue Stiefel / meine neu**en** Stiefel.

! dun**kel**: ein dun**kler** Anzug, ein dun**kles** Hemd, eine dun**kle** Krawatte, …
☺ Adjektive mit *kein* funktionieren wie mit *mein*.

c Was ist das? Sehen Sie die Bilder an und sprechen Sie wie im Beispiel.

> Was ist Nummer 1? — Ich glaube, das ist eine Hose, eine grüne Hose. Und was ist Nummer 2?

d Schreiben Sie vier Sätze über eine Person aus dem Kurs. Lesen Sie Ihre Sätze laut vor. Die anderen raten, wer das ist.

> *Meine Person trägt heute blaue Turnschuhe und ….*
> *Sie trägt nie eine Krawatte. Sie trägt oft …*

> Das ist Antonio!

5 Was für ein Hemd möchtest du?

a Beschreiben Sie die Situation auf dem Foto.

🎧 1.53 **b** Hören Sie. Wer sagt was? Schreiben Sie J für Jonas, A für seinen Vater Andreas.

1. .... Was für einen Pullover willst du denn?

2. .... Mein blauer Pullover ist doch super.
Ich brauche keinen neuen Pullover.

3. .... Was für ein Hemd willst du zur Hochzeit anziehen?

4. .... Ich mag keine weiten Hosen.

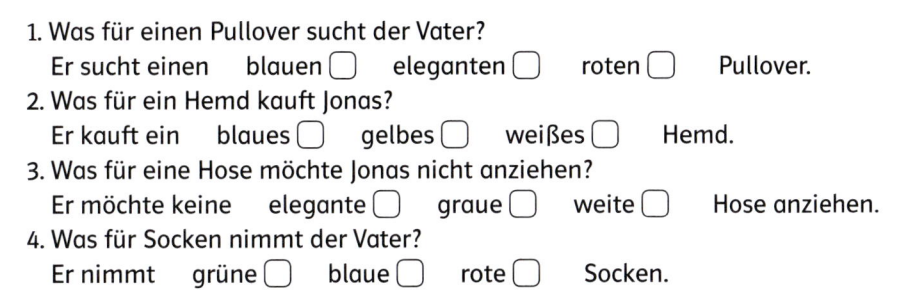

🎧 1.53 **c** Hören Sie noch einmal. Was ist richtig? Kreuzen Sie an.

1. Was für einen Pullover sucht der Vater?
Er sucht einen ☐ blauen ☐ eleganten ☐ roten Pullover.
2. Was für ein Hemd kauft Jonas?
Er kauft ein ☐ blaues ☐ gelbes ☐ weißes Hemd.
3. Was für eine Hose möchte Jonas nicht anziehen?
Er möchte keine ☐ elegante ☐ graue ☐ weite Hose anziehen.
4. Was für Socken nimmt der Vater?
Er nimmt ☐ grüne ☐ blaue ☐ rote Socken.

G

Was für ein …?

Was für **einen** Pullover suchst du?
Was für **ein** Hemd …?
Was für **eine** Bluse …?
Was für — Kleider …?

d Würfeln Sie zweimal: 1. Nomen, 2. Adjektiv. Spielen Sie Dialoge.

⚀	⚁	⚂	⚃	⚄	⚅
der Pullover	das T-Shirt	die Hose	die Socken (Pl.)	der Mantel	die Jacke
⚀	⚁	⚂	⚃	⚄	⚅
bunt	weiß	blau	modisch	warm	weit

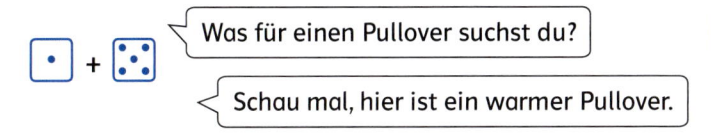

⚀ + ⚃

– Was für einen Pullover suchst du?
– Ich suche einen warmen Pullover.
– Schau mal, hier ist ein warmer Pullover.

6 Aussprache: *ei* und *ai*

🎵 1.54 **a** Hören Sie und sprechen Sie nach.

„ai"   kl<u>ei</u>n – m<u>ei</u>n – w<u>ei</u>t – Kl<u>ei</u>d – M<u>ai</u> – R<u>ai</u>ner

Sie schreiben *ei* oder *ai*. Sie hören „ai".

Englische Wörter im Deutschen:
Sie schreiben *ai*. Sie hören „ä"/„ei".

🎵 1.55 **b** Hören Sie genau und sprechen Sie nach.

„ä"/„ei"   Tr<u>ai</u>ning – E-M<u>ai</u>l – Tr<u>ai</u>ner – tr<u>ai</u>nieren – f<u>ai</u>r

---

UND SIE?

Sammeln Sie zuerst drei bis sechs Fragen zum Thema „Kleidung". Machen Sie dann Interviews im Kurs.

Was für Hosen trägst du im Sommer?
Trägt man bei euch andere Kleidung als in Deutschland?
…

7 Das Hochzeitsbild

🎧 1.56 **a** Hören Sie den Dialog. Wen hat Anna gemalt? Schreiben Sie die Namen unter Annas Bild.

> Das ist Opa mit einem blau**en** Anzug und einer gelben Krawatte. Er tanzt.

> Und wer ist das?

> Das ist Jonas mit seiner kurzen, blauen Hose und einem roten Hemd. Er sieht schön aus, oder?

> Schau, das hier bin ich mit meinen roten Gummistiefeln.

b Lesen Sie die Sätze in 7a. Markieren Sie die Adjektivendungen und ergänzen Sie die Tabelle.

FOKUS — Adjektive nach dem unbestimmten Artikel und Possessivartikel

	Singular			Plural
	der	das	die	die
Dat.	mit einem/meinem	mit einem/meinem	mit einer/meiner	mit –/meinen
	neu………… Anzug	neu………… Hemd	neu………… Krawatte	neu………… Stiefeln

☺ Die Endung ist immer …………. .

c Was meinen Sie: Was passt zusammen?

der	das	die	Plural
Rock / grün	Hemd / gestreift	Bluse / elegant	Handschuhe / schwarz
Pullover / weit	T-Shirt / hübsch	Krawatte / kariert	Strümpfe / bunt
Mantel / grau	Kleid / blau	Hose / eng	Schuhe / braun
Gürtel / schick	…	Handtasche / klein	…
…		…	

> Mir gefällt eine enge Hose zusammen mit einem weiten Pullover.

> Ich finde ein blaues Kleid mit einem schicken Gürtel schön.

UND SIE?

Wählen Sie.

Zeigen Sie ein Foto von Ihrer Familie / Ihren Freunden oder suchen Sie im Internet ein Foto von Personen und beschreiben Sie es.

oder

Sie sind heute Shopping-Queen / Shopping-King. Was kaufen Sie?

> Auf dem Foto sieht man drei junge Leute. Die Frau links trägt ein schönes Kleid mit einem braunen Gürtel. Ich finde, der Mann sieht super aus.

> Ich kaufe einen schwarzen Anzug mit …

8 Immer richtig angezogen?

a Lesen Sie die Einträge im Forum. Schreiben Sie die passenden Themen zu den Texten.

a) Arbeitskleidung   b) Hochzeit   c) Farben   d) Sport   e) Stellensuche

www.bekleidungsfragen.de

Thema: .... (1)

anneso12: Hilfe! Ich habe nächste Woche mein erstes Bewerbungsgespräch in Deutschland: Was soll ich anziehen?

Persil18: Wo stellst du dich denn vor? Jede Branche hat ihre eigenen Regeln. Ich arbeite in einer kleinen Firma im Büro. Da können wir alles anziehen. Aber zum Job-Interview ist ein gepflegtes Aussehen schon nötig. Als Frau bist du mit einer schicken Hose und einer Bluse oder einem Jackett aber immer richtig angezogen. Ein Rock und eine passende Bluse gehen natürlich auch.

happytiago: Zu langweilig darf es aber nicht sein. Hast du ein buntes Tuch oder eine schöne Kette? Dann zieh sie an! Du willst ja in Erinnerung bleiben! Aber Vorsicht: nicht zu verrückt!

Thema: .... (2)

ruth: Hi, steht blonden Frauen Grün? Ich habe gestern beim Einkaufen ein grünes Kleid gesehen. Es gefällt mir total. Aber ich bin unsicher. Ich habe hellblonde Haare und habe noch nie ein grünes Kleidungsstück getragen.

grünfan: Natürlich! Ich bin auch blond und trage sehr oft ein grünes Kleid. Die Farbe ist doch eigentlich egal. Hauptsache, du fühlst dich wohl!

Thema: .... (3)

lee: Ein Arbeitskollege von meiner Freundin heiratet. Meine Freundin kommt gut zurecht. Es ist Sommer und sie kann ein schönes Kleid tragen und eine Rose ins Haar stecken. 😏 Aber ich??? Muss ich einen Anzug mit einer eleganten Krawatte anziehen? Bei über 30 Grad Celsius?

b Schreiben Sie zu einem Thema im Forum einen Beitrag.

Hi, Lee, zu einer Hochzeit kannst du ... anziehen. Ich trage ... Bei uns in ... trägt man ...

VORHANG AUF

Wählen Sie.

Schreiben und spielen Sie einen Dialog zu einem Foto.

oder

Schreiben Sie eine kurze Geschichte zu einem Foto.

A   B   C

dreiundfünfzig 53

ÜBUNGEN

1 Was soll ich denn anziehen?

Lesen Sie die Texte und kreuzen Sie an: richtig oder falsch?

A **Leo** sagt:
4. Februar 2015 um 15:02

Kleidung kaufe ich nicht gerne ein. Das mache ich oft zusammen mit meiner Freundin. Sie möchte etwas kaufen und ich muss mitkommen. Dann findet sie, dass ich eine neue Hose brauche, und ich muss ein paar Hosen anprobieren. Ich kaufe dann auch oft schnell eine Hose, weil ich nicht noch in ein anderes Geschäft möchte. Ich gehe aber gerne in Elektronikgeschäfte. Das finde ich wunderbar. Ich sehe mir Smartphones und Fernseher an. Ich spreche mit den Verkäufern und frage nach der Technik. Das gefällt mir. Ich kaufe oft nichts, denn ich habe gar nicht so viel Geld, aber manchmal kaufe ich doch etwas. Dann fragt meine Freundin: „Warum hast du das gekauft? Das brauchen wir doch gar nicht."
Leo Oganiru

B **Mila** sagt:
6. Februar 2015 um 09:18

Ich gehe nicht gerne in den Supermarkt einkaufen. Nach der Arbeit einkaufen finde ich nervig. Aber ich kaufe gerne am Wochenende ein. Dann habe ich Zeit. Ich gehe zum Wochenmarkt im Stadtzentrum und kaufe in Ruhe Obst, Gemüse, Brot und was ich noch so brauche. Das macht mir Spaß. Leider sind viele Sachen sehr teuer. Samstags gehe ich auch manchmal mit meiner Freundin Kristin in die Stadt. Wir probieren viel Kleidung, aber wir kaufen nicht oft etwas. Mein Mann geht auch gerne Kleidung einkaufen. Manchmal gehen wir zusammen, aber lieber geht er allein.
Mila Rürup

	R	F
1. Leo kauft gerne Hosen.	☐	☐
2. Er geht mit seiner Freundin einkaufen.	☐	☐
3. Er mag Technik.	☐	☐
4. Leo verdient gut.	☐	☐

	R	F
5. Mila hat immer Zeit zum Einkaufen.	☐	☐
6. Sie geht am Samstag gerne einkaufen.	☐	☐
7. Sie geht gerne in Kleiderläden.	☐	☐
8. Sie gibt viel Geld für Kleidung aus.	☐	☐

2 Im Kaufhaus

♪ 1.57 **a** Ergänzen Sie die Vokale und die Pluralformen. Arbeiten Sie mit dem Wörterbuch.

1. der R_o_ck, *die Röcke* die H__se, _____ das H__md, _____
2. das Kl____d, _____ der ___nzug, _____ die K__tte, _____
3. der M__ntel, _____ die J__cke, _____ die M__tze, _____
4. der Sl__p, _____ die S__cke, _____ der H__t, _____

♪ 1.57 **b** Hören Sie und markieren Sie den Wortakzent (_ lang oder • kurz) bei den Wörtern in 2a. Sprechen Sie die Wörter.

🎧 1.58 **c** Welche Reaktion passt? Kreuzen Sie an: ⓐ oder ⓑ? Hören Sie zur Kontrolle.

Dialog 1
Entschuldigung, wo finde ich Anzüge?
ⓐ Im ersten Stock.
ⓑ Leider nein.

Dialog 2
Ich suche eine Winterjacke für meine Tochter.
ⓐ Das weiß ich nicht.
ⓑ Die Kinderabteilung ist im dritten Stock.

Dialog 3
Haben Sie auch Sportschuhe?
ⓐ Das ist richtig.
ⓑ Leider nein.

Dialog 4
Finde ich die Kosmetik auch hier im Erdgeschoss?
ⓐ Ja, da hinten links.
ⓑ Ja, im dritten Stock.

3 Wie gefällt dir …?

a Ergänzen Sie die Personalpronomen im Dativ.

1. Wie kann ich _Ihnen_ helfen?
2. Leo, wie gefällt .... die Hose?
3. Die Hose gefällt .... sehr gut.
   Gefällt sie .... auch, Miriam?
4. Leo, wie steht .... der Rock?

b Ordnen Sie den Dialog und hören Sie zur Kontrolle. (1.59)

- ● Kann ich Ihnen helfen?
- ○ _d_
- ● Welche Größe haben Sie denn?
- ○ ☐
- ● Sehen Sie mal hier, der Mantel steht Ihnen sicher gut.
- ○ ☐
- ● Ja, natürlich.
- ○ ☐
- ● Finden Sie? Ich habe ihn auch in Größe 40.

a) Ich weiß nicht. Kann ich ihn mal anprobieren?
b) Ich glaube, er ist mir zu groß.
c) Ich glaube, Größe 42.
d) Ja, gerne. Ich brauche einen Mantel.

c Ergänzen Sie die Personalpronomen im Nominativ, Akkusativ oder Dativ. Hören Sie zur Kontrolle. (1.60)

- ● (1) _Ich_ suche einen Gürtel. Mein Freund hat Geburtstag. Der Gürtel ist für (2) ....
- ○ Wie finden (3) .... diesen Gürtel hier?
- ● Ja, er gefällt (4) .... Aber meinem Freund gefällt (5) .... vielleicht nicht. (6) .... mag Blau nicht. Ich glaube, ich kaufe diesen Gürtel für (7) .... selbst und schenke (8) .... ein Parfüm.

Hilfe? – Hören Sie zuerst und ergänzen Sie dann.

d Ordnen Sie und schreiben Sie den Dialog ins Heft.

- ● Das sind dann 7,50 Euro. Ihr bekommt 2,50 Euro zurück.
- ● Fünf Rosen kosten 7,50 Euro.
- ● Kann ich euch helfen?
- ● Welche Blumen möchtet ihr denn kaufen?
- ● Wie viel Geld habt ihr denn?
- ○ Dann nehmen wir fünf Rosen.
- ○ Mama mag Rosen. Papa kauft manchmal Rosen für sie.
- ○ Wir haben 10 Euro.
- ○ Wir möchten Blumen für unsere Mama kaufen.

● _Kann ich euch helfen?_
○ _Wir möchten …_

4 Eine grüne Hose?

a Adjektive im Nominativ – Was ist das? Schreiben Sie wie im Beispiel.

ein roter Rock ....

b Adjektive im Akkusativ – Schreiben Sie die Sätze mit den Informationen aus 4a.

1. Ich suche _einen roten Rock_.
2. Ben kauft ....
3. Lydia trägt ....
4. Malcolm trägt zur Hochzeit ....
5. Siri möchte ....
6. Ron trägt bei der Arbeit immer ....

🎧 1.61 **c** Ergänzen Sie den Dialog. Hören Sie zur Kontrolle.

● Sofia, ich habe morgen mein (1) _erstes_ (erste) Bewerbungsgespräch. Kann ich da meine (2) .... (blau) Jeans anziehen?

○ Deine (3) .... (alt) Jeans? Nein, das geht gar nicht!

● Soll ich etwa einen (4) .... (schwarz) Anzug anziehen? So etwas habe ich nicht.

○ Nein, aber du hast bestimmt eine (5) .... (dunkel) Hose und ein (6) .... (weiß) Hemd.

● Und dazu dann meine (7) .... (alt) Sportschuhe? Das geht nicht.

○ Das stimmt. Du brauchst (8) .... (normal) Schuhe.

● Oh, Mann! Ich gehe lieber nicht zu diesem Gespräch.

○ Klar gehst du! Du brauchst doch nur Schuhe!

d Schreiben Sie die Sätze.

1. ich / brauchen / Socken / neu / .
2. Anna / bekommen / ein Kleid / schön / .
3. wir / tragen / Schuhe / schwarz / nie / .
4. sein / das / deine Hose / neu / ?
5. Andreas / tragen / eine Hose / schwarz / nie / .
6. sein / das / Lenas Bluse / weiß / ?
7. ihr / kaufen / Kleidung / modern / gerne / ?
8. Lena / suchen / einen Anzug / schick / für ihren Mann / .

1. Ich brauche neue Socken.

e Was brauchen Sie? Schreiben Sie fünf Sätze.

Ich brauche ...

5 Was für ein Hemd möchtest du?

Ergänzen Sie die Dialoge.

1. ● _Was für eine_ Hose suchen Sie?
   ○ Ich möchte eine kurze Hose für den Sommer.
2. ● .... Jacke suchen Sie?
   ○ Ich möchte eine warme Jacke für den Winter.
3. ● .... Anzug brauchen Sie?
   ○ Ich möchte einen dunklen Anzug für die Hochzeit von meinem Bruder.
4. ● .... Hemd ziehst du zu Michaels Hochzeit an?
   ○ Ein grünes Hemd mit Blumen.
   ● Oh nein! Bitte nicht. Und .... Socken?
   ○ Gelbe Socken.

6 Aussprache: *ei* und *ai*

♪ 1.62

Hören Sie und kreuzen Sie an: Wo hören Sie „ai" und wo „ä"?

	„ai"	„ä"			„ai"	„ä"
1. kl<u>ei</u>n	☐	☐	5. R<u>ai</u>ner	☐	☐
2. f<u>ai</u>r	☐	☐	6. Tr<u>ai</u>ner	☐	☐
3. w<u>ei</u>t	☐	☐	7. M<u>ai</u>	☐	☐
4. Kl<u>ei</u>d	☐	☐	8. m<u>ei</u>n	☐	☐

7 Das Hochzeitsbild

a Ergänzen Sie die Adjektivendungen.

1. Die Braut sieht mit ihrem weiß_en_ Kleid und ihren weiß............. Schuhen schön aus.
2. Der Bräutigam trägt zu seinem blau............. Anzug braune Schuhe. Das finde ich nicht gut.
3. Mit ihrem gelb............. Kleid und ihren schwarz............. Schuhen sieht die Frau hinter dem Bräutigam gut aus.
4. Die zwei Frauen mit ihren rot............. Kleidern sind lustig.
5. Drei Herren tragen grau............. Anzüge.

b Wie finden Sie die Kleidung von den Gästen? Schreiben Sie.

....

....

c Ergänzen Sie den Text. Es gibt verschiedene Möglichkeiten. Einige Adjektive bleiben übrig. Vergleichen Sie im Kurs.

interessant freundlich langweilig braun grün wichtig schick rot
grau kurz blau gemütlich ~~praktisch~~ dunkel schwarz gelb

Ottmar trägt gerne (1) _praktische_ Kleidung. Im Sommer trägt er fast immer eine

(2) .... Hose mit einem (3) .... Hemd. Er arbeitet zu

Hause und er liebt seine (4) .... Hausschuhe. Sie sind

(5) .... und (6) .... gestreift. Manchmal hat er einen

(7) .... Termin in der Stadt mit einem (8) .... Herrn von

der Bank. Dann trägt er ein (9) .... Jackett zu einer (10) ....

Hose. Ottmar findet das besonders (11) .... Ottmar hat keinen

(12) .... Anzug und er findet seine Kleidung sehr (13) ....

P **8 Immer richtig angezogen?**

Sie lesen in einer Zeitung diesen Text. Wählen Sie für die Aufgaben 1–6 die richtige Lösung a, b oder c.

Katja Döring (Modedesignerin) – Mode für Frauen im Beruf

Ich mache Mode für Frauen, die in ihrem Beruf viel unterwegs sind. Berufstätige Frauen haben täglich viele unterschiedliche Aufgaben. Morgens sind sie z. B. Mütter und beginnen danach ihren Berufsalltag. In diesem Alltag gibt es natürlich verschiedene Situationen. Das heißt, die Kleidung soll modisch sein, aber auch praktisch. Sie soll den ganzen Tag funktionieren und sie darf nicht zu teuer sein.
Ich benutze für meine Mode moderne Materialien. Ich möchte, dass die Kleidungsstücke über viele Stunden gut aussehen. Man kann sie sehr leicht waschen und muss sie nicht bügeln. Sie sind also super für Reisen und einen stressigen Alltag.
Ich bin keine normale Modedesignerin. Ich mache nicht jedes Jahr ein neues Programm für Sommer- und Winterkleidung. Ich habe mein Programm seit 20 Jahren. Jedes Jahr machen wir neue Kleidungsstücke und einige ältere Sachen machen wir dann nicht mehr.
Mode ist schön und wichtig, aber mich interessiert besonders, wie die Menschen Kleidung benutzen. Nach meinem Design-Studium habe ich fünf Jahre in verschiedenen Berufen gearbeitet. Diese Zeit war für mich sehr wichtig und das kann man auch an meiner Kleidung sehen. Später bin ich zur Mode zurückgekommen.

1. Katja Döring macht Mode für
   [x] Frauen im Beruf.
   [b] berufstätige Menschen.
   [c] Mütter.

2. Sie sagt, dass man ihre Mode
   [a] 20 Jahre tragen kann.
   [b] bei der Arbeit und in der Freizeit tragen kann.
   [c] oft bügeln muss.

3. Katja Döring findet, dass Mode
   [a] etwas für die Freizeit ist.
   [b] nicht so wichtig ist.
   [c] den ganzen Tag funktionieren muss.

4. Sie macht
   [a] jedes Jahr ein Programm für den Sommer.
   [b] jedes Jahr ganz neue Kleider.
   [c] ein Programm für viele Jahre.

5. Katja Döring
   [a] hat nicht nur als Modedesignerin gearbeitet.
   [b] hat fünf Jahre studiert.
   [c] arbeitet heute in verschiedenen Berufen.

6. Dieser Text informiert über
   [a] neue Mode.
   [b] das Programm von einer Modedesignerin.
   [c] neue Stoffe für Kleidung.

ÜBUNGEN 4

LEICHTER LERNEN: Wörter und Personen

Wörter mit Personen verbinden: *Familie*, *Freunde*, *Kollegen*.

a Lesen Sie das Beispiel von Maja und erfinden Sie Jakob.

Ⓐ **Meine Nachbarin Maja**

Das trägt sie gerne:
bunte Röcke,
weiße Blusen,
modische Schuhe

Das trägt sie nicht gerne:
weiße Hosen,
blaue Schuhe,
gestreifte Socken

Das macht sie gerne:
kochen, backen, joggen,
fotografieren (Selfies!),
ins Kino gehen

Das macht sie nicht gerne:
bügeln, Fußball sehen ...

So ist sie:
schön, schnell, manchmal
nervös, ...

Ⓑ **Mein Freund Jakob**

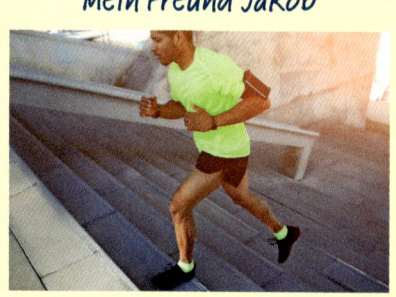

Das trägt er gerne:
....
....

Das trägt er nicht gerne:
....
....

Das macht er gerne:
....
....

Das macht er nicht gerne:
....
....

So ist er:
....
....

b Schreiben Sie über einen Freund / eine Freundin oder jemanden aus Ihrer Familie wie in Aufgabe a.

RICHTIG SCHREIBEN: *ei* oder *ie*?

🎧 1.63

Ergänzen Sie die Wörter. Hören Sie zur Kontrolle. Oder: Hören Sie zuerst und ergänzen Sie dann.

1. S _i e_ l___bt w___ße Kl___dung.

2. B___ m___ner Hochz___t hat m___ne Freundin v___l fotograf___rt.

3. Sara l___bt ihr schickes Winterkl___d.

4. Michael findet, dass s___ne St___fel sehr schick sind.

5. D___se Hose kann er nicht b___ der F___er anz___hen.

6. Es tut mir l___d, dass s___ nicht mit mir in d___ Fer___n fährt.

neunundfünfzig **59**

Mein Deutsch nach Kapitel 4

Das kann ich:

im Kaufhaus um Informationen bitten

3. Stock: Kinderabteilung
2. Stock: Damenmode
1. Stock: Herrenmode

Spielen Sie Dialoge.

– Entschuldigung, wo finde ich …
– Ich suche …

Einkaufsgespräche / Verkaufsgespräche führen

– Kann ich Ihnen helfen?
– Ja, ich suche ein rotes Kleid.
– Welche Größe brauchen Sie denn?

Spielen Sie Dialoge.

1. Die Kundin möchte eine gelbe Bluse, Größe M.
2. Der Kunde möchte eine Jeans, Größe 32.
3. Die Kundin sucht ein Kleid für den Sommer.
4. Der Kunde sucht ein Hemd für die Freizeit.

über Kleidung sprechen

Was tragen Sie gerne? Sprechen Sie.

– Ich mag weite Pullover. Im Sommer trage ich gern einen bunten Rock.

sagen, was mir (nicht) gefällt

Sprechen Sie: Was gefällt Ihnen (nicht)?

– Der Hut steht dir gut. Und deine Bluse gefällt mir.
– Ich finde, die Schuhe sind zu groß. Sie passen mir nicht.

einen Forumsbeitrag zu Kleiderfragen schreiben

Was zieht man auf Festen an?

Schreiben Sie eine Antwort auf die Frage im Forum.

Ich trage immer …
Bei uns …

www → A2/K4

Das kenne ich:

Adjektive nach dem unbestimmten Artikel und Possessivartikel

	der	das	die	die (Plural)
Nom.	Das ist ein/mein neu**er** Anzug.	Das ist ein/mein neu**es** Hemd.	Das ist eine/meine neu**e** Krawatte.	Das sind **!** neu**e** Stiefel / meine neu**en** Stiefel.
Akk.	Ich suche einen/meinen neu**en** Anzug.	Ich suche ein/mein neu**es** Hemd.	Ich suche eine/meine neu**e** Krawatte.	Ich suche **!** neu**e** Stiefel / meine neu**en** Stiefel.
Dat.	mit einem/meinem neu**en** Anzug	mit einem/meinem neu**en** Hemd	mit einer/meiner neu**en** Krawatte	mit neu**en** Stiefel**n** / meinen neu**en** Stiefel**n**

Adjektive nach *kein* funktionieren wie nach *mein/dein* …

Fragewort *Was für ein …?*

Nom. Was für ein Anzug / ein Hemd / eine Hose ist das?   Was für Stiefel sind das?
Akk. Was für einen Anzug / ein Hemd / eine Hose suchst du?   Was für Stiefel suchst du?

HALTESTELLE

1 Kennen Sie D-A-C-H?

a Vereine – Lesen Sie den Zeitungstext. Ordnen Sie die Fotos den Abschnitten zu.

DAS LEBEN IN VEREINEN

In Deutschland, Österreich und der Schweiz sind Vereine sehr beliebt. Allein in Deutschland gibt es 595.000 Vereine, zum Beispiel Schachvereine, Gesangsvereine und viele mehr. 38 Prozent aller Vereine sind Sportvereine. Hier sind über 27 Millionen Mitglieder aktiv. Die Vereine bieten ein preiswertes Sportangebot für Erwachsene und Kinder. Wir wollen hier drei von ihnen vorstellen:

Der **Deutsche Wanderverband** hat 600.000 Mitglieder in 3.000 regionalen Wandergruppen. Der Verein bietet Wanderungen für Jung und Alt. Er hält die Wanderwege und die Wanderheime in Ordnung. In den Wanderheimen können Wanderer für wenig Geld übernachten. Natürlich sollen die Mitglieder des Vereins auch mitarbeiten. So helfen sie zum Beispiel beim Naturschutz. Auch viele junge Menschen wandern gern. Sie sind in der Jugendorganisation *Deutsche Wanderjugend* organisiert. Es gibt auch Projekte zusammen mit Schulen.
Foto ☐

Sie haben einen Hund und wollen sportlich aktiv sein? Dann ist vielleicht Discdogging etwas für Sie. Für diese Hundesportart braucht man nur ein Frisbee. Sie werfen das Frisbee und der Hund fängt es. Diese Sportart kann man in der Schweiz im Verein **DiscDog-Events** lernen. Der Verein organisiert wöchentliche Treffen. Wer Interesse hat, kann mit seinem Hund am Nachmittag vorbeikommen. Dort macht ein Trainer den Hund mit der Sportart bekannt und der Hundebesitzer lernt alles über das richtige Frisbee.
Foto ☐

Den **Österreichischen Blasmusikverband** (ÖBV) gibt es seit 1958. Heute sind 102.000 Musikerinnen und Musiker Mitglied im Verein. Das wichtigste Ziel des Vereins ist, dass junge und alte Menschen ein Blasinstrument erlernen. Der Verein will, dass diese Musiktradition in Österreich weiterlebt. In vielen Musikgruppen sind über die Hälfte der Mitglieder junge Musiker und Musikerinnen. Sie sind in der Jugendorganisation *Österreichische Blasmusikjugend* (ÖBJ) organisiert.
Foto ☐

b Lesen Sie noch einmal. In welchen Textabschnitten stehen diese Aussagen? Markieren Sie.

	Text links	Text Mitte	Text rechts
1. Die Menschen sollen die Tradition nicht verlieren.	☐	☐	☐
2. Die Mitglieder haben auch Aufgaben.	☐	☐	☐
3. Im Verein gibt es jede Woche Treffen.	☐	☐	☐
4. Hier lernen Mensch und Tier gemeinsam.	☐	☐	☐
5. Der Verein hat preiswerte Schlafplätze.	☐	☐	☐

🎧 1.64–66 **c** Hören Sie drei Personen. In welchem Verein aus 1a sind sie Mitglieder?

Person 1: ……………………… Person 2: ……………………… Person 3: ………………………

d In welchem Verein möchten Sie (kein) Mitglied sein? Begründen Sie.

> Ich möchte gerne Mitglied in einem Musikverein sein, weil ich gerne Musik mache.

> Ich mag Hunde gar nicht. Ich möchte kein Mitglied im Hundefrisbee-Verein sein. Aber ich mag Katzen …

e Suchen Sie im Internet einen Verein aus Ihrer Region und stellen Sie ihn kurz vor.

> Bei uns im Ort gibt es einen Schachclub …

2 Blitzdiktat

a Sammeln Sie aus den Kapiteln 3 und 4 zehn schwere Wörter und schreiben Sie die Wörter auf Karten. Eine Person aus der Gruppe sammelt die Karten ein und geht in eine andere Gruppe.

Mitarbeiterzeitung   *Volleyballteam*   *Kinderabteilung*   …

b Halten Sie eine Karte ganz kurz hoch. Die anderen in der Gruppe schreiben das Wort. Nehmen Sie dann die nächste Karte …

c Legen Sie die Karten am Ende auf den Tisch. Alle kontrollieren: Haben Sie die Wörter richtig geschrieben?

3 Laufdiktat

Hängen Sie eine oder mehrere Kopien von Text A auf Seite 54 an die Tafel. Arbeiten Sie zu zweit.
Person 1 liest den ersten Satz im Text, lernt ihn auswendig, läuft zu Person 2 und diktiert den Satz.
Person 2 schreibt. Welches Diktatpaar ist zuerst fertig?

HB-2 ## 4 Spielen und wiederholen

Eine Person sagt leise das Alphabet. Eine andere Person sagt „Stopp!".
Die erste Person sagt laut den Buchstaben.
Schreiben Sie mit diesem Buchstaben so viele Wörter wie möglich
für Möbel, Freizeit, Kleidung, Arbeit. Sie haben zwei Minuten Zeit.
Wer die meisten Wörter hat, gewinnt.
Wiederholen Sie das, so oft Sie wollen.

A B C D E F G … Stopp! G!

Möbel	Freizeit	Kleidung	Arbeit
Gartentisch	…	…	…

62 zweiundsechzig

TESTTRAINING

HALTESTELLE B

1 Lesen – Informationstafeln/Listen/Programme

> → Lesen Sie die Aufgaben genau.
>
> → Überlegen Sie: Welche Wörter auf der Informationstafel unten passen zu Wörtern in den Aufgaben?
>   *Beispiel: Tisch – Küchenmöbel, Stiefel – Schuhe für sie und ihn*
>
>   ⚠ Auf der Informationstafel können einige Wörter ähnlich aussehen, aber sie passen nicht.
>
>   *Beispiel: Sie finden Ihren Schlüssel nicht mehr. – Schlüsselservice*
>
> → Wichtig: Sie müssen nicht jedes Wort auf der Informationstafel verstehen. Suchen Sie nur die Wörter zu den Aufgaben.
>
> → Sie finden eine Aufgabe schwer? Dann machen Sie weiter mit der nächsten Aufgabe! Kreuzen Sie aber am Ende immer etwas an. Es gibt keine Minuspunkte für falsche Kreuze.

So sieht die Aufgabe in der Prüfung aus:

Lesen Sie die Aufgaben 1–5 und die Information. Kreuzen Sie an: ⓐ, ⓑ oder ⓒ.

Beispiel
0 Sie finden Ihren Schlüssel nicht mehr.
ⓐ Erdgeschoss
ⓧ 2. Stock
ⓒ anderer Stock

1 Sie brauchen einen Tisch für den Garten.
ⓐ 2. Stock
ⓑ 4. Stock
ⓒ anderer Stock

2 Sie möchten einer Freundin eine Kette schenken.
ⓐ Erdgeschoss
ⓑ 3. Stock
ⓒ anderer Stock

3 Sie suchen Stiefel für den Winter.
ⓐ Erdgeschoss
ⓑ 1. Stock
ⓒ anderer Stock

4 Sie brauchen für einen Kindergeburtstag lustige Papierservietten.
ⓐ 1. Stock
ⓑ 2. Stock
ⓒ anderer Stock

5 Sie möchten Ihr Geschirr nicht mehr mit der Hand spülen.
ⓐ Erdgeschoss
ⓑ 3. Stock
ⓒ anderer Stock

Markt-Center

4. Stock	Café Skylight / Küchenmöbel / Waschmaschinen / Wäschetrockner / Spülmaschinen / Kühl- und Gefrierschränke / Staubsauger / Haushaltsgeräte / Lampen / Elektroartikel / Gartenmöbel / Kundenservice
3. Stock	Bettwäsche / Bettdecken / Kissen / Geschirr / Töpfe und Pfannen / Besteck / Stoffe / Vorhänge / Dekoartikel / Bilder / Partybedarf / alles fürs Bad / Kundentoilette
2. Stock	Mode für Kinder und Jugendliche / Kinderschuhe / Fernseher / Computer / Laptops / Tablets / Drucker und Scanner / Computertische / Handys / Kameras / Film- und Musikabteilung / Fotoservice / Kindermöbel / Fundbüro
1. Stock	Herrenmode / Schuhe für sie und ihn / Sportbekleidung / Fahrradabteilung / Papier und Schreibwaren / Bürobedarf / Spieleabteilung / Friseur / Nagelstudio / Möbel für Wohn- und Schlafzimmer
EG	Damenmode / Nachtwäsche / Bademode / Schmuck / Handschuhe / Socken und Strümpfe / Schuh- und Schlüsselservice / Supermarkt / Bäckerei / Bücher und Zeitungen

2 Schreiben – private SMS

a Lesen Sie die Aufgabe und die Beispielantwort.

So sieht die Aufgabe in der Prüfung aus:
Sie haben Ihren Freund Antonio lange nicht getroffen. Schreiben Sie ihm eine SMS.

Schreiben Sie, was Sie gerade machen.
Fragen Sie: zusammen etwas machen?
Schlagen Sie einen Treffpunkt vor.

Schreiben Sie 20–30 Wörter.
Schreiben Sie etwas zu allen drei Punkten.

> Hi, wie geht's?
> Lange nicht gesehen!
> Bin im Deutschkurs, habe aber gleich frei. 😊
> Zeit für ein Treffen?
> Im Park-Kino läuft ein super Film! Kommst du mit?
> Holst du mich um 8 Uhr bei mir zu Hause ab?
> Ruf mich an!
> LG, Carla

b Lesen Sie die Punkte 1 bis 5 und kreuzen Sie an: Was ist typisch für eine SMS?

- [x] 1. Datum
- [x] 2. Anrede mit Namen
- [x] 3. kurze Sätze
- [x] 4. komplette Sätze
- [x] 5. Pronomen und/oder Verben können fehlen.

c Schreiben Sie jetzt selbst eine SMS.

Sie sind auf einer Party und schreiben eine SMS an Ihre Freundin Lina.

- Entschuldigen Sie sich, dass Sie gestern keine Zeit hatten.
- Erzählen Sie, wie die Party ist.
- Laden Sie Lina jetzt noch zu der Party ein.

Schreiben Sie 20–30 Wörter.
Schreiben Sie etwas zu allen drei Punkten.

> 😊 Sie können in der Prüfung eine typische SMS schreiben: eine kurze Anrede, kurze Sätze, …

3 Sprechen – Informationen zur Person austauschen

Üben Sie Fragen und Antworten.

So sieht die Aufgabe in der Prüfung aus:
Sie nehmen vier Karten und stellen mit diesen Karten vier Fragen. Ihr Partner / Ihre Partnerin antwortet.

Sprechen	Sprechen	Sprechen	Sprechen
Fragen zur Person	Fragen zur Person	Fragen zur Person	Fragen zur Person
Geburtstag?	Wohnort?	Land?	Sprachen?

Sprechen	Sprechen	Sprechen	Sprechen
Fragen zur Person	Fragen zur Person	Fragen zur Person	Fragen zur Person
Beruf?	Hobby?	Freunde?	Kinder?

– Wann hast du Geburtstag?
– Am fünften Dezember. Und du?

Fahrrad, Auto oder Bus? 5

1 Im Verkehr

a Sehen Sie die Bilder an und sammeln Sie Wörter zum Thema *Verkehr*. Machen Sie eine Mindmap.

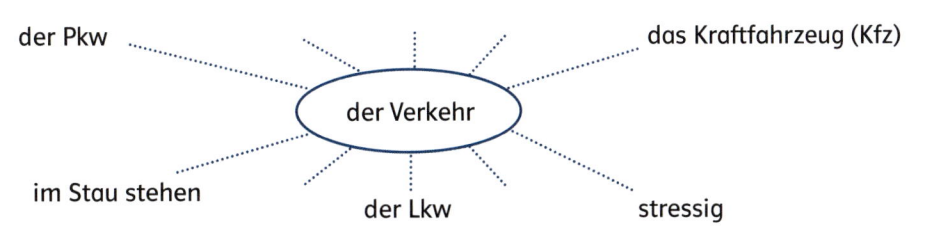

der Pkw .... das Kraftfahrzeug (Kfz)

der Verkehr

im Stau stehen .... der Lkw .... stressig

b Lesen Sie die Denkblasen. Ordnen Sie sie den Bildern zu.

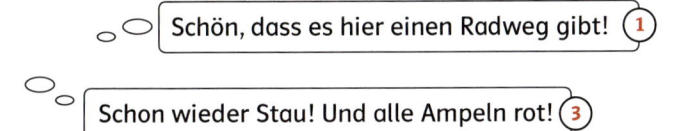

Schön, dass es hier einen Radweg gibt! ①

Alle Plätze besetzt! Aber am Hauptbahnhof steige ich ja um. Ich darf nur meine U-Bahn nicht verpassen! ②

Schon wieder Stau! Und alle Ampeln rot! ③

c Kennen Sie die Situationen von oben? Sprechen Sie.

Ich nehme immer das Auto. Aber manchmal finde ich keinen Parkplatz.

Ich fahre oft mit dem Bus. Der Bus ist immer sehr voll und ich …

Sprechen über Verkehrsmittel sprechen; etwas vergleichen; Vor- und Nachteile von Verkehrsmitteln nennen; sagen, was man am liebsten mag, am besten findet | **Hören** Gespräch über den Weg zur Arbeit; Gespräch im Taxi; Radioinformationen | **Schreiben** über den Weg zur Arbeit / zum Deutschkurs | **Lesen** Anleitung; Text aus einer Reisezeitschrift | **Beruf** Vor- und Nachteile des Berufs *Taxifahrer*

2 Wie kommen Sie zur Arbeit?

a Sehen Sie das Foto und die Sprechblasen an. Wo sind die Leute? Wie viel Uhr ist es ungefähr? Was ist das Gesprächsthema?

> Heute Morgen habe ich wieder ewig im Stau gestanden und war fast eine Stunde später als sonst hier.

> Ich fahre ja lieber mit der U-Bahn als mit dem Auto. Ich habe eine Monatskarte. – Und wo parken Sie denn, Herr Mey? Hier kann man ja nirgends parken.

🎧 2.02 **b** Hören Sie das Gespräch. Wie sind Frau Gerold, Herr Mey und Herr Bieber zur Arbeit gekommen?

🎧 2.02 **c** Hören Sie noch einmal. Kreuzen Sie an: richtig oder falsch?

	R	F
1. Herr Mey war später als sonst im Büro, weil sein Bus Verspätung hatte.	☐	☐
2. Frau Gerold fährt lieber mit der U-Bahn als mit dem Auto.	☐	☐
3. Man darf auf der Straße nicht länger als zwei Stunden parken.	☐	☐
4. Herr Mey ist mit dem Fahrrad schneller als mit dem Auto.	☐	☐
5. Herr Bieber findet das Fahrrad praktischer als das Auto.	☐	☐
6. Frau Gerold sagt, dass Radfahren gesünder als Autofahren ist.	☐	☐
7. Herr Bieber sagt, dass Busfahren teurer als Fahrradfahren ist.	☐	☐

d Markieren Sie die Adjektive in 2c und ergänzen Sie die Tabelle.

FOKUS Komparativ: Adjektiv + *-er* (!)   Unregelmäßig!

praktisch – praktischer	groß – größer	dunkel – dunkler	gut – besser
spät –	lang –	hoch – höher	viel – mehr
schnell –	gesund –	teuer –	gern – ....

e Angeberspiel – Sprechen Sie wie im Beispiel.

gesund   gut   lustig   früh
schnell   rund   laut   dunkel
alt   neu   hell   süß
teuer   klein   schön
weit   billig
praktisch   groß   jung
spät   eng
interessant

> Ich bin spät aufgestanden.

> Ich bin später aufgestanden.

> Mein Freund ist groß.

66   sechsundsechzig

3 Die U-Bahn ist schneller als der Bus.

a Hören Sie den Dialog. Warum ruft Herr Mey Frau Gerold an?

b Lesen Sie das Telefongespräch und ergänzen Sie die Tabelle.

● Frau Gerold, ich habe einen Termin im Rathaus. Wie komme ich da ohne Auto hin?
○ Wieso ohne Auto? Was ist los mit Ihnen?
● Das erkläre ich Ihnen später. Es ist ein Notfall.
○ Also, Sie können mit der U-Bahn Linie 1 oder mit dem Bus in die Stadt fahren.
● Aha, was ist schneller?
○ Die U-Bahn ist schneller als der Bus. Sie braucht 15 Minuten, der Bus 25 Minuten.
● Und was ist billiger?
○ Die Fahrkarte für den Bus ist genauso teuer wie das U-Bahn-Ticket. Beide kosten 3,20 €.

FOKUS Vergleiche

U-Bahn = Bus   Die Busfahrkarte ist .... **teuer** .... das U-Bahn-Ticket.

Bus ≠ U-Bahn   Der Bus ist nicht so schnell wie die U-Bahn.

U-Bahn > Bus   Die U-Bahn ist schnell**er** .... der Bus.

c Vergleichen Sie die Verkehrsmittel. Schreiben Sie Sätze mit *als* und *wie*.

das Fahrrad   der Bus | teuer   bequem   schnell
das Taxi   das Flugzeug | billig   sicher
das Auto   die Straßenbahn | langsam   gesund   gefährlich

Das Taxi ist bequemer als der Bus. Der Bus ist nicht so teuer wie das Taxi.

d Hören Sie das Beispiel und variieren Sie den Dialog.

● Wie komme ich zum Bahnhof?
○ Du kannst den Bus nehmen oder das Fahrrad.
● Was ist schneller?
○ Der Bus ist schneller als das Fahrrad.
● Aber er ist …

zum Bahnhof
der Bus:
5 Minuten • 1,20 € • bequem

das Fahrrad:
10 Minuten • gratis • gesund

nach Paris
das Flugzeug:
2 Stunden • 180 € • praktisch

der Zug:
5 Stunden • 180 € • gemütlich

nach New York
das Flugzeug:
6 Stunden • 700 € • interessant

das Schiff:
5 Tage • 2300 € • schön

ins Zentrum
die Straßenbahn:
10 Minuten • 2,20 € • eng

das Taxi:
15 Minuten • 20 € • bequem

UND SIE?

Welche Verkehrsmittel benutzen Sie? Wählen Sie.

Notieren Sie Fragen und machen Sie Partnerinterviews.

Was machst du zu Fuß?

Ich gehe zu Fuß zum Deutschkurs, weil …

Wann nimmst du den Bus?

oder

Schreiben Sie einen Text über Ihren Weg zur Arbeit / zum Deutschkurs.

*Mein Weg zur Arbeit:
Ich fahre immer mit der U-Bahn zur Arbeit, weil …*

4 Ben leiht ein Fahrrad.

a StadtRAD Hamburg – So funktioniert es. Sehen Sie die Fotos an und lesen Sie die Texte. Ordnen Sie zu.

StadtRAD Hamburg

A

B

C

So leihen Sie das Rad:
Stecken Sie Ihre EC- oder Kreditkarte in den Automaten. Wählen Sie die Nummer von einem Fahrrad aus. Tippen Sie auf das Display am Fahrrad und öffnen Sie das Schloss.
Foto ◯

So geben Sie das Rad zurück:
Sie können das Rad an jeder Leihstation zurückgeben. Die Gebühr buchen wir automatisch ab.
Foto ◯

So funktioniert die Anmeldung:
Sie können die Anmeldung per E-Mail, Telefon oder direkt an einer Radstation machen. Dazu brauchen Sie eine EC- oder Kreditkarte. Wählen Sie einen Tarif und geben Sie Ihre Adresse an.
Foto ◯

b Was passt zusammen? Lesen Sie die Texte in 4a noch einmal und verbinden Sie die Sätze.

1. Man braucht eine EC- oder Kreditkarte,
2. Man kann die Anmeldung auch per Telefon machen,
3. Wenn man ein Fahrrad ausleihen möchte,
4. Wenn man das Fahrrad aufschließen will,
5. Wenn man das Fahrrad nicht mehr braucht,

a) wählt man zuerst die Nummer von einem Rad aus.
b) muss man auf das Display am Schloss tippen.
c) wenn man StadtRAD nutzen will.
d) kann man es an jeder Leihstation zurückgeben.
e) wenn man möchte.

c Bedingungen – Lesen Sie die Sätze in 4b noch einmal und ergänzen Sie die Tabelle.

G

FOKUS   Nebensatz mit *wenn*

Hauptsatz	Nebensatz
Man braucht eine EC- oder Kreditkarte,	**wenn** man StadtRAD (nutzen) ◯ .
Man kann die Anmeldung per Telefon machen,	**wenn** man ◯ .

Nebensatz	Hauptsatz
…………… man das Fahrrad (aufschließen) ◯ ,	(muss) man auf das Display tippen.
…………… man das Fahrrad nicht mehr ◯ ,	◯ man es an jeder Station (zurückgeben).

d Verbinden Sie die Sätze mit *wenn*. Schreiben Sie in Ihr Heft.

1. Mein Fahrrad ist kaputt. Ich bringe es in die Werkstatt.
2. Das Wetter ist schön. Ich gehe zu Fuß.
3. Ich möchte nach Berlin fahren. Ich nehme den Zug.
4. Ich brauche ein Auto. Ich leihe ein Auto.

> 1. Wenn mein Fahrrad kaputt ist, bringe ich es in die Werkstatt.

e Was machen Sie, wenn …? Sammeln Sie Ideen zu den Situationen und sprechen Sie.

Die Sonne scheint.
Sie haben eine Woche Urlaub.
Sie sind krank.
Sie sind sehr glücklich.

> Wenn die Sonne scheint, gehe ich spazieren.
> Wenn die Sonne scheint, …

f Wie finden Sie die Idee von StadtRAD? Sprechen Sie.

5 Räder in der Stadt

a Lesen Sie den Text aus einer Reisezeitschrift. Welche Überschrift passt?

1. **Fahrrad fahren immer gefährlich**   2. *Trend: Mehr Fahrrad im Alltag*   3. **Rad fahren auf dem Land**

Untersuchungen zeigen, dass die Fahrräder in die Städte zurückkommen. Fast ein halbes Jahrhundert lang war das anders. Fahrradfahren war in vielen Städten der Welt fast unmöglich. Das Auto hat den Alltag bestimmt.

Das ist auch jetzt noch so, aber es gibt heute weltweit doppelt so viele Kilometer Fahrradwege wie vor zehn Jahren. In Deutschland sind es fast 2 Millionen Kilometer. Städte wie London und Rio de Janeiro bauen neue Fahrradwege. Die Regierungen investieren überall.

In Kopenhagen fahren heute jeden Tag über 50% der Einwohner mit dem Fahrrad zur Arbeit oder zur Schule. Sie sparen Geld und manchmal auch Zeit. Es gibt über 400 km Fahrradwege. Im Zentrum von Kopenhagen wohnen 520 000 Einwohner und es gibt 560 000 Fahrräder.

In Deutschland gibt es zwei berühmte Fahrradstädte: Freiburg im Süden und Münster im Norden.

Viele Städte hoffen, dass sie mit Fahrradwegen den Autoverkehr (und damit den Verbrauch von Benzin und Diesel) reduzieren können. Aber das ist nicht so einfach. Wenn man nämlich außerhalb der Stadt lebt, hat man oft eine lange Strecke zur Arbeit und kommt nur schwer mit dem Fahrrad zum Arbeitsplatz. Aber auch hier gibt es immer bessere Angebote. In vielen öffentlichen Verkehrsmitteln kann man heute schon das Fahrrad mitnehmen.

b Lesen Sie noch einmal und kreuzen Sie an.

1. Vor 50 Jahren war Fahrradfahren in Städten
   a) kaum möglich.
   b) sehr normal.
   c) nicht beliebt.

2. Heute gibt es
   a) weniger Autos als früher.
   b) mehr Fahrradwege als früher.
   c) zu viele Fahrräder.

3. Viele Städte haben
   a) den Autoverkehr reduziert.
   b) Fahrradwege gebaut.
   c) 50% mehr Einwohner.

4. Auf dem Land
   a) ist das Fahrrad ideal.
   b) fehlen Fahrradwege.
   c) ist der Weg zur Arbeit oft zu weit.

UND SIE?

Wählen Sie.

Welche Verkehrsmittel benutzt man in Ihrem Land oft? Sprechen Sie in der Gruppe.

oder

Vorteile und Nachteile: Mehr Platz für Fahrräder, weniger Platz für Autos. Sammeln Sie Argumente und sprechen Sie.

> Man nimmt oft den Bus, wenn man …

> Ich denke, wir brauchen mehr Platz für Fahrräder, weil …

> Wenn man Auto fährt, …

6 Taxifahrer

a Sehen Sie die Bilder an. Was ist passiert? Sprechen Sie. Die blauen Wörter helfen.

weg sein   suchen   abschleppen   das Auto abholen
im Parkverbot stehen   der Abschleppwagen   ein Taxi rufen

🎧 2.05 **b** Hören Sie. Waren Ihre Ideen in 6a richtig?

🎧 2.05 **c** Hören Sie noch einmal und beantworten Sie die Fragen.

1. Was gefällt dem Taxifahrer an seiner Arbeit?
2. Was mag er nicht?
3. Wann arbeitet er gerne?
4. Wohin fährt er oft?

d Das sagt der Taxifahrer. Lesen Sie die Sätze 1 bis 6 und a bis f. Ordnen Sie zu.

1. Wir fahren hier links,
2. Mir gefällt in meinem Beruf am besten,
3. Ich arbeite
4. Lange Touren
5. Auf einer langen Tour
6. Ich fahre am häufigsten

a) verdiene ich am meisten.
b) finde ich am schönsten.
c) zum Bahnhof oder zum Arzt.
d) dass ich viele Leute kennenlerne.
e) am liebsten in der Nacht.
f) dann sind wir am schnellsten.

e Lesen Sie die Sätze in 6d noch einmal und ergänzen Sie die Tabelle.

FOKUS Superlativ *am* + Adjektiv + *sten*

schön	schöner	....	**Unregelmäßig!**			
schnell	schneller	....		gern	lieber	am liebsten
häufig	häufiger	....		gut	besser	....
lang	länger	am längsten		viel	mehr	....

f Schreiben Sie Sätze mit Superlativ.

1. gern / fahren / mit dem Zug / Eleni
2. häufig / fahren / mit dem Fahrrad / Ben
3. schnell / sein / mit dem Motorrad / Herr Mey
4. gut / essen / bei Mama / Giorgio
5. viel / verdienen / mit Wochenendarbeit / Pablo
6. gut / gefallen / dem Taxifahrer / die Arbeit nachts

UND SIE?

Was machen Sie am liebsten? Was gefällt Ihnen am besten? Fragen Sie im Kurs. Wählen Sie.

Arbeitsleben   oder   **Privatleben**

Was findest du bei deiner Arbeit am besten?
Meine Kollegen sind super!
Was machst du in der Freizeit am liebsten?

7 Aussprache: ä, ö, ü – lang und kurz

a Lang _ oder kurz .? Hören Sie und markieren Sie.

ä: sp__ät__, k__ä__lter, l__ä__nger, __ä__lter, st__ä__rker, regelm__ä__ßig

ü: __ü__ber, k__ü__rzer, fr__ü__h, j__ü__nger, zur__ü__ck, kl__ü__ger

ö: h__ö__ren, k__ö__nnen, gr__ö__ßer, h__ö__her, sch__ö__n, bl__ö__d

b Hören Sie noch einmal und sprechen Sie nach.

c Vokale a – ä, o – ö, u – ü: Hören Sie und sprechen Sie nach.

1. lang – länger   kalt – kälter   alt – älter   krank – kränker
2. kurz – kürzer   jung – jünger   klug – klüger   gesund – gesünder
3. groß – größer   rot – röter   hoch – höher   oft – öfter

8 Informationen aus dem Radio

a Der Taxifahrer hört Radio. Welche zwei Fotos passen zu den Durchsagen? Kreuzen Sie an.

A — der Unfall
B — die Demonstration
C — die Verspätung

b Hören Sie noch einmal. Wählen Sie für die Aufgaben 1 bis 4 die richtige Lösung a, b oder c.

1. Der Stau auf der A1 ist
   a in Richtung Lübeck.
   b in Richtung Hamburg.
   c in beide Richtungen.

2. Man kann zum Stadion
   a mit dem Auto fahren.
   b kostenlos mit Bus und U-Bahn fahren.
   c nicht mehr fahren.

3. Die Züge von und nach Hannover
   a fahren nicht.
   b fahren pünktlich.
   c sind verspätet.

4. Frau Bieber
   a wohnt in Hamburg.
   b wohnt nicht in Deutschland.
   c mag München.

VORHANG AUF

Spielen Sie einen Dialog zu Situation A, B oder C.

A Ihr Kollege fährt immer mit dem Auto und benutzt nie das Fahrrad oder öffentliche Verkehrsmittel. Erklären Sie ihm, warum Fahrradfahren gut für ihn ist.

B Sie planen einen Ausflug ans Meer oder in eine andere Stadt. Wie kommen Sie dort hin? Diskutieren Sie, nennen Sie Vorteile und Nachteile.

A will mit dem Auto fahren,
B mit dem Zug,
C mit dem Bus.

C Sie kommen in einer fremden Stadt an. Sie fahren mit dem Taxi zum Hotel. Spielen Sie ein Gespräch mit dem Taxifahrer.

einundsiebzig 71

ÜBUNGEN

1 Im Verkehr

Ergänzen Sie in BLOCKSCHRIFT.

! Achtung: ß = SS

1. Es ist viel Verkehr. Alle stehen im …
2. Sie müssen hier aus dem Bus … und dann noch 100 Meter zu Fuß gehen.
3. Jeden Morgen gibt es so viel Verkehr und alle sind im …
4. 🚇
5. Entschuldigung, wo ist die … vom Bus Nr. 9?
6. Da vorne können Sie in die Linie 1 …
7. Gehen Sie bis zur … und dann rechts. Dann sehen Sie schon das Kino.
8. Wie komme ich zum …? Ich möchte mit dem Zug nach Köln fahren.
9. 🚌
10. 🚗
11. 🚲
12. Wie komme ich zum Rathaus? … Sie mit der Linie 1 bis zum Marktplatz. Das Rathaus ist rechts neben dem Kaufhaus.

1: STAU

Das Lösungswort heißt: ....

2 Wie kommen Sie zur Arbeit?

🔁 2.13

a Ergänzen Sie den Dialog mit den Verben in der richtigen Form. Hören Sie zur Kontrolle.

stehen   parken   finden   sein   müssen   passieren
~~kommen~~   brauchen   abholen   nehmen   fahren

● Guten Morgen, Frau Riedler. Sind Sie gerade erst (1) _gekommen_?

○ Ja, Frau Gerold, ich habe ewig im Stau (2) ....
   Ich (3) .... fast eine Stunde unterwegs.

● Echt? Ich (4) .... meistens mit der U-Bahn.
   Da (5) .... mir das nicht.

○ Und dann habe ich keinen Parkplatz (6) .... Ich habe
   jetzt im Parkhaus (7) ...., aber das ist teuer.

● Und warum (8) .... Sie nicht den Bus?

○ Weil ich zu lange (9) .... Und nach der Arbeit (10) .... ich meinen Sohn
   vom Kindergarten (11) ....

🚑 Hilfe? – Hören Sie zuerst und ergänzen Sie dann.

72 zweiundsiebzig

b Ergänzen Sie die Komparativformen.

A Das Rathaus ist groß.
Das Kaufhaus ist _größer_.

B Das Sportauto ist teuer.
Der Lkw ist _____.

C Obst essen ist gesund.
Sport machen ist _____.

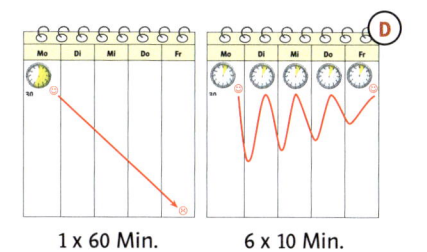

D 1 x 60 Min. / 6 x 10 Min.
1 x 60 Minuten lernen ist gut.
6 x 10 Minuten lernen ist _____.

E Martha isst gerne Äpfel, aber noch _____ isst sie Wiener Würstchen.

F Rico liest viel, aber Hasred liest noch _____.

3 Die U-Bahn ist schneller als der Bus.

a Ergänzen Sie die WhatsApp-Dialoge: ... *als* oder *so ... wie*? Achten Sie auf die Adjektivform.

A
- Hi, Theresa, ich bin jetzt am Bahnhof. Wie komme ich zu dir? *11:14*
- Die U-Bahn ist _schneller als_ (schnell) der Bus. *11:40*
- Ich habe aber so viele Sachen. *11:42*
- Dann nimm ein Taxi, aber das ist nicht _____ (billig) die U-Bahn und es dauert _____ (lang) mit der U-Bahn. *11:50*

B
- Hallo, Gero, ich habe einen Termin in Köln. Wie soll ich da hinfahren? *13:44*
- Nimm den ICE. Da bist du _____ (schnell) mit dem Auto. *13:49*
- Aber sind Busse nicht viel _____ (billig) die Bahn? *13:52*
- Ja, aber der Bus ist nicht _____ (bequem) der ICE. *13:55*

C
- Hi, hast du im Internet die HQphones gesehen? *15:31*
- Ja, ich finde das HQ4 nicht _____ (schön) das HQ3. *15:36*
- Aber das HQ4 ist viel _____ (gut) das HQ3. *15:38*
- Aber auch viel _____ (teuer) das alte Smartphone. *15:40*

b Schreiben Sie Vergleiche zu den Bildern.

Ⓐ groß

Hamburg
1,76 Mio. Einwohner

München
1,41 Mio. Einwohner

Ⓑ alt

Kölner Dom
Baubeginn 1248

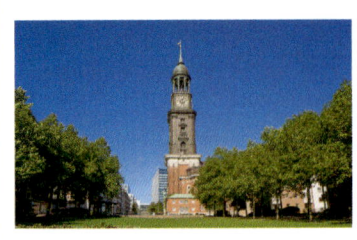

St.-Michaelis-Kirche
in Hamburg – Baubeginn 1647

Ⓒ hoch

Olympiaturm in München
291,28 m

Heinrich-Hertz-Turm in Hamburg
278,20 m

Hamburg ist ... als München.

c Wie ist das bei Ihnen? Schreiben Sie Vergleiche.

alt – jung   groß – klein   warm – ...   gut – ...   ...

Mein Vater ...
Meine Stadt ist ...
Das Wetter in ... ist ...

4 Ben leiht ein Fahrrad.

a Was passt zusammen? Verbinden Sie und schreiben Sie die Sätze mit *wenn*.

1. Ich fahre zu meinen Eltern.
2. Ich will ins Zentrum.
3. Ben möchte eine Reise machen.
4. Eleni besucht ihren Bruder in Rumänien.
5. Wir müssen einkaufen.
6. Dana kommt nach Hamburg.

a) Ich nehme den Bus.
b) Er fährt mit der Bahn.
c) Sie fliegt mit dem Flugzeug.
d) Wir gehen zu Fuß.
e) Sie macht eine Fahrt mit dem Schiff.
f) Ich leihe ein Auto.

Wenn ich zu meinen Eltern fahre, leihe ich ein Auto.

b Nebensätze mit *weil*, *dass* oder *wenn*. Ergänzen Sie.

1. Ich habe kein Auto, __weil__ Autofahren für mich zu teuer ist.
2. Im Moment glaube ich auch, _____ ich kein Auto brauche.
3. _____ ich Geld habe, kaufe ich mir lieber ein gutes Fahrrad.
4. Nächstes Jahr kaufe ich ein Auto, _____ ich nach der Arbeit oft zum Sport fahre.
5. Das Problem ist, _____ man zu der Firma nicht so gut mit dem Bus kommt.
6. Ich fahre aber lieber mit Kollegen zusammen, _____ es geht.

c Schreiben Sie je einen Satz mit *wenn*, *weil* und *dass* über sich und Ihre Familie oder Freunde.

Wenn ich viel Zeit habe, ...   *Meine Freundin findet, dass ...*

74   vierundsiebzig

5 Räder in der Stadt

a Sie hören ein Interview. Sie hören den Text zweimal. Wählen Sie für die Aufgaben 1 bis 5 *Ja* oder *Nein*. Lesen Sie zuerst die Aufgaben.

1. Gundula hat eine große Familie. ☐ Ja ☐ Nein
2. In Stuttgart hat man lange Zeit nicht an Fahrradfahrer gedacht. ☐ Ja ☐ Nein
3. Gundula fährt mit dem Fahrrad zur Arbeit. ☐ Ja ☐ Nein
4. Wenn Gundula sehr viele Sachen einkaufen muss, braucht sie ein Auto. ☐ Ja ☐ Nein
5. Gundulas Tochter fährt mit dem Fahrrad ins Schwimmbad. ☐ Ja ☐ Nein

b Ergänzen Sie die Sätze.

Einwohner   Straße   Arbeitsplatz   doppelt   reduzieren

1. Fahrrad fahren auf der ………………………………… ist gefährlich.
2. Heute gibt es ………………………………… so viele Fahrradwege wie vor 10 Jahren.
3. In Kopenhagen fahren über 50 % der ………………………………… mit dem Fahrrad zur Arbeit.
4. Wenn mehr Leute Fahrrad fahren, dann kann man den Autoverkehr ………………………………… .
5. Auf dem Land kommt man ohne Auto nur schwer zum ………………………………… .

6 Taxifahrer

a Lesen Sie den Text und die Aufgaben 1 bis 5. Sind die Aussagen richtig oder falsch? Kreuzen Sie an.

Beruf: Taxifahrer

In Deutschland darf nicht jeder Taxi fahren. Wenn man Taxi fahren will, dann braucht man einen speziellen Führerschein. Für diesen Führerschein muss man mindestens 21 Jahre alt sein und man muss länger als zwei Jahre einen Führerschein für das Auto haben. Dann muss man eine Untersuchung beim Arzt und einen Augentest machen. Nach dem Erste-Hilfe-Kurs muss man noch eine „Ortskundeprüfung" machen. Bei der Ortskundeprüfung muss man die Stadt gut kennen. Alle Taxis haben aber heute GPS, eine elektronische Landkarte.
Die meisten Taxifahrer arbeiten für große Taxifirmen. Aber viele Fahrerinnen und Fahrer haben auch ein eigenes Taxi oder sie arbeiten mit einem oder zwei Kollegen zusammen.
Taxifahren ist ein schwerer Beruf. Man sitzt viele Stunden im Auto und hat sehr lange Arbeitszeiten. Oft sind es zwölf Stunden. Das ist anstrengend, besonders in der Nacht. Der Verdienst ist sehr unterschiedlich. Manchmal verdient man am Tag 100 Euro, aber manchmal auch nur 20 Euro. Es gibt auch Taxifahrer mit einem festen Gehalt, aber das ist selten. Taxifahrerinnen gibt es auch, aber die meisten Taxifahrer sind Männer.

1. In Deutschland braucht man eine spezielle Erlaubnis zum Taxifahren. ☒ Richtig ☐ Falsch
2. Man muss die Stadt heute nicht mehr so gut kennen wie früher. ☐ Richtig ☐ Falsch
3. Die meisten Taxifahrer haben ein eigenes Taxi. ☐ Richtig ☐ Falsch
4. Nachts ist die Arbeit leichter als am Tag. ☐ Richtig ☐ Falsch
5. Man verdient manchmal viel und manchmal wenig. ☐ Richtig ☐ Falsch

b Ben in Hamburg – Ergänzen Sie die Superlative. Es gibt mehrere Möglichkeiten.

viel   schön   schnell   interessant   gerne   gut   ~~gerne~~

1. In meiner Freizeit bin ich __am liebsten__ im Stadtpark.
2. Von den vielen Theatern in Hamburg finde ich das Thalia-Theater _____.
3. Ich finde das Museum in den Deichtorhallen _____.
4. In Hamburg ist man _____ mit der U-Bahn unterwegs.
5. Bei gutem Wetter ist es in Hamburg an der Elbe _____.
6. _____ fehlt mir in Hamburg die Münchner Weißwurst und das Bier.
7. In Hamburg esse ich _____ Fischbrötchen.

c Schreiben Sie drei Sätze mit Superlativ über sich, Ihre Familie oder Freunde.

Am liebsten bin ich zu Hause in meinem Wohnzimmer.

7 Aussprache: ä, ö, ü – lang und kurz

♪ 2.15 Hören Sie und markieren Sie die roten Buchstaben mit mit _ lang oder . kurz. Hören Sie noch einmal und sprechen Sie nach.

1. Die Zugfahrt von Hamburg nach München dauert lang, aber mit dem Auto dauert es noch länger.
2. In Deutschland ist es kalt, aber in Norwegen ist es noch kälter.
3. Mit dem Auto in die Stadt fahren ist nicht klug. Mit der U-Bahn fahren ist viel klüger.
4. Im Herbst sind die Tage kurz, und im Winter sind sie noch kürzer.
5. München ist groß, aber Hamburg ist größer.
6. Ich fahre oft mit dem Fahrrad, aber mit dem Bus fahre ich öfter.

8 Informationen aus dem Radio

🎧 2.16 Ergänzen Sie die Durchsagen. Hören Sie zur Kontrolle.

~~Abend~~   benutzen   besetzt   Parkplätze   kostenlos   Fußballspiel

Information   Minuten   Probleme   Richtung   Strecke   Verspätung

Achtung, Autofahrer in Hamburg!
Heute (1) __Abend__ findet das
(2) _____ HSV gegen
den 1. FCK statt. Alle (3) _____
am Stadion sind (4) _____.
Bitte (5) _____ Sie die
öffentlichen Verkehrsmittel. Mit dem Stadionticket
zum Spiel können Sie (6) _____
mit U-Bahnen und Bussen fahren.

Eine (7) _____ für alle
Bahnfahrer:
Auf der (8) _____
Hamburg–Hannover gibt es technische
(9) _____. Die Züge in
(10) _____ Hannover haben
zurzeit eine (11) _____
von 35 (12) _____. Züge aus
Hannover kommen 40 Minuten später in
Hamburg an.

Hilfe? – Hören Sie zuerst und ergänzen Sie dann.

ÜBUNGEN **5**

LEICHTER LERNEN: Wörter und Bilder

Lernen Sie in der Stadt.

Überlegen Sie beim Gehen, Laufen, Fahrradfahren, Busfahren, Autofahren:
– Was sehe ich und wie heißt das auf Deutsch?
– Wenn Sie Wörter nicht kennen, suchen Sie die Wörter im Wörterbuch und machen Sie sich Notizen.
– Sie haben eine Sache gesehen. Welche anderen Wörter passen zu diesem Wort?
– Wenn Sie das nächste Mal an die gleiche Stelle kommen, wiederholen Sie die Wörter im Kopf.

a Welche Fotos passen zu welchem Zettel?

A B C
D E F

1
die Ampel – grün / rot
laufen
der Hauptbahnhof
der Fahrplan
warten
die Kreuzung
der Zug
wegfahren

2
der Platz   die Häuser
essen   die Terrasse
entspannt   alt
schön   das Restaurant
spazieren gehen   glücklich

b Notieren Sie Wörter zu den anderen Bildern in a. Vergleichen Sie im Kurs.

RICHTIG SCHREIBEN: Umlaute

2.17   **Wo fehlen die Umlaute *ä*, *ö*, *ü*? Ergänzen Sie und hören Sie zur Kontrolle.**

Die Lösung heißt: Mehr Fahrrader in die Stadte!

Viele Leute in den Stadten wunschen sich mehr Fahrradwege.

So konnen wir jahrlich viele Tausend Liter Ol sparen. Das ist schoner und gunstiger als Autofahren.

Vater und Sohne konnen taglich mit ihren Fahrradern fahren und Mutter und Tochter auch,

denn es ist ungefahrlich. Alle sind glucklich und haben keine Wunsche mehr.

siebenundsiebzig **77**

Mein Deutsch nach Kapitel 5

Das kann ich:

über Verkehrsmittel sprechen

Wie kommen Sie zum Kurs? Sprechen Sie.

● Wie kommst du zum Kurs?
○ Meistens fahre ich mit dem Bus, aber heute bin ich zu Fuß gekommen.

etwas vergleichen

Was ist schneller, ein Auto oder ein Flugzeug?

Ein Flugzeug ist schneller als ein Auto. Das ist doch klar!

Fragen und antworten Sie.

Auto – Flugzeug – schnell
Fahrrad – Auto – gesund
Zug – Straßenbahn – bequem
Pullover – T-Shirt – warm
…

Vorteile und Nachteile nennen

Wenn ich mit dem Auto zur Arbeit fahre, bin ich schneller. Aber mit dem Fahrrad …

Nennen Sie Vorteile und Nachteile für unterschiedliche Verkehrsmittel.

1. Ihr Weg zur Arbeit
2. eine Reise nach Rom
3. ein Wochenendausflug ans Meer

sagen, was man am liebsten mag / am besten findet

Sprechen Sie: Freizeit oder Arbeit

In der Freizeit spiele ich am liebsten Fußball. Am Wochenende … Bei der Arbeit …

www →A2/K5

Das kenne ich:

Adjektive: Komparativ und Superlativ

praktisch	praktischer	am praktischsten
spät	später	am spätesten
schnell	schneller	am schnellsten
lang	länger	am längsten
groß	größer	am größten
gesund	gesünder	am gesündesten
dunkel	dunkler	am dunkelsten
hoch	höher	am höchsten
teuer	teurer	am teuersten

!Es gibt drei ganz unregelmäßige Formen:

gern	lieber	am liebsten
gut	besser	am besten
viel	mehr	am meisten

Vergleiche

Die Busfahrkarte ist so teuer wie das U-Bahn-Ticket.
Aber der Bus ist nicht so schnell wie die U-Bahn.
Die U-Bahn ist schneller als der Bus.

Nebensatz mit *wenn*

Hauptsatz — **Nebensatz Konnektor**

Man (braucht) eine Kreditkarte, — wenn man StadtRAD (nutzen) (will).

Nebensatz Konnektor — **Hauptsatz**

Wenn man das Fahrrad nicht mehr (braucht), (kann) man es an jeder Leihstation (zurückgeben).

Ein Besuch in Berlin 6

A Spree
B Kreuzberg
C Alexanderplatz
D Reichstagsgebäude
E East-Side-Gallery

Und was machen wir jetzt?

1 Berliner Sehenswürdigkeiten

a Sehen Sie die Fotos an und lesen Sie die Sätze 1 bis 5. Ordnen Sie die Sehenswürdigkeiten A bis E den Sätzen zu.

> Die East-Side-Gallery zeigt …

1. Die ? zeigt Kunst und Graffiti an der „Berliner Mauer".
2. Die Kuppel aus Glas auf dem ? ist eine besondere Sehenswürdigkeit.
3. Der ? mit der Weltzeituhr ist ein wichtiger Treffpunkt in Berlin.
4. Die Kneipen, Imbissbuden und Läden im Stadtteil ? sind für viele Touristen interessant.
5. Die ? fließt durch das Zentrum von Berlin. Sie können Berlin mit dem Schiff besichtigen.

🎧 2.18 **b** Was wollen Luka und Markus in Berlin machen? Hören Sie das Gespräch. Welche Fotos passen?

c Kennen Sie Berlin? Was finden Sie interessant? Was möchten Sie sehen?

Sprechen Ratschläge geben; nach dem Weg fragen und den Weg beschreiben; Eintrittskarten kaufen; vom eigenen Abendprogramm erzählen; im Restaurant bestellen | **Hören** Gespräch in der Touristeninformation; telefonische Ticketreservierung | **Schreiben** Eintrag in ein Gästebuch | **Lesen** Anzeigen; Homepage; Speisekarte | **Beruf** jemanden beraten; als Bedienung Gespräche mit Gästen führen

79

2 In der Touristeninformation

🎧 2.19 **a** Hören Sie. Welche Orte nennt die Frau in der Touristeninformation? Markieren Sie im Plan.

b Lesen Sie die Ausschnitte aus dem Gespräch. Welches Wort passt? Sie können noch einmal zur Kontrolle hören.

1. Stadtmitte   2. Zeit   3. Sehenswürdigkeiten   4. Schifffahrt   5. U-Bahn

○ Guten Tag, wir brauchen ein paar Tipps für unseren Berlin-Besuch.
● Wie viel ⟨2⟩ haben Sie denn?
○ Drei Tage, bis Sonntagabend.
● Gut, heute ist ein schöner Tag. Machen Sie doch zuerst eine gemütliche Schifffahrt auf der Spree in der ⟨ ⟩. Die dauert ungefähr eine Stunde.

● Wenn Sie die ⟨ ⟩ machen, dann sind Sie ganz in der Nähe von der Museumsinsel und vom Dom.
○ Ja, das ist eine gute Idee, ich bin dafür, und ich möchte auf den Fernsehturm.

● Kaufen Sie doch den Berlin-City-Pass. Der kostet für 3 Tage 99,90 €.
◐ Das ist aber teuer. Da bin ich dagegen.
● Ja, aber damit fahren Sie kostenlos mit der ⟨ ⟩, der S-Bahn und dem Bus.

◐ Gut, dann fangen wir mit der Schifffahrt an.
● Nehmen Sie von hier am besten den Bus 100. Da sehen Sie auf dem Weg schon die wichtigsten ⟨ ⟩. Fahren Sie bis zum Berliner Dom. Die Schiffstour beginnt ganz in der Nähe.

🎧 2.19 **c** Lesen Sie die Sätze 1 bis 6. Hören Sie noch einmal und kreuzen Sie an: richtig oder falsch?

	R	F
1. Die Schifffahrt dauert 60 Minuten.	☐	☐
2. Nach der Schifffahrt sollen Luka und Markus den Reichstag besichtigen.	☐	☐
3. Der Fernsehturm ist nicht weit weg von der Museumsinsel.	☐	☐
4. Mit einem praktischen Berlin-City-Pass zahlt man in vielen Museen keinen Eintritt.	☐	☐
5. Luka und Markus bekommen auch einige gute Vorschläge für ihr Abendprogramm.	☐	☐
6. Mit dem Bus 100 kommt man zu vielen Sehenswürdigkeiten.	☐	☐

3 Tipps für den Berlin-Besuch

a Adjektivendungen wiederholen – Markieren Sie die richtigen Adjektive.

1. Ich kann Ihnen ein **billiges**/billigen, aber gutes/guten Hotel empfehlen.
2. Mit einem günstiges/günstigen Berlin-City-Pass kann man umsonst Bus und U-Bahn fahren.
3. Für einen dreitägiger/dreitägigen Besuch lohnt sich der Pass auf jeden Fall.
4. Besuchen Sie doch auch ein gemütliches/gemütlichen Restaurant in den Hackeschen Höfen.
5. Wenn Sie Zeit haben, machen Sie doch einen interessanter/interessanten Ausflug nach Potsdam.
6. Sie müssen unbedingt einmal eine leckere/leckeren Currywurst oder einen echte/echten Döner essen.

b Ergänzen Sie die Sätze. Wählen Sie.

Benutzen Sie die Adjektive.   **oder**   Ergänzen Sie frei.

schön   schnell   nah   warm   interessant   neu
lang   alt   grün   blau   groß   lustig   gut

1. Viele Berliner möchten an einem .... Sommertag mit ihren .... Autos an einen .... See fahren und stehen dann in einem .... Stau.

2. Ich träume von einem .... Spaziergang durch einen .... Park mit .... Bäumen.

3. Ich möchte mit meiner .... Freundin eine .... Reise mit unseren .... Fahrrädern machen.

c Ratschläge – Was passt zusammen? Ordnen Sie 1 bis 8 und a bis h zu.

Ratschläge geben

1. Machen Sie doch …
2. Gehen Sie doch zuerst …
3. Sie können auch zuerst … und danach …
4. Nehmen Sie doch …
5. Mein Vorschlag ist, dass …
6. Ich habe einen Tipp, besuchen Sie …
7. Kaufen Sie am besten …
8. Wenn das Wetter schlecht ist, …

- a) zum Reichstag … zum Brandenburger Tor gehen.
- b) die Bergmannstraße. Da kann man gut essen.
- c) die S-Bahn von hier bis zum Hauptbahnhof.
- d) die Zeitschrift „Zitty" oder „Tip".
- [1] e) eine Fahrt mit dem Bus Linie 100.
- f) ins Pergamonmuseum oder in eine Ausstellung.
- g) können Sie ins Aquarium am Zoo gehen.
- h) Sie an so einem schönen Tag eine Schifffahrt machen.

4 Aussprache: Komposita

a Hören Sie. Markieren Sie den Wortakzent in den Komposita. Sprechen Sie nach.

Schifffahrt – Weltzeituhr – Reichstag – Fernsehturm – Stadtmitte – Leihfahrrad – Abendprogramm

Alexanderplatz – Museumsinsel – Touristeninformation – Berlinpass

b Hören Sie. Welches Wort aus 4a passt?   oOoooooo   Das ist „Touristeninformation".

UND SIE?

Ein Besuch in Ihrer Stadt. Geben Sie Ratschläge. Die Satzanfänge in 3c helfen.

Hier in … besuchen Sie am besten …   Wenn das Wetter gut ist, können Sie …   Mein Vorschlag ist, dass …

5 Zu Fuß unterwegs

a Ordnen Sie die Ausdrücke 1 bis 4 den Bildern zu.

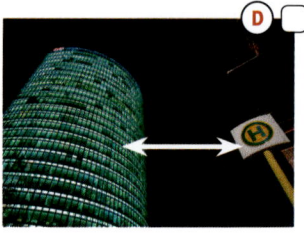

A ③   B ☐   C ☐   D ☐

(1) durch den Park gehen
(2) auf den Fernsehturm fahren
(3) über die Brücke gehen
(4) Gegenüber ist die Haltestelle.

durch + Akkusativ (G)

durch den Park
durch die Stadt

b 🎧 2.22 Hören Sie den Dialog. Wohin möchten Luka und Markus? Zeichnen Sie den Weg in den Plan.

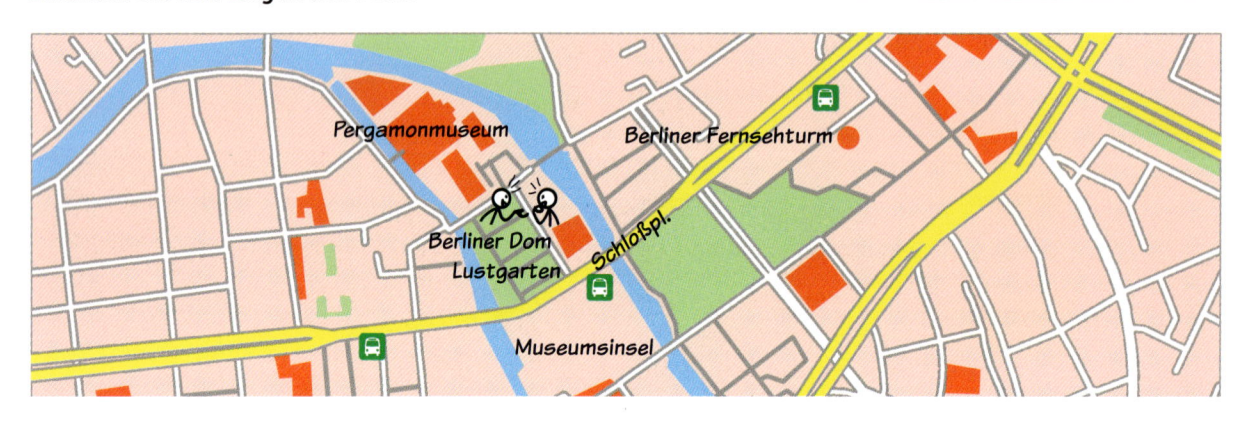

(Karte: Pergamonmuseum, Berliner Fernsehturm, Berliner Dom, Lustgarten, Schloßpl., Museumsinsel)

c 🎧 2.22 Hören Sie den Dialog noch einmal und ergänzen Sie in 1 bis 4 die Präpositionen und Artikel.

am   durch den   auf den   über die   ins   über die

1. Gehen wir ……………………… Museum oder fahren wir ……………………… Fernsehturm?
2. Vom Fernsehturm haben wir einen Blick ……………………… ganze Stadt.
3. Gehen wir hier rechts ……………………… Park?
4. Wir sind hier ……………………… Dom. Wir gehen da vorne links ……………………… Brücke.

Nicht vergessen: 😊

auf **dem** Schiff

auf **das** Schiff

d Sie sind am Dom. Spielen Sie Dialoge. Benutzen Sie die Karte in 5b.

nach dem Weg fragen und den Weg beschreiben	
Entschuldigung, ich suche …? Entschuldigung, wie komme ich zum/zur …? Entschuldigung, wo ist …?	Gehen Sie (hier) geradeaus (bis zur Brücke/Ampel). die Hauptstraße geradeaus. in die Bahnhofstraße. die erste/zweite Straße links. an der Kreuzung/Ampel rechts. über die Brücke / über den Platz. durch den Park. Hier ist der Dom. Gegenüber ist ein Park.

82 zweiundachtzig

6 Berliner Nächte

a Hören Sie. Wohin wollen Luka und Markus gehen? Kreuzen Sie an. 🎧 2.23

☐ ins Kino   ☐ ins Theater   ☐ in ein Konzert   ☐ in einen Club   ☐ in ein Café

b Lesen Sie die Anzeigen. Welche passen zu den Plänen von Luka und Markus?

Berliner Ensemble
„Hamlet" nach William Shakespeare
Regie: Leo Hoffmann
Fr + Sa 19:00–22:00 Uhr
Preise: 5€-30€
Bertolt-Brecht-Platz 1 – S-/U-Bahn Friedrichstraße

SO36! SO36 KREUZBERG
HipHop Safari
DJs: Female DJ-Team Freshfluke & Vilify
Beginn 23:59 Uhr | Eintritt: frei

Hertha BSC – Eintracht Frankfurt
Freitag 20:30 Uhr • Tickets ab 15 €

Stars in Concert
Die besten Doppelgänger bringen Berühmtheiten wie Elvis Presley oder Helene Fischer auf die Bühne. Fr + Sa 20:30 Uhr, Tickets ab 33 Euro
Ermäßigung für Schüler und Studenten

Gorillas Improtheater – Ratibor Theater
—— Our Lives ——
Schauspieler/innen aus fünf Ländern bekommen vom Publikum ein Thema: Liebe, Familie, Weihnachten, Einbürgerung … Sie spielen dann spontan Theater. In englischer Sprache.
Cuvrystr. 20, Berlin-Kreuzberg
U-Bhf. Schlesisches Tor (U1) – Tel. 030 6186199

Café Kotti
Multikulturelles Lokal in Kreuzberg. Hier fühlt man sich wohl und kann mit Menschen aus aller Welt sprechen.
Adalbertstraße 96
19:00 bis 1:00, U1, Kottbusser Tor

c Was möchten Sie gerne tun? Lesen Sie die Anzeigen und sprechen Sie.

> Ich möchte ins … gehen.   Ich glaube, das ist interessant, weil …   Ich gehe gern …

7 Haben Sie noch Tickets?

a Lesen Sie die Sätze 1 bis 4. Hören Sie das Gespräch und korrigieren Sie die Aussagen. 🎧 2.24

1. Es gibt keine Karten mehr für heute Abend.
2. Das Ticket kostet 33 Euro.
3. Für „Stars in Concert" gibt es keine Ermäßigung.
4. Man muss die Karten vor 19 Uhr abholen.

> Das stimmt nicht. Es …

b Kaufen Sie ein Ticket für eine Veranstaltung. Wählen Sie.

Kaufen Sie ein Ticket am Schalter.   **oder**   Bestellen Sie ein Ticket am Telefon.

Verkäufer/Verkäuferin	Kunde/Kundin
Guten Tag … Was kann ich für Sie tun?	Ich hätte gerne … Tickets für heute
Ja, es gibt noch wenige/genügend Tickets.	Abend / morgen Abend / Montag …
Heute sind wir ausverkauft, aber …	Was kosten die Tickets?
Ich habe leider nur noch Tickets für … €.	Haben Sie noch Tickets für …?
Sie müssen die Tickets 30 Minuten vor Beginn abholen.	Gibt es Ermäßigung für …?

UND SIE?

Sie wollen in Ihrer Stadt ausgehen. Was machen Sie? Wohin gehen Sie? Erzählen Sie.

8 Ein kulinarischer Stadtrundgang

a Lesen Sie den Text auf der Internetseite. Welches Foto passt?

Flanieren & probieren – ein Rundgang in Kreuzberg

HOME | AKTUELL | GESCHÄFTE | RUNDGANG | GÄSTEBUCH

Wir versprechen Ihnen einen besonderen Rundgang durch das multikulturelle Kreuzberg. Wir führen Sie zu Fuß und in kleinen Gruppen zu Imbissbuden und Insider-Restaurants. Und Sie lernen den Stadtteil Kreuzberg kennen. Hier fühlt man sich wie in einem Dorf mitten in Berlin.

Wir bleiben bei kuriosen Bars und Gasthäusern stehen und erzählen Ihnen etwas über die Sehenswürdigkeiten, die Geschichte und die Architektur des Stadtteils. Sie bekommen auch Informationen über interessante Unterhaltungsangebote. Wir probieren zusammen verschiedene Spezialitäten und entdecken Kreuzberger Geheimnisse.

Wir besuchen:
- ein indisches Restaurant (scharf oder süß-sauer)
- ein Texmex-Restaurant (unser Geschenk: eine Tüte Nachos)
- ein italienisches Eiscafé
- einen türkischen Salon mit hausgemachten Spezialitäten
- ein traditionelles Kuchenhaus (Spezialität: Apfelkuchen mit Sahne!)
- einen von den ersten Dönerläden Berlins
- eine kleine Bäckerei (täglich frische Schrippen)

Die meisten Menschen sind nach unserem Rundgang satt.
Bitte informieren Sie uns, wenn Sie etwas nicht essen dürfen oder wollen (Vegetarier, Diabetiker …).

Preise
30 €, Kinder bis 12: 15 €
Reservierung
bis 1 Stunde vor Tourbeginn erforderlich
Dauer
ungefähr 3 Stunden
Kleidung
bequeme Kleidung und Schuhe
Sprachen
Deutsch und Englisch
Getränke
bezahlen Sie selbst. Sie können gerne Wasser mitbringen.

Gästebuch
Ein tolles Erlebnis! Ich kann den Rundgang nur empfehlen!
•••
Es hat alles gestimmt, Aileen hat es toll gemacht. Kreuzberg und seine Spezialitäten waren super spitzenklasse.
•••
Echt super Tour! Aber danach hatte ich richtig Hunger!!

b Lesen Sie noch einmal. Was steht im Text? Kreuzen Sie an: a, b oder c?

1. Bei dem Rundgang besucht man
   a) Märkte in Kreuzberg.
   b) teure Restaurants.
   c) Restaurants, Imbissbuden …

2. Man bekommt Informationen über
   a) Kochrezepte.
   b) viele Dinge in Kreuzberg.
   c) ganz Berlin.

3. Der Rundgang
   a) kostet 12 Euro.
   b) dauert bis in die Nacht.
   c) findet in zwei Sprachen statt.

c Welche Stationen vom Stadtrundgang finden Sie interessant? Warum? Was möchten Sie probieren?

> Ich finde ein Texmex-Restaurant interessant.

> Ich möchte gerne in der Bäckerei Brot probieren.

UND SIE?

Schreiben Sie einen Eintrag für ein Gästebuch. Empfehlen Sie ein Restaurant, eine Imbissbude oder ein Lebensmittelgeschäft in Ihrer Stadt. Das Beispiel oben hilft.

> *Ich war heute im … Das ist richtig gut. Hier kann man sehr gut Falafel essen …*

84 vierundachtzig

9 Mann, hab ich Hunger!

a Lesen Sie die Speisekarte. Was kennen Sie? Auf welches Essen haben Sie Lust?

Tante Frieda – Berliner Spezialitätenrestaurant

Suppen
Kartoffelsuppe mit Speck und Würstchen	5,20
Kartoffelsuppe vegetarisch	4,80

Berliner Spezialitäten
Zwei Berliner Buletten (Frikadellen) mit Pommes frites	6,20
Kutscher-Gulasch – Rindfleisch mit Spätzle und Salat	10,50
Lammfleisch mit grünen Bohnen, Kartoffeln und Salat	11,00
Sülze vom Schwein mit Bratkartoffeln	7,20
Matjesfilet mit Apfel-Zwiebel-Joghurtsoße, Bratkartoffeln und Salat	9,80

Vegetarische Gerichte und Salate
Gemüsemaultaschen	9,20
Grüner Salat mit Ziegenkäse und Honig	10,50

*Unsere Produkte sind alle frisch gekocht und von hoher **Qualität**.*
Alle Preise inklusive Mehrwertsteuer und Service.

Getränke   0,2   0,4
Mineralwasser	1,80	2,20
Apfelsaft	2,20	3,80
Tomatensaft	2,20	3,80
Bio-Limonade (0,33)	2,20	
Malzbier (0,33)	2,20	
Berliner Weiße rot/grün	2,50	
Berliner Pilsner vom Fass	2,50	3,50
Schwarzbier	2,50	3,50

Wein: Bitte beachten Sie unsere Weinkarte.

Kaffee	1,80
Cappuccino	2,20
schwarzer/grüner Tee	1,80

b Luka und Markus bestellen – Ordnen Sie den Dialog. Hören Sie zur Kontrolle.

- So, was darf es für Sie sein?
- ○ [b]
- Mit Speck oder vegetarisch?
- ○ ☐
- Möchten Sie eine Hauptspeise?
- ○ ☐
- Das ist Fisch, Hering. Schmeckt sehr gut.
- ○ ☐
- Und für Sie?
- ○ ☐
- Und was möchten Sie trinken?
- ○ ☐

a) Ich hätte gerne die Frikadellen mit Kartoffelsalat.
b) Ich hätte gerne eine Kartoffelsuppe.
c) Ja, was ist Matjesfilet?
d) Eine Bio-Limonade, bitte.
e) Okay, ich probiere das. Und ein Mineralwasser, bitte.
f) Vegetarisch, bitte.

c Spielen Sie Dialoge wie in 9b.

Bedienung	**Gast**
Guten Tag, was darf es sein?	Bringen Sie uns bitte die Speisekarte?
Und für Sie?	Ich hätte gern …
Möchten Sie nur etwas trinken oder auch etwas essen?	Können Sie etwas empfehlen?
Was möchten Sie gerne trinken?	Und zum Trinken möchte ich …
Möchten Sie auch etwas essen?	
Ich danke Ihnen.	

VORHANG AUF

A Machen Sie Ihre Kursspeisekarte: Vorspeisen, Hauptspeisen und Nachspeisen aus Ihren Ländern. Spielen Sie dann Bestellungen im Kurs.

Vorspeisen: Hummus (Syrien, …), …
Hauptspeise: Bigos (Polen, …), …
Nachspeise: Bananenpudding (Tansania, …), …

B Sechs Stunden in Berlin oder einer anderen Stadt. Arbeiten Sie zu zweit. Was machen Sie? Wählen Sie: Tag oder Nacht. Machen Sie einen Plan.

– Ich möchte in den Zoo.
– Ja, und danach gehen wir auf den Fernsehturm.
– Ich möchte …

fünfundachtzig 85

ÜBUNGEN

1 Berliner Sehenswürdigkeiten

a Was ist interessant in Berlin? Sehen Sie das „Wortbild" an und schreiben Sie die Wörter von 1 bis 6 richtig.

```
KREUZBERG
MUSEUMSINSEL
WELTZEITUHR
GLASKUPPEL
     SCHIFF
    KNEIPEN
```

1. Das ist ein bekannter _STADTTEIL_ von Berlin. SADTTTIEL
2. Hier sind viele Berliner _____. MEEUSN
3. Das ist ein _____ auf dem Alexanderplatz. TEFFNPURKT
4. Das ist ein Teil vom _____. RICHSTAEG
5. Damit kann man auf einem _____ durch die Stadt fahren. LUSFS
6. Hier kann man etwas essen und trinken. Es sind einfache _____. RAURASTENTS

b Was ist interessant in Ihrer Stadt? Machen Sie ein „Wortbild" wie in 1a und stellen Sie es vor.

🎧 2.26 **c** Hören Sie den Dialog von Luka und Markus. Kreuzen Sie an: richtig oder falsch?

	R	F
1. Luka und Markus wollen etwas essen gehen.	☐	☐
2. Currywurst und Döner sind typische Speisen aus Berlin.	☐	☐
3. Luka und Markus gehen zuerst zum Reichstag.	☐	☐
4. Luka möchte am Abend in einen Club gehen.	☐	☐
5. Sie wollen in eine Touristeninformation gehen.	☐	☐
6. Markus hat ein Problem mit Fahrradfahrern.	☐	☐

2 In der Touristeninformation

🎧 2.27 **Ordnen Sie den Dialog. Hören Sie zur Kontrolle.**

- ● d
- ○ Hallo. Wir brauchen ein paar Tipps für unseren Berlin-Besuch.
- ● ☐
- ○ Drei Tage. Bis Sonntagabend.
- ● ☐
- ○ Gute Idee. Und wir möchten auf jeden Fall ins Pergamonmuseum.
- ● ☐
- ○ Und wie weit ist es von dort bis zum Reichstag?
- ● ☐
- ○ Nein, das Wetter ist schön, wir gehen zu Fuß. Haben Sie auch einen Tipp für den Abend?
- ● ☐
- ○ Vielen Dank. Das machen wir.

a) Zu Fuß circa 20 Minuten. Oder Sie nehmen die öffentlichen Verkehrsmittel.
b) Hier, ich gebe Ihnen ein kleines Programm. Aber das Angebot hier in Berlin ist sehr groß. Wenn Sie mehr wissen wollen, kaufen Sie am besten die Zeitschrift „Zitty". Da finden Sie mehr Informationen.
c) Wenn Sie die Schifffahrt machen, sind Sie ganz in der Nähe von der Museumsinsel. Da ist das Pergamonmuseum.
d) Guten Tag, wie kann ich Ihnen helfen?
e) Wie viele Tage sind Sie denn hier?
f) Dann beginnen Sie doch mit einer gemütlichen Schifffahrt auf der Spree in der Stadtmitte.

🚑 Hilfe? – Hören Sie zuerst und ordnen Sie dann den Dialog.

3 Tipps für den Berlin-Besuch

a Schreiben Sie die Artikel zu den Nomen.

1. *die* Schifffahrt 2. .... Ort 3. .... Sehenswürdigkeit 4. .... Currywurst
5. .... Hotel 6. .... Tipp 7. .... Zeitschrift 8. .... Treffpunkt

b Adjektivdeklination – Markieren Sie die richtige Form in den Anzeigen und Tipps.

1. **Machen Sie eine interessanten/interessante Schifffahrt im Zentrum.**
   So sehen Sie wichtige/wichtigen Orte von Berlin.

2. **Besichtigen Sie den Reichstag.**
   Die Glaskuppel von Norman Foster ist eine besondere/besonderes Sehenswürdigkeit.

3. Essen Sie doch mal eine leckere/leckeren Currywurst! Bei uns schmeckt sie am besten!

4. **Sie suchen noch ein billiger/billiges, aber gutes/gute Hotel in Berlin?**
   Kommen Sie zu uns!

5. *Brauchen Sie noch gute/guten Tipps für den Abend in Berlin?*
   In unserer aktuellen/aktueller Zeitschrift finden Sie alles.

6. **Sie wollen Ihre Freunde treffen?**
   Verabreden Sie sich an einem berühmt/berühmten Treffpunkt, der Weltzeituhr auf dem Alexanderplatz.

c Wie war das Wochenende? Ergänzen Sie die Endungen von den Adjektiven.

1. Mein Wochenende war super. Am Sonntag haben wir einen schön*en* Ausflug gemacht.

2. Das war ein gemütlich......... Wochenende. Ich habe nichts gemacht. Wunderbar!

3. Ich war am Samstag in einem spanisch......... Restaurant und habe mit meinem neu......... Freund ein wunderbar......... Menü gegessen.

4. Mein Bruder hatte Geburtstag. Ich habe einen lecker......... Kuchen für ihn gebacken.

5. Mein Wochenende war nicht so lustig. Meine klein......... Tochter war krank.

6. Ich habe einen lustig......... Ausflug nach Hamburg gemacht. Wir sind mit einem schnell......... Schiff gefahren.

7. Ein gut......... Freund hat mich besucht. Das war so schön! Wir haben viel gelacht.

8. Ich war mit einer nett......... Freundin auf einer toll......... Party.

d Lesen Sie die Fragen. Schreiben Sie die Ratschläge a bis e. Hören Sie dann zur Kontrolle.

1. Was können wir heute Abend machen?
2. Wie kommen wir zur Museumsinsel?
3. Wo kann man gut essen?
4. Was ist für Kinder interessant?
5. Und was machen wir, wenn es regnet?

a) Sie / ins Theater / Gehen / doch / .
b) den Bus Nr. 100 / Nehmen / Sie / .
c) Sie / in die Bergmannstraße / gehen / können / .
d) Gehen Sie doch / in den Zoo / zuerst / .
e) das Wetter / schlecht / ist / Wenn /, / Sie / können / gehen / ins Aquarium / .

Gehen Sie doch ins Theater!

e Ergänzen Sie die Redemittel im Text und schreiben Sie die E-Mail in Ihr Heft.

a) Ihr könnt
b) Besichtigt auf jeden Fall
c) Und ich habe einen Tipp
d) Geht am besten
e) Wenn das Wetter gut ist
f) ~~Mein Vorschlag ist~~

Lieber René,
vielen Dank für deine E-Mail! Schade, dass ich nicht da bin, wenn ihr nach Köln kommt. Aber ich habe ein paar Tipps für euch. (1) (f), dass ihr zuerst ins Zentrum geht. (2) ☐ den Dom und geht auf den Turm. Von oben hat man einen fantastischen Blick auf die Stadt! (3) ☐, könnt ihr danach einen schönen Spaziergang am Rhein machen. (4) ☐ direkt vom Dom zum Rhein. Das ist nicht weit. (5) ☐ in der Kölner Stadtmitte auch gut essen. Es gibt da viele typische Restaurants. (6) ☐ für den Abend: das Musical „Bodyguard". Ich finde es super!

Viele herzliche Grüße
Karl

4 Aussprache: Komposita

Hören und lesen Sie die Komposita. Markieren Sie den Wortakzent. Hören Sie noch einmal und sprechen Sie laut nach.

Kr**eu**zberg   Currywurst   Sommertag   Bergmannstraße   Zeitschrift

Friedrichstraße   Imbissbude   Stadtteil   Hauptbahnhof   Fußballspiel

5 Zu Fuß unterwegs

a Ergänzen Sie die passenden Präpositionen.

1. Er geht _in_ die Apotheke.
2. Sie gehen _____ den Turm. 
3. Sie geht _____ den Platz. 
4. Er joggt _____ den Park. 
5. Sie geht _____ Haltestelle. 
6. Sie laufen _____ den Fluss. 

auf • ~~in~~ • an • über • durch • zur

88 achtundachtzig

ÜBUNGEN 6

🎧 2.30–32 **b** Ergänzen Sie die Wegbeschreibungen. Hören Sie zur Kontrolle.

Dialog 1

geradeaus　　geradeaus　　Kreuzung　　~~zum~~　　links

● Entschuldigen Sie, wie kommen wir (1) _zum_ Brandenburger Tor?
○ Das ist ganz einfach: Gehen Sie hier (2) .... und dann immer (3) .... An der dritten (4) .... gehen Sie rechts und dann gehen Sie wieder (5) .... Da kommen Sie direkt zum Brandenburger Tor.
● Vielen Dank!

Dialog 2

An　　links　　Straße　　weit　　zu Fuß　　geradeaus

● Entschuldigung, könnt ihr uns helfen? Wir wollen zum Brandenburger Tor.
○ Klar, kein Problem. Geht einfach hier die (1) .... geradeaus. (2) .... der zweiten Kreuzung geht ihr (3) ...., da ist eine Ampel, und dann wieder (4) ....
● Ist das (5) ....?
○ Nein, gar nicht. Vielleicht 10 Minuten (6) ....
● Super, danke.

Dialog 3

links　　durch　　bis zur　　über　　über

● Entschuldigen Sie, wie komme ich von hier zum Brandenburger Tor?
○ Gehen Sie hier (1) .... U-Bahn-Haltestelle „Bundestag" und dann (2) .... den Park. Links ist der Reichstag. Gehen Sie (3) .... den Platz vor dem Reichstag und dann geradeaus. Dann gehen Sie (4) .... eine Straße. Und dann sehen Sie schon (5) .... das Brandenburger Tor.

c Ordnen Sie die Dialoge von 5b den Orten A bis C zu und ergänzen Sie die Wege im Plan.

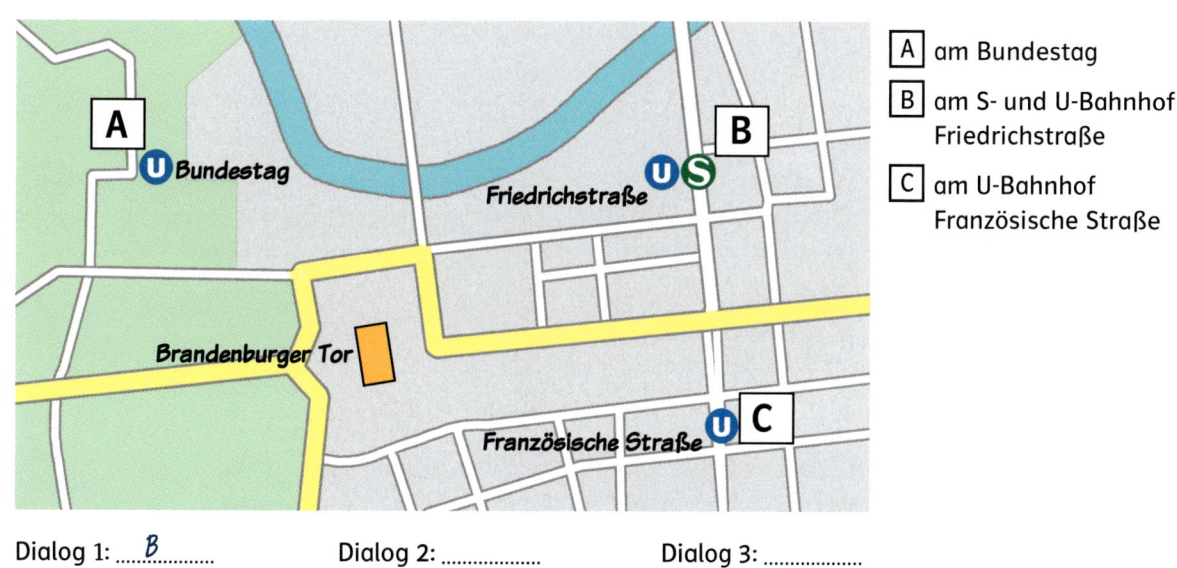

A am Bundestag
B am S- und U-Bahnhof Friedrichstraße
C am U-Bahnhof Französische Straße

Dialog 1: _B_　　Dialog 2: ....　　Dialog 3: ....

neunundachtzig 89

6 Berliner Nächte

P 🎧 2.33

Sie hören ein Gespräch. Zu diesem Gespräch gibt es fünf Aufgaben. Ordnen Sie zu und notieren Sie den Buchstaben. Sie hören den Text zweimal.

Wer möchte was in Berlin besuchen?

Wer?	0. Luisa	1. Ismail	2. Fernando	3. Gorza	4. Emir	5. Alex
Was?	c					

ⓐ den Fernsehturm
ⓑ das Pergamonmuseum
ⓒ das Brandenburger Tor
ⓓ ein Konzert
☒ den Reichstag
ⓕ den Stadtteil Kreuzberg
ⓖ typische Kneipen und Restaurants
ⓗ die East-Side-Gallery
ⓘ den Alexanderplatz

7 Haben Sie noch Tickets?

Ordnen Sie Fragen und Antworten zu.

1. ● Sind die Tickets für heute schon ausverkauft?
2. ● Was kosten die Tickets?
3. ● Gibt es Ermäßigung für Studenten?
4. ● Gut, dann reserviere ich vier Karten.
5. ● Bis wann kann ich die Tickets abholen?

a) ○ Bis 30 Minuten vor Beginn.
b) ○ Auf welchen Namen, bitte?
c) ○ Nein, es gibt noch Karten.
d) ○ 15 Euro und 12 Euro mit Ermäßigung.
e) ○ Ja, natürlich.

8 Ein kulinarischer Stadtrundgang

a Welches Thema passt? Lesen Sie die Einträge und ordnen Sie zu.

a) ein Hotel .... b) ein Imbiss .... c) ein Restaurant .... d) eine Schifffahrt ....

> ① Es war wunderbar! So gut haben meine Frau und ich vorher noch nie indisch gegessen. Auch der Service war perfekt. Wenn wir wieder mal in Berlin sind, kommen wir auch wieder zu Ihnen.
> *Daniel Hüttenroth, Münster*
>
> ② Der Kaffee war schlecht, aber die Fahrt auf dem Fluss war interessant. Wir haben viele Informationen über die Stadt und ihre Geschichte bekommen. *Susanna Solti, Mailand*
>
> ③ Mein Freund hat mir gesagt, dass der Döner aus Berlin kommt. Ich habe jetzt viele Döner probiert, aber bei euch in Kreuzberg schmeckt er einfach am besten! Er war fantastisch und die Bedienung sehr nett. Ich kann den Besuch in eurem Dönerladen nur empfehlen.
> *Berkan Yilmaz, Dortmund*
>
> ④ Nein, hier übernachten wir nicht wieder! Das Zimmer war klein und laut, das Frühstücksbüffet war um 9 Uhr schon leer, der Kaffee kalt. Alles in allem wirklich sehr schlecht. Schade, wir haben uns so auf unseren Besuch in Berlin gefreut. **Rita und Horst Meyer, Dresden**

b Lesen Sie die Einträge in 8a noch einmal. Kreuzen Sie an: richtig oder falsch?

R F
1. Daniel Hüttenroth und seine Frau haben in Berlin zum ersten Mal indisch gegessen. ○ ○
2. Susanna Solti sagt, dass sie auf der Schifffahrt viel über Berlin gelernt hat. ○ ○
3. Berkan Yilmaz hat der Döner in Kreuzberg gut geschmeckt. ○ ○
4. Rita und Horst Meyer haben in dem Hotel gut geschlafen und sehr gut gefrühstückt. ○ ○

ÜBUNGEN 6

9 Mann, hab ich Hunger!

Ordnen Sie die Speisen. Schreiben Sie eine Tabelle in Ihr Heft.

~~Cappuccino~~   Kartoffelsuppe mit Speck   kleiner Salat   Apfelsaft   Tomatensaft
Matjesfilet mit Bratkartoffeln   Frikadellen mit Pommes frites   Apfelkuchen
Rindfleisch mit Spätzle   ~~Tomatensuppe~~   Lammfleisch mit grünen Bohnen   Eis
Spaghetti mit Tomatensoße   Cola

Vorspeise	Hauptspeise	Nachspeise	Getränk
Tomatensuppe			Cappuccino

LEICHTER LERNEN: Im Alltag sprechen

a Oft geht es ohne Worte, aber sprechen Sie möglichst viel in Situationen im Alltag. Fragen Sie die Menschen oder sagen Sie selbst etwas.

- Entschuldigung, wie komme ich zum Rathaus, bitte?
- Was ist ein „Franzbrötchen"?
- Entschuldigung, ist hier noch frei?

b Überlegen Sie: In welchen Situationen im Alltag können Sie mehr sprechen?

- Im Supermarkt.
- Mit den Nachbarn.
- Im Kindergarten, wenn ich mein Kind abhole.
- ?

RICHTIG SCHREIBEN: Texte korrigieren

In der Postkarte sind acht Fehler (4x Großschreibung/Kleinschreibung, 4x Verbform). Korrigieren Sie den Text.

Lieber Heiner,

viele grüße (G) nach München. Markus und ich haben hier in Berlin schon viel gesehen. Wir haben eine Schiffstour auf der Spree gemacht, wir war im Reichstag und auf dem Fernsehturm. Der blick von da oben ist super! Gestern Abend waren wir in einem konzert. Wir hatte Glück, dass wir noch Karten bekommen haben. Es war fast ausverkauft. Jetzt sitzen wir gerade in einem typischen Berliner restaurant und ich trinkt eine Berliner Weiße. Sie schmecken ganz gut.

Bis bald, viele Grüße auch von Markus.

Luka

Heiner Bender
Goethestraße 23
80336 München

Mein Deutsch nach Kapitel 6

Das kann ich:

Ratschläge geben

Geben Sie Ratschläge zu den Bildern.

> Was kann man denn am Sonntag machen?

> Gehen Sie doch …
> Wenn es regnet, dann …
> Sie können …

den Weg beschreiben

Sie sind in der Sprachenschule. Beschreiben Sie den Weg zum Bahnhof, zum Krankenhaus …

> Gehen Sie aus dem Haus und dann rechts. Da kommt gleich eine Bäckerei und gegenüber ist der Bahnhof.

Eintrittskarten kaufen

HerzBlut ♥
Drei Konzerte in Berlin
14./15./16. Juni • Karten von 25 € bis 65 €

Sie möchten Tickets für den 14.6. kaufen. Es gibt nur noch Karten von 25 bis 45 Euro oder Karten für 15 Euro am 16.6. Spielen Sie den Dialog.

> Gibt es noch Karten für …?

im Restaurant bestellen

Vorspeisen: Gemüsesuppe, Tomatensuppe
Hauptspeisen: Salat mit Pilzen, Gulasch mit Kartoffeln
Nachspeisen: Eis mit Erdbeeren, Schokoladenmousse
Getränke: Mineralwasser, Apfelsaft, Bier, Wein

Spielen Sie den Dialog im Restaurant. Arbeiten Sie mit der Speisekarte.

> Was hätten Sie gern?
> Ich möchte …

www → A2/K6

Das kenne ich:

Präpositionen und Kasus (Zusammenfassung)

Nach diesen Präpositionen steht immer **Dativ**:
ab, aus, bei, mit, nach, seit, von, zu

Nach diesen Präpositionen steht immer **Akkusativ**:
bis, durch, für, gegen, ohne

Nach diesen Präpositionen kann **Dativ** oder **Akkusativ** stehen:
an, auf, hinter, in, neben, über, unter, vor, zwischen

WOHIN? → Akk.   Er geht auf den Turm.
WO? • Dat.   Er steht auf dem Turm.

> Ich gehe durch den Park.
> Er geht über den Platz.
> Hier kommen Sie an die Spree.

HALTESTELLE

HC-1 **1 Beruf – Serviceberufe**

a Sehen Sie die Fotos an und sprechen Sie über die Berufe. Was ist typisch für diese Berufe? Wie sieht der Alltag in diesen Berufen aus?

A □   B □   C □   D □

Bedienung   Taxifahrer   Servicekraft Touristeninformation   Verkäufer

............a, ...

2.34–37 **b** Hören Sie die Gespräche 1 bis 4. Welches Gespräch passt zu welchem Foto?

2.34–37 **c** Hören Sie noch einmal. Was sagen die Leute aus 1b? Ordnen Sie die Sätze den Personen oben zu. Es gibt manchmal mehrere Möglichkeiten.

a) Hat's geschmeckt?
b) Steigen Sie ein.
c) Kann ich Ihnen helfen?
d) Welche Größe haben Sie?
e) Zusammen oder getrennt?
f) Wo soll's hingehen?
g) Was kann ich für Sie tun?
h) Hier, eine Hose und hier noch eine.
i) Dann fahren wir mal los.
j) Ich zeige es Ihnen auf dem Stadtplan.
k) Der Stadtplan ist kostenlos.
l) Die Anprobe ist dahinten.
m) Zahlen Sie bar oder mit Karte?
n) Wir haben bis 18:30 Uhr geöffnet.
o) Das macht dann 32,80 €.
p) Keine Sorge. Sie haben noch genug Zeit.

d Wählen Sie eine Person aus 1a. Schreiben Sie einen Dialog. Verwenden Sie die Sätze und Fragen aus 1c. Ergänzen Sie selbst, was der Kunde / die Kundin sagt. Spielen Sie den Dialog.

Bedienung: Hat's geschmeckt?
Gast: Ja, sehr gut. Ich möchte bitte zahlen.
...

dreiundneunzig **93**

HC-2 2 Spielen und wiederholen

Brettspiel für vier Personen: Eine Reise nach Frankfurt

Spielen Sie zu viert. Spielregel: Jeder hat eine Spielfigur.

Starten Sie auf dem Feld „Start". Werfen Sie eine Münze. Gehen Sie bei 🪙 ein Feld weiter.

Gehen Sie bei 🪙 zwei Felder weiter. Lösen Sie dann die Aufgabe. Wer ist zuerst am Ziel?

START

Sie wollen mit einem Freund für ein Wochenende von Rostock nach Frankfurt am Main fahren. Was müssen Sie vor der Reise in Rostock noch machen?

Ergänzen Sie! Auf dem Foto sehe ich …

Spielen Sie den Dialog:
Kaufen Sie am Fahrkartenschalter eine Hin- und Rückfahrkarte nach Frankfurt.

Ihr Zug hat Verspätung. In Kassel müssen Sie umsteigen und verpassen Ihren Zug. **Machen Sie eine Runde Pause.**

Spielen Sie den Dialog:
Nutzen Sie die Zeit und kaufen Sie etwas zu essen und zu trinken.

Im Hotel war es sehr laut. Sie haben schlecht geschlafen und stehen sehr spät auf. **Machen Sie eine Runde Pause.**

Spielen Sie den Dialog:
In welches Restaurant wollen Sie heute Abend gehen?
• In ein deutsches Restaurant?
• In ein türkisches Restaurant?
• In ein … Restaurant?

Sie haben ein günstiges Hotel ganz nah am Main. **Gehen Sie einen Schritt vor.**

Spielen Sie den Dialog:
Gehen Sie zur Touristeninformation. Sie brauchen ein günstiges Hotel im Zentrum.

Ergänzen Sie! Auf dem Foto sehe ich …

Es gibt heute einen Marathon in Frankfurt und Sie machen mit. **Gehen Sie einen Schritt vor.**

Spielen Sie den Dialog:
Was wollen Sie heute machen?
• Den Palmengarten sehen?
• In den Zoo gehen?
• Ein Museum besuchen?
• Die Burg Frankenstein besichtigen?

Ergänzen Sie! Auf dem Foto sehe ich …

Spielen Sie den Dialog:
In Frankfurt gibt es ein Konzert mit Ihren Lieblingsmusikern. Kaufen Sie das Konzertticket am Ticketschalter.

Spielen Sie den Dialog:
Sie sind auf der Rückfahrt. Wie war das Wochenende? Was hat Ihnen gefallen?

ZIEL

94 vierundneunzig

TESTTRAINING

HALTESTELLE **C**

🎧 2.38 **1 Hören – Radiodiskussion**

So sieht die Aufgabe in der Prüfung aus:
Sie hören Aussagen zu einem Thema. Welcher der Sätze a–f passt zu den Aussagen 1–3?
Markieren Sie Ihre Lösungen für die Aufgaben 1–3.
Lesen Sie jetzt die Sätze a–f. Dazu haben Sie eine Minute Zeit.
Danach hören Sie die Aussagen.

Nr.	Beispiel	1	2	3
Lösung	c			

→ Überlegen Sie: Was sind zwei ganz wichtige Wörter in jeder Aussage?

→ Achten Sie beim Hören auf diese Wörter und auf Wörter mit ähnlicher Bedeutung.

→ Hören Sie positiv! Sie verstehen schon viel und Sie müssen nicht alles verstehen.

a Auto fahren ist praktisch und macht Spaß.
b Wenn man Kinder hat, braucht man unbedingt ein Auto.
c Fahrradfahren ist in der Stadt gefährlich.
d Radfahren ist gut für die Gesundheit.
e Mit dem Auto fährt man bei jedem Wetter sicher und bequem.
f Wenn man in einer großen Stadt lebt, braucht man kein Auto.

2 Sprechen – ein Alltagsgespräch führen

a Lesen Sie die Informationen.

So sieht die Aufgabe in der Prüfung aus:

Sprechen	Sprechen	Sprechen	Sprechen
Essen gehen	Essen gehen	Essen gehen	Essen gehen
Wie oft?	Warum?	?	Mit wem?

Sprechen	Sprechen	Sprechen	Sprechen
Essen gehen	Essen gehen	Essen gehen	Essen gehen
Wo?	Wann?	?	Was?

So funktioniert die Prüfung:
Auf dem Tisch sind Karten mit einem Thema und mit Fragewörtern. Sie sollen zu dem Thema sprechen.
Sie und Ihr Partner / Ihre Partnerin wählen je zwei Karten.
Sie fragen und antworten immer abwechselnd. Am Anfang bekommen Sie ein Beispiel.
Sie haben eine Karte mit Fragezeichen? Dann können Sie eine freie Frage stellen.
Sie können auf youtube (Stichwort *Mündliche Prüfung telc Deutsch A2*) eine Beispielprüfung ansehen.

b Thema *Essen gehen*: Ordnen Sie Fragen und Antworten zu.

1. Wie oft gehst du essen?
2. Warum gehst du ins Restaurant?
3. Mit wem gehst du gerne essen?
4. Wo gehst du gerne essen?
5. Wann isst du nicht zu Hause?
6. Was isst du gerne, wenn du essen gehst?

a Weil ich dann nicht selbst kochen muss.
b Ich gehe gerne zur Imbissbude, da ist es gut und billig.
c Wenn ich im Urlaub bin.
d Einmal oder zweimal pro Monat.
e Ich esse gerne Fisch.
f Mit meiner Freundin.

c Üben Sie zu zweit mit den Fragen und Antworten aus 2b. Sie können auch eigene Fragen und Antworten verwenden.

fünfundneunzig **95**

d Üben Sie jetzt mit dem Thema *Städteurlaub*. Schreiben Sie Fragen und Antworten. Sprechen Sie dann.

Sprechen	Sprechen	Sprechen	Sprechen
Städteurlaub	Städteurlaub	Städteurlaub	Städteurlaub
Wie oft?	Wohin?	?	Was?

Sprechen	Sprechen	Sprechen	Sprechen
Städteurlaub	Städteurlaub	Städteurlaub	Städteurlaub
Wer?	Wann?	?	Mit wem?

Vor der Prüfung:
→ Wiederholen Sie den Wortschatz zu Themen wie *Familie, Verkehr, Reisen, Urlaub, Einkaufen, Essen, Freizeit, Sport, Wochenende, Arbeit, Schule, …*

In der Prüfung:
→ Sehen Sie Ihren Partner / Ihre Partnerin an!
→ Antworten Sie mit ein oder zwei Sätzen, nicht nur mit ein oder zwei Wörtern.

e Wählen Sie ein Thema und vier Fragen. Sprechen Sie dann frei wie in der Prüfung.

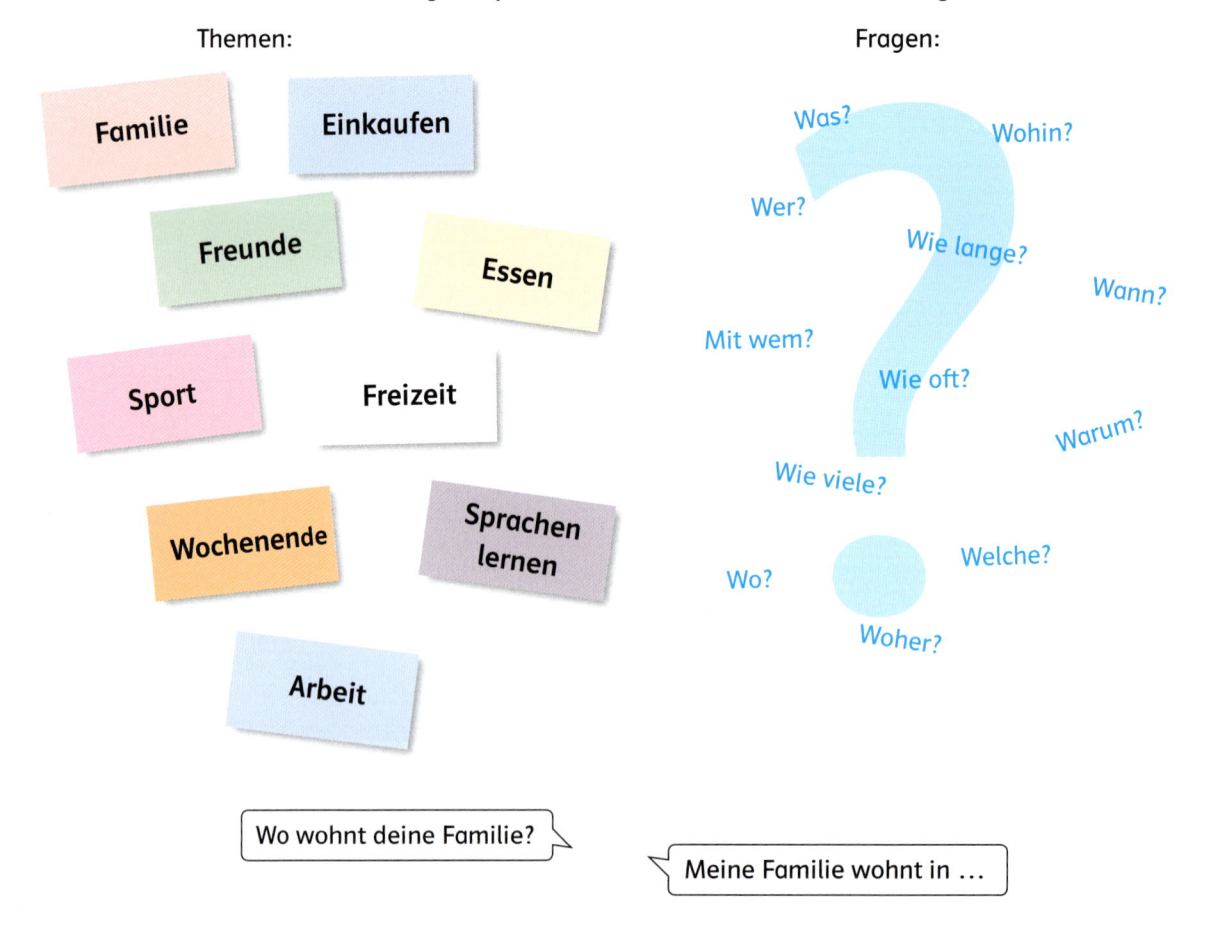

Themen: Familie, Einkaufen, Freunde, Essen, Sport, Freizeit, Wochenende, Sprachen lernen, Arbeit

Fragen: Was? Wohin? Wer? Wie lange? Wann? Mit wem? Wie oft? Warum? Wie viele? Wo? Welche? Woher?

— Wo wohnt deine Familie?
— Meine Familie wohnt in …

96 sechsundneunzig

Angekommen? 7

1 Meine Fotowand

🎧 2.39 **a** Hören Sie. Warum zeigt Ron seine Fotowand im Videoblog?

☐ Weil er neue Freunde finden will.
☐ Weil er will, dass andere Leute seine Familie und Freunde kennenlernen.
☐ Weil er Hobbyfotograf ist und seine Fotos zeigen will.

🎧 2.39 **b** Hören Sie noch einmal. Verbinden Sie die Satzteile und ordnen Sie die Sätze den Fotos zu.

1. Ron und Senia waren noch nicht zusammen,   a) ist echt sportlich.
2. Rons Mutter heißt Iga   b) ist nach Costa Rica ausgewandert.
3. Peter ist   c) kommt aus Sri Lanka.
4. Katja wohnt in Frankreich und   d) aber total verliebt.
5. Rons kleiner Bruder Chris   e) hat gerade den Führerschein gemacht.
6. Rons Cousine Andrea   f) und kommt aus Polen.
7. Athula, Rons Nachbar,   g) Musiker und Rons Freund.

> Auf Foto A sind Ron und Senia. Sie waren noch nicht zusammen, aber total verliebt.

c Wo leben und arbeiten Ihre Verwandten und Freunde? Was machen sie dort?

> Ich habe einen Freund in Myanmar. Er hat eine Stelle beim UNHCR …

Sprechen seine Meinung über Stadt/Land äußern; Vergleiche früher/heute anstellen; über Erfahrungen berichten; Wünsche formulieren | **Hören** Äußerungen zu Fotos; Gespräch über berufliche Erfahrungen/Ziele in Deutschland; Lied | **Schreiben** Forumsbeitrag über Erfahrungen | **Lesen** E-Mail über Auswanderungsmotive; Migrationsgeschichten | **Beruf** über Ausbildung und Arbeitserfahrungen sprechen und schreiben

2 Eine E-Mail von Andrea

a Was glauben Sie: Warum ist Rons Cousine Andrea nach Costa Rica ausgewandert?

b Lesen Sie die E-Mail von Rons Cousine schnell. Ist Andrea glücklich in Costa Rica? Sprechen Sie im Kurs.

Lieber Ron,

toll, dass du nach so langer Zeit mal wieder geschrieben hast. Ja, mir geht es gut.
Du fragst, warum ich aus Deutschland weggegangen bin. Das ist eine lange Geschichte.
Du weißt ja, dass ich auf dem Land groß geworden bin. Unser Dorf war weit weg von der
5 nächsten Stadt. Als Kind hat mir das Dorfleben gut gefallen. Ich durfte das Pferd von
unseren Nachbarn reiten, das war toll. Aber später war ich nicht mehr glücklich: Ich
musste sehr früh aufstehen, weil ich ja die Schule in der Stadt besucht habe und der Bus
schon früh gefahren ist. Ich konnte meine Freunde aus
der Schule nicht oft besuchen, weil der Weg zu weit war.
10 Ich wollte weg, denn im Dorf war einfach nichts los! Ich
habe von fremden Ländern geträumt, wollte Fremdsprachen lernen und andere Menschen kennenlernen.
Ich war sehr romantisch ;-) und hatte viele Illusionen.
Nach der Schule habe ich eine Lehre als Reisebürokauf-
15 frau gemacht. Und da konnte ich ein Praktikum in Costa
Rica in einem Hotel machen. Das war unglaublich. Ein
Traum für mich! Eigentlich war mein Aufenthalt auf sechs Monate befristet, aber dann
habe ich Joaquin kennengelernt und ich wollte nicht mehr zurück. Wir haben geheiratet,
bald war ich schwanger und unsere Ehe dauert jetzt schon über 10 Jahre ☺.
20 Ich bin nicht reich, aber ich lebe und arbeite gerne hier. Aber ich will nicht lügen:
Manchmal habe ich Heimweh. Ich vermisse Deutschland und das Dorf, das Grün im
Frühling, den Wald, das Brot (oooh), die Ordnung (ja ☺)
– und natürlich die Familie.
Komm mich bald mal besuchen, ja? Und bring deine
25 Freundin mit!!!

Alles Liebe
Andrea

PS: Ich schicke dir hier zwei Fotos.
Wo gefällt es dir besser?

c Lesen Sie die Fragen und markieren Sie die Antworten im Text. Sprechen Sie im Kurs.

1. Wo hat Andrea zuerst gewohnt?
2. Warum wollte Andrea weg?
3. Was hat Andrea nach der Schule gemacht?
4. Warum ist sie in Costa Rica geblieben?
5. Was vermisst sie?

> Auf dem Land, dort …

UND SIE?

Was ist Ihre Meinung? Sammeln Sie positive und negative Punkte. Wählen Sie.

Leben in der Stadt / auf dem Land   **oder**   Leben in Ihrer Heimat / in Deutschland

> Auf dem Land ist nichts los.

> Zu Hause schmeckt das Essen besser.

7

3 Früher und heute

a Markieren Sie in der Mail in 2b die Präteritumformen von *dürfen*, *können*, *müssen* und *wollen*. Ergänzen Sie die Tabelle.

FOKUS Modalverben im Präteritum

dürfen	Andrea	durfte	das Pferd von den Nachbarn	reiten.
müssen	Sie		sehr früh	aufstehen.
können	Sie		ein Praktikum in Costa Rica	machen.
wollen	Andrea		nicht in Deutschland	bleiben.

b Kettenübung – Üben Sie die Formen der Modalverben im Präteritum.

Du musst. → Du musstest. Wir dürfen. → Wir …

Präteritum von *können*

ich	konnte	wir	konnten
du	konntest	ihr	konntet
er/es/sie	konnte	sie/Sie	konnten

c Aus Rons E-Mail an Andrea – Ergänzen Sie die Modalverben in der richtigen Form.

Wie lange .... (wollen) du am Anfang bleiben? .... (können) du da auch Geld verdienen? Ich .... (wollen) dich schon letztes Jahr besuchen. Leider .... (müssen) ich zu viel arbeiten. Aber wir kommen bald zu dir!

d So war es früher bei Andrea – Schreiben Sie mindestens vier Sätze mit Modalverb im Präteritum.

mit dem Bus zur Schule fahren   Fremdsprachen lernen

in Costa Rica bleiben   ins Ausland gehen

ihre Freunde nicht oft besuchen   früh aufstehen

das Pferd von den Nachbarn reiten

Andrea konnte ihre Freunde nicht oft besuchen.

e Aussprache: *v* und *w*. Hören Sie und sprechen Sie nach.

„w": warum • weil • wollen • privat • Video • Fotowand • Aktivität • Verb • nervös • Antwort • Universität
„f": Vater • verstehen • vor vier Jahren • Sportverein • Infinitiv • viel • positiv • vielleicht • intensiv

f Wann spricht man „w", wann „f"? Kreuzen Sie an und ergänzen Sie noch ein Beispiel.

	„w"	„f"	Beispiele
Man spricht den Buchstaben *w* fast immer:	☐	☐	wollen, *warm*
In deutschen Wörtern spricht man *v*:	☐	☐	Vater,
In internationalen Wörtern spricht man *v*:	☐	☐	Video,
Am Wortende spricht man *v*:	☐	☐	positiv,

UND SIE?

Ihr Leben früher und heute – Machen Sie zuerst Notizen. Erzählen Sie dann im Kurs.

Früher wollte ich …   Heute …

Meine Schule war weit weg. Ich musste …

neunundneunzig **99**

4 Migrationsgeschichten

a Lesen Sie die Wörter 1 bis 10. Klären Sie den unbekannten Wortschatz. Das Wörterbuch hilft.

1. ☐ die Familie 2. ☐ die Angst 3. ☐ die Post 4. ☐ die Polizei 5. ☐ das Heimweh
6. ☐ die Arbeit 7. ☐ die Heimat 8. ☐ die Sprache 9. ☐ das Geld 10. ☐ die Wohnsituation

b Rons Internetseite – Über welche Themen schreiben die Leute? Lesen Sie und kreuzen Sie in 4a an.

Ron Bergmann
14. Juni um 13:45
Eure Geschichten: Wie ist es, wenn man von zu Hause weggeht und in einem Land neu anfangen muss? Schreibt mir doch mal eure Geschichte, wie ihr nach Deutschland eingewandert seid. Wie war das? Was war gut? Was war nicht so gut? Ich freue mich, wenn ihr mir schreibt.
Gefällt mir   Kommentar   Teilen

Marek Prechal
14. Juni um 15:02
Ich komme aus Tschechien. Wir haben nah an der deutschen Grenze gewohnt, als ich ein Kind war. Meine Eltern sind oft nach Deutschland einkaufen gefahren. Deutschland war für mich ein tolles Land. Immer wenn wir dort eingekauft haben, habe ich Gummibärchen bekommen. Mein Interesse für Deutschland ist geblieben. Vor vier Jahren habe ich die Zulassung als Arzt an einem Krankenhaus in Deutschland bekommen. Ich arbeite in einem internationalen Team und meine Arbeit gefällt mir sehr. Wir machen viele Operationen und am Wochenende bin ich auch Notarzt.
Gefällt mir   Antworten

Ava Veselý
14. Juni um 21:46
Ich bin als Kind mit meinen Eltern und Geschwistern nach Deutschland gekommen. Mein Vater wollte nicht mehr in Moldawien bleiben. Am Anfang haben wir in einem Wohnheim mit sechs Personen in zwei Zimmern gewohnt! Das war schrecklich und ich habe viel geweint, weil alles so fremd war. In der Schule habe ich zuerst gar nichts verstanden. Immer wenn ich Deutsch sprechen musste, hatte ich Angst. Zum Glück habe ich die Sprache schnell gelernt und hatte auch gute Noten. Ich wollte viel erreichen und es hat geklappt. Ich bin heute Handwerkerin. Ich arbeite als Gas- und Wasserinstallateurin in der Industrie.
Gefällt mir   Antworten

Tung Nguyen
15. Juni um 10:22
Als ich vor 35 Jahren aus Vietnam weggegangen bin, hatte ich Heimweh. Es war sehr bitter für mich, dass ich von Angehörigen und Freunden getrennt leben musste. Ich habe jede Woche zwei Briefe nach Vietnam zum Briefkasten gebracht, aber die Post hat lange gedauert und ein Telefon hatte ich nicht. Immer wenn ich telefonieren wollte, musste ich zur Post gehen. Heute nimmt man sein Handy, wenn man telefonieren will, aber damals war das nicht so. Als ich dann meine Frau kennengelernt habe, war mein Leben schön. Das ist heute noch so.
Gefällt mir   Antworten

---

c Lesen Sie die Texte in 4b noch einmal und beantworten Sie die Fragen.

1. Wer lebt am längsten in Deutschland? ....
2. Wer ist als Kind nach Deutschland gekommen? ....
3. Welche zwei Personen kommen aus einem europäischen Land? ....

d Verbinden Sie die Sätze.

1. Marek hat nah an der deutschen Grenze gewohnt,   a) als er neu in Deutschland war.
2. Ava war nicht allein,   b) konnte sie noch kein Deutsch.
3. Als Ava in die Schule gekommen ist,   c) als er ein Kind war.
4. Tung hatte am Anfang viel Heimweh,   d) musste er zur Post gehen.
5. Wenn Tung telefonieren wollte,   e) als sie aus Moldawien weggegangen ist.

100   einhundert

7

5 Als ich 19 Jahre alt war, ...

a Ergänzen Sie die Tabelle. Sie finden die Informationen in 4b und 4d.

FOKUS Nebensatz mit *als*

Hauptsatz	Nebensatz
Marek (hat) nah an der Grenze (gewohnt),	als er ein Kind (war).
Tung _____,	als er aus Vietnam (weggegangen) (ist).

Nebensatz	Hauptsatz
Als Ava in die _____ (ist),	(hat) sie nichts (verstanden).

b Verbinden Sie die Sätze mit *als*.

1. Tung war 23 Jahre alt. Er hat geheiratet.
2. Ava hatte viele Freunde. Sie hat in Moldawien gewohnt.
3. Roland hatte einen Hund. Er war ein Kind.
4. Aurelia war 20 Jahre alt. Sie hat den Führerschein gemacht.
5. Marek war gestern nicht zu Hause. Seine Mutter hat angerufen.

> einmal → als (Vergangenheit)
> Tung hatte kein Telefon, als er neu in Deutschland war.

c Was ist nur *einmal* passiert? Was ist *oft* passiert?

1. Ava hatte immer Angst, wenn sie in die Schule gegangen ist.
   ☐ einmal ☐ oft

2. Tung hat seinen Koffer verloren, als er nach Deutschland gekommen ist.
   ☐ einmal ☐ oft

3. Als Marek und Alexandra geheiratet haben, war Marek noch Student.
   ☐ einmal ☐ oft

4. Immer wenn Mareks Eltern in Deutschland waren, haben sie im Supermarkt eingekauft.
   ☐ einmal ☐ oft

d *Wenn* oder *als*? Ergänzen Sie die Sätze.

1. _____ Senia Probleme hatte, hat sie immer Schokolade gegessen.
2. Peter hat schon Musik gemacht, _____ er sieben Jahre alt war.
3. Tung war immer glücklich, _____ er Geld nach Hause schicken konnte.
4. Immer _____ Andrea allein sein wollte, ist sie an den Strand gegangen.
5. Hattest du keine Angst, _____ du vor 10 Jahren nach Costa Rica gegangen bist?

> oft →
> *(immer) wenn*
> Marek hat (immer) Gummibärchen bekommen, wenn er mit seinen Eltern in Deutschland war.

UND SIE?

a Machen Sie Notizen und erzählen Sie aus der Vergangenheit. Wählen Sie.

Erzählen Sie von Ihrem Land und Ihrer Familie.
> Als ich ein Kind war, ...

oder

Erzählen Sie von Ihrer Anfangszeit in Deutschland oder einem anderen Land.
> Am Anfang wollte ich sofort ...

b Schreiben Sie einen Forumsbeitrag wie in 4b über Ihre Erfahrungen.

einhunderteins 101

6 Da habe ich gearbeitet.

a Lesen Sie die Überschrift und sehen Sie das Foto an. Schreiben Sie eine Sprechblase für Ron und eine für Athula.

🎧 2.41 **b** Hören Sie das Gespräch und kreuzen Sie an: richtig oder falsch?

	R	F
1. Athula möchte über die Gegenwart und die Zukunft sprechen.	☐	☐
2. Er möchte gerne wieder in seinem Beruf als Optiker arbeiten.	☐	☐
3. Er hat alle Dokumente von seiner Ausbildung verloren.	☐	☐
4. Athula hat an der Universität studiert.	☐	☐
5. Ron will mit Athula zu einer Beratungsstelle gehen.	☐	☐

🎧 2.41 **c** Hören Sie das Gespräch noch einmal. Ordnen Sie die Zeitangaben zu.

1. Seit wann ist Athula in Deutschland?
2. Wann hat er eine Arbeit gefunden?
3. Von wann bis wann arbeitet er täglich?
4. Wann kommt er meistens nach Hause?
5. Wann kann Ron zur Beratungsstelle mitgehen?
6. Wann hat Athula in Sri Lanka als Optiker gearbeitet?
7. Wie lange hatte er sein eigenes Geschäft?

a) Vor einem Monat.
b) Von 15.30 bis 24 Uhr.
c) Von 2008 bis 2013.
d) Seit ein paar Jahren.
e) Nach seiner Ausbildung.
f) Um 1 Uhr nachts.
g) Ab der nächsten Woche.

d Ergänzen Sie die passende Präposition.

ab   von … bis   im   vor   seit   nach

1. Athula ist .... vier Jahren nach Deutschland gekommen.
2. .... einem Jahr besucht er einen Integrationskurs.
3. Er arbeitet .... halb vier .... 24 Uhr.
4. .... der Arbeit ist er immer sehr müde.
5. .... August hat er Urlaub.
6. .... September muss er nicht mehr in der Nacht arbeiten.

> **Temporale Präpositionen** (G)
>
> **mit Dativ:** ab, an, in, nach, seit, von, vor
> **mit Akkusativ:** bis, um
> **Fragen:** Wann? Seit wann? Von wann bis wann? Wie lange?

UND SIE?

a Notieren Sie persönliche Informationen zu Arbeitszeiten, Arbeitsorten und Berufen. Sammeln Sie Kärtchen an der Tafel.

b Fragen und antworten Sie.

> Wer hat als Taxifahrer gearbeitet?

> Ich! Ich habe von … bis …

Zeiten: Wann? — vor 3 Jahren — 2015 — von 1999 bis 2007
Berufe: Als was? — Als ich noch im Irak war — als Krankenschwester — als Verkäuferin — als Taxifahrer
Arbeitsorte: Wo? — am Flughafen — in einem Krankenhaus

c Schreiben Sie über Ihre Ausbildung und Ihre Arbeitserfahrungen.

> Ich habe von … bis … eine Ausbildung gemacht und fünf Jahre als Verkäuferin gearbeitet.

Ich habe
– … eine Ausbildung zum/zur … gemacht.
– … studiert.
– … als … gearbeitet.
– … Jahre Erfahrung in meinem Beruf.

7 Das wünsch' ich mir.

a Hören Sie Peters Lied. Wie finden Sie es?

langsam traurig schnell gut fröhlich leicht schön langweilig …

b Lesen Sie den Liedtext und ordnen Sie die fehlenden Zeilen zu.

früher war ich nie allein
und ich wünsch' mir frei zu sein. Ich will die Sprache hier verstehen Heute fehlen mir manchmal Freunde

---

Früher konnte viel passieren, aber wenig war möglich.

Früher war vieles leichter, ...
Früher war die Suppe lecker und du beim Essen fröhlich,
4 aber jeden Tag die gleiche Suppe – musste das denn sein?

**Und ich wünsch' mir ein Haus mit Garten, nicht zu groß und nicht zu klein.
Und ich wünsch' mir ein neues Leben, nur für mich, doch nie allein.**

Heute fehlt mir deine Suppe, sie schmeckt ja doch sehr gut.
8 .... , aber etwas macht mir Mut:
Heute winkt mir ein neues Land, ich lache und winke zurück.
Es sagt zur mir: „Herzlich willkommen, ich wünsche dir viel Glück!"

Und ich wünsch' mir …

12 Und ich wünsch' mir dich an meiner Seite, ...
Ich wünsch' mir wirklich frei zu sein.
Ich wünsch' mir, dass niemand anders über mein Glück bestimmt.
Ich wünsch' mir, dass meine Träume meine Zukunft sind.

16 .... – am besten noch heute.
Und morgen versteh' ich die Leute.

Und ich wünsch' mir …

---

c Hören Sie noch einmal und sprechen Sie über diese Fragen.

1. Was sagt Peter in seinem Lied über früher?
2. Was sagt er über heute?
3. Was will Peter?

d Welche Wünsche haben Sie? Sprechen Sie und machen Sie eine Blume im Kurs.

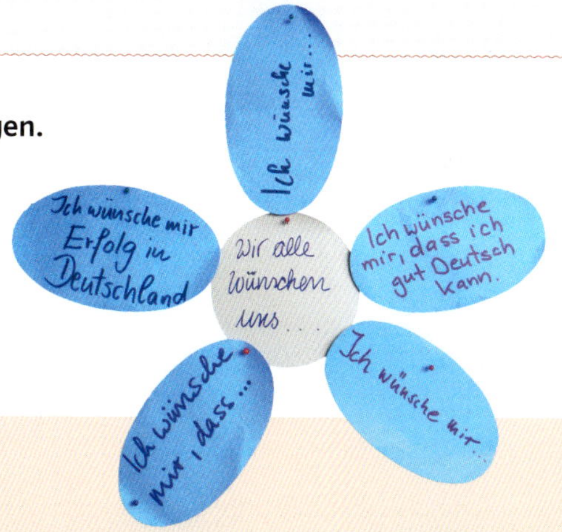

VORHANG AUF

Wählen Sie eine Aktivität und sprechen Sie im Kurs.

A Mein Wort zu Migration   oder   **B Fantasiereise**

Schreiben Sie ein Wort und erzählen Sie im Kurs.

Heute in drei Jahren ist das Jahr 20… Sie treffen einen Freund / eine Freundin aus dem Deutschkurs A2. Was ist inzwischen passiert? Erzählen Sie. Spielen Sie die Szene zu zweit.

Hallo, Junku! Wie geht's? Was hast du in den letzten drei Jahren gemacht?

Schnee. In Deutschland habe ich zum ersten Mal Schnee gesehen …

Mir geht's gut. Ich habe nach dem Kurs …

einhundertdrei 103

ÜBUNGEN

1 Meine Fotowand

Fragen Sie nach den unterstrichenen Wörtern und Sätzen.

1. Rons Mutter heißt <u>Iga</u>.
2. Katja wohnt <u>in Frankreich</u>.
3. <u>Senia</u> ist Rons Freundin.
4. Andrea ist <u>nach Costa Rica</u> ausgewandert.
5. Chris hat gerade <u>vor einem Monat</u> den Führerschein gemacht.
6. Rons Nachbar kommt <u>aus Sri Lanka</u>.
7. Ron hat eine Fotowand, <u>weil er gerne fotografiert</u>.
8. Er will, <u>dass andere Leute seine Freunde und Verwandten kennenlernen</u>.

1. Wie heißt Rons Mutter?

2 Eine E-Mail von Andrea

a Auswandern – Ergänzen Sie die Wörter in den Texten.

vermisse · ~~ausgewandert~~ · schade · Geschwistern · Fremdsprachen · Heimweh
bleiben · Traum · geträumt · gefunden · Sprachkurs · interessant

Beate

Ich bin aus Deutschland (1) _ausgewandert_, weil ich schon immer von fremden Ländern (2) .... habe. Ich habe einen Studienplatz in China gefunden. Das Studium ist auf Englisch, aber ich mache einen (3) .... in Chinesisch. Ich finde es sehr (4) .... hier. Vielleicht finde ich nach meinem Studium in China eine Arbeit. Dann bleibe ich länger.

Tiago

Meine ganze Familie ist in Portugal. Ich bin alleine nach Deutschland gekommen, weil ich hier eine bessere Arbeit (5) .... habe. Wenn ich eine Wohnung habe, kommen meine Frau und meine Kinder nach Deutschland. Ich kann nicht sagen, dass ich (6) .... habe, aber ich (7) .... meine Familie sehr. Mein (8) .... ist, dass sie noch dieses Jahr kommen.

Jamila

Ich hatte eine Freundin in der Schule. Sie ist mit ihren Eltern und ihren (9) .... aus Algerien nach Deutschland gekommen. Aber die Familie durfte nicht (10) .... und ist dann in die Türkei gegangen. Ich finde es (11) ...., dass meine Freundin nicht mehr hier ist. Ihre Muttersprache ist Arabisch, aber sie spricht noch drei (12) .... Sie ist einfach toll!

104 einhundertvier

ÜBUNGEN 7

b Leben in der Stadt und auf dem Land – Was meinen Sie: Welche Adjektive passen wo? Schreiben Sie Ihre persönliche Liste. Vergleichen Sie im Kurs.

~~schnell~~   modern   gemütlich   interessant   anstrengend   schrecklich
fantastisch   eng   langsam   nervig   teuer   romantisch   günstig
langweilig   fremd   schön   lustig   multikulturell   frei
gefährlich   international   glücklich   ruhig   stressig   cool

Leben in der Stadt	Leben auf dem Land
schnell, ...	

3 Früher und heute

a Andrea in Costa Rica – Ergänzen Sie die Modalverben im Präteritum.

Andrea (1) _konnte_ (können) ein Praktikum in einem Hotel in Costa Rica machen. Im Hotel haben vier Praktikanten gearbeitet. Sie hatten viele Aufgaben: Sie (2) _____ (müssen) im Restaurant die Gäste bedienen und in der Küche arbeiten. Und sie (3) _____ (müssen) die Zimmer putzen und die Betten machen. Sie (4) _____ (können) auch an der Rezeption oder beim Kinderprogramm helfen. Manchmal (5) _____ (müssen) sie am Wochenende arbeiten. Das war sehr anstrengend. Aber die Praktikanten (6) _____ (dürfen) auch am Hotelstrand baden. Nach einem halben Jahr (7) _____ (können) Andrea gut Spanisch sprechen.

b Andrea früher und heute – Ordnen Sie zu und schreiben Sie Sätze mit den Modalverben.

früher	heute
1. kein Spanisch sprechen können	zu alt für die Reise sein eine gute Köchin sein
2. ihre Eltern zu Besuch kommen können	die Sprache sehr gut sprechen
3. im Restaurant rauchen dürfen	lieber zu Hause bleiben wollen
4. nicht gut kochen können	nur vor dem Restaurant rauchen dürfen
5. viel reisen wollen	

1. Früher konnte Andrea kein Spanisch sprechen. Heute spricht sie die Sprache sehr gut.

🎵 2.43   **c** Aussprache: Hören Sie „f" oder „w"? Kreuzen Sie an. Hören Sie noch einmal und sprechen Sie nach.

	„f"	„w"			„f"	„w"
1. weil	☐	☐	6. Vegetarier		☐	☐
2. privat	☐	☐	7. vielleicht		☐	☐
3. Nominativ	☐	☐	8. renovieren		☐	☐
4. Vergangenheit	☐	☐	9. Vater		☐	☐
5. Antwort	☐	☐	10. nervös		☐	☐

einhundertfünf 105

4 Migrationsgeschichten

a Welches Verb passt nicht?

1. Arbeit	suchen	haben	~~schreiben~~
2. die Polizei	brauchen	machen	rufen
3. Geld	anmachen	leihen	verdienen
4. die Familie	besuchen	machen	einladen
5. Post	bekommen	abholen	ausgehen
6. Angst	haben	machen	besichtigen
7. die Heimat	besuchen	helfen	vermissen
8. eine Sprache	sprechen	können	dürfen

b Verbinden Sie die Sätze mit *dass*, *weil* oder *wenn*. Es gibt mehrere Möglichkeiten.

1. Für Marek war Deutschland ein tolles Land,   er dort Geschenke bekommen hat.
2. Es gefällt ihm,   er in einem internationalen Team arbeiten kann.
3. Ava hatte Angst,   sie Deutsch sprechen musste.
4. Ihr Lehrer hat gesagt,   sie die Sprache schnell lernen kann.
5. Tung hat oft nach Hause geschrieben,   er Heimweh hatte.
6. Er war glücklich,   er einen Brief aus Vietnam bekommen hat.

Für Marek war Deutschland ein tolles Land, weil er dort Geschenke bekommen hat.

5 Als ich 19 Jahre alt war, …

a Hören Sie die Dialoge. Welches Foto passt zu welchem Dialog?

A   B   C   D   E

Dialog ……   Dialog ……   Dialog ……   Dialog ……   Dialog __1__

b Hören Sie die Dialoge noch einmal. Was ist richtig? Kreuzen Sie an: ⓐ oder ⓑ?

1. Die Familie hat geholfen,
   ⓐ als der Vater keine Arbeit hatte.
   ⓑ als der Vater in Marokko war.

2. Es war eine dunkle und kalte Nacht,
   ⓐ als Roman aus der Ukraine weggegangen ist.
   ⓑ als Roman und seine Familie angekommen sind.

3. Cory hat das Wort „lecker" gelernt,
   ⓐ als er zum ersten Mal einen Döner gegessen hat.
   ⓑ als er in einem deutschen Restaurant gegessen hat.

4. Shanti war 8 Jahre alt,
   ⓐ als sie in die Schule gekommen ist.
   ⓑ als sie nach Deutschland gekommen ist.

5. Diego hatte keine Haustiere,
   ⓐ als er ein Kind war.
   ⓑ als er im Dorf gewohnt hat.

ÜBUNGEN 7

c Schreiben Sie Sätze mit *als*.

1. Es war Sommer und sehr warm, als Helmi …
2. Selina und Maria haben viel Fisch gegessen, als sie …
3. Suzanne hat Swahili gelernt, als sie …
4. Du hast deinen Pass vergessen, als du …
5. Alle meine Freunde haben angerufen, als ich …
6. Sadek hat eine lange Reise mit dem Auto gemacht, als er …

in Kenia leben   krank sein   ~~heiraten~~
den Führerschein haben   mich besuchen
am Meer wohnen

Es war Sommer und sehr warm, als Helmi geheiratet hat.

d Schreiben Sie Sätze mit *als* zu den folgenden Situationen.

A noch keine Kinder haben: viel ausgehen
heute: abends zu Hause bleiben

Als sie noch keine Kinder hatten, sind sie viel ausgegangen. Heute bleiben sie abends zu Hause.

B noch zu Hause wohnen: seine Mutter kochen
heute: selbst kochen

C klein sein: gerne Gummibärchen essen
heute: keine Süßigkeiten mehr essen

D nicht arbeiten: kein Geld verdienen
heute: gut verdienen

e Was passt? Markieren Sie *wenn* oder *als*.

(1) **Als**/Wenn Tung neu in Deutschland war, hat er sehr viel gearbeitet. Er war immer für alle da. Immer (2) als/wenn die Kollegen Hilfe gebraucht haben, haben sie Tung gefragt. Und ganz oft (3) als/wenn viel Arbeit war, ist Tung lange in der Firma geblieben. Nur einmal, (4) als/wenn Tung krank war, konnte er nicht zur Arbeit gehen. (5) Als/wenn er seine Freundin Hoa kennengelernt hat, war alles anders. Jedes Mal (6) als/wenn ein Kollege abends noch etwas wollte, hatte Tung keine Zeit mehr. Hoa war einfach wichtiger als die Arbeit.

einhundertsieben 107

f Schreiben Sie Nebensätze mit *als* und *(immer) wenn*.

…, haben wir Fußball gespielt.   …, war ich sehr glücklich.   …, konnte ich nicht schlafen.
…, hat meine Mutter mein Lieblingsessen gekocht.   …, habe ich viel Geld verdient.
…, haben wir unsere Nachbarn eingeladen.   …, war ich krank.   …, haben wir getanzt.

> Als mein Bruder und ich klein waren, haben wir Fußball gespielt.
> Immer wenn mein Onkel uns besucht hat, haben wir Fußball gespielt.

g Welche Konnektoren passen? Ergänzen Sie den Text.

aber   ~~als~~   wenn   dass   dass
weil   wenn   aber   als

(1) __Als__ ich nach Deutschland gekommen bin, habe ich gedacht,
(2) _____ wir nach einigen Wochen wieder zurückgehen. (3) _____ ich meine Freunde vermisst habe, wollte ich schnell wieder zurück. (4) _____ wir sind geblieben.

Am Anfang habe ich nicht viel über dieses Land gewusst. Einmal habe ich mit meinem Bruder an der Straße gestanden. Aber da waren diese weißen Streifen. Wir haben nicht gewusst, (5) _____ wir über die Straße gehen können, immer (6) _____ die Autofahrer an einem Zebrastreifen langsam fahren oder stehen bleiben.

(7) _____ ich in Deutschland in die Schule gekommen bin, bin ich immer aufgestanden, (8) _____ ich dem Lehrer eine Antwort gegeben habe. Ich wollte höflich sein. Das war für mich ganz normal, (9) _____ hier haben die anderen Schüler nur gelacht.

6 Da habe ich gearbeitet.

a Lesen Sie und markieren Sie die passenden Präpositionen.

Athula ist (1) **seit**/vor drei Jahren Rons Nachbar. Aber erst (2) von/vor einem Jahr hat Ron ihn kennengelernt. Das war (3) in/an Rons Geburtstag. Da hat er alle Nachbarn eingeladen. Jetzt gehen sie manchmal (4) nach/seit der Arbeit zusammen aus. Sie wollen auch zusammen schwimmen gehen, aber erst (5) am/im Sommer. Von Mai bis September ist das Stadtbad wieder (6) bis/seit 22.00 Uhr geöffnet. Das passt gut.

b Schreiben Sie mindestens sechs Sätze mit den Zeitangaben. Vergleichen Sie im Kurs.

vor einem Jahr   in einem Monat   ab nächster Woche   seit ein paar Wochen
von … bis …   nach dem Deutschkurs   in einem halben Jahr   ab morgen
nächstes Jahr   um 12 Uhr nachts   bis zum Sommer

> Vor einem Jahr habe ich ein Praktikum im Krankenhaus gemacht.

7 Das wünsch' ich mir.

Wünsche – Schreiben Sie Sätze.

1. Was / dir / wünschst / du / ? _Was wünschst du dir?_
2. hätte gerne / Ich / eine schöne Wohnung / .
3. möchte gerne / Ich / Reisen / machen / viele /.
4. wünschen uns / Wir / noch / ein Kind / .
5. Mein / ist, / Wunsch / dass / eine Arbeit / finde / ich / bald / .
6. mir, / wünsche / Ich / gesund / dass / meine Eltern / sind / .
7. ein neues Auto / möchte / kaufen / Er / gerne / .
8. eine neue Hose / hätte / gerne / Meine Tochter / .

LEICHTER LERNEN: Ziele setzen

a Lesen Sie die Aussagen. Schreiben Sie selbst Ziele auf.

Ich möchte gut Deutsch lernen und deutsche Lieder verstehen.

Mein Ziel ist, dass ich in zehn Jahren ein eigenes Café habe.

Das sind meine Ziele
für diese Woche: ...
für diesen Monat: ...
für dieses Jahr: ...
für die nächsten 2 Jahre: ...

b Beantworten Sie zu jedem Ziel diese Fragen.

1. Was muss ich für das Ziel tun?
2. Von wem kann ich Hilfe bekommen?
3. Wie ist mein Leben, wenn ich das Ziel erreiche?

RICHTIG SCHREIBEN: Unterscheidung f und v

a Lesen Sie die Wörter und merken Sie sich die Schreibweise. Schreiben Sie die Wörter in eine Tabelle.

früh   positiv   vier   vergessen   Vater
vielleicht   ~~Brief~~   viel   Vortrag   finden
Fußballverein   Farben   für   vor

f	v
Brief	

🎧 2.49 **b** Hören Sie das Diktat und ergänzen Sie die Wörter.

1. Dieser _Brief_ ist sehr .... bekommst du .... Geld.
2. Mein .... liebt die .... von seinem .... Er .... sie toll.
3. Ich komme .... Ich muss .... den .... noch etwas machen.
4. Vor .... Jahren ist .... passiert. Das habe ich nicht ....

Mein Deutsch nach Kapitel 7

Das kann ich:

meine Meinung über Stadt/Land, meine Heimat/Deutschland äußern	**Sprechen Sie.** Auf dem Land … In meiner Heimat … In der Stadt … In Deutschland …
Vergleiche früher/heute anstellen	**Machen Sie drei Aussagen über früher und heute.** „Meine Kinder konnten früher … Heute …"
über Erfahrungen berichten	**Ergänzen Sie die Satzanfänge.** Als ich … Vor 10 Jahren … 2013 … Früher … Immer wenn …
über Ausbildung und Arbeitserfahrungen berichten Wo? Als was? Wann? Welcher Beruf? Welche Ausbildung?	**Sprechen Sie.** „Hast du eine Ausbildung?" „Ja, ich bin … von Beruf. Ich habe … Jahre lang in meinem Beruf gearbeitet."
Wünsche äußern	**Schreiben Sie drei Wünsche auf.** Ich wünsche mir … Ich will … Ich wünsche mir, dass … www → A2/K7

Das kenne ich:

Modalverben im Präteritum

	Modalverb: Position 2		Infinitiv: Ende	
Andrea	(durfte)	das Pferd von den Nachbarn	(reiten)	.
Sie	(musste)	sehr früh	(aufstehen)	.

haben → ich hatte
dürfen → ich durfte
können → ich konnte
müssen → ich musste
wollen → ich wollte

Nebensatz mit *als*

Marek (hat) nah an der Grenze (gewohnt), *als* er ein Kind (war).
Als Tung (geheiratet) (hat), war er 23 Jahre alt.

Nebensatz mit *(immer) wenn*

Marek (hat) Gummibärchen (bekommen), *wenn* seine Eltern in Deutschland (eingekauft) (haben).
Wenn Andrea Deutsch (sprechen) (wollte), (hat) sie ihre Mutter angerufen.

Der Betriebsausflug 8

A Autofahrer bitte beachten!
In der Woche vom 02.07. bis 08.07. bleibt das Parkhaus wegen Renovierung geschlossen.
Ihre Hausverwaltung

B Liebe Kolleginnen und Kollegen!
Der Termin steht: Unser Betriebsausflug findet dieses Jahr am 29. August statt.
Wir wollen ihn zusammen planen. Wohin? Was machen wir?
Die Vorbereitungsgruppe trifft sich am Montag um 13.30 Uhr. Treffpunkt: Kantine.
Wünsche und Vorschläge bis Montagmorgen an jana.barth@solarcom.de oder eva.kramer@solarcom.de.
Viele Grüße, Jana Barth und Eva Kramer

C Unser Oskar ist da!
* 01.04.
00:25 Uhr
3300 g
Wir sind glücklich.
Andy Matz

D Bitte nicht vergessen:
am Donnerstag von 09:00 – 12:00 Uhr ist der Computerservice im Haus.
Die Computer funktionieren in dieser Zeit nicht.
Anton Meyer

1 An der Infotafel bei SolarCom

a Lesen Sie die Infotafel. Welches Thema passt zu welchem Zettel? Ordnen Sie zu.

..D.. Computertechnik .... Parken .... Renovierung

.... Ausflug .... Geburt .... Planung

b Sprechen Sie über die Infotafel. Fragen und antworten Sie.

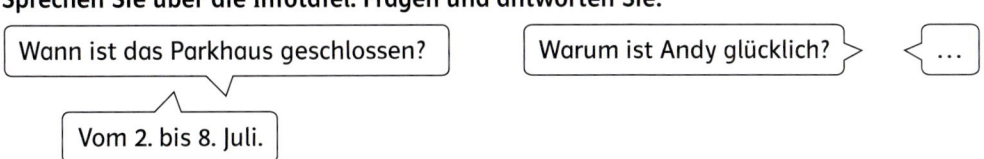

- Wann ist das Parkhaus geschlossen?
- Vom 2. bis 8. Juli.
- Warum ist Andy glücklich?
- …

c Was muss die Vorbereitungsgruppe für den Betriebsausflug alles besprechen? Sprechen Sie in der Gruppe und machen Sie eine Checkliste.

- Wohin? …
- Plan B (Regen): …

- Was machen sie, wenn das Wetter schlecht ist?
- Wo essen sie?

Sprechen Vorschläge machen und begründen; seine Meinung zum Betriebsausflug ausdrücken; über das Wetter sprechen | **Hören** Wetterberichte; Planungsgespräch; Gespräche beim Betriebsausflug | **Schreiben** Vorschlag für einen Kursausflug; über Ereignisse in der Vergangenheit; seine Meinung | **Lesen** Aushang; Vorschläge von Kollegen; Berichte über Vergangenes | **Beruf** einen Betriebsausflug planen

2 Ich habe einen Vorschlag.

a Lesen Sie die Vorschläge und ordnen Sie sie den Fotos zu.

1 Ich schlage vor, dass wir uns das Schloss Freudenberg ansehen. Wir können dorthin wandern und im Wald ein Picknick machen. Ist das nicht eine gute Idee?
Monika

2 Ich habe eine Idee: Lasst uns doch eine Draisinentour machen. Das ist sportlich, aber nicht so anstrengend. Da können alle mitmachen ☺. Das macht total viel Spaß. Danach können wir zusammen grillen.
René

3 Wir können doch zum Bowling gehen, wenn das Wetter schlecht ist. So haben wir Spaß und Bewegung! Bestimmt gibt es dort auch ein Restaurant. Dann können wir zusammen essen.
Murad

4 Warum machen wir nicht eine Flughafentour? Die habe ich mit meiner Familie gemacht. War super! Man kann die Starts und Landungen des Airbus A380 aus nächster Nähe sehen und man erfährt, wie der Flughafen funktioniert.
P. Schneider

b Lesen Sie noch einmal und wählen Sie die passenden Vorschläge. Welcher Vorschlag ist gut, wenn …?

1. … das Wetter schlecht ist?   _3, …_
2. … man Sport machen möchte?   ....
3. … man zusammen essen möchte?   ....
4. … man etwas besichtigen möchte?   ....

c Wie formulieren die Mitarbeiter ihre Vorschläge? Unterstreichen Sie in den Texten in 2a und verbinden Sie hier die Ausdrücke. Formulieren Sie Vorschläge.

Vorschläge machen

Ich schlage …	können doch …
Lasst uns …	doch …
Ich habe …	machen wir nicht …?
Warum …	eine Idee …
Wir …	vor, dass …

Pause machen
ins Café gehen
Fenster aufmachen
heute mehr üben

> Ich schlage vor, dass wir eine Pause machen.

UND SIE?

Schreiben Sie Vorschläge für einen Kursausflug und hängen Sie sie im Kursraum auf.

Ich habe eine tolle Idee: Wir machen eine Stadtführung.
Ich möchte …

3 Der Betriebsausflug im letzten Jahr ...

a Lesen Sie die E-Mail. Warum schreibt Herr Bitterlich und welche drei Vorschläge macht er?

Liebe Kolleginnen und Kollegen,
hier ein paar Gedanken zum letzten Ausflug. <u>Damals war die zeitliche Planung nicht so gut</u>. Wir mussten früh aufstehen, ich konnte nicht einmal frühstücken. Ich dachte, es gibt im Bus Kaffee, aber es gab keinen Kaffee. Ich schlage also vor, dass der Ausflug erst nach dem Frühstück beginnt. Außerdem war die Wanderung im letzten Jahr viel zu lang, vor allem für die Senioren 😉. Viele Kollegen wussten das vorher nicht und mussten sich immer wieder ausruhen. Erst mittags kamen wir zum Schloss. Das war zu spät. Wir konnten es nicht richtig besichtigen. In diesem Jahr möchte ich weniger wandern.
Und dann das Café! Wir dachten, wir bekommen nach der Wanderung schnell etwas zu essen und zu trinken. Aber der Ober kam nicht, wir mussten sehr lange warten. Wir fragten ihn, warum. Er sagte, dass er alleine ist und viel zu tun hat. Mein Vorschlag für dieses Jahr: Wir bestellen das Essen vorher.
Ich hoffe, dass der Ausflug in diesem Jahr besser klappt! Danke, dass Sie ihn organisieren.
Viele Grüße, Roland Bitterlich

b Lesen Sie noch einmal. Unterstreichen Sie in der E-Mail alle Sätze zum Thema *letzter Ausflug*.

c Über Vergangenes berichten – Markieren Sie in den unterstrichenen Sätzen in 3a die Verben und ergänzen Sie die Tabelle.

FOKUS Präteritum

	regelmäßig		unregelmäßig			Vergangenheit ausdrücken
	sagen	wissen	denken	geben	kommen	1. Sprechen: meistens Perfekt
ich	sagte	wusste	....	gab	kam	2. Schreiben: oft Präteritum
du	sagtest	wusstest	dachtest	gabst	kamst	3. Diese Verben stehen oft im Präteritum:
er/es/sie	....	wusste	dachte	....	....	*haben* und *sein*, Modalverben und
wir	sagten	wussten	....	gaben	....	*sagen, wissen, denken,*
ihr	sagtet	wusstet	dachtet	gabt	kamt	*geben, kommen*
sie/Sie	sagten	....	dachten	gaben	kamen	

d Lesen Sie Janas Antwort an Herrn Bitterlich. Setzen Sie die Verben ins Präteritum.

Lieber Herr Bitterlich, im letzten Jahr .... (haben) wir auch einen Plan für den Ausflug. Das

Programm .... (geben) es zwei Wochen vorher per E-Mail. Es stimmt – die Wanderung

.... (sein) lang. Aber alle .... (wissen) vorher Bescheid.

Viele Grüße, J. Barth

UND SIE?

Schreiben Sie eine kleine Geschichte. Benutzen Sie auch die Verben im Präteritum. Wählen Sie.

Mein letzter Ausflug **oder** Mein letztes Wochenende

Vor 2 Wochen war ich in ... *Am Samstag wollte ich einkaufen ...*

4 Diese Idee ist gut!

a Ihre Meinung zum Betriebsausflug: Welche Idee finden Sie am besten? Warum?

Bowling    Flughafentour

Draisinentour    Schlossbesichtigung

seine Meinung ausdrücken

Ich finde … gut / nicht so gut, weil …
… gefällt mir gut, weil …
Ich finde es gut/schlecht, dass …
… ist eine gute / keine so gute Idee, denn …
Das ist ein/kein guter Vorschlag.

> Ich finde Bowling gut, weil da alle mitmachen können.

🎧 2.50 **b** Ausflugsplanung in der Kantine – Hören Sie das Gespräch. Welche beiden Vorschläge haben die Kollegen ausgewählt? Warum? Notieren Sie.

Plan A: …
Plan B: …

c Lesen Sie die Dialoge 1 und 2. Markieren Sie *dies-* und achten Sie auf die Endungen. Was fällt Ihnen auf? Ergänzen Sie dann Dialog 3.

Dialog 1
● Wie findest du **diesen** Vorschlag?
○ Welchen denn?
● Die Draisinentour, die Fahrt mit diesem lustigen Wagen.
○ Nicht schlecht, aber diese Tour geht nur, wenn das Wetter gut ist.

Dialog 2
○ Das Schloss ist toll. Aber die renovieren gerade.
● Dann geht dieser Vorschlag nicht.
○ Stimmt. Dann gehen wir zum Bowling.
● Ja, diese Idee ist wirklich gut, wenn das Wetter schlecht ist.

Dialog 3

Vorschlag   Terrasse   Schloss   Idee

● Mir gefällt die Flughafen-Tour gut.
○ Ich weiß nicht:
  Diese .... ist langweilig.
● Langweilig? Ich finde diesen .... toll. Da kann man viele Flugzeuge sehen.
○ Ist das interessant? Da ist dieses .... hier mit dieser .... viel interessanter.

dieser, dieses, diese   Ⓖ

	mask.	neutr.	fem.	Plural
Nom.	dieser	dieses	diese	diese
Akk.	diesen	dieses	diese	diese
Dat.	diesem	diesem	dieser	diesen

d Zeigen Sie auf die Bilder und machen Sie Dialoge. Üben Sie dann weiter mit Gegenständen in Ihrem Kursraum.

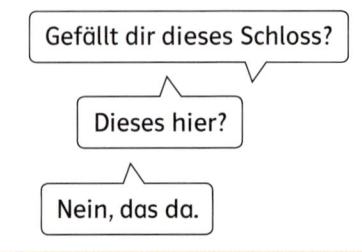

> Gefällt dir dieses Schloss?
> Dieses hier?
> Nein, das da.

UND SIE?

Welchen Vorschlag für Ihren Kursausflug auf Seite 112 finden Sie am besten? Begründen Sie.

5 Wie ist das Wetter in …?

a Ordnen Sie die Wörter und Ausdrücke den Fotos zu. Sprechen Sie über die Fotos.

A ☐   B ☐   C ☐   D ☐

① die Sonne
Die Sonne scheint.
Es ist sonnig.
Es ist warm/heiß.
Es ist trocken.
Das Wetter ist schön.

② das Gewitter
Es donnert und blitzt.
die Wolken
der Wind
Es ist windig.

③ der Schnee
Es schneit.
die Kälte
Es ist kalt.
Es hat heute minus fünf Grad (Celsius).

④ der Regen
Es regnet.
der Nebel
Es ist neblig.
Es ist nass.
Es ist bewölkt.

b Wetter-Smalltalk – Spielen Sie zu jedem Foto aus 5a einen Dialog.

- Was für ein Wetter heute! Herrlich.
  - Ja! Finde ich auch.
  - Oh nein, so eine Hitze! Mir ist das zu heiß.
- Es schneit! Endlich.
  - Super! Alles ist weiß.
  - Na ja. Das heißt Chaos auf den Straßen.
- So ein Mist, es regnet schon wieder.
  - Ja und es ist kalt. Und ich habe keinen Schirm!
  - Ist doch egal. Hier drin ist es doch gemütlich.

c Hören Sie den Wetterbericht für heute und für morgen. Was ist richtig? Kreuzen Sie an.

1. Heute ist es …
   ⓐ im Norden nass.
   ⓑ im Norden sonnig und warm.
   ⓒ im Süden trocken.

2. Morgen …
   ⓐ regnet es überall.
   ⓑ gibt es im Süden Gewitter.
   ⓒ scheint im Süden die Sonne.

der Norden
der Westen – der Osten
der Süden

d Aussprache: -ig. Was hören Sie? Kreuzen Sie an und ergänzen Sie die Regel. Lesen Sie die Wörter laut.

1. Heute ist es sonnig.   „ich" ☐ „ig" ☐
2. So ein schöner sonniger Tag!   „ich" ☐ „ig" ☐
3. Ich mag windiges Wetter nicht. „ich" ☐ „ig" ☐
4. Das Wetter ist sehr windig.   „ich" ☐ „ig" ☐

> **Regel:** 😊
> Im Deutschen spricht man -ig am Wortende wie -………… .

UND SIE?

Immer dieses Wetter! Sprechen Sie. Wählen Sie.

Wie ist das Wetter bei Ihnen? Wie oft scheint die Sonne?
Gibt es viel Regen? Wie sind die Temperaturen? …

oder

Was ist für Sie schönes Wetter?
Was ist für Sie schlechtes Wetter?

- Bei uns regnet es im Herbst nicht so oft …
- Ich mag es, wenn …

einhundertfünfzehn 115

6 Der Ausflug

🎧 2.54 **a** Hören Sie. Wohin geht der Betriebsausflug?

🎧 2.54 **b** Hören Sie noch einmal. Notieren Sie das Programm.

> 1. Frühstück: belegte Brötchen und Kaffee

c Jana schreibt Eva. Was soll Eva tun?

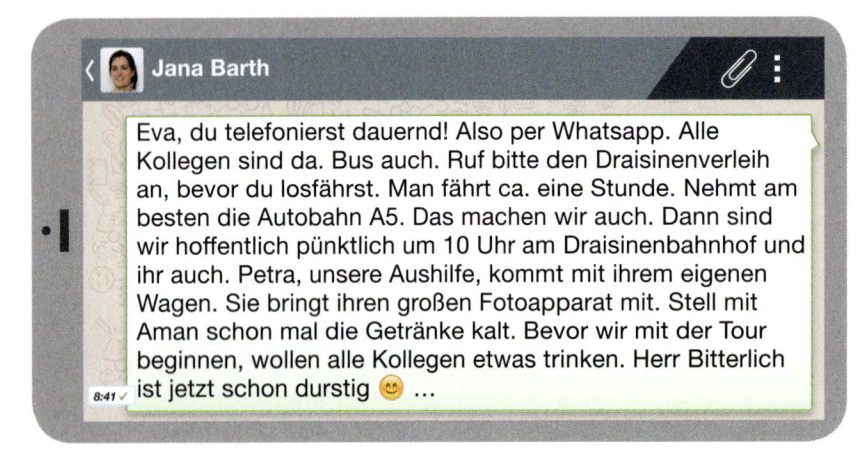

Jana Barth

Eva, du telefonierst dauernd! Also per Whatsapp. Alle Kollegen sind da. Bus auch. Ruf bitte den Draisinenverleih an, bevor du losfährst. Man fährt ca. eine Stunde. Nehmt am besten die Autobahn A5. Das machen wir auch. Dann sind wir hoffentlich pünktlich um 10 Uhr am Draisinenbahnhof und ihr auch. Petra, unsere Aushilfe, kommt mit ihrem eigenen Wagen. Sie bringt ihren großen Fotoapparat mit. Stell mit Aman schon mal die Getränke kalt. Bevor wir mit der Tour beginnen, wollen alle Kollegen etwas trinken. Herr Bitterlich ist jetzt schon durstig 😊 …

> Eva soll den …

d Ergänzen Sie die Tabelle mit den Informationen aus der Nachricht in 6c.

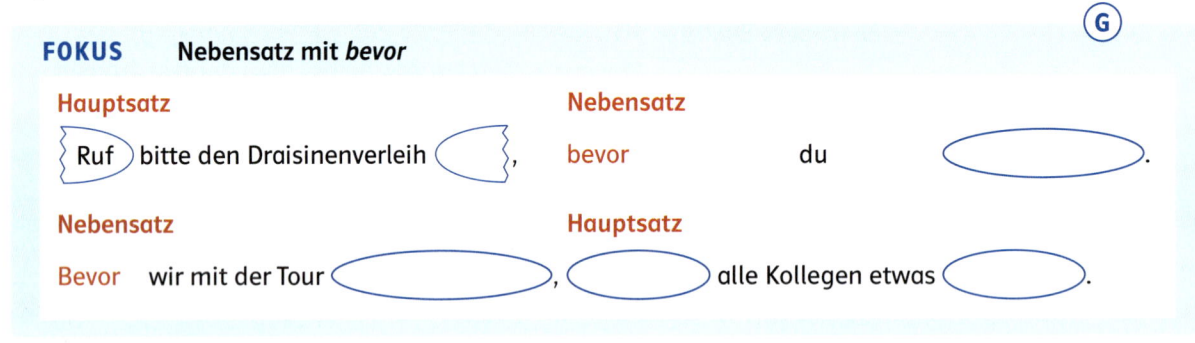

FOKUS Nebensatz mit *bevor*

Hauptsatz		Nebensatz		
Ruf bitte den Draisinenverleih ○ ,		bevor	du	○ .

Nebensatz		Hauptsatz		
Bevor wir mit der Tour ○ ,		○ alle Kollegen etwas ○ .

e Schreiben Sie Sätze mit *bevor*.

1. Wir frühstücken gemeinsam. Dann fahren wir los.
2. Herr Bitterlich trinkt jeden Morgen Kaffee. Dann fährt er zur Arbeit.
3. Jana ruft Eva an. Dann begrüßt sie alle Kollegen.
4. Herr Bitterlich macht ein Foto von den Kollegen. Dann steigt er in den Bus ein.
5. Aman packt die Getränke aus. Dann kommen die Kollegen mit dem Bus an.
6. Eva schließt jeden Morgen alle Büros auf. Dann kommen die Kollegen in die Firma.

> 1. Wir frühstücken gemeinsam, bevor wir losfahren.
> Bevor wir losfahren, frühstücken wir gemeinsam.

UND SIE?

Wählen Sie. Was machen Sie, …

… bevor Sie einen Ausflug oder eine Reise machen?   **oder**   … bevor Sie zum Deutschkurs gehen?

> Bevor ich mit dem Zug fahre, kaufe ich eine Fahrkarte.

> Ich mache das Frühstück für meine Kinder, bevor ich zum Deutschkurs gehe.

7 Das war ein Tag!

a Lesen Sie die E-Mail. Was hat Herrn Bitterlich gefallen?

Liebe Frau Barth,

ich möchte Ihnen und der Vorbereitungsgruppe auch im Namen aller Kolleginnen und Kollegen herzlich für Ihre Mühe danken. Der Ausflug hat uns allen sehr gut gefallen und war ein voller Erfolg.
Die Draisinentour war anstrengend, hat aber großen Spaß gemacht. Ich war überrascht, dass wir wirklich 20 km geschafft haben. Besonderen Dank auch an Eva Kramer und Aman Eid. Die Getränke waren gut gekühlt und nach der Tour gerade richtig. Das Essen im Restaurant war auch sehr gut und die Bedienung war sehr schnell. Und die Band mit ihrer Musik war eine tolle Überraschung. Der Tag war viel zu schnell vorbei. Vielen Dank, Sie haben das super organisiert.

Mit freundlichen Grüßen
Roland Bitterlich

PS: Anbei ein Foto von unserem Organisationsteam.

b Eine E-Mail an Jana. Was hat Ihnen gefallen / nicht gefallen? Wählen Sie.

Lob: Schreiben Sie eine positive Mail. **oder** Kritik: Schreiben Sie eine negative Mail.

Lob ☺
die Organisation (gut)
das Essen im Restaurant (sehr lecker)
die Kollegen (lustig)
die Natur (schön)
die Draisinentour (nicht anstrengend)

Kritik ☹
das Wetter (zu heiß)
der Bus (nicht gemütlich)
die Rede vom Chef (zu lang)
das Essen im Restaurant (zu salzig)
die Musik (nicht modern, zu laut)

seine Meinung schreiben

Vielen Dank für … / Ich danke dir für …
Ich möchte Ihnen/dir herzlich für … danken.

… hat gut geklappt.   … hat mir nicht so gut gefallen.
… hat Spaß gemacht.   … hat zu lange gedauert.
… war ganz toll.   … hat mir nicht geschmeckt.

*Hallo, Jana,
der Betriebsausflug war …*

c Tauschen Sie Ihre E-Mail mit Ihrem Nachbarn / Ihrer Nachbarin und korrigieren Sie die E-Mail. Lesen Sie sie vor.

VORHANG AUF

K8

Wählen Sie eine Situation und spielen Sie.

A Vor dem Ausflug
Sie wollen eine Stadtbesichtigung machen, aber es regnet. Was machen Sie jetzt?
Bereiten Sie die Szene vor und sprechen Sie.

oder

B Nach dem Ausflug
Drei Mitarbeiter treffen sich am nächsten Tag in der Kantine und sprechen über den Ausflug.
Bereiten Sie die Szene vor und sprechen Sie über den Ausflug.

ÜBUNGEN

1 An der Infotafel bei SolarCom

a Lesen Sie die Informationen auf der Infotafel im Kursbuch auf Seite 111 noch einmal. Korrigieren Sie in den Aussagen die falschen Informationen.

1. Die Vorbereitungsgruppe für den Betriebsausflug trifft sich ~~am Freitag~~ um 13:30 Uhr. _am Montag_
2. Die Computer funktionieren am Dienstag nicht. ....
3. Das Parkhaus ist zwei Wochen geschlossen. ....
4. Das Baby heißt Andy. ....
5. Eva und Jana planen den Ausflug allein. ....

🎧 2.55 **b** Im Büro – Hören Sie das Gespräch und kreuzen Sie an: richtig oder falsch?

	R	F
1. Petra hat die Information über das Baby an der Infotafel gelesen.	☐	☐
2. Petra hat am Wochenende mit der Familie eine Flughafentour gemacht.	☐	☐
3. Die Flughafentour dauert immer drei Stunden.	☐	☐
4. Die Gäste konnten ein Flugzeug besichtigen.	☐	☐
5. Die Tour hat allen gefallen.	☐	☐
6. Laura hat auch schon eine tolle Idee für den Betriebsausflug.	☐	☐

2 Ich habe einen Vorschlag.

a Lesen Sie die Vorschläge. Ergänzen Sie die Wörter.

helfe   habe   finde   ~~machen~~
Lass   vorschlagen   grillen

Hallo, Jana,
warum (1) _machen_ wir nicht eine Fahrt auf dem See?
Ich (2) .... das toll.
Das Wetter ist bestimmt gut. Wir können schwimmen gehen und danach (3) .... Ich (4) .... auch gerne. Ich kann gut grillen ☺.
Tomasz

Hallo, Jana,
ich (5) .... eine tolle Idee.
(6) .... uns doch eine Radtour machen. Dann haben wir Bewegung und Spaß. Und für das Essen möchte ich ein Picknick (7) ....
Was denkst du?
Laura

b Schreiben Sie zu jedem Bild einen Vorschlag.

A   B   C   D

A. Ich schlage vor, dass wir zusammen wandern gehen. Wir können ...

118   einhundertachtzehn

ÜBUNGEN 8

3 Der Betriebsausflug im letzten Jahr ...

a Schreiben Sie die Sätze im Präteritum.

1. sein / heute / Ich / im Büro / lange / . _Ich war heute lange im Büro._
2. haben / ein Treffen für den Betriebsausflug / Wir / .
3. können / Alle Kollegen / zum Treffen / kommen / .
4. können / für das Programm / Alle / Vorschläge / machen / .
5. müssen / Jana und Eva / die Vorschläge / sammeln / .
6. wollen / Alle Kollegen / sagen / ihre Meinung / .

b Welche Verben sind regelmäßig, welche unregelmäßig? Machen Sie eine Tabelle wie im Beispiel.

~~lernen~~   denken   wohnen   bezahlen   wissen   kochen   warten   kommen
telefonieren   geben   machen

regelmäßig	unregelmäßig
lernen – lernte – hat gelernt	

regelmäßig:
lernen – lernte – hat gelernt
warten – wartete – hat gewartet

unregelmäßig:
kommen – kam – ist gekommen

Die unregelmäßigen Verben muss man auswendig lernen.

c Ergänzen Sie die Verben *wissen*, *geben*, *denken*, *kommen* im Präteritum.

Liebe Jana, liebe Eva,

unser Treffen für den Betriebsausflug gestern war richtig gut. Ich (1) _dachte_ schon, dass wir allein vorbereiten müssen. Und entschuldigt, dass meine Kollegin und ich zu spät (2) ...., aber wir mussten noch mit einem Kunden sprechen.

Ich (3) .... gar nicht, dass so viele Kollegen bei der Planung mitmachen. Das ist richtig toll! Ich war überrascht, dass es so viele Vorschläge (4) ....

Laura (5) .... mir heute morgen noch ihren Vorschlag, weil sie gestern nicht da sein konnte. Ich schicke ihn später.

Liebe Grüße,

Maria

einhundertneunzehn 119

🎧 2.56 **d** Hören Sie und lesen Sie das Märchen Dornröschen. Ein Wörterbuch kann helfen. Unterstreichen Sie die Verben im Präteritum und notieren Sie den Infinitiv.

Dornröschen

(1) Es war einmal ein König mit seiner Königin. (2) Sie wohnten in einem fernen Land. (3) Die Königin hatte keine Kinder. (4) Jeden Tag sagte sie: „Ach, ich möchte so gerne ein Kind haben!" (5) Das hörte eine Fee und sie sagte: „Du bekommst bald eine Tochter." (6) Nach einem Jahr bekam die Königin eine Tochter. (7) Es gab ein großes Fest. (8) Das Fest dauerte drei Tage. (9) Zu Besuch kamen alle Verwandten und zwölf Feen. (10) Die Feen schenkten der Tochter Schönheit und Klugheit. (11) Die dreizehnte Fee aber war sehr böse, weil sie keine Einladung bekommen hatte. Und sie sprach: „Mit 15 Jahren stirbt die Prinzessin, weil sie sich an einer Spindel sticht." (12) Die zwölfte Fee antwortete schnell: „Die Prinzessin stirbt nicht. Sie schläft nur ein und schläft 100 Jahre." …

1: war – sein

4 Diese Idee ist gut!

a Ergänzen Sie die Sätze: positiv oder negativ?

positiv	negativ
1. Diese Idee finde ich gut.	*Diese Idee finde ich nicht gut.*
2.	Dieses Schloss gefällt mir nicht.
3. Das ist ein guter Vorschlag.	....
4.	Ich finde es schlecht, dass …
5. Der Ausflug ist eine tolle Idee.	....

b *Dieser, dieses, diese* – Schreiben Sie Fragen und Antworten wie im Beispiel.

Wie gefällt dir …?
Wie findest du …?

das Schloss   der Park   die Idee
das Café
der Vorschlag
das Hotel
die Tour   der Plan

toll   schön   hässlich
zu klein   zu alt   interessant
zu groß
schlecht   sehr modern
wunderbar   zu lang

1. Wie gefällt dir dieser Park? Dieser Park ist wunderbar.

120 einhundertzwanzig

ÜBUNGEN 8

5 Wie ist das Wetter in …?

a Ordnen Sie zu.

__B__ Es ist bewölkt.   ……… Es schneit.   ……… Es ist windig.   ……… Es ist sonnig.   ……… Es regnet.

b Ergänzen Sie die Dialoge. Hören Sie zur Kontrolle. (2.57)

Dialog 1
- Ist das eine …………………… heute. 35 Grad!
- Ja, es ist wirklich sehr …………………… . Am besten, wir bleiben heute im Haus.

Dialog 2
- Es ……………………. Hast du einen Regenschirm?
- Ja, aber es ist sehr …………………… . Ein Schirm hilft da nicht.

Dialog 3
- Ich hoffe, das Wetter wird morgen besser. Heute ist es zu …………………… .
- Ja, zwei Grad sind nicht viel. Ich habe gehört, morgen gibt es …………………… .

Schnee • windig • Hitze • regnet • kalt • heiß

c Lesen Sie die Sätze. Welcher Satz passt zu welchem Foto? Ordnen Sie zu.

1. __B__ Ganz schön kalt!
2. ……… Ein wunderbares Wetter haben wir heute.
3. ……… Schönes Wetter heute, nicht?
4. ……… Was für ein schreckliches Wetter!
5. ……… Ist das eine Kälte!
6. ……… Ziemlich grau heute!
7. ……… So ein Mistwetter!
8. ……… Was für ein toller Wintertag!

d Wählen Sie ein Foto aus und schreiben Sie drei Sätze über das Wetter.

Im Sommer ist es …

e Aussprache: Wo hören Sie *-ig*? Markieren Sie und lesen Sie den Text dann laut. (2.58)

Im Herbst ist es oft windig. Ich mag wind**ig**es Wetter nicht. Ich mag warme, sonnige Tage. Der Oktober ist manchmal sehr sonnig. Und er ist sehr farbig. Aber der November ist leider grau, neblig und kalt. Bei nebligem Wetter muss man vorsichtig Auto fahren.

einhunderteinundzwanzig 121

6 Der Ausflug

a Schreiben Sie die Sätze mit *bevor*.

1. Herr Bitterlich isst jeden Morgen ein Brötchen, bevor / fahren / er / zur Arbeit.
2. Bevor / kommen / die Kollegen, schließt Eva alle Büros auf.
3. Die Cafeteria bereitet das Frühstück vor, bevor / beginnen / die Frühstückspause.
4. Bevor / Eva / die E-Mail / schicken, liest sie ihren Text noch einmal durch.
5. Jana begrüßt alle Kollegen, bevor / der Bus / abfahren.
6. Bevor / zu Ende / der Ausflug / sein, danken die Kollegen dem Organisationsteam.

1. Herr Bitterlich isst jeden Morgen ein Brötchen, bevor er zur Arbeit fährt.

b Was passt? Ergänzen Sie: *bevor*, *dass*, *weil*, *wenn*.

1. Herr Bitterlich hat gesagt, ...*dass*...... er nicht zum Treffen kommen kann.
2. Wir haben die Draisinentour gemacht, ... das Wetter schön war.
3. .... die Kollegen in den Bus einsteigen, spricht der Chef ein paar Worte.
4. .... der Bus pünktlich ist, sind wir um 10 Uhr da.
5. Der Bus fährt erst los, ... alle Kollegen eingestiegen sind.
6. Jana sagt, ... die Fahrt eine Stunde dauert.
7. Die Firma ist heute geschlossen, ... die Kollegen einen Ausflug machen.
8. .... alle am Abend nach Hause gehen, danken sie Jana und Eva für den tollen Ausflug.

7 Das war ein Tag!

Lesen Sie die Textteile und ordnen Sie von 1 bis 6.

Das war unser Betriebsausflug in diesem Jahr …

☐ … so gut geplant haben. Ich glaube, alle waren zufrieden. Ein herzliches Danke an Eva, Jana, Aman und die Vorbereitungsgruppe.

[1] Unser Betriebsausflug in diesem Jahr ist schon vorbei. Er hat allen Kolleginnen und Kollegen sehr gefallen. Wir hatten einen schönen …

☐ …Tag. Besonders die Draisinentour war eine tolle Idee. Alle Kollegen hatten großen Spaß. Und das Wetter …

☐ Wir alle freuen uns auf das nächste Jahr! Dann brauchen wir wieder tolle Ideen.

☐ … geschmeckt. So ein Erfolg war nur möglich, weil Eva, Jana und Aman zusammen mit der Vorbereitungsgruppe diesen Ausflug …

☐ … war ideal. Es war sonnig, aber nicht zu heiß. Die kalten Getränke waren vor und nach der Tour gerade richtig. Das Essen hat allen …

ÜBUNGEN 8

LEICHTER LERNEN: Korrektur

a Einen Text selbst korrigieren. Lesen Sie zuerst die Korrekturhilfen.

1. Steht das Verb an der richtigen Position? (im Hauptsatz und im Nebensatz)
2. Stimmt das Subjekt mit dem Verb überein? (Konjugation)
3. Stimmen die Endungen?
4. Sind die Wörter richtig geschrieben? (groß/klein, …)

Liebe Eva,
ich möchte dir für den schönen Ausflug danken.
Wir hatten viel Spaß.
Die Tour war toll …

b Lesen Sie jetzt den Text. Es gibt 17 Fehler wie in a. Markieren Sie. Schreiben Sie den Text dann neu.

Liebe Teresa,

du weiß ja, dass war gestern unser Betriebsausflug. Es war ein schön Tag. Das Wetter war tolles. Es war sonnig und warm. Am Morgen es gab ein Frühstück in der Firma. Dann sind wir mit dem Bus zu einem Bahnhof gefahren, weil dort unsere Draisinentour hat begonnen. Wir hatte so viel Spaß. Dann wir waren in einem restaurant. Das essen war sehr gut. Am Abent waren wir wieder in der Firma. Allen Kolegen haben der Ausflug sehr gut gefallen. Habt ihr auch schon gemacht einen Betriebsausflug? Schreib mier mal.

Lieb Grüß
Petra

Liebe Teresa,
du weißt ja, dass …

RICHTIG SCHREIBEN: Adjektive mit -ig und -lich

Ergänzen Sie *-ig* oder *-lich*.

1. Heute ist es sehr wind *ig*.
2. Gestern war es den ganzen Tag nebl............
3. Dann war es ein freund............er Tag.
4. Ich mag sonn............e Tage.
5. Der August dauerte ew............ und war sehr sonn............
6. Beim gutem Wetter bin ich freund............ und fröh............
7. Die täg............e Arbeit macht dann mehr Spaß.

einhundertdreiundzwanzig 123

Mein Deutsch nach Kapitel 8

Das kann ich:

Vorschläge für einen Ausflug machen und auf Vorschläge reagieren

Ich schlage vor, dass … / Wir können doch … / Lasst uns doch …
Das ist ein guter Vorschlag. / Diese Idee gefällt mir gut, weil … / Ich finde den Vorschlag toll. / Ich finde diesen Vorschlag nicht so gut, weil … / Das ist keine so gute Idee, denn …

Sprechen Sie. Machen Sie einen Vorschlag und begründen Sie ihn. Reagieren Sie auf die Vorschläge von den anderen.

über Vergangenes berichten

Letztes Wochenende wollte ich …

„Mein Wochenende" – Schreiben Sie einen kleinen Bericht. Benutzen Sie Perfekt und Präteritum.

über das Wetter sprechen

Sprechen Sie über das Wetter.
Wie ist das Wetter heute?
Wie war das Wetter im Urlaub?
Wie ist das Wetter in Ihrer Heimat?

sagen, was mir gefallen oder nicht gefallen hat

Essen   Organisation   Getränke   Bus   Kollegen

Schreiben Sie an einen Freund / eine Freundin eine E-Mail über einen Ausflug.   www →A2/K8

Das kenne ich:

Präteritum

	regelmäßig	unregelmäßig			
	sagen	wissen	denken	geben	kommen
ich	sagte	wusste	dachte	gab	kam
du	sagtest	wusstest	dachtest	gabst	kamst
er/es/sie	sagte	wusste	dachte	gab	kam
wir	sagten	wussten	dachten	gaben	kamen
ihr	sagtet	wusstet	dachtet	gabt	kamt
sie/Sie	sagten	wussten	dachten	gaben	kamen

Vergangenheit ausdrücken
1. Sprechen: meistens Perfekt
2. Schreiben: oft Präteritum
3. Diese Verben stehen oft im Präteritum: *haben*, *sein*, Modalverben und *sagen*, *wissen*, *denken*, *geben*, *kommen*

Nebensatz mit *bevor*

Hauptsatz
(Ruf) bitte den Draisinenverleih (an), | Konnektor: bevor | du | Verb: Ende (losfährst).

Nebensatz
Konnektor: Bevor | wir mit der Tour (beginnen), | Hauptsatz: (wollen) alle Kollegen etwas (trinken).

Demonstrativartikel *dieser*, *dieses*, *diese*

	mask.	neutr.	fem.	Plural
Nom.	dieser	dieses	diese	diese
Akk.	diesen	dieses	diese	diese
Dat.	diesem	diesem	dieser	diesen

● Wie findest du diesen Vorschlag?
○ Nicht schlecht, aber ich habe eine andere Idee.

● Diese Tour ist sehr interessant.
○ Ja, und nicht so teuer.

HALTESTELLE

HALTESTELLE **D**

1 Sprechtraining

Schritt 1: Ordnen Sie die Fragen 1 bis 10 den Antworten a bis j zu.

1. Wann hast du heute gefrühstückt?
2. Was machst du am Wochenende?
3. Warst du schon mal an der Nordsee?
4. Wohin möchtest du gerne mal reisen?
5. Seit wann lernst du schon Deutsch?
6. Wie war das Wetter gestern?
7. Was musstest du als Kind zu Hause immer machen?
8. Was durftest du als Kind nie?
9. Wie kommst du zur Sprachenschule?
10. Mit wem zusammen lernst du Deutsch?

- a) Nach Wien.
- b) Cola trinken.
- c) Einen Ausflug.
- d) Mein Zimmer aufräumen.
- e) Mit dem Fahrrad.
- f) Mit meiner Freundin Anne.
- g) Nein, aber am Mittelmeer.
- h) Seit einem Jahr.
- (1) i) Um 7 Uhr.
- j) Zu kalt und zu nass.

Schritt 2: Hören Sie das Beispiel. Sprechen Sie dann zu zweit. Fragen und antworten Sie. Wiederholen Sie, so oft Sie wollen. Probieren Sie es immer schneller.

2.59

> Wann hast du heute gefrühstückt?

> Um 7 Uhr.

Schritt 3: Wiederholen Sie die Fragen 1 bis 10. Geben Sie jetzt Ihre eigenen Antworten.

> Wann hast du heute gefrühstückt?

> Ich habe nicht gefrühstückt.

2 Sprechen und schreiben

Partnerdiktat – Person A beginnt und diktiert 1a, dann diktiert Person B 1b, dann A 2a usw. Schreiben Sie zu zweit auf ein Papier.

A

Der Ausflug

1a Am letzten Freitag haben
2a Wir sind mit dem Bus
3a Das Schloss war toll, aber
4a Als wir losgegangen sind,
5a Nach einer halben Stunde
6a Keiner hatte einen Schirm
7a Nach einer Stunde waren wir
8a Alle waren total nass,
9a Wir haben viel gelacht,
10a Es gibt kein schlechtes Wetter.

B

Der Ausflug

1b wir einen Ausflug gemacht.
2b zu einem Schloss gefahren.
3b der Spaziergang war schrecklich.
4b war das Wetter noch gut.
5b hat dann der Regen angefangen.
6b und die meisten auch keine Regenjacken.
7b dann im Restaurant.
8b aber die Stimmung war gut.
9b als Frau Römer sagte:
10b Es gibt nur schlechte Kleidung.

Am letzten Freitag haben ... *wir einen Ausflug gemacht.*

einhundertfünfundzwanzig 125

3 Kennen Sie D-A-C-H?

a Bahnen – Sehen Sie die Fotos an und lesen Sie die Textanfänge. Ordnen Sie jeweils das passende Textende zu.

Auf ihrem Weg zur Arbeit nehmen viele Menschen jeden Tag den Zug, die S-Bahn oder die U-Bahn. Manchmal sind öffentliche Verkehrsmittel aber auch Touristenattraktionen und Sehenswürdigkeiten.

A

Die Heidelberger Bergbahn verbindet die Altstadt mit dem Schloss und dem Königsstuhl, dem höchsten Berg der Stadt. Sie transportiert jedes Jahr mehr …

B

Die Wuppertaler Schwebebahn hängt an den Schienen und hat ihre Räder auf dem Dach. Die über 100 Jahre alte Bahn transportiert …

C

Der Bernina-Express – In der Schweiz ist der Zugverkehr besonders wichtig. Und eine Reise mit der Bahn ist hier auch besonders schön, …

D

Die Wildspitzbahn am Pitztaler Gletscher in Tirol (Österreich) bringt Sie auf 3440 Meter Höhe. Von der höchsten Bergstation Österreichs aus …

1 täglich 85000 Menschen. Sie hatte auch schon einmal einen Elefanten als Fahrgast. Man sagt, dass sie das sicherste Verkehrsmittel auf der Welt ist.

2 hat man einen spektakulären Blick über die Gletscherwelt. Die Seilbahn braucht nur sechs Minuten für die zwei Kilometer und steigt dabei um fast 600 Meter.

3 denn der Blick auf Berge und Täler ist herrlich – auch im Winter. Der Zug ist die höchste Bahnstrecke über die Alpen und ist seit 2008 Weltkulturerbe der UNESCO.

4 als eine Million Fahrgäste. Auf der Fahrt hat man einen sehr schönen Blick auf die Stadt und den Fluss. Die Bergbahn gibt es seit 1890. Sie ist die längste Bergbahnstrecke in Deutschland.

b Lesen Sie noch einmal. Korrigieren Sie die falschen Aussagen.

1. In der Schweiz fährt man nicht so viel mit dem Zug.
2. Die Wildspitzbahn braucht zwei Minuten für die 600 Meter lange Strecke.
3. Die Wuppertaler Schwebebahn hat auch schon mal einen Zoo transportiert.
4. Die Heidelberger Bergbahn ist die höchste Bergbahn Deutschlands.

c Mit welcher Bahn möchten Sie gerne einmal fahren?

d Kennen Sie andere besondere Bahnen?

TESTTRAINING

1 Lesen – Anzeigen

> → Lesen Sie zuerst die Situationen genau und überlegen Sie: Was suchen die Personen?
> → Lesen Sie dann die Anzeigen. Achten Sie auf ähnliche Ausdrücke.
>   *Beispiel: draußen essen – Picknick, Hochzeit – private Feier*
> → Sie können jede Anzeige nur einmal verwenden.
> → Wenn Sie bei einer Zuordnung ganz sicher sind, streichen Sie die Anzeige durch.
> → Wenn Sie für eine Situation nicht schnell eine Anzeige finden, machen Sie mit der nächsten Situation weiter. Vergessen Sie nicht: Zu einer Situation passt keine Anzeige!
> ⚠ Achtung, manchmal sind in zwei Anzeigen ähnliche Angebote, aber nur eine Anzeige passt.
>   *Beispiel: Hochzeit feiern* oder *den letzten Abend vor der Hochzeit feiern.*

So sieht die Aufgabe in der Prüfung aus:

Lesen Sie die Situationen 1–5 und die Anzeigen a–h. Finden Sie für jede Situation die passende Anzeige. Für eine Aufgabe gibt es keine Lösung. Schreiben Sie in diesem Fall X.

Beispiel
0 Eine Kollegin hat Geburtstag und möchte zwei Kuchen ins Büro bestellen.   *Lösung: f*

1 Ihre Freundin möchte ihre Hochzeit mit hundert Gästen feiern und sucht ein passendes Lokal.
2 Es ist Sonntag und Sie möchten mit Freunden draußen in der freien Natur frühstücken, aber Ihr Kühlschrank ist leer.
3 Sie essen gerne chinesisch und möchten in ein chinesisches Restaurant gehen.
4 Sie wollen am Wochenende ausgehen: Sie wollen zuerst etwas essen und dann tanzen.
5 Sie möchten ein paar Kollegen nach Hause zu einem warmen Abendessen einladen, aber Sie können nicht gut kochen.

a **Quasimodo**
Kneipe & Club am Bahnhof
Dienstag bis Samstag immer ab 19 Uhr.
Bis 22 Uhr gibt es Salate und Kuchen,
dann heiße Rhythmen! **Täglich: Disco mit DJ!**
Wir organisieren auch Junggesellenabschiede – den letzten
Abend vor Ihrer Hochzeit werden Sie nie vergessen!

b **ESSEN – so gut wie in China!**
Sie lieben chinesisches Essen? Dann lernen Sie doch einfach, wie man chinesisch kocht! Wir bieten Kochkurse für Anfänger und Fortgeschrittene an und geben Ihnen Tipps, wo Sie am besten die Lebensmittel für die Rezepte kaufen oder bestellen können.

c **DER FISCHERWIRT**
Das romantische Gasthaus am See – große Terrasse, Fischspezialitäten, täglich von 11 bis 23 Uhr geöffnet!
Extra Räume für private Feiern von 20 bis 200 Personen.
Gerne empfehlen wir Ihnen auch Bands für Tanzmusik!

d **Klein, aber oho – der etwas andere Partyservice**
Sie möchten mit bis zu 20 Personen in Ihrer Wohnung nett und gemütlich feiern? Wir kommen zu Ihnen und bereiten in Ihrer Küche alles vor – vom Kuchen bis zum kompletten Menü! Auf Wunsch leihen wir Ihnen auch Geschirr, Besteck und Gläser.

e **Parkcafé**
Das kleine Café mitten im Park: gemütlich auf der Terrasse sitzen, ins Grüne schauen, entspannt Kaffee und Kuchen genießen. Wir organisieren auch Kindergeburtstage für bis zu 20 Kinder. Schreiben Sie uns!
Öffnungszeiten: Dienstag bis Sonntag 15 bis 19 Uhr

f **Bäckerei – Konditorei Spitzer**
Leckere Brote, Brötchen, Kuchen und Torten – auch für größere Feste wie Hochzeiten oder Geburtstagsfeiern. Wir liefern auch nach Hause oder in Ihre Firma:
Sie bestellen online oder telefonisch, in nur einer Stunde sind wir bei Ihnen!

g **Der Last-Minute-Picknick-Service**
Lust auf ein spontanes Picknick am See –
aber Sie haben nichts zu Hause?
Kein Problem – Sie schreiben uns Ihre Wünsche,
und wir bringen Ihnen das fertige Picknick.
Decken, praktisches Geschirr und Besteck inklusive!

h **Come In!** Der neue Club in der alten Fabrik
*Unsere Spezialität: Cocktails mit und ohne Alkohol
geöffnet täglich ab 22 Uhr
donnerstags: Ladies' Night – für Frauen freier Eintritt
und das erste Getränk gratis
Jeden ersten Samstag im Monat: Ü-30-Party*

HD-2 **2 Schreiben – ein Formular ausfüllen**

So sieht die Aufgabe in der Prüfung aus:
Ein Freund von Ihnen möchte einen Wochenendausflug nach Köln machen und muss für die Anmeldung ein Formular ausfüllen. Er bittet Sie um Hilfe. Fünf Informationen fehlen. Schreiben Sie die Informationen in das Formular.

→ Es gibt immer eine Aufgabe zum Ankreuzen.
→ Kreuzen Sie auf jeden Fall immer etwas an.
→ Achten Sie auf ähnliche Ausdrücke wie *Wohnort – wohnhaft in, geboren am – Geburtsort, Adresse – Straße, Ort – Stadt, …*

Beispiel **0 Vorname:** *Kamil*

Name: Mazur | **geb. am:** 22.4.1980
Vorname: Kamil | **geb. in:** Lublin
wohnhaft in: Tiergartenstraße 2 | 01219 Dresden
E-Mail-Adresse: kamilmazur@freemail.net

Sachsen-Bank
Visacard
Kamil Mazur   gültig: 4/2016 – 9/2021
Nr. 3345 6432 3998 7556

Kamil möchte den Wochenendausflug mit seiner Frau und seinen beiden Kindern machen. Er möchte vom 23. bis 25.5. fahren. Im Hotel brauchen sie nur eine Übernachtung ohne Frühstück. Danach übernachten Sie bei Freunden. Kamil will im Hotel mit seiner Kreditkarte bezahlen.

Familienname:	Mazur	
Vorname:	Kamil	(0)
E-Mail-Adresse:	kamilmazur@freemail.net	
Straße, Hausnummer:	Tiergartenstraße 2	
PLZ, Ort:	01219 ………………………	(1)
Geburtsort:	Lublin	
Geburtsdatum:	………………………………	(2)
Anreise am:	23.5.	
Abreise am:	………………………………	(3)
Frühstück?	ja ☐ nein ☒	
Wie viele Personen?	………………………………	(4)
Bezahlung:	bar ☐ Überweisung ☐ Kreditkarte ☐	(5)

128   einhundertachtundzwanzig

Anna mag Mathe.

9

Andreas Wächter, Vater
Lena Wächter, Mutter
Jonas Wächter, Sohn
Anna Wächter, Tochter

1 Sonntagmorgen – Montagmorgen

a Was machen die Personen auf den Fotos? Vergleichen Sie.

> Links frühstückt die Familie gemütlich. Die Mutter …

> Auf dem Foto rechts sieht man …

b Was sind typische Sätze von Eltern und Kindern am Frühstückstisch? Bilden Sie zwei Gruppen. Präsentieren Sie anschließend der anderen Gruppe Ihre Sätze.

Gruppe 1: Eltern
Iss dein Müsli!
Hast du die Hausaufgaben gemacht?

Gruppe 2: Kinder
Muss ich in die Schule gehen?
…

🎧 3.02–03 **c** Hören Sie die Dialoge. Kreuzen Sie an: richtig oder falsch?

	R	F
1. Der Elternabend von Jonas ist am Donnerstag.	☐	☐
2. Der Elternabend fängt um 18:30 Uhr an.	☐	☐
3. Lena geht nicht zum Elternabend.	☐	☐
4. Jonas muss am Donnerstag einen Mathetest schreiben.	☐	☐
5. Anna hat in der ersten Stunde Deutsch.	☐	☐

d Was ist bei Ihnen am Sonntagmorgen anders als am Montagmorgen? Erzählen Sie.

> Sonntags habe ich mehr Zeit. Ich …

Sprechen über die Schulzeit berichten; über Betreuungsangebote sprechen | **Hören** Betreuungsangebote; Stundenplan; Elternabend | **Schreiben** Bericht über meine Schulzeit; E-Mail an Kinderhort | **Lesen** Betreuungsangebote; Einladung zum Elternabend; Text „Mathematikstunde"; Text über Schulen in Deutschland | **Beruf** Lehreralltag; Praktikum in einer Schule

2 Montagmorgen in der 1a

a Wie hat der Schultag bei Ihnen immer angefangen? Erzählen Sie.

> Wir haben einen Stuhlkreis wie auf dem Foto gemacht.

> Wir haben immer …

🎧 3.04 **b** Anna, Hamid und Emma erzählen im Unterricht von ihrem Wochenende. Hören Sie. Wer hat was gemacht? Ergänzen Sie die Namen.

1. _Anna_ war am Samstag im Supermarkt.
2. .... war am Sonntag bei der Tante.
3. .... hat Playstation gespielt.
4. .... war am Sonntag bei der Oma.
5. .... hat am Sonntag Apfelkuchen gegessen.
6. .... war am Samstag im Schwimmbad.

c Frau Peppler und die Praktikantin Frau Friebe haben Notizen über die Schülerinnen und Schüler gemacht. Welche Notizen passen zusammen? Ordnen Sie zu.

Notizen von Frau Peppler

1. Anna geht gerne in die Schule.
2. Sie ist gerne in der Nähe von Lehrpersonen.
3. Emma geht es oft nicht gut.
4. Sie ist sehr unruhig und nervös.
5. Hamid und Anna finden viele Aufgaben zu einfach.
6. Sie wollen immer schnell fertig sein.

Notizen von Frau Friebe

a) … kann sich nicht gut konzentrieren.
b) … fühlt sich oft schlecht.
c) … beeilen sich bei den Aufgaben.
d) … langweilen sich oft im Unterricht.
e) … setzt sich immer neben mich oder Frau Peppler.
f) … freut sich, wenn sie in die Schule kommt.

d Markieren Sie die reflexiven Verben (sich fühlen, sich …) in 2c und ergänzen Sie die Tabelle.

FOKUS Reflexivpronomen im Akkusativ

Ich fühle .... heute nicht gut.	ich	setze	mich
Freust du ...., dass morgen Schule ist?	du	setzt	dich
Emma langweilt	er/es/sie	setzt	sich
Komm, wir müssen .... beeilen!	wir	setzen	uns
Kinder, setzt .... !	ihr	setzt	euch
Die Kinder konzentrieren	Sie/sie	setzen	sich

130 einhundertdreißig

e Würfeln Sie. Fragen und antworten Sie.

- ich
- du
- er/es/sie
- wir
- ihr
- sie/Sie

- sich beeilen
- sich setzen
- sich gut fühlen
- sich konzentrieren
- sich langweilen
- sich freuen

Langweilst du dich? — Nein, ich langweile mich nicht.

Fühlt ihr euch gut? — Ja, wir …

f Schreiben Sie Zettel. Ergänzen Sie die Sätze. Mischen Sie die Zettel und ziehen Sie. Wer hat das geschrieben? Raten Sie.

Ich langweile mich (nicht), wenn …

Ich fühle mich (nicht) gut, wenn …

Ich freue mich (nicht), wenn …

Ich kann mich (nicht) gut konzentrieren, wenn …

3 Nach der Schule

a Annas Eltern arbeiten beide. Sie suchen eine Nachmittagsbetreuung. Welche Anzeigen sind interessant für sie?

A *Mittagsbetreuung*

Wir bieten:
- Betreuung der Schulkinder nach Schulschluss bis 14:30 Uhr
- einen gesunden Mittagsimbiss
- Hilfe bei den Hausaufgaben
- Bastelarbeiten und Spiele
- einen großen Spielplatz

In den Schulferien geschlossen. Keine Nachhilfe.

B **Nachhilfe – alle Fächer – alle Klassen**

Wir bieten
- Unterricht einzeln oder in kleinen Gruppen
- Unterricht bei qualifizierten Lehrern und Studenten
- Von der Grundschule bis zum Abitur!

15 € / 45 Min.

C *Kinderhort „Fantasia"*

Wir bieten:
- Betreuung durch qualifizierte Erzieher/innen
- ein warmes Mittagessen
- Hausaufgabenbetreuung
- viele Spielangebote

Öffnungszeiten:
in der Schulzeit 11:15–18:00
in den Schulferien 7:30–17:00

b Hören Sie das Gespräch. Welches Angebot aus 3a finden Annas Eltern am interessantesten?

c Hören Sie noch einmal. Was ist richtig? Kreuzen Sie an.

- 1. Der Hort ist in der Nähe von der Schule.
- 2. Der Hort hat sofort einen Platz für Anna.
- 3. Der Hort ist kostenlos.
- 4. Der Hort hat einen Garten.
- 5. Der Hort macht in den Schulferien Ausflüge.

d Sie brauchen für Ihr Kind eine Betreuung am Nachmittag. Wählen Sie.

Ordnen Sie die E-Mail an den Hort.   **oder**   Schreiben Sie an die Mittagsbetreuung.

- Über eine Antwort freuen wir uns sehr.
- wir haben Ihre Anzeige in der Schule von unserer Tochter gelesen.
- Mit freundlichen Grüßen
- Haben Sie noch freie Plätze?
- (1) Sehr geehrte Damen und Herren,
- Für unsere Tochter suchen wir ab August eine Betreuung nach der Schule.
- Lena Wächter

Sehr geehrte Damen und Herren,
…

UND SIE?

Wie ist das in Ihrem Land? Gibt es auch eine Betreuung für Kinder nach der Schule? Was haben Sie immer am Nachmittag nach der Schule gemacht? Erzählen Sie. Verwenden Sie auch die Verben aus 2e.

4 Montagmorgen in der 8b

a Lesen Sie den Text und sehen Sie das Bild an. Ordnen Sie die Zahlen den Personen zu.

Dennis ...3....   Jonas ....   Katja ....   Saida ....   Cem ....

> Heute ärgere ich mich nicht!

Montagmorgen acht Uhr. Herr Klinke kommt in die Klasse 8b. Viele Schüler sind noch nicht da. Es ist laut. Nein, heute ärgert er sich nicht über die Unpünktlichkeit und den Lärm. Herr Klinke setzt sich und schaut die Klasse an.

In der zweiten Reihe links sitzt Dennis. Er schaut zum Fenster hinaus und wartet schon auf die Pause. Hinten rechts: Jonas mit seinem Handy. Für Handys und Fußball interessiert er sich, aber nicht für Mathematik. Vorne links sitzt Katja. Sie unterhält sich mit ihrer Freundin Saida. Sie erzählt wahrscheinlich von ihrem Wochenende. Und in der Mitte: der stille Cem. Er ist sehr intelligent, denkt aber meistens an andere Sachen und nicht an Mathematik.

Herr Klinke sagt nichts. Aber plötzlich sind alle ruhig. Jonas schaltet sein Handy aus. Katja diskutiert nicht mehr mit Saida. Und der stille Cem fragt laut und deutlich: „Herr Klinke, können Sie uns noch einmal die binomischen Formeln erklären?" Herr Klinke lächelt. Der Matheunterricht in der Klasse 8b beginnt.

b Wie finden Sie Herrn Klinke als Lehrer? Diskutieren Sie.

c Verbinden Sie die Sätze. Der Text in 4a hilft.

1. Katja erzählt — a) für Handys.
2. Herr Klinke ärgert sich manchmal — b) auf die Pause.
3. Saida diskutiert — c) an andere Sachen.
4. Jonas interessiert sich — d) mit ihrer Freundin.
5. Cem denkt oft — e) über den Lärm in seiner Klasse.
6. Dennis wartet — f) von ihrem Wochenende.

d Lesen Sie die Sätze in 4c und ergänzen Sie die Sätze.

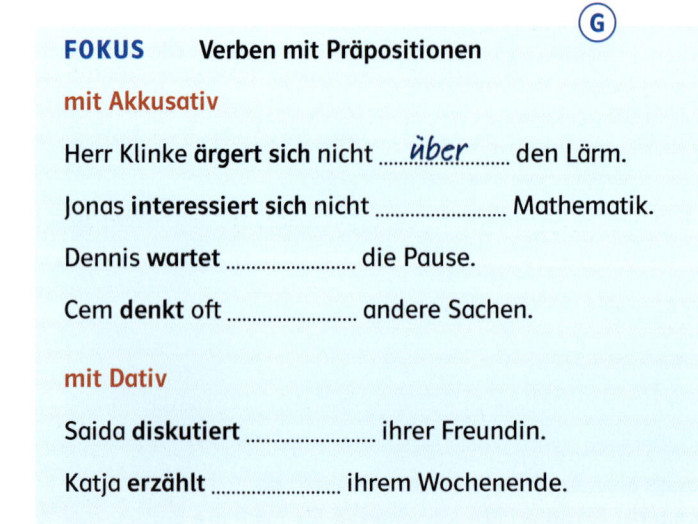

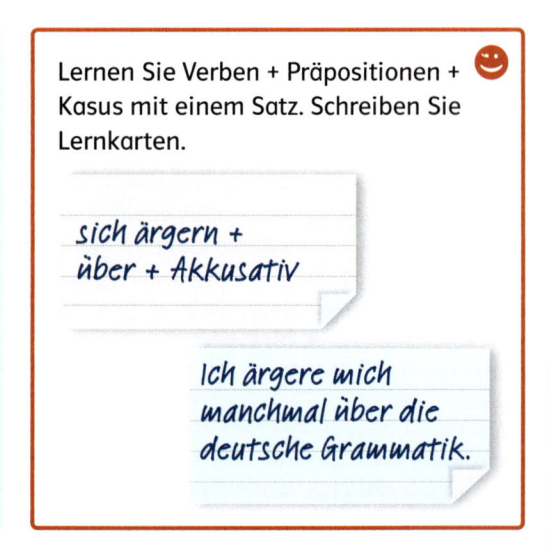

FOKUS   Verben mit Präpositionen

mit Akkusativ

Herr Klinke **ärgert sich** nicht ...*über*... den Lärm.

Jonas **interessiert sich** nicht .... Mathematik.

Dennis **wartet** .... die Pause.

Cem **denkt** oft .... andere Sachen.

mit Dativ

Saida **diskutiert** .... ihrer Freundin.

Katja **erzählt** .... ihrem Wochenende.

Lernen Sie Verben + Präpositionen + Kasus mit einem Satz. Schreiben Sie Lernkarten.

> sich ärgern + über + Akkusativ

> Ich ärgere mich manchmal über die deutsche Grammatik.

132   einhundertzweiunddreißig

e Wählen Sie.
Schreiben Sie fünf Fragen mit den Verben aus 4d und fragen Sie Ihren Partner / Ihre Partnerin.

oder

Schreiben Sie fünf Sätze mit den Verben aus 4d.

Interessierst du dich für Musik?

Ja, ich interessiere mich sehr für Musik!

Ich denke manchmal an …

5 Aussprache: *h*-Laut

a Was hören Sie? Markieren Sie.

	1.	2.	3.	4.	5.	6.	7.
h-Laut	Hanna	hier	Haus	Hund	heiß	Hals	Hände
kein *h*-Laut	Anna	ihr	aus	und	Eis	als	Ende

b Hören Sie die Wortpaare aus 5a und sprechen Sie nach.

c Hören Sie und sprechen Sie nach.

gehen – aus dem Haus gehen – um halb acht aus dem Haus gehen
Heute muss Anna um halb acht aus dem Haus gehen.

geholfen – bei den Hausaufgaben geholfen
Anna hat Hanna bei den Hausaufgaben geholfen.

d Suchen Sie Wörter, die man mit „h" spricht. Schreiben Sie Sätze und sprechen Sie sie laut.

Mein Freund Holger hat vor einem halben Jahr im Herbst geheiratet.

6 So viele Fächer!

a Hören Sie. Über welche Fächer sprechen Jonas und Dennis? Markieren Sie im Stundenplan.

Stundenplan – Klasse 8b

Stunde	Montag	Dienstag	Mittwoch
1.	Deutsch	Musik	Biologie
2.	Chemie	Geografie	Französisch
3.	Englisch	Mathematik	Kunst
4.	Geschichte	Physik	Sport

b Was war Ihr Lieblingsfach? Welche Fächer haben Sie nicht gerne gemacht? Warum? Sprechen Sie.

UND SIE?

Schreiben Sie einen kurzen Text über Ihre Schulzeit.

Meine Schulzeit
Ich bin in … in die Schule gegangen.
Ich war … Jahre in der Schule.

Meine Lieblingsfächer waren …
Es hat mir nicht gefallen, dass …
Es war super, dass …

einhundertdreiunddreißig 133

7 Herzlich willkommen zum Elternabend!

a Wie haben Eltern und Lehrer Kontakt? Sammeln Sie.

Elternabend, …

In Deutschland gibt es Elternabende in den Schulen. Da kommen die Eltern in die Schule und bekommen Informationen von den Lehrern.

b Lesen Sie die Einladung zum Elternabend und beantworten Sie dann die Fragen.

1. Wann ist der Elternabend?
2. Wo findet der Elternabend statt?
3. Was sind die Themen beim Elternabend?

EINLADUNG ZUM ELTERNABEND

Liebe Eltern,
hiermit laden wir Sie herzlich zum Elternabend der Klasse 8b in der Erich-Kästner-Gesamtschule ein.
Zeit: Donnerstag, 6. Oktober, um 19.30 Uhr
Ort: Erich-Kästner-Gesamtschule, Zimmer 307

Tagesordnung
1. Begrüßung
2. Informationen zur Klassenfahrt
3. Wahl der neuen Elternsprecher
4. Verschiedenes

🎧 3.14 **c** Hören Sie. Was ist richtig? Kreuzen Sie an: ⓐ, ⓑ oder ⓒ?

1. Die Klassenfahrt geht nach …
   ⓐ Frankfurt.
   ⓑ Hamburg.
   ⓒ Berlin.
2. Die Klassenfahrt dauert …
   ⓐ von Montag bis Donnerstag.
   ⓑ von Montag bis Freitag.
   ⓒ von Mittwoch bis Freitag.
3. Was müssen die Schüler mitnehmen?
   ⓐ Ihre Versichertenkarte.
   ⓑ Ihre Fahrkarte.
   ⓒ Ihren Ausweis.
4. Bis wann muss man für die Klassenfahrt bezahlen?
   ⓐ Bis zum 21. Mai.
   ⓑ Bis zum 31. Mai.
   ⓒ Bis zum 13. Mai.

UND SIE?

Erzählen Sie. Wählen Sie.

Haben Sie oder Ihre Kinder in der Schule auch Klassenfahrten oder Ausflüge gemacht?

oder

Waren Sie schon einmal auf einem Elternabend? Was waren die Themen?

In der Grundschule haben wir einen Ausflug nach … gemacht. Es war …

Im Oktober war ich auf einem Elternabend. Die Lehrer haben …

8 Rund um die Schule

a Lesen Sie die Fragen 1 bis 5. Was wissen Sie schon? Sprechen Sie.

b Lesen Sie jetzt die Antworten und ordnen Sie 1 bis 5 und A bis E zu.

FAQ – Häufig gestellte Fragen: das deutsche Schulsystem

1. Müssen Kinder in Deutschland in die Schule gehen?
2. Wie lange dauert ein Schultag?
3. Welche Noten gibt es?
4. Welche Schulabschlüsse gibt es in Deutschland?
5. Ist das Schulsystem in allen Bundesländern gleich?

☐ **A** In den deutschen Schulen bekommt man zweimal im Jahr ein Zeugnis. Es gibt sechs Noten. 1 ist die beste Note und 6 ist die schlechteste (1 = sehr gut; 2 = gut; 3 = befriedigend; 4 = ausreichend; 5 = mangelhaft; 6 = ungenügend).

☐ **B** Nein, Schulen und Universitäten sind in Deutschland in jedem Bundesland verschieden. Wenn Sie in ein anderes Bundesland umziehen, dann informieren Sie sich rechtzeitig.

1 **C** Ja, es gibt eine Schulpflicht. In Deutschland muss man mindestens neun Jahre in die Schule gehen. Es gibt staatliche und private Schulen. Die staatlichen Schulen sind kostenlos.

☐ **D** Schulen und Schulabschlüsse haben in den Bundesländern verschiedene Namen. Es gibt aber in der Regel drei Abschlüsse:
1. nach neun Jahren. Diesen Abschluss macht man meist, wenn man eine praktische Ausbildung, zum Beispiel als Bäcker oder Friseurin, machen will.
2. nach zehn Jahren. Diesen Abschluss macht man, wenn man zum Beispiel im Büro, bei Banken oder Behörden arbeiten will.
3. nach zwölf oder dreizehn Jahren. Dann hat man Abitur und man kann z. B. an einer Universität studieren.

☐ **E** Es ist unterschiedlich. Der Unterricht beginnt normalerweise zwischen 7:30 Uhr und 8:15 Uhr. Meistens gehen Kinder nur vormittags in die Schule, aber es gibt auch Ganztagsschulen. Dort bekommen die Kinder ein Mittagessen und haben danach wieder Unterricht.

c Schule in Ihrem Heimatland – Was ist ähnlich wie in Deutschland? Was ist anders?

> Bei uns gibt es viel mehr Privatschulen.

> In … gibt es nur Punkte, keine Noten.

VORHANG AUF

Planen und spielen Sie einen Dialog. Wählen Sie.

Ein Rollenspiel

A Sie haben einen Sohn, 9 Jahre, und suchen für ihn eine Betreuung nachmittags. Sie gehen zu einem Hort und haben einige Fragen (freie Plätze? Kosten? Hilfe bei Hausaufgaben? Mittagessen? Öffnungszeiten …)

B Sie sind Erzieher/in im Kinderhort „Villa Kunterbunt". Sie haben ab Januar noch drei freie Plätze. Ein Platz kostet bei Ihnen zwischen 250 € und 380 €. Ihre Öffnungszeiten sind in der Schulzeit 11:15–18.00 und in den Schulferien 7:30–17:00.

oder Ein Interview zu Ihrer Schulzeit

> Welche Fremdsprachen hast du in der Schule gelernt?

> Ich habe …

> Was war dein Lieblingsfach?

> Mein Lieblingsfach war …

ÜBUNGEN

1 Sonntagmorgen – Montagmorgen

a Lesen Sie die Fragen und ordnen Sie die Antworten zu.

1. Haben wir diese Woche Termine?
2. Wann schreibt ihr den Deutschtest?
3. Was machst du heute nach der Schule?
4. Hast du die Hausaufgaben schon gemacht?
5. Kannst du Anna heute von der Schule abholen?

.... a) Den schreiben wir am Freitag.

.... b) Natürlich habe ich sie schon gemacht.

...1... c) Ja, diese Woche ist der Elternabend.

.... d) Nein, heute kann ich leider nicht.

.... e) Ich gehe ins Schwimmbad.

b Fragen Sie nach den unterstrichenen Satzteilen. Schreiben Sie die Fragen.

1. _Wo ist Jonas?_ .... Jonas ist noch im Bett.

2. .... In der 1. Stunde habe ich Deutsch.

3. .... Ja, Oma und Opa kommen am Sonntag.

4. .... Ich lerne nach dem Frühstück für den Test.

5. .... Nein, ich mag Deutsch nicht.

2 Montagmorgen in der 1a

🎧 3.15 **a** Ergänzen Sie die Verbformen und hören Sie zur Kontrolle.

konzentrieren   beeilen   langweilen   fühlen   ~~setzen~~   freuen

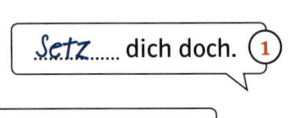

Setz dich doch. ①

Ich .... mich sehr, dass du wieder bei uns an der Schule bist. ②

Die Kinder sind sehr nett und ich .... mich sehr wohl in der Klasse. ③

Für Hamid waren viele Aufgaben zu leicht und er hat sich ein bisschen .... ④

Emma ist oft nervös und unruhig, aber heute hat sie sich sehr gut .... ⑤

Wir müssen uns .... In zwei Minuten beginnt die nächste Stunde. ⑥

Hilfe? – Hören Sie zuerst und ergänzen Sie dann.

b Was passt zusammen? Verbinden Sie. Schreiben Sie dann die Sätze.

1. Warum könnt ihr
2. Wir freuen
3. Emma, setz
4. Viele Kinder langweilen
5. Ich fühle
6. Hamid und Anna beeilen

a) sich, weil der Bus kommt.
b) mich heute nicht gut.
c) euch nicht konzentrieren?
d) dich, bitte!
e) uns, weil jetzt keine Schule ist.
f) sich am Wochenende.

1. Warum könnt ihr euch nicht konzentrieren?

c Ergänzen Sie die Reflexivpronomen.

sich   mich   dich   uns   euch

1. „Herzlich willkommen, Frau Peppler. Setzen Sie _____*sich*_____ doch."
2. „Kinder, der Bus kommt. Ihr müsst _____ beeilen."
3. „Wie fühlst du _____ heute?"
4. „Emma, konzentrier _____, bitte."
5. „Frau Friebe, wir langweilen _____. Was sollen wir machen?"
6. „Beeilen Sie _____, Frau Peppler. Die U-Bahn kommt in zwei Minuten."
7. „Mein Kopf tut weh. Ich kann _____ heute nicht konzentrieren."
8. „Hamid und Emma, setzt _____, bitte."

3 Nach der Schule

a Was passt nicht? Streichen Sie durch.

1. von der Schule — ~~sitzen~~ • abholen • kommen
2. einen Ausflug — machen • gehen • vorbereiten
3. eine Betreuung — brauchen • suchen • schreiben
4. eine E-Mail — schreiben • besuchen • lesen
5. Schulferien — zahlen • haben • bekommen
6. einen Kurs — machen • helfen • besuchen

b Ergänzen Sie die E-Mail.

~~Betreuung~~   Ausflüge   Hausaufgaben   Hort   Schule   Platz   Schulferien

Liebe Selma,

wie geht es dir? Mir geht es gut. Wir haben endlich eine (1) ___*Betreuung*___ für Anna gefunden. Der (2) _____ ist in der Nähe der Schule, aber sie haben erst in zwei Monaten einen freien (3) _____. Der Hort hat auch in den (4) _____ geöffnet und dann machen sie (5) _____ mit den Kindern. Im Moment holt Oma Anna meistens von der (6) _____ ab und hilft ihr bei den (7) _____.
Schreib mir doch bald oder ruf mich an.

Herzliche Grüße,
Lena

4 Montagmorgen in der 8b

a Ergänzen Sie die Präpositionen.

~~an~~   auf   für   mit   über   von

1. denken *an*
2. sich ärgern ....
3. telefonieren ....
4. sich interessieren ....
5. warten ....
6. erzählen ....

b Ordnen Sie zu.

1. Herr Klinke denkt *an seine Klasse* ....
2. Er ärgert sich ....
3. Er telefoniert ....
4. Er interessiert sich ....
5. Er wartet ....
6. Er erzählt ....

über das Wetter
von seinem Urlaub
~~an seine Klasse~~
mit seiner Mutter
auf den Bus
für Sport

c Schreiben Sie Sätze im Perfekt.

1. diskutieren / heute / die Klasse / über Sport / .
   Heute hat die Klasse über Sport diskutiert.

2. über die Lehrerin / sich ärgern / Katja / gestern / .
   ....

3. ich / denken / an dich / oft / .
   ....

4. für Sport / Diego / sich nicht interessieren / früher / .
   ....

5. lang / warten / auf die U-Bahn / wir / .
   ....

6. gestern Abend / von meinem Urlaub in Australien / ich / erzählen / .
   ....

138   einhundertachtunddreißig

ÜBUNGEN 9

d Schreiben Sie Sätze.

Wir	Lavinia	erzählen von (+ Dat.)	träumen von (+ Dat.)	die Autos
Mein Vater	Ich	denken an (+ Akk.)	sich ärgern über (+ Akk.)	das Handy
Meine Schwester		sich interessieren für (+ Akk.)	der Urlaub	die Heimat
Mein Lehrer		telefonieren mit (+ Dat.)	warten auf (+ Akk.)	die Freundin / der Freund
...	sprechen mit (+ Dat.)		der Bruder / die Schwester
	diskutieren mit (+ Dat.)		...

1. Nadja ärgert sich über ihr neues Handy.
2. Meine Schwester hat mir von ihrer Reise erzählt.

5 Aussprache: der *h*-Laut

🎧 3.16 **a** Hören Sie die Wörter. Wo hören Sie ein *h*? Markieren Sie.

frühstücken • wieder**h**olen • sehen • verheiratet • Erzieherin • Lehrer • abholen • Nachhilfe • ruhig • wohin • fehlen

🎧 3.16 **b** Hören Sie noch einmal und sprechen Sie nach.

6 So viele Fächer!

a Wie heißen die Schulfächer?

Bio • ~~Mu~~ • te • lisch • schich • Ma • ~~sik~~ • the
Eng • gie • Phy • lo • ma • tik • sik • Ge

1. Man singt in diesem Fach oder hört Lieder. .... *Musik* ....
2. Wie viel ist 123 + 234? Das lernt man in diesem Fach. ....
3. In diesem Fach lernt man etwas über das Leben vor 100 oder vor 1000 Jahren. ....
4. Diese Sprache spricht man in New York, London und Sydney. ....
5. Hier lernt man viel über Pflanzen oder Tiere. ....
6. Wie funktioniert Licht? Das lernt man in diesem Fach. ....

b Ergänzen Sie den Text.

Meine Schulzeit

Ich (1) *bin* zehn Jahre in die Schule gegangen. Meine Lieblingsfächer (2) ....

Mathematik und Biologie. Für Musik und Englisch (3) .... ich mich nicht interessiert. Diese

Fächer (4) .... für mich langweilig. Wir (5) .... viele Hausaufgaben machen.

Meine Mutter (6) .... mir meistens geholfen. Nach der Schule (7) .... ich oft zu

meinen Freundinnen gegangen und wir (8) .... zusammen gespielt.

Die Schulzeit (9) .... eine schöne Zeit.

~~bin~~ • habe • haben • hat • mussten • war • waren • waren

7 Herzlich willkommen zum Elternabend!

a Klassenfahrt – Wer war wo? Lesen Sie die Texte und ergänzen Sie die Schülernamen.

A	B	C	D
Hamburg, Elbe	Wien, Prater	Berlin, Reichstag	Basel, Rheinbrücke
Jonas	....	....	....

Klassenfahrt

Klasse 8b

Jonas: **Klassenfahrt**
So, ich bin wieder zurück. Die Klassenfahrt war super.
… ist eine wirklich schöne Stadt. Da gibt es viel Wasser. Wir sind mit dem Boot gefahren und waren auf dem Fischmarkt. Da haben wir auch sehr leckeren Fisch gegessen. Wir haben jeden Tag ganz viel gemacht und waren abends total müde. ☺

Laura: Wir waren auch gerade auf einer Klassenfahrt, in …
Die Stadt ist unglaublich groß und es gibt so viel zu sehen. Wir haben den Reichstag und das Brandenburger Tor besucht. Besonders gefallen haben mir die Museen. Jeden Tag haben wir mindestens ein Museum besucht. Das hat natürlich nicht allen gefallen. Abends mussten wir immer unsere Handys abgeben. Das war total doof!! ☹

Stefan: Das war bei uns auch so. Wir haben letzten Monat eine Klassenfahrt in die Schweiz gemacht. Wir waren in … und wir durften auch keine Handys mitnehmen. Die Stadt ist sehr interessant und liegt an der Grenze zu Deutschland und Frankreich. Wir haben die Altstadt besucht und eine Schifffahrt auf dem Rhein gemacht. Und wir haben richtig tolle Fotos gemacht.

Tanja: Was? Ihr musstet eure Handys abgeben? Das kann ich nicht glauben. Wir waren letztes Jahr auf Klassenfahrt in … und durften die Handys benutzen.
… ist eine tolle Stadt. Am meisten Spaß hat mir eine Fahrt mit dem Riesenrad im Prater gemacht. Da hat man einen schönen Blick über den Park und die Stadt. Wunderschöne Cafés gibt es hier.

b Lesen Sie noch einmal und kreuzen Sie an: richtig oder falsch?

	R	F
1. Jonas hat das Brandenburger Tor besucht.	☐	☒
2. Laura geht gern in Museen.	☐	☐
3. Basel liegt an der Grenze zu Deutschland und Italien.	☐	☐
4. Tanja musste ihr Handy abends nicht abgeben.	☐	☐
5. In Wien gibt es viele schöne Cafés.	☐	☐

c Schreiben Sie einen Forumsbeitrag wie in 7a über eine Klassenfahrt, einen Ausflug oder ein Erlebnis in Ihrer Schulzeit. (Wann? Wohin? Wie lange? Was ist passiert? …)

In der …. haben wir …
Wir waren …
Der Ausflug / die Klassenfahrt war …

Besonders hat mir … gefallen.
Sehr schön / interessant /…
Jemand aus der Klasse …

ÜBUNGEN 9

8 Rund um die Schule

P
🎧 3.17–20

Lesen Sie die Sätze a bis f. Hören Sie dann die vier Personen und entscheiden Sie, welcher Satz zu welcher Person passt. Zwei Sätze passen nicht.

1. ...b......   2. ....   3. ....   4. ....

a) Man hat weniger Freizeit, wenn man nachmittags in der Schule ist.
b) In den meisten anderen Ländern gibt es viel mehr Ganztagschulen.
c) Es ist gut, dass die Kinder in der Schule ein warmes Mittagessen bekommen.
d) Nachmittags gibt es viele tolle Angebote – Computer, Sport, Theater …
e) Ganztagsschulen kosten sehr viel Geld.
f) Wichtig ist, dass die Schule und die Lehrer gut sind.

LEICHTER LERNEN: Wörterbuch (2)

a Benutzen Sie ein Wörterbuch? Wenn ja, was benutzen Sie (am liebsten)?

☐ ein Online-Wörterbuch   ☐ ein Wörterbuch in Buchform   ☐ anderes

b Sehen Sie sich die Verben aus dem Wörterbuch an und ergänzen Sie die Tabelle.

Wörterbuch	er•in•nern <*erinnerst, erinnerte, hat erinnert*> jd/etwas erinnert jdn an etwas *Akk*.	teil•neh•men <*nimmst teil, nahm teil, hat teilgenommen*> OHNE OBJ jd nimmt an etwas *Dat*. teil
Infinitiv		
Perfekt	hat erinnert	
meine Muttersprache		

RICHTIG SCHREIBEN: -er oder -a am Wortende

a Ergänzen Sie *-er* oder *-a* am Wortende.

1. Meine Om..a..... und mein Op........... gehen gerne ins Theat..er......
2. Meine Mutt........... arbeitet in ein........... großen Firm...........
3. Mein Vat........... kauft einen neuen Comput...........
4. Meine Schwest........... hat eine neue Kamer...........
5. Ich trinke lieb........... Wass........... als Col...........

b Machen Sie eine Liste mit Wörtern mit *-a* am Wortende.

> Es gibt im Deutschen nur wenige Wörter mit *-a* am Ende. 😊

Mein Deutsch nach Kapitel 9

Das kann ich:

über die Schulzeit sprechen

Sprechen Sie.

● Wo bist du in die Schule gegangen?
○ Ich bin in …
● Welche Fremdsprachen hast du in der Schule gelernt?
○ …

über Schulfächer schreiben

Ergänzen Sie die Sätze.

… und … waren meine Lieblingsfächer.
… habe ich nicht gern gemacht, weil …
In … hatte ich gute Noten.

in einer E-Mail um Informationen bitten

Sie möchten Informationen:

freie Plätze?
Öffnungszeiten?
In den Schulferien geöffnet?

Schreiben Sie eine E-Mail an den Kinderhort.

Sehr geehrte Damen und Herren,

wir suchen für unsere Tochter eine Betreuung nach der Schule. …

www → A2/K9

Das kenne ich:

Reflexivpronomen im Akkusativ

Ich fühle mich in meiner Klasse wohl.		ich	setze	mich
Freust du dich, dass morgen Schule ist?		du	setzt	dich
Hamid langweilt sich in der Schule.		er/es/sie	setzt	sich
Komm, wir müssen uns beeilen!		wir	setzen	uns
Kinder, setzt euch!		ihr	setzt	euch
Die Kinder konzentrieren sich.		Sie/sie	setzen	sich

Verben mit Präpositionen

… mit Akkusativ

sich ärgern über	Herr Klinke ärgert sich nicht über den Lärm.
sich interessieren für	Jonas interessiert sich nicht für Mathematik.
warten auf	Dennis wartet auf die Pause.
denken an	Thomas denkt oft an andere Sachen.

… mit Dativ

diskutieren mit	Sylvia diskutiert mit ihrer Freundin.
erzählen von	Katja erzählt von ihrem Wochenende.

142 einhundertzweiundvierzig

Zusammen geht es besser!

10

1 Heinestraße 15, 3. Stock, links

a Was machen die Bewohner der Wohngemeinschaft auf den Fotos?

> Auf Foto D frisst die Katze ihr Futter.

🎧 3.21–23 **b** Hören Sie. Welcher Dialog passt zu welchem Foto? Ordnen Sie zu.

Dialog 1: ……………… Dialog 2: ……………… Dialog 3: ………………

🎧 3.21–23 **c** Hören Sie Dialog 1 noch einmal. Warum ärgert sich Fabian?

d Bilden Sie zwei Gruppen. Sprechen Sie über das Leben in einer WG.
Gruppe 1: Was ist schön? Gruppe 2: Was ist schwierig?
Präsentieren Sie anschließend Ihre Ergebnisse im Kurs.

☺ *schön*
Man kann zusammen kochen.

☹ *schwierig*
Die Mitbewohner räumen nicht auf.

Sprechen Konfliktgespräche führen; Ärger ausdrücken; sich entschuldigen; Wichtigkeit ausdrücken | **Hören** Streitgespräche; Gespräche auf einem Fest | **Schreiben** WhatsApp-Nachrichten; Bitten | **Lesen** Text über Zusammenleben in der WG; kurze Nachrichten; Zeitungsartikel | **Beruf** Kollegen um einen Gefallen bitten; Probleme ansprechen; auf Kritik reagieren

K10-1 2 Das stört mich!

a Sehen Sie die Bilder an. Was ist das Problem?

A B C

b Hören Sie die Dialoge zu den Situationen in 2a und kreuzen Sie an: ⓐ oder ⓑ.

	Dialog 1	Dialog 2	Dialog 3
☺ freundlich	ⓐ	ⓐ	ⓐ
☹ unfreundlich	ⓑ	ⓑ	ⓑ

c Hören Sie noch einmal. Wo hören Sie was? Notieren Sie die Dialognummer.

Ärger ausdrücken

Das finde ich nicht schön/gut. ....

Das stört/ärgert mich. ....

Ich bin wütend/böse, weil … ....

sich entschuldigen

Entschuldige, bitte. ....1...........

Entschuldigung. ....

Tut mir leid. ....

auf Entschuldigungen reagieren

Schon gut. ....

Kein Problem. ....

Das ist nett, danke. ....

Das macht doch nichts. ....

einen Vorschlag annehmen

Mach ich. ....

Na klar. ....

Gerne. ....

Einverstanden. ....

d Welche Probleme gibt es in einer WG? Sammeln Sie. Lesen Sie dann die Dialoge und variieren Sie. Verwenden Sie die Redemittel aus 2c. Wählen Sie.

Sprechen Sie. oder **Schreiben Sie WhatsApp-Nachrichten.**

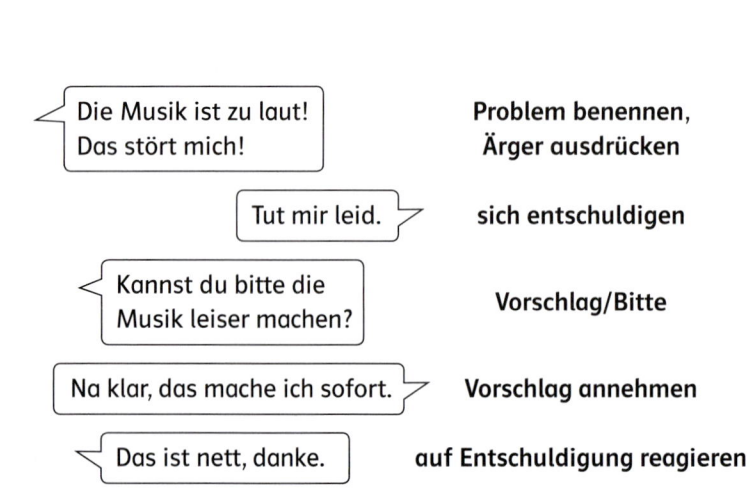

Die Musik ist zu laut! Das stört mich! — Problem benennen, Ärger ausdrücken

Tut mir leid. — sich entschuldigen

Kannst du bitte die Musik leiser machen? — Vorschlag/Bitte

Na klar, das mache ich sofort. — Vorschlag annehmen

Das ist nett, danke. — auf Entschuldigung reagieren

WhatsApp:
- Du hast gesagt, dass du Milch einkaufst. Aber es ist keine da. 11:38
- Entschuldige, das habe ich vergessen. 11:40
- Kannst du nach der Arbeit noch in den Supermarkt gehen und Milch kaufen? 11:44
- Ja, klar. Das mach ich. 11:46
- Das ist nett. Danke. 11:48

144 einhundertvierundvierzig

3 Das finde ich schön.

a Lesen Sie den Text. Was macht die Katze Minka gerne?

> Der Wecker klingelt. Ich stehe auf und gehe in die Küche. Niemand ist da und der Futternapf ist auch noch leer. Bei Eleni ist die Tür noch zu. Aber bei Fabian ist die Tür etwas offen. Ich springe auf sein Bett. Hier ist es schön warm und weich, deshalb lege ich mich neben Fabian und schlafe noch ein bisschen ... Plötzlich steht Eleni in der Tür und lacht: „Wollt ihr zwei Faulenzer nicht endlich aufstehen? Der Kaffee steht schon auf dem Tisch und Minka, dein Futter wartet auch schon auf dich." Deshalb laufe ich schnell in die Küche. Dort sitzt Dana und frühstückt. Dana ist sehr nett und gibt mir ein bisschen Schinken und ein Stück Wurst. Danke, Dana. Es ist schon spät. Alle beeilen sich, nur ich nicht. Ich habe Zeit, viel Zeit, deshalb gehe ich jetzt erst einmal zu meinem Lieblingsplatz. Sie wissen schon, das Regal über der Heizung im Zimmer von Fabian. Bitte nicht stören!

b Was passt zusammen? Ordnen Sie zu.

1. Niemand ist in der Küche
2. Das Bett ist weich und warm,
3. Das Frühstück für Minka ist im Futternapf,
4. Minka freut sich,

a) und der Futternapf ist auch noch leer.
b) deshalb läuft sie schnell in die Küche.
c) dass sie von Dana ein Stück Wurst bekommt.
d) deshalb legt Minka sich neben Fabian.

c Lesen Sie den Text in 3a noch einmal. Markieren Sie alle Sätze mit *deshalb* und ergänzen Sie das Beispiel im Kasten.

FOKUS   Folge ausdrücken mit *deshalb*

Hauptsatz 1	Hauptsatz 2: Verb Position 2		
Das Futter wartet,	deshalb	läuft	Minka in die Küche.
Minka hat Zeit,	deshalb		....

d Schreiben Sie Sätze mit *deshalb*.

heute Abend lernen   eine Tablette nehmen   ~~sich oft mit Dana unterhalten~~
laut Musik hören   einen Salat essen

1. Eleni redet gerne,   *deshalb unterhält sie sich oft mit Dana.*
2. Fabian schreibt morgen einen Test,   *deshalb* ....
3. Dana hat Hunger, ...
4. Eleni liebt Musik, ...
5. Fabian hat Zahnschmerzen, ...

UND SIE?

Was passiert bei Ihnen heute und morgen? Schreiben Sie Sätze mit *deshalb* auf Zettel. Schneiden Sie sie auseinander. Mischen Sie die Zettel und tauschen Sie mit der Nachbargruppe. Diese setzt die Sätze wieder zusammen.

Morgen habe ich eine Prüfung,

Das Wetter ist schön,   *deshalb gehe ich früh ins Bett.*   *deshalb grillen wir im Garten.*

4 Könntest du mir helfen, bitte?

a Eleni im Büro. Sprechen Sie über die Bilder und ordnen Sie die Geschichte.

A: Könnten Sie die Präsentation für mich fertig machen, bitte?

B: Eleni, wo bist du? Unser WG-Fest fängt gleich an!!! Könntest du noch ein Pfund Käse mitbringen? Dana 17:00

C: Hallo, Ben, herzlich willkommen!

D 1: Hallo, Frau Dumitru! Würden Sie bitte die Tür schließen?

E: Würdest du mir bitte helfen?

🎧 3.27–31 **b** Hören Sie. Vergleichen Sie mit Ihren Lösungen.

c Suchen Sie in 4a die Formen von *können* und *würden* und ergänzen Sie die Endungen.

FOKUS	Höflichkeit ausdrücken mit Konjunktiv II
Könnten Sie die Präsentation machen?	Könnt_est_ du …? Würd_____ du …?
Würdest du mir bitte helfen?	Könntet ihr …? Würdet ihr …?
	Könnt_____ Sie …? Würd_____ Sie …?

d Schreiben Sie mit diesen Ausdrücken höfliche Bitten.

~~die Rechnung schreiben~~   das Paket abholen
die E-Mail beantworten
die Kundin anrufen   morgen für mich arbeiten

> Liebe Frau Korf,
> könnten Sie bitte die Rechnung schreiben?
> Herzlichen Dank!
> Eleni Dumitru

UND SIE?

Bitten Sie Ihre Partnerin / Ihren Partner höflich um einen Gefallen und reagieren Sie.

Ja sagen	**Nein sagen**
Ja, gerne / Natürlich. / Klar. / Kein Problem.	Tut mir leid, aber ich habe auch keine Zeit.
	Morgen gerne, aber heute habe ich einen Termin.
reagieren	
Vielen Dank, das ist sehr nett von dir/Ihnen!	**reagieren**
Super, danke!	Kein Problem, dann frage ich … / Schade!

– Könntest du mir bitte den Konjunktiv II erklären?
– Tut mir leid, aber ich habe ihn auch nicht verstanden …

5 Ein Gespräch mit dem Chef

a Hören Sie. Warum ärgert sich Herr Müller?

b Hören Sie noch einmal. Was sagt Eleni? Kreuzen Sie an.

- a) Ja, gerne.
- b) Kein Problem!
- c) Doch, das habe ich erledigt.
- d) Darf ich Ihnen das schnell erklären?
- e) Nächstes Mal sage ich gleich Bescheid.
- f) Ja, selbstverständlich.
- g) Das tut mir leid. Das kommt nicht wieder vor.

c Ordnen Sie zu und spielen Sie den Dialog.

Chef/in
1. Herr/Frau …, haben Sie einen Moment Zeit?
2. Ich muss kurz etwas mit Ihnen besprechen. Es gibt ein Problem. Sie sind diese Woche dreimal zu spät gekommen.
3. O.k., dann verstehe ich das. Bitte sagen Sie mir nächstes Mal gleich Bescheid. Dann suchen wir zusammen eine Lösung.

Mitarbeiter/in
a) Ja, das mache ich. Vielen Dank.
b) Das tut mir leid. Wissen Sie, meine Tochter war krank.
c) Natürlich.

d Aussprache: Entschuldigungen. Hören Sie und sprechen Sie nach.

1. Es tut mir leid, aber ich hatte Kopfschmerzen.
2. Das tut mir leid, das kommt nicht wieder vor.
3. Es tut mir leid, aber meine Tochter war krank.
4. Entschuldigung, aber ich muss heute früher gehen.
5. Entschuldigen Sie, das habe ich vergessen.
6. Tut mir leid, aber ich habe auch keine Zeit.

e Schreiben Sie Entschuldigungen wie in 5d und sprechen Sie sie in der Gruppe.

f Spielen Sie Dialoge zu den Situationen.

Chef/in:

A — Ein Kunde hat sich beschwert. Ihr/e Mitarbeiter/in war unfreundlich.

B — Ihr/e Mitarbeiter/in möchte zum zweiten Mal in dieser Woche früher gehen.

C — Ihr/e Mitarbeiter/in war letzte Woche krank und hat die Krankschreibung vergessen.

D — Jemand hat gesagt, dass Ihr/e Mitarbeiter/in nie seine/ihre Kaffeetasse spült.

Mitarbeiter/in:

A — Sie hatten an dem Tag Kopfschmerzen.

B — Sie haben Zahnschmerzen und möchten am Donnerstag zum Zahnarzt. Am Montag mussten Sie früher gehen, weil Ihr Kind ein Schulkonzert hatte.

C — Die Krankschreibung ist in Ihrer anderen Tasche. Sie bringen sie morgen mit.

D — Sie haben die Tasse nur einmal nicht gespült, weil Ihr Telefon geklingelt hat und Sie es dann vergessen haben.

6 Beziehungen

a Lesen Sie. Was ist der Grund für die Nachricht? Ordnen Sie zu.

A

Lieber Christoph,
danke dir noch mal für deine Hilfe! Das war wirklich super! Und mit dem Chef ist jetzt auch wieder alles klar ☺.
Komm doch nachher auch noch zu unserem Fest!
Bis später?
Eleni

B

Hallo, Ben, kochen wir am Sonntag was zusammen? Und danach können wir ins Kino gehen, oder? Ich lade dich ein …
lg, Dana

C

Hallo, Oma, hier ist Fabian. Heute kann ich leider nicht kommen, wir haben ein WG-Fest. Aber morgen Nachmittag helfe ich dir gerne im Garten. Ich bin ungefähr um fünf Uhr bei dir, ja? Rufst du mich bitte zurück? Bis bald!

1. Entschuldigung   2. Dank   3. Einladung

b 3.34–36 Ben, Eleni, Dana und Fabian sprechen über Beziehungen. Hören Sie und kreuzen Sie an: richtig oder falsch?

	R	F
1. Eleni mag ihre Kolleginnen und Kollegen.	☐	☐
2. Elenis Kollegen helfen ihr gerne.	☐	☐
3. Fabians Oma hat viele Enkel.	☐	☐
4. Dana macht viel zusammen mit ihren Freunden.	☐	☐

c Arbeiten Sie in drei Gruppen und machen Sie Notizen. Familie (Gruppe 1), Freunde (Gruppe 2) und Kollegen (Gruppe 3) – was finden Sie wichtig? Mischen Sie dann die Gruppen und tauschen Sie sich aus.

Wichtigkeit ausdrücken
Ich finde wichtig, dass …
Es ist wichtig, dass …
Es ist nett, wenn …
… ist mir (sehr) wichtig.
… ist mir nicht so wichtig.

für mich da sein, wenn ich traurig bin
viel Geduld mit mir haben
mir bei Problemen helfen
zusammen streiten
mit ihm/ihr/ihnen über alles reden können
zusammen lachen
sich gut verstehen
viel zusammen unternehmen
sympathisch sein
…

Meine Familie ist für mich da, wenn ich traurig bin. Das finde ich wichtig.

Es ist nett, wenn die Kollegen viel Geduld mit mir haben.

VORHANG AUF

Planen und spielen Sie Dialoge zu den Situationen.

A Wo ist mein …?
B Wo warst du so lang?
C Bitte, bitte …
D Hallo, Frau Koch!

7 Besondere Freundschaften

a Arbeiten Sie zu zweit. Person 1 liest Text A, Person 2 liest Text B. Markieren Sie wichtige Informationen zu den Fragen: Wer? Was? Wann? Warum?

A
Kontakte zwischen Generationen

Tafari, 8 Jahre alt, freut sich immer auf den Mittwoch, denn da kommt Klaus. Klaus ist Lesepate an Tafaris Grundschule. Seit ein paar Wochen liest er nachmittags Tafari etwas vor und übt Deutsch mit ihm. Er hat viel Geduld und erklärt jedes Wort, das Tafari nicht versteht. Das ist sehr wichtig für Tafari, denn er ist mit seiner Familie erst vor einem Jahr aus Äthiopien nach Berlin gekommen. Er hat noch viele Probleme mit der Sprache und braucht Hilfe. Seit Klaus mit ihm übt, versteht er aber schon viel mehr. Aber nicht nur für Tafari ist diese Freundschaft positiv. Klaus sagt: „Tafari erzählt mir viel von seinem Heimatland. Das ist eine ganz andere Welt, und das ist sehr interessant für mich. Ich finde Äthiopien faszinierend."

B
Freundinnen über Kontinente

Gisela (75) und Annemarie (75) kennen sich schon seit 2010 und haben mindestens zweimal pro Woche Kontakt. Ganz normal? Von wegen! Denn die beiden Frauen haben sich noch nie getroffen!
Gisela wohnt in Magdeburg, Annemarie in Porto Alegre in Brasilien.
Annemarie hatte deutsche Eltern und kann perfekt Deutsch. Kennengelernt haben sie sich im Internet, in einem Gartenforum. Annemarie hatte eine Frage, Gisela hat sehr nett geantwortet, und so haben die beiden sich angefreundet.
Sie skypen oft und zeigen sich ihre Gärten. Manchmal schicken sie sich auch Päckchen mit Blumensamen. Wenn es bei Gisela in Deutschland Winter ist, ist es bei Annemarie in Brasilien Sommer – und umgekehrt. Das finden beide sehr interessant.

b Berichten Sie Ihrem Partner / Ihrer Partnerin von Ihrem Text.

> Tafari ist 8 Jahre alt.

c In welchem Text steht das? Kreuzen Sie an.   Text A   Text B

1. Die beiden sind gleich alt.   ☐   ☐
2. Sie kennen sich einige Jahre.   ☐   ☐
3. Sie treffen sich einmal pro Woche.   ☐   ☐
4. Sie wohnen beide in Deutschland.   ☐   ☐
5. Sie haben ein gemeinsames Hobby.   ☐   ☐

UND SIE?

Schreiben Sie über eine Freundschaft, die Sie kennen.

> In meinem Haus wohnen eine deutsche Familie und eine Familie aus dem Iran. Sie sind Freunde. Die Kinder ...

ÜBUNGEN

1 Heinestraße 15, 3. Stock, links

a Schreiben Sie die Wörter mit Artikel und Plural zu dem Foto.

1 das Regal, -e, ...

Bild • Teppich • ~~Regal~~ • Boden • Uhr • Schreibtisch • Wand • Fenster

b Was sehen Sie noch auf dem Foto? Suchen Sie noch mehr Wörter. Das Wörterbuch hilft.

der Schreibtischstuhl

c Lesen Sie und ergänzen Sie die Wörter. Kreuzen Sie dann an: Wie finden die Personen das Leben in WGs: schön ☺, okay ☺☹ oder schwierig ☹?

jojo
Ich wohne in einer Wohngemeinschaft, weil es (1) __billiger__ ist als eine eigene kleine (2) .... Und ich esse auch nicht so gerne (3) .... Aber meine Mitbewohnerinnen nehmen oft meine Sachen aus dem (4) ...., das finde ich nicht (5) ....

allein · gut · Kühlschrank · Wohnung · ~~billiger~~

katinka_95
Ich habe sechs Monate in einer WG gewohnt – nie wieder! Nie hat jemand die Küche (1) ...., immer war überall gebrauchtes (2) .... Und wenn ich (3) .... wollte, war oft das (4) .... nicht frei.

duschen · Bad · Geschirr · aufgeräumt

sonnenschein
Meine WG funktioniert super! Zweimal pro Woche kochen wir (1) ...., und am Samstag (2) .... wir immer gemeinsam. Und auch mit dem Geld für die (3) .... gibt es keine (4) ....!

Nebenkosten · zusammen · putzen · Probleme

150 einhundertfünfzig

2 Das stört mich!

a Ordnen Sie die Dialoge und hören Sie zur Kontrolle.

Dialog 1
- Guten Morgen, Dana!
- 1. b
- Was ist los? Hast du schlecht geschlafen?
- 2. ☐
- Deine Tasse? Die hatte ich letzte Woche beim Picknick im Park und danach war sie weg.
- 3. ☐
- Tut mir leid, das habe ich nicht gewusst. Ich kaufe dir eine neue Tasse, in Ordnung?
- 4. ☐

a) Mensch, das war meine Lieblingstasse! Warum hast du nichts gesagt?
b) Morgen!
c) Okay, gerne. Aber bitte blau, ja?
d) Nein, aber ich suche schon ewig meine Tasse. Sie ist blau. Hast du sie vielleicht gesehen?

Dialog 2
- Oh nein! Nicht schon wieder! Eleni!
- 1. ☐
- Hallo. Das Geschirr ist nicht gespült! Immer, wenn ich etwas kochen will, ist das Geschirr nicht sauber!
- 2. ☐
- Dann war das Dana.
- 3. ☐
- Na gut.

a) Ich spüle gleich, dann kannst du Nudeln kochen und ich mache einen Salat, ja?
b) Immer? Das stimmt so nicht. Ich habe zum Beispiel gestern gespült.
c) Erst mal guten Abend, Fabian! Was gibt es denn?

Hilfe? – Hören Sie zuerst und ordnen Sie dann.

b Aussprache: Hören Sie und kreuzen Sie an: ☺ freundlich oder ☹ unfreundlich. Hören Sie dann noch einmal und sprechen Sie nach.

1. ☒ ☹ Was ist los?
2. ☺ ☹ Hast du sie vielleicht gesehen?
3. ☺ ☹ Warum hast du nichts gesagt?
4. ☺ ☹ Tut mir leid, das habe ich nicht gewusst.
5. ☺ ☹ Oh nein! Nicht schon wieder!
6. ☺ ☹ Was gibt es denn?
7. ☺ ☹ Das stimmt so nicht!

c Was passt? Markieren Sie.

- Wo ist denn der Salat für heute Abend? Du (1) konntest/durftest/<mark>wolltest</mark> doch Salat einkaufen?
- (2) Na klar, / Entschuldige, / Kein Problem, das habe ich vergessen. Aber ich kann gleich noch einkaufen gehen, (3) schon gut. / okay? / tut mir leid!
- Super, (4) das ist nett! / mach ich! / das ärgert mich!

3 Das finde ich schön.

a Schreiben Sie die Sätze.

1. Ich bin müde, deshalb / einen Kaffee / ich / trinken / .

   1. Ich bin müde, deshalb trinke ich einen Kaffee.

2. Ich liebe Schokolade, deshalb / ich / essen / jetzt / ein Stück / .

   ....

3. Heute Abend möchte ich meinen Freund treffen, deshalb / ihn / anrufen / ich / .

   ....

4. Zurzeit gibt es viele gute Filme, deshalb / möchte / ins Kino gehen / ich / .

   ....

5. Danach haben wir sicher Hunger, deshalb / etwas essen / gehen / wir / dann / .

   ....

b Kombinieren Sie und schreiben Sie mindestens fünf Sätze.

samstags tanzen gehen · gerne kochen · gerne laut Musik hören · viel Zeit haben · nicht gerne allein wohnen · wenig Geld haben · Deutsch lernen wollen · ...

deshalb

sich freuen · oft Freunde einladen · sonntags ausschlafen · selten ins Restaurant gehen · einen neuen Job suchen · im Internet Rezepte suchen · in einer WG leben · viel lesen · ...

1. Eleni wohnt nicht gerne allein, deshalb lebt sie in einer WG.
2. Meine Freundin ...

c Ergänzen Sie die Sätze frei.

1. Ich lebe (nicht) allein, deshalb ....
2. Ich lebe in (k)einer großen Stadt, deshalb ....
3. Ich lerne Deutsch, deshalb ....
4. Meine Arbeit gefällt mir (nicht), deshalb ....

4 Könntest du mir helfen, bitte?

a Was passt nicht? Streichen Sie durch.

1. E-Mails   beantworten • ~~anrufen~~ • lesen
2. Kaffee   holen • kochen • schicken
3. Kunden   schreiben • etwas schicken • arbeiten
4. ein Paket   mitbringen • lesen • abholen
5. für Christoph   arbeiten • Kaffee kochen • helfen
6. die Rechnung   schreiben • schließen • schicken

152   einhundertzweiundfünfzig

b Höfliche Bitten. Ergänzen Sie *könnt…* oder *würd…* mit den passenden Endungen.

1. K<u>önnten</u> Sie bitte die Tür schließen?
2. W_____ Sie nächstes Mal bitte pünktlich kommen?
3. K_____ ihr vielleicht die Präsentation machen?
4. W_____ du bitte Kaffee holen?
5. W_____ ihr uns bitte helfen?
6. K_____ du mit der Kundin sprechen?

c Ordnen und schreiben Sie die Bitten.

Nach der Anrede schreibt man immer klein:
Liebe Eleni,
ich …

A Liebe Eleni,
ich …

A
_____ Könntest du bitte noch Frau Fehling anrufen?
_____ Danke und bis morgen,
_____ ich muss gleich zum Zahnarzt.
_1_ Liebe Eleni,
_____ Christoph

B
_____ M. Müller
_____ ich muss vom 14.–17. Juli nach Kassel.
_____ Vielen Dank und schönen Feierabend,
_____ Liebe Frau Dumitru,
_____ Würden Sie bitte ein Hotelzimmer für mich reservieren?

C
_____ Würdest du bitte noch eine Flasche kaufen?
_____ Fabian
_____ Hallo, Eleni,
_____ Dank und Gruß,
_____ wir haben nicht genug Wein für unser Fest!

d Antworten Sie auf die Bitte B oder C aus 4c. Bitte B: Eleni reserviert das Hotelzimmer. Bitte C: Eleni kann keinen Wein kaufen.

5 Ein Gespräch mit dem Chef

🎧 3.40 **a** Hören Sie. Welche Reaktion passt? Kreuzen Sie an.

1. ⓐ Das kommt nicht wieder vor.   ☒ Ja, natürlich.
2. ⓐ Gerne.   ⓑ Nein, danke!
3. ⓐ Kein Problem!   ⓑ Darf ich Ihnen das schnell erklären?
4. ⓐ Entschuldigung! Ich hatte gestern so viel Arbeit …   ⓑ Es gibt ein Problem.
5. ⓐ Natürlich, das mache ich.   ⓑ Das tut mir leid.
6. ⓐ Selbstverständlich.   ⓑ Ich danke Ihnen.

b Probleme im Büro. Ergänzen Sie den Dialog.

● Guten Morgen, Fr<u>a u</u> Fritsche! Ich war ger_____ in der Teeküche – wie si_____ es denn da aus?

○ Äh, wir haben alle zurz_____ viel Arb_____, deshalb räu___ niem_____ auf.

● Ab___ so geht das doch ni_____! Bitte spülen Sie gle_____ mal das Gesch_____!

○ Ja, das ma_____ ich. Ach, Frau Kleinhans, haben Sie eigen_____ die Rech_____ für Herrn Maschke? Die fi_____ ich hier nicht.

● Die muss ich suc_____, ich habe meinen Schreib_____ schon lange nicht mehr aufge_____.

○ Ja, das verst_____ ich, kein Prob_____!

6 Beziehungen

3.41–44 **a** Hören Sie die Umfrage im Radio und kreuzen Sie an: ⓐ, ⓑ oder ⓒ.

1. Linus
ⓐ ist verheiratet.
ⓑ wohnt seit drei Jahren mit seiner Frau zusammen.
ⓒ bekommt viel Hilfe von seiner Mutter.

2. Beate
ⓐ besucht ihren Vater oft.
ⓑ streitet viel mit ihren Kolleginnen.
ⓒ hat mit Freundinnen zusammen eine Firma.

3. Simon
ⓐ möchte sich gerne verlieben.
ⓑ findet Freunde wichtiger als Familie.
ⓒ hat wenig Probleme.

b Lesen Sie die Nachrichten auf der Homepage von *Radio Zwei* und markieren Sie die passenden Personalpronomen.

www.radio-2.de

(1) Ich/Mich/**Mir** geht es wie Linus: Ich finde (2) es/ihn/ihm auch sehr schön, dass man sich in der Familie immer hilft. (3) Ich/Mich/Mir bin auch allein mit meinen Kindern, und meine Geschwister sind immer für (4) ich/mich/mir da, wenn ich Probleme habe. (5) Sie/Ihnen helfen (6) ich/mir/mich immer, wenn ein Kind krank ist. Und am Wochenende unternehmen (7) wir/uns oft alle zusammen etwas.
Renate

Es ist schon nett, wenn man die Kolleginnen sympathisch findet und sich gut mit (1) sie/ihnen versteht. Aber so viel arbeiten wie Beate, das ist nichts für (2) ich/mich/mir! Ich möchte viel Zeit für meine Familie haben, das ist (3) ich/mich/mir sehr wichtig. Mit meiner Schwester kann ich über alles reden, (4) sie/ihr ist auch meine beste Freundin, und sie hilft (5) ich/mir/mich immer bei Problemen ☺!
Martin

c Ergänzen Sie die passenden Personalpronomen.

Familie? Ja, Familie finde ich schon wichtig. Mein Opa zum Beispiel ist toll.
(1) *Er* hat immer ganz viel Zeit für (2) ...., und ich kann
(3) .... alles fragen. Manchmal reparieren mein Opa und ich etwas zusammen, und da erklärt er (4) .... immer alles ganz genau.
Früher hatte mein Opa eine Autowerkstatt mit vier Mitarbeitern.
(5) .... musste er auch immer alles erklären. Er war ein sehr netter Chef: (6) .... war immer für seine Mitarbeiter da, wenn
(7) .... Probleme hatten. Meine Schwester und ich mögen auch unsere Oma sehr. Sie ruft
(8) .... jede Woche an und fragt: Wie geht es (9) ....? Was macht (10) ....?
Mit unserer Oma können (11) .... über alles reden!

uns • Ihnen • wir • ihn • euch • mich • ihr • sie • ~~ich~~ • mir • Er • ihr

ÜBUNGEN 10

7 Besondere Freundschaften

Was passt wo? Lesen Sie und ordnen Sie zu.

einen Sohn und eine Tochter   sucht eine Verkäuferin   hilft unserer Tochter
schon Freunde gefunden   ~~aus dem Deutschkurs~~

> Liebe Tatiana,
> wie geht es dir und den Freundinnen und Freunden (1) _aus dem Deutschkurs_ ?
> Wir haben hier in Bochum eine schöne Wohnung gefunden. Unsere neuen Nachbarn sind sehr nett! Sie haben auch zwei Kinder, (2) _____.
> Der Sohn spielt oft mit unserem Sohn Fußball, und die Tochter (3) _____ manchmal bei den Hausaufgaben. Die Mutter arbeitet in einer Bäckerei und bringt uns oft Kuchen oder Brötchen mit – lecker! Vielleicht kann ich samstags auch dort arbeiten: Die Bäckerei (4) _____.
> Du siehst also, es geht uns gut und wir haben (5) _____!
> Viele Grüße, auch an alle aus dem Deutschkurs,
> Amira

LEICHTER LERNEN: Dialoge üben

Welche Situationen sind wichtig für Sie? Schreiben Sie Minidialoge und lernen Sie sie auswendig. Üben Sie mit einem Partner / einer Partnerin.

● Wie heißt das auf Deutsch, bitte?
○ Kürbis. Das ist ein Kürbis.
● Ah ja, danke!

● Frau Mahler, könnte ich bitte nächsten Freitag frei machen? Mein Bruder heiratet.
○ Ja, in Ordnung.

● Entschuldigen Sie bitte, könnten Sie mir helfen? Ich suche einen Spielplatz.
○ Hinter dem Supermarkt ist ein schöner Spielplatz.
● Vielen Dank!

RICHTIG SCHREIBEN: e oder ä?

a Welche Wörter passen zusammen? Notieren Sie wie im Beispiel.

~~der Mann~~   die Hand   alt   ~~die Männer~~   der Gast
waschen   das Land   schlafen   älter   die Länder
sie schläft   die Wäsche   die Gäste   du wäschst

der Mann – die Männer

b Ergänzen Sie *e* oder *ä*.

> *e* oder *ä*? Verwandte Wörter helfen, aber andere Wörter mit *ä* wie *sich ärgern* oder *nächste* müssen Sie lernen.

1. Die W**ä**sche ist noch nicht f__rtig. Das __rgert mich s__hr.

2. W__schst du dir bitte vor dem __ssen die H__nde?

3. N__chste Woche hat Frau Wächter viele G__ste: s__chzehn M__nner aus __lf L__ndern.

4. Die Katze ist schon __twas __lter. Sie schl__ft g__rn auf dem R__gal.

einhundertfünfundfünfzig 155

Mein Deutsch nach Kapitel 10

Das kann ich:

Konfliktgespräche führen

Spielen Sie einen Dialog.
- Guten Morgen!
- Hast du …?
- …

jemanden um einen Gefallen bitten

✓ Kaffee kochen
✓ die Rechnung schreiben
✓ …

Äußern Sie Bitten und reagieren Sie.
1. ● Könnten Sie bitte …?
   ○ Ja, …
2. ● …?
   ○ Tut mir leid, …

schriftlich um etwas bitten

✓ Ihre Schwester heiratet im Juli
✓ drei Wochen Urlaub?

Schreiben Sie eine höfliche Bitte an Ihren Chef oder Ihre Chefin.

Sehr geehrter Herr Müller,
....
....
....

mich entschuldigen

Sprechen Sie.
1. ● Sie haben schon wieder einen Termin vergessen!
   ○ … (zurzeit viel Stress, Kind krank)
2. ● Sie haben gestern Ihre Arbeit nicht fertig gemacht.
   ○ … (Arzttermin)

Wichtigkeit ausdrücken

Familie, Freunde, Kollegen – Was ist Ihnen wichtig? Sprechen Sie.

Ich …

Es ist wichtig, dass meine Kollegen Zeit für mich haben.

www → A2/K10

Das kenne ich:

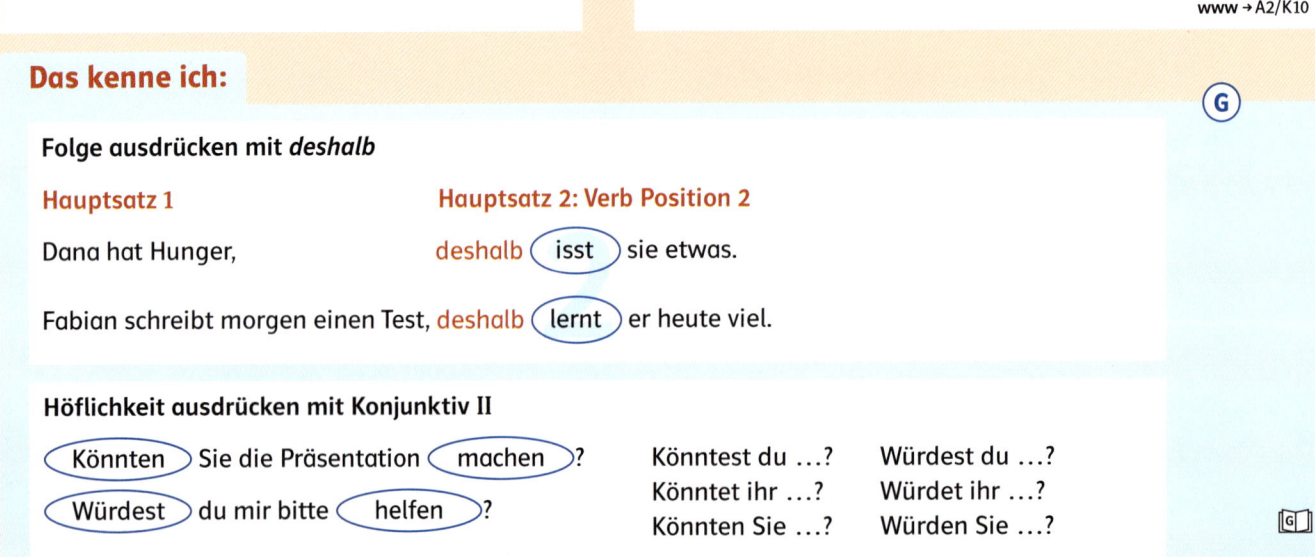

Folge ausdrücken mit deshalb

Hauptsatz 1	Hauptsatz 2: Verb Position 2
Dana hat Hunger,	deshalb (isst) sie etwas.
Fabian schreibt morgen einen Test,	deshalb (lernt) er heute viel.

Höflichkeit ausdrücken mit Konjunktiv II

(Könnten) Sie die Präsentation (machen)?   Könntest du …?   Würdest du …?
(Würdest) du mir bitte (helfen)?   Könntet ihr …?   Würdet ihr …?
   Könnten Sie …?   Würden Sie …?

HALTESTELLE

HALTESTELLE **E**

1 Beruf – Arbeitsorte

A	B	C	D
die Schule	die Werkstatt	das Büro	das Hotel

Foto A: Erzieher/Erzieherin
…

a Sehen Sie die Fotos an. Wer arbeitet da? Ordnen Sie zu und schreiben Sie ins Heft. Manchmal gibt es mehrere Möglichkeiten.

~~Erzieher/Erzieherin~~   Architekt/Architektin   Ingenieur/Ingenieurin   Kellner/Kellnerin
Koch/Köchin   Lehrer/Lehrerin   Elektriker/Elektrikerin   Techniker/Technikerin
Rezeptionist/Rezeptionistin   Sekretär/Sekretärin   Hotelkaufmann/Hotelkauffrau
Mechaniker/Mechanikerin

b Was wissen Sie über die Berufe aus 1a? Sammeln Sie.

> Die Erzieherin arbeitet in der Schule, im Hort oder im Kindergarten.

> Die Elektrikerin …

> Vor dem Hören: Was wissen Sie schon über das Thema? Sammeln Sie. Dann ist das Hören leichter.

c Dialoge verstehen – Hören Sie und notieren Sie. (3.45–48)

Dialog	Arbeitsort	Wie viele Sprecher?	Du, Sie oder beides?	Inhalt
1	Hotel	drei	beides	Schlüssel, Taxi, Arbeit morgen Nachmittag
2				
3				
4				

d Sprechen Sie im Kurs. Wo sagt man du, wo sagt man Sie? Wie ist das in Ihrer Arbeit?

> Im Hotel sagt man „Sie" zu den Gästen, aber „du" zu den Kollegen.

> Ich arbeite als … Wir sagen …

e Schreiben und spielen Sie einen Dialog zu einem Arbeitsort aus 1a. Gehen Sie dann im Kursraum herum und spielen Sie Ihren Dialog einer anderen Gruppe vor. Die anderen raten: Wo ist das?

> Herr Sieber, können Sie bitte heute die Rechnungen schreiben?

> Ja, Chef, mache ich.

> Das ist im Büro.

2 Sprechtraining

🎧 3.49 **a** Mit Gefühl – Hören Sie die Beispiele. Wie sind die Personen?

A wütend
B fröhlich
C müde
D verliebt

Lisa: .... Stefan: ....

Hanna: .... Linus: ....

> Lisa ist müde, oder?
> Nein, ich finde sie ist wütend.

b Wählen Sie einen Satz und ein Adjektiv aus 2a. Sprechen Sie den Satz mit Gefühl. Die anderen raten.

Einen Moment, bitte!
Ich komme gleich!
Hast du jetzt Zeit?
Das kann ich morgen machen.

> Du bist müde, oder?

3 Spielen und wiederholen

a Wortkette – Wie viele Wörter zu einem Thema finden Sie in zwei Minuten?
Achtung: Der letzte Buchstabe vom alten Wort muss der erste Buchstabe vom neuen Wort sein.
Schreiben Sie wie im Beispiel und vergleichen Sie dann mit Ihrem Partner / Ihrer Partnerin.

Thema Schule: Schul|e| → |E|lternaben|d| → |D|eutsc|h| → |H|ort …

Thema Wohngemeinschaft: Mitbewohneri|n| → |n|ett → ….

b Wählen Sie drei Fragen in einer Reihe (→, ↓, ↗ oder ↘). Fragen Sie drei Personen. Notieren Sie die Antworten in Stichpunkten und die Namen. Stellen Sie anschließend Ihre Ergebnisse vor.

Wie war deine erste Lehrerin / dein erster Lehrer?	Was war dein Lieblingsfach?	Bist du gerne in die Schule gegangen?
Wie lange hattest du im Sommer Schulferien?	Hast du mit deiner Klasse eine Klassenfahrt gemacht?	Wie lange warst du in der Schule?
Wie weit war dein Schulweg?	Hattet ihr Schulfeste?	Was ist in der Schule in Deutschland anders als in deiner Heimat?

158 einhundertachtundfünfzig

TESTTRAINING

HALTESTELLE **E**

Die Testtrainings A bis H in Linie 1 A2 bereiten Sie auf den Deutsch-Test für Zuwanderer, auf telc Deutsch A2 und auf das Goethe-Zertifikat A2 vor.
Alle drei Prüfungen haben vier Teile: Hören, Lesen, Schreiben und Sprechen. In den Testtrainings A bis H und in den Übungsteilen von Kapitel 1 bis 16 üben Sie alle Aufgaben aus den Prüfungen. Eine Übersicht über alle Aufgaben finden Sie auf S. XXIV.
Unter www.klett-sprachen.de, www.telc.net und www.goethe.de finden Sie komplette Modelltests.

1 Hören – Ansagen aus dem Radio und am Telefon

So sieht die Aufgabe in der Prüfung aus:

🎧 3.50 **Sie hören fünf Ansagen aus dem Radio oder am Telefon. Zu jeder Ansage gibt es eine Aufgabe. Welche Lösung (ⓐ, ⓑ oder ⓒ) passt am besten?**

→ Sie wissen die Antwort sofort? Dann kreuzen Sie diese Antwort gleich an.

→ Sie sind sicher, welche Antwort falsch ist? Streichen Sie diese Antwort durch.

→ Sie wissen eine Antwort nicht sicher? Kreuzen Sie auch dann etwas an. Es gibt keine Minuspunkte für falsche Antworten.

→ Es gibt oft Texte zu den Themen Wetter und Verkehr. Wiederholen Sie den Wortschatz zu diesen Themen.

Beispiel

0 Was ist die nächste Sendung?
ⓐ Die Nachrichten.
~~ⓑ~~ Eine Musiksendung.
ⓒ Eine Diskussion.

1 Was kann man gewinnen?
ⓐ Ein Buch über Berlin.
ⓑ Ein Wochenende in Berlin.
ⓒ Eine CD mit Musik aus Berlin.

2 Wie wird das Wetter am Wochenende?
ⓐ Im Norden regnet es.
ⓑ Im Süden warm.
ⓒ Überall sonnig und kalt.

3 Welches Problem gibt es auf der A 10?
ⓐ Einen Unfall.
ⓑ Dort ist ein Tier.
ⓒ Viele Staus.

4 Was soll Frau Dragea tun?
ⓐ Mit ihrer Tochter lernen.
ⓑ Den Lehrer anrufen.
ⓒ In die Schule kommen.

5 Was soll Miriam machen?
ⓐ Musik mitbringen.
ⓑ Blumen kaufen.
ⓒ Einen Nachtisch machen.

HE-2 **2 Sprechen – etwas aushandeln**

So sieht die Aufgabe in der Prüfung aus:
Sie wollen zusammen eine Lampe kaufen. Finden Sie einen gemeinsamen Termin. Machen Sie Vorschläge.

→ Sie finden keinen gemeinsamen Termin? Dann können Sie einen Termin in Ihrem Kalender ändern – zum Beispiel später einkaufen gehen.

→ Die Redemittel unten helfen Ihnen. Wiederholen Sie diese Redemittel immer wieder!

Teilnehmer/in A

Samstag, 25. September

Zeit	
8:00	
9:00	Markt – einkaufen
10:00	
11:00	mit Simone Englisch lernen
12:00	
13:00	Essen mit Max
14:00	
15:00	
16:00	Picknick im Park
17:00	
18:00	
19:00	Abendessen zu Hause
20:00	
21:00	Kino mit Jakob
22:00	

Teilnehmer/in B

Samstag, 25. September

Zeit	
8:00	
9:00	ausschlafen
10:00	
11:00	Frühstück bei Paula
12:00	Auto aus der Werkstatt abholen
13:00	
14:00	
15:00	bei Oma im Garten arbeiten
16:00	
17:00	
18:00	Salat für die Party machen
19:00	
20:00	Party bei Frank
21:00	
22:00	

Diese Redemittel helfen Ihnen:

Hast du um … Uhr Zeit?
Um/Ab wie viel Uhr hast du Zeit?
Bis wie viel Uhr hast du Zeit?
Wie lange dauert der/das/die …?
Kannst du am … nicht?

+
Ja, da kann ich.
Ab … Uhr.
Bis … Uhr.
Von … Uhr bis … Uhr.
Doch, ich kann um/bis/ab … Uhr.

–
Nein, da habe ich keine Zeit. Da muss ich …
Nein, da kann ich leider nicht. Ich …

160 einhundertsechzig

Nicht ohne mein Handy! 11

1 Bens Medien

🎧 3.51 **a** Sehen Sie das Foto an. Welches Problem hat Ben? Hören Sie und vergleichen Sie mit Ihren Vermutungen.

b Wie heißen die Geräte und Medien auf dem Foto? Ordnen Sie zu.

…2… der Fernseher, ………… der CD-Player, ………… der Laptop, ………… der E-Book-Reader, ………… das Handy, ………… das Tablet, ………… das Telefon, ………… die Zeitschrift, ………… das Buch, ………… die DVD, ………… der Drucker

c Welche Geräte und Medien kennen Sie noch? Sammeln Sie.

> das Navi

d Was kann man mit den Geräten und Medien machen? Sammeln Sie zu jedem Gerät aus 1b mindestens eine Aktivität.

> Mit dem Laptop kann man im Internet surfen, skypen und chatten.

Sprechen über Medien sprechen; Tipps geben; Meinungen äußern und begründen | **Hören** Dialog im Kaufhaus; Interview über Lernen mit neuen Medien | **Schreiben** Forumsbeitrag zu Mediennutzung; Bericht; Werbetexte | **Lesen** Zeitungsanzeigen; Forumsbeiträge über Mediennutzung; Umfrage | **Beruf** Beratungsgespräche im Kaufhaus

2 Kann man das reparieren?

a Ben im Handy-Geschäft – Hören Sie. Wie teuer ist die Reparatur und wie lange dauert sie?

> Das kostet …

b Lesen Sie und ordnen Sie zu. Hören Sie noch einmal zur Kontrolle.

Verkäuferin
1. Guten Tag, was kann ich für Sie tun?
2. Wann haben Sie das Gerät gekauft?
3. Dann haben Sie leider keine Garantie mehr. Ein neues Display kostet 60 Euro, plus die Reparatur.
4. Ungefähr drei Wochen.
5. Wie Sie möchten. Auf Wiedersehen und einen schönen Tag noch.

Kunde
a) Vor zwei Jahren.
b) Danke, Ihnen auch.
c) Könnten Sie bitte mein Handy reparieren? Das Display ist kaputt.
d) Oh, das ist aber teuer. Und wie lange dauert das?
e) Drei Wochen? Das ist mir zu lang. Da muss ich eine andere Lösung finden.

c Variieren Sie den Dialog aus 2b. Wählen Sie.

Situation 1
Das Display vom E-Book-Reader ist kaputt.

Der Kunde hat das Gerät vor drei Jahren gekauft. Das Gerät hat keine Garantie mehr. Die Reparatur kostet über 100 Euro. Sie dauert eine Woche. Der Kunde kauft ein neues Gerät. Er bekommt einen Rabatt: 10 Prozent.

oder

Situation 2
Die Kamera vom Laptop ist kaputt.

Die Kundin hat das Gerät vor drei Monaten gekauft. Das Gerät hat noch Garantie, deshalb kostet die Reparatur nichts. Sie dauert 5 Tage. Die Kundin möchte, dass man das Gerät repariert.

Verkäufer/in
Wie kann ich Ihnen helfen? /
Was kann ich für Sie tun?
Wann haben Sie das Gerät gekauft?
Sie haben noch Garantie. / Sie haben keine Garantie mehr.
Ein neuer … / Ein neues … / Eine neue … kostet …
Die Reparatur kostet … und dauert ….

Kunde/Kundin
Könnten/Würden Sie bitte … reparieren?
… funktioniert nicht / ist kaputt.
Vor … Wochen / Monaten / Jahren.

Gut, den/das/die nehme ich.
Dann reparieren Sie bitte das Gerät. /
Das ist zu teuer. / Das dauert mir zu lang.

d Welche Anzeige ist interessant für Ben? Warum? Lesen Sie und sprechen Sie dann mit Ihrem Partner / Ihrer Partnerin.

A
Kaufen Sie Ihr Wunschhandy – wir schenken Ihnen die ersten drei Monate!
Ab dem 4. Monat mit Vertrag für zwei Jahre schon ab 35 Euro im Monat!
www.meinwunschhandy.de

B
Die Elektrobastler
Probleme mit elektronischen Geräten? Wir bieten Hilfe zur Selbsthilfe und geben Tipps für den Neukauf.

C
Gebraucht, aber noch gut?
Wir kaufen Ihr altes Handy!
Faire Preise!
Der Handyhändler
Parkstraße 27

3 Was machst du mit dem Handy?

a Ben bei den Elektrobastlern – Hören Sie.
Welche Tipps bekommt Ben? Kreuzen Sie an.

1. ☐ Die Reparatur lohnt sich nicht.
   Da kaufst du besser ein neues Handy.
2. ☐ Kauf dir einfach ein neues Display.
3. ☐ Nimm am besten ein Handy mit Vertrag.
4. ☐ Pass auf, dass du den Vertrag auch wieder kündigen kannst.
5. ☐ Du musst unbedingt ein neues Modell kaufen.
6. ☐ Überlege zuerst: Was machst du wie oft?

b Tipps von den Elektrobastlern – Welcher Tipp passt zu welchem Bild? Ordnen Sie zu.

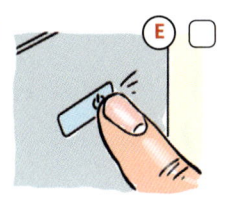

A ⟨5⟩   B ☐   C ☐   D ☐   E ☐

1. Schalte den Drucker aus und schalte ihn wieder ein.
2. Du musst zuerst den Anschluss prüfen. Ist das Kabel in Ordnung?
3. Such mal im Papierkorb.
4. Speichere die Fotos immer auch auf einem USB-Stick.
5. Nimm am besten eine neue Druckerpatrone.

c Schreiben Sie Probleme auf Zettel. Die anderen schreiben Tipps dazu.

Hilfe, meine Fotos sind weg!
Such mal im Papierkorb.

Mein Computer startet nicht!
...

Tipps geben

Du musst/kannst zuerst ...   Kauf dir doch ...
Such mal ...   Frag doch mal ...
Nimm am besten ...   Geh doch zum/zur ...

UND SIE?

Wechselspiel – Was machen Sie mit dem Handy wie oft? Schreiben Sie in die grüne Spalte *oft*, *manchmal*, *selten* oder *nie*. Fragen und antworten Sie dann.

	ich	meine Partnerin / mein Partner
1. telefonieren		
2. SMS schreiben/lesen		
3. soziale Netzwerke nutzen (Facebook ...)		
4. chatten (WhatsApp ...)		
5. im Internet surfen		
6. Fotos oder Videos machen		
7. Musik hören		
8. E-Mails schreiben		

Wie oft telefonierst du?   Ich telefoniere selten, weil es zu teuer ist. Aber ich skype oft.

einhundertdreiundsechzig 163

4 Mehr neue Medien oder weniger?

a Lesen Sie die Texte und die fünf Aussagen. Wer schreibt das im Forum? Notieren Sie die Namen in den Aussagen.

Forum Neue Medien   Suche

Mehr neue Medien oder weniger? Was ist eure Meinung?

Frage von Ben193 19:58
Ich war ein paar Tage ohne Handy. Das Display war kaputt. Kein WhatsApp oder Facebook, wenn ich unterwegs war. Keine Fotos oder Videos für meine Freunde zu Hause, kein Kalender für meine Termine. Ich war nur noch zu Hause online – schrecklich!

A *Antwort von marge.de 20:09*
Ich finde das nicht gut, wenn man sein Handy so wichtig nimmt. Mach doch einen Tag pro Woche Handypause, so wie ich. Da mache ich das Handy gar nicht an. Ich lese dann in der U-Bahn die neue Zeitung und kenne auch die aktuellen Nachrichten. Das Handy ist praktisch, stimmt! Aber ohne das nervige Handy ist der ganze Tag einfach ruhiger. Bei der Arbeit klingelt sowieso immer das Telefon und ich habe den großen Bildschirm vor mir.

B *Antwort von Ben193 20:13*
Handypause? Warum? Ich will die alten Freunde in den USA über mein Leben in Deutschland informieren. Und auch die lustigen Fotos und Filme von ihnen machen mir einfach Spaß. Ich will nicht nur zu Hause online sein, der alte Laptop ist mir zu wenig. So ist die neue Zeit!

C *Antwort von Lionel.5f 20:18*
Die guten Freunde vergessen dich nicht, wenn du mal einen Tag nichts schickst. Ich brauche mein Handy nicht oft, nur zum Telefonieren und im Auto als Navi. Aber ich habe immer den neuen E-Book-Reader bei mir.
@ marge.de: Ein Tag ohne Handy? Das muss ich auch mal probieren.

1. .... findet es gut, dass man auch mal die Zeitung liest.
2. Für .... ist es wichtig, dass man mit dem Handy alle Termine planen kann.
3. .... findet das Handy besonders dann gut, wenn man den Weg suchen muss.
4. Das Handy ist für .... so wichtig, weil man überall online sein kann.
5. Für .... ist es nicht gut, wenn man nicht sofort aktuelle Fotos schicken kann.

b Und was ist Ihre Meinung zur Nutzung von neuen Medien? Diskutieren Sie.

Meinungen äußern

Ich finde es gut, dass …
Ich finde es gut, wenn …
Es ist gut/praktisch/schön/…, wenn …
Für mich ist es wichtig, dass …
… ist einfach am besten, weil …

… ist gut, aber …
Für mich ist … nicht so wichtig, deshalb …
Ich finde es nicht gut, wenn …
Für mich ist es nicht so wichtig, dass …
Es ist einfach langweilig, wenn …

c Ein Tag pro Woche ohne Computer und Handy – Wie finden Sie die Idee? Schreiben Sie eine kurze Antwort auf den Forumsbeitrag von *marge.de* in 4a.

d Markieren Sie im Forum in 4a die Adjektive nach dem bestimmten Artikel.
Ergänzen Sie dann die Tabelle.

FOKUS Adjektive nach dem bestimmten Artikel

	der	das	die	die (Plural)
Nom.	der alt**e** Laptop	das nervig......... Telefon	die neu......... Zeit	die lustig......... Fotos
Akk.	den groß......... Bildschirm	das nervig......... Handy	die neu......... Zeitung	die aktuell......... Nachrichten

K11-2 5 Die coolen Medien

a Lesen Sie zu zweit. Ersetzen Sie *cool* durch ein passendes Adjektiv.

alt   groß   blöd   neu   dumm   schnell   langsam   praktisch   langweilig   toll   teuer

> ### Die *coolen* neuen Medien
>
> Gestern war nicht mein Tag. Auf dem Weg in die *coole* Firma wollte ich telefonieren, aber das *coole* Handy hat nicht funktioniert! Der *coole* Akku war leer. In der Firma wollte ich den *coolen* Laptop benutzen. Aber der hatte kein Internet. Der *coole* Computer hat funktioniert. Zu Hause habe ich den *coolen* Fernseher eingeschaltet, aber das *coole* Programm war schrecklich. Deshalb habe ich einfach die *coolen* Zeitungen gelesen.

b Meinungen über Medien austauschen – Lesen und variieren Sie den Dialog.

● Wie findest du den neuen Laptop?
○ Den neuen Laptop? Den finde ich sehr schön.
  Wie findest du die neuen Kopfhörer?
● Die neuen Kopfhörer? Die finde ich …

Varianten:
der E-Book-Reader • der Fernseher • die CDs • der Computer • die Zeitung • das Tablet • der Player • die Zeitschrift • das Navi

c Werbung – Was können die Supergeräte? Schreiben Sie kurze Werbetexte.

A: Der Fernseher kennt meine Wünsche, super!

Der intelligente Fernseher kann Ihre Gedanken lesen! Er kennt …

B: Hallo, hier ist der coole Kühlschrank. Das ist dein Einkaufszettel …

Oh, mein Kopf! Ich bin sooo krank. Was sagt das Thermometer?

C: Ich habe einen Termin bei Dr. Giner vereinbart: Heute, 9:45 Uhr.

UND SIE?

Was wünschen Sie sich? Was kann Ihr Supergerät? Wählen Sie.

Stellen Sie Ihr Supergerät vor.   **oder**   Schreiben Sie über Ihr Supergerät.

Ich brauche einen tollen Herd. Er kann …

Willkommen zu Hause! Das Essen ist fertig.

6 Mit Medien lernen?

a Wie verwenden die Personen die neuen Medien zum Lernen? Machen Sie eine Tabelle. Vergleichen Sie.

A Ich lerne seit einem Jahr Spanisch, weil ich das für meine Arbeit brauche. Aber ich habe keine Zeit für einen Kurs, ich bin viel unterwegs. Deshalb lerne ich mit einem Sprachprogramm. Ich kann auf meinem Tablet Übungen machen, und ich schicke auch Aufgaben an die Tutorin. Aber es ist schade, dass ich nur über Skype mit anderen sprechen kann. Der direkte Kontakt fehlt mir sehr.
Rolf Steiner, 32

B Ich habe für mich den idealen Sprachkurs gefunden: Im Italienischkurs sprechen wir viel und die Lehrerin hilft uns bei unseren Fragen. Aber wir machen die meisten Übungen im Internet. Online kann ich dann üben, wenn ich Zeit habe. Und ich kann die Übungen so oft wiederholen, bis ich ein gutes Ergebnis habe. Wenn ich etwas nicht verstehe, kann ich im Kurs die Lehrerin fragen.
Nicola Baumann, 23

C Ich kann nur in einem Sprachkurs lernen. Es macht einfach mehr Spaß, mit anderen Russisch zu lernen und zu sprechen. Aber auch im Sprachkurs verwende ich meine Wortschatz-App. Es gibt immer so viele neue Wörter, und mit meiner App kann ich schnell sehen, was ein neues Wort bedeutet. Und mit dem Vokabeltrainer klicke ich die neuen Wörter an und wiederhole sie.
Donna Winter, 42

	Was lernt er/sie?	Was macht er/sie mit den neuen Medien?
Rolf Steiner	Spanisch	macht Übungen auf dem Tablet
Nicola Baumann		
Donna Winter		

🎧 3.54 **b** Ben und Fabian sprechen über das Lernen mit neuen Medien. Hören Sie und ordnen Sie zu.

1. Ben versteht schon sehr gut Deutsch,
2. Ben macht online Übungen zum Kursbuch,
3. Er verwendet oft das Handy im Kurs,
4. Ben übt gerne mit den anderen im Kurs,
5. Er sieht auch kurze Filme an,

a) das macht ihm viel Spaß.
b) weil er neue Wörter in der Wortschatz-App sucht.
c) denn die Lehrerin gibt Aufgaben im Internet.
d) wenn er von seinen Freunden Links bekommt.
e) weil er immer Informationen im Internet sucht.

c Machen Sie mit den Informationen aus 6a und 6b eine Mindmap. Ergänzen Sie Ihre Ideen.

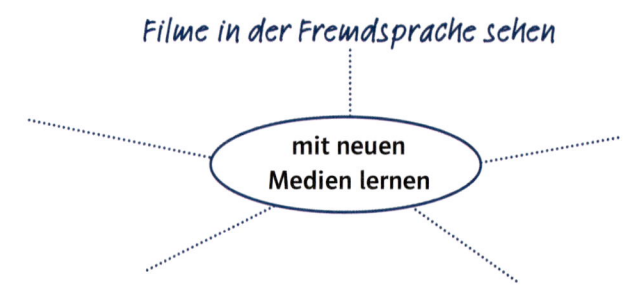

Filme in der Fremdsprache sehen

(mit neuen Medien lernen)

UND SIE?

Lernen Sie mit neuen Medien? Machen Sie Interviews. Die Mindmap hilft.

> Ich mache keine Übungen im Internet. Und du?

7 Englische Wörter im Deutschen

a Aussprache: Hören Sie. Wie spricht man die Wörter? Sortieren Sie.

1. die DVD 2. der Laptop 3. Facebook 4. WhatsApp 5. der Computer 6. die CD
7. das Handy 8. das Display 9. die SMS 10. Skype 11. die CD-ROM

Abkürzungen: wie auf Deutsch	Ganze Wörter: wie auf Englisch
die DVD	

b Hören Sie noch einmal und sprechen Sie nach.

c Welche Wörter aus 7a gibt es auch in Ihrer Sprache? Nennen Sie Beispiele.

d Markieren Sie in den Nachrichten Wörter aus dem Englischen zum Thema *Medien*. Sehen Sie die Verbendungen an. Was fällt Ihnen auf?

> Ich „checke": Die Endung funktioniert wie bei „ich gehe".

11:38 Wo bist du?
Komme gleich. Ich checke nur noch schnell die Mails. **11:41**
11:45 Deine E-Mails können warten, wir nicht. 😉
Ich fahre den Computer ja schon runter. **11:48**

20:03 Hast du Florians Fotos auf Facebook gesehen?
Nein! Das ist ja Wahnsinn. Warum postet er die? Das kann er doch nicht machen? **20:05**
20:08 Ich sag ihm, er soll sie löschen.

Pizza bei uns? **19:03** Kommst du auch?
Danke, aber bin auf dem Weg zum Konzert im Kulturhaus, Milky Chance. Google die mal. **19:05**
Hey, die sind super. Die muss ich mir **19:12** downloaden.

e Schreiben Sie Sätze. Verwenden Sie in jedem Satz ein Wort aus dem Englischen.

chatten   surfen   skypen   googeln   mailen

Ich habe gestern mit meiner Freundin in Zürich gechattet.

→ Viele Wörter zum Thema Medien kommen aus dem Englischen.

→ Die englischen Wörter spricht man auch englisch aus: *googeln = [gugeln]*.

→ Die Verben bekommen Formen wie deutsche Wörter: *ich google, du googelst … ich habe gegoogelt.*

→ Nomen bekommen im Plural meistens die Endung -s: *Links, Chats, Mails* aber: *drei Computer, zwei Player*

VORHANG AUF

a Jede Gruppe wählt ein anderes Medien-Thema. Notieren Sie fünf Fragen zu Ihrem Thema.

das Internet nutzen (A)   das Handy benutzen (B)   mit neuen Medien lernen (C)

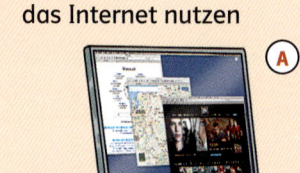

Bist du täglich im Internet?

b Machen Sie eine Umfrage im Kurs. Präsentieren Sie Ihre Ergebnisse.

Alle finden wichtig, dass …   Nur drei Personen …   Neun von zwölf sagen, dass …

ÜBUNGEN

1 Bens Medien

a Welche elf Medien finden Sie? Markieren Sie und schreiben Sie die Wörter mit Artikel.

T	E	L	E	F	O	N	X	B	U	C	H
A	M	H	Z	E	N	L	T	W	Y	D	C
H	F	A	S	M	A	A	R	M	N	P	O
A	G	P	U	L	V	P	H	T	U	L	M
N	L	G	Z	E	I	T	U	N	G	A	P
D	R	H	U	M	C	O	H	J	L	Y	U
Y	S	M	A	L	T	P	H	G	N	E	T
D	W	F	E	R	N	S	E	H	E	R	E
K	T	A	B	L	E	T	P	Q	R	T	R
E	B	O	O	K	R	E	A	D	E	R	I

der E-Book-Reader, ...

....

....

....

....

....

....

....

....

....

....

b Was kann man mit den Geräten und Medien machen? Notieren Sie mindestens eine passende Aktivität.

lesen   anrufen   Musik hören   einen Film ansehen   einen Weg suchen

das Kinoprogramm lesen   E-Mails schreiben   mit Freunden chatten   skypen

Fotos machen   im Internet surfen   unterwegs online sein   Nachrichten schreiben und lesen

1. der Computer   3. die Zeitung   5. der CD-Player   7. der Laptop
2. das Telefon   4. das Navi   6. das Handy   8. der E-Book-Reader

> der Computer: E-Mails schreiben, im Internet surfen, ...

2 Kann man das reparieren?

a Kunden und Verkäufer im Gespräch. Ergänzen Sie die fehlenden Wörter.

● Guten Tag! Was kann ich für Sie tun?

○ Mein Handy funktioniert nicht mehr. Ich glaube, der Akku ist

(1) _kaputt_.

● Das sehen wir gleich. – Nein, der Akku ist o.k., es gibt ein anderes

(2) ....

○ Können Sie das (3) .... ? Und wie lange (4) .... das?

● Das weiß ich nicht, das müssen sie in der Werkstatt ansehen. Wie lange haben Sie das Handy schon?

Haben Sie noch (5) .... ?

○ Nein, es ist drei Jahre alt. Ist die Reparatur teuer? Was (6) .... sie ungefähr?

● Das wissen wir erst, wenn das ein Mitarbeiter angesehen hat. Ich glaube, eine (7) ....

lohnt sich nicht mehr.

dauert • Garantie • ~~kaputt~~ • kostet • Problem • Reparatur • reparieren

168 einhundertachtundsechzig

b Der Handyvertrag – Lesen Sie zuerst die Aufgaben 1 bis 3 und suchen Sie dann die Informationen im Text. Kreuzen Sie an: Richtig oder Falsch .

Das *mobimax* Treuegeschenk wartet auf Sie!

mobimax belohnt Ihre Treue. Mit einem neuen Handy macht das Telefonieren noch mehr Spaß.

Wann können Sie ein neues Handy bekommen?
Sie haben schon mindestens drei Jahre lang einen Vertrag mit mobimax. Sie verlängern Ihren Vertrag und können aus unserem Angebot wählen: ein neues Gratis-Handy oder ein neues Handy und Sie zahlen dazu.

Weitere Informationen
Wenn Sie Ihren Vertrag mit Ihrer Unterschrift verlängern, gilt dieser mindestens 24 Monate lang. Die neue Vertragsdauer beginnt mit dem Datum der Verlängerung. In dieser Zeit können Sie Ihren Vertrag nicht kündigen.

Garantie
Sie wählen aus unserem Angebot aus und bekommen Ihr neues Handy mit der Post. Der Lieferschein ist auch Ihr Garantieschein. Bitte bewahren Sie diesen gut auf. Garantie – Ersatz eines fehlerhaften Gerätes oder kostenlose Reparatur – gibt es nur, wenn Sie den Lieferschein (= Garantieschein) vorlegen.

Verlängerung online
Wenn Sie Ihren Vertrag ONLINE verlängern, können Sie innerhalb von 28 Tagen SCHRIFTLICH vom Vertrag zurücktreten. Sie füllen das Formular für die Rücksendung (Download www.mobimax.com/retour) aus und senden das Telefon zurück. Sie tragen die Kosten für die Rücksendung der Ware.

1. Wenn man ein neues Gratis-Handy bekommt, gibt es keine Garantie.   Richtig   Falsch

2. Wenn man den neuen Vertrag unterschrieben hat, kann man ihn mindestens zwei Jahre nicht kündigen.   Richtig   Falsch

3. *mobimax* bezahlt die Kosten, wenn Sie Ihr Handy zurückschicken wollen.   Richtig   Falsch

3 Was machst du mit dem Handy?

a Einige Tipps – Lesen Sie und verbinden Sie. Schreiben Sie dann die Sätze.

1. Die Reparatur ist zu teuer. Da musst du
2. Wenn nur der Akku kaputt ist, kauf
3. Pass auf, dass du den Handyvertrag leicht
4. Nimm am besten ein altes Modell,
5. Überlege vor dem Kaufen:
6. Über Handys kannst du dich

a) kündigen kannst. Frag mal Martin.
b) Was brauchst du wirklich?
c) dir doch nicht gleich ein neues Handy.
d) gut im Internet informieren.
e) ein neues Handy kaufen.
f) die neuen sind viel teurer.

1. Die Reparatur ist zu teuer. Da musst du ein neues Handy kaufen.

b Hilfe, das Internet geht nicht! Schreiben Sie Tipps.

1. die Kabel / kontrollieren / müssen / du / .
2. starten / deinen Computer / neu / !
3. lesen / in der „Hilfe" / die Tipps / genau / !
4. können / anrufen / Herrn Singer / du / .
5. Frau Steiner / Sie / fragen / !

1. Du musst die Kabel kontrollieren.

4 Mehr neue Medien oder weniger?

a Was sagen die Personen zum Thema Medien? Hören Sie und kreuzen Sie an.

1. ⓐ Die Frau findet, dass die neuen Handys sehr praktisch sind.
   ⓑ Für die Frau ist nur wichtig, dass sie mit ihrem Handy überall telefonieren kann.
2. ⓐ Der Mann findet es gut, dass er mit dem Handy so viel machen kann.
   ⓑ Der Mann findet es nicht wichtig, dass man immer das neue Modell hat.
3. ⓐ Die Frau verwendet ihr Handy nur privat.
   ⓑ Die Frau findet es nicht gut, wenn Kinder ein Handy haben.

b Aktivitäten mit Medien – Ergänzen Sie das Verb in der richtigen Form.

1. Bens Handy war kaputt. Er konnte unterwegs keine Nachrichten _schreiben_.
2. Marge findet den Tag einfach ruhiger, wenn das Handy nicht ....
3. Sie .... gerne mal die Zeitung und ist nicht online.
4. Marge glaubt, man muss aufpassen, dass man das Handy nicht zu wichtig ....
5. Ben .... seinen Freunden schnell Nachrichten und Fotos. Das findet er praktisch.
6. Er .... auch seine Termine mit dem Kalender auf dem Handy.
7. Ben .... seine Freunde immer über sein Leben.

informieren • klingeln • lesen • nehmen • planen • schicken • ~~schreiben~~

c Wie finden Sie das? Was ist gut, was nicht? Wählen Sie ein Thema und schreiben Sie.

| Ein Kollege arbeitet mit Ihnen. Er sieht immer aufs Handy und liest. | Sie haben ein Handy von Ihrer Firma. Sie bekommen auch am Wochenende Mails. |

5 Die coolen Medien

a Wie sind die Dinge? Markieren Sie die richtige Form.

Adjektivendung auf -er und -el
-er teuer: das teu**re** Handy, ein teu**res** Handy
-el dunkel: das dunk**le** Zimmer, ein dunk**les** Zimmer

☆ marge.de		Online
marge.de	Hast du die (1) **neue**/neuen Wohnung von Kevin gesehen? Wow.	09:02
CatCarlo	Ja, gestern. Das (2) großes/große Wohnzimmer ist echt toll.	09:04
marge.de	Da hat dir bestimmt der (3) moderner/moderne Fernseher gefallen? 😊	09:05
CatCarlo	Nicht nur der! Den (4) teuren/teurer Computer finde ich auch super.	09:07
marge.de	Hast du auch die (5) kleine/kleinen Küche gesehen?	09:09
CatCarlo	Die ist nicht so klein. Der (6) riesige/riesigen Kühlschrank hat ja Platz.	09:11
marge.de	Und dann ist da noch der (7) sonnigen/sonnige Balkon.	09:12
CatCarlo	Es war Nacht! Wir haben das (8) cooles/coole Fußballspiel angesehen.	09:16
marge.de	Ach so, ihr Männer und der (9) blöde/blöder Fußball im Fernsehen.	09:18
CatCarlo	Fußball ist nicht blöd. Aber das (10) falsches/falsche Team hat gewonnen.	09:20

ÜBUNGEN 11

b Ergänzen Sie die passenden Adjektive.

billig/teuer   groß/klein   ~~langsam~~/schnell   neu/alt

1. Markus ärgert sich über den _langsamen_ Computer. Er möchte einen .... Computer kaufen.

2. Hakan hat zwei Fernseher: Im Wohnzimmer ist viel Platz, da steht der .... Fernseher, aber im Schlafzimmer ist nur für den .... Fernseher genug Platz.

3. Anna braucht ein neues Handy. Sie kauft das .... Modell. Es ist nicht so schön wie das .... Modell, aber sie möchte nicht so viel Geld ausgeben.

4. Alina findet den .... Laptop sehr praktisch, der .... Laptop war langsamer.

c So bunt! Ergänzen Sie die Farben wie im Bild.

Fabian liebt Farben. Sein Zimmer hat zwei (1) _weiße_ und zwei (2) .... Wände. Auf dem Boden liegt ein (3) .... Teppich. Der (4) .... Schrank ist sehr alt. Am Schrank hängen eine (5) .... Hose und ein (6) .... Pullover. Fabian hat ein (7) .... Bett. Auf dem Bett liegt eine (8) .... Katze. Neben dem Bett steht der (9) .... Schreibtisch.

6 Mit Medien lernen?

a Welches Verb passt? Markieren Sie.

1. mit einem Sprachprogramm — sprechen • **lernen** • schreiben
2. am Computer Übungen — lernen • fragen • machen
3. auf Skype mit anderen Personen — sprechen • wiederholen • verstehen
4. eine Wortschatz-App — planen • verwenden • bedeuten
5. mit dem Vokabeltrainer die neuen Wörter — wiederholen • fragen • machen

b Was haben andere in Ihrem Kurs gemacht? Schreiben Sie mit den richtigen Verben aus 6a Fragen für ein Interview.

1. Haben Sie schon einmal _mit einem Sprachprogramm gelernt?_
2. Möchten Sie zu Hause ....
3. Wie oft haben Sie schon ....
4. Können Sie im Sprachkurs ....
5. Haben Sie schon einmal ....

c Beantworten Sie die Fragen aus 6b für sich. Schreiben Sie die Sätze.

1. Wir haben einen Computer im Kursraum. Da habe ich ...

einhunderteinundsiebzig **171**

🎧 3.60 **d** Kursteilnehmer sprechen über das Lernen. Ergänzen Sie die Lücken und hören Sie zur Kontrolle.

~~Aufgaben~~   Ergebnis   Fehler   Buch   Übungen   Wörter   schwer   Test   wiederholen   lernen

- ● Wir sehen uns dann morgen im Sprachkurs. Hast du die (1) *Aufgaben* schon gemacht?
- ○ Nur einen Teil, ich hatte nur Zeit für die (2) .... im Buch.
- ● Ich habe zuerst die Online-Übungen gemacht. Mit dem (3) .... lerne ich später.
- ○ Wie sind die Übungen? Sind sie (4) ....?
- ● Es geht. Aber du kannst sie öfter machen, du kannst sie ja immer (5) ....
- ○ Und wie war das (6) ....? War es gut?
- ● Ja, es geht. Wann schreiben wir unseren (7) ....?
- ○ Ich glaube, am nächsten Donnerstag. Ich muss noch für den Test (8) ....
- ● Nicht nur du! Ich auch. Ich kann die neuen (9) .... noch nicht.
- ○ Da musst du mit dem Vokabeltrainer üben, der ist echt gut. Aber ich mache beim Schreiben so viele (10) ....
- ● Du? Du kannst das doch so gut.

Hilfe? – Hören Sie zuerst und ergänzen Sie dann.

7 Englische Wörter im Deutschen

🎵 3.61 **a** Aussprache: Wie spricht man die Wörter: Englisch, Deutsch oder Deutsch + Englisch? Hören Sie und kreuzen Sie an.

	Englisch	Deutsch	Deutsch + Englisch		Englisch	Deutsch	Deutsch + Englisch
1. die SMS	☐	☒	☐	7. die DVD	☐	☐	☐
2. der Computer	☐	☐	☐	8. die Wortschatz-App	☐	☐	☐
3. online	☐	☐	☐	9. der DVD-Player	☐	☐	☐
4. die CD	☐	☐	☐	10. der USB-Stick	☐	☐	☐
5. der CD-Player	☐	☐	☐	11. die Handypause	☐	☐	☐
6. die CD-ROM	☐	☐	☐	12. surfen	☐	☐	☐

> Wörter mit *E-* (E-Mail, E-Book-Reader, E-Book …):
> Hier spricht man das *e* auch englisch, also wie „*i*" auf Deutsch.

🎵 3.62 **b** Hören Sie noch einmal und sprechen Sie nach.

ÜBUNGEN 11

c Ergänzen Sie die Wörter in der richtigen Form.

die E-Mail, checken	Ich war im Büro und habe alle (1) _E-Mails_ (2) ....
das Handy, googeln	Hast du gewusst, dass (3) .... im Englischen *mobile* oder *cell phone* heißen? Ich habe es gerade (4) ....
das Tablet, surfen	Ich finde mein neues (5) .... sehr praktisch, ich (6) .... damit gerne im Internet.
mailen, der Laptop	Bitte (7) .... mir die Datei, ich kann sie auf meinem (8) .... nicht finden.
chatten, skypen	Meine Tochter hat ein Jahr in Frankreich gelebt. In der Zeit haben wir viel (9) .... und auch einmal pro Woche (10) ....

LEICHTER LERNEN: Texte verstehen

a Lesen Sie den Text A. In welcher Reihenfolge kommen die Aussagen vor? Nummerieren Sie.

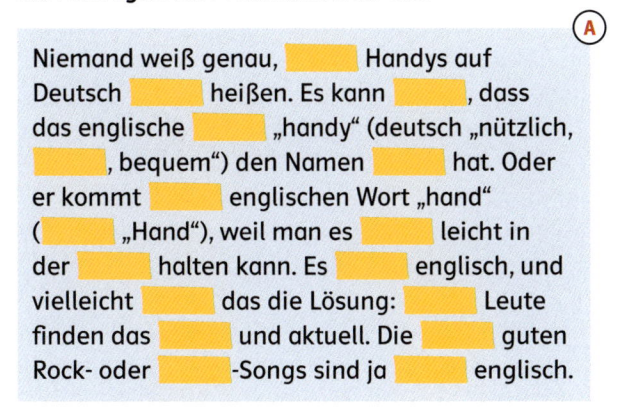

A
Niemand weiß genau, ▬▬ Handys auf Deutsch ▬▬ heißen. Es kann ▬▬, dass das englische ▬▬ „handy" (deutsch „nützlich, ▬▬, bequem") den Namen ▬▬ hat. Oder er kommt ▬▬ englischen Wort „hand" (▬▬ „Hand"), weil man es ▬▬ leicht in der ▬▬ halten kann. Es ▬▬ englisch, und vielleicht ▬▬ das die Lösung: ▬▬ Leute finden das ▬▬ und aktuell. Die ▬▬ guten Rock- oder ▬▬-Songs sind ja ▬▬ englisch.

B
Niemand weiß genau, warum Handys auf Deutsch Handys heißen. Es kann sein, dass das englische Wort „handy" (deutsch „nützlich, praktisch, bequem") den Namen gegeben hat. Oder er kommt vom englischen Wort „hand" (deutsch „Hand"), weil man es überall leicht in der Hand halten kann. Es klingt englisch, und vielleicht ist das die Lösung: Viele Leute finden das modern und aktuell. Die meisten guten Rock- oder Pop-Songs sind auch englisch.

..... a) Viele Leute denken: Es klingt englisch und das ist modern.

..... b) Jedenfalls kann man das kleine, leichte Telefon gut in der Hand halten.

_1_ c) Man weiß nicht genau, woher der deutsche Name „Handy" kommt.

..... d) Vielleicht kommt der Name vom englischen Wort „handy", weil es praktisch ist.

> Sie müssen nicht jedes Wort verstehen. Lesen Sie den Text immer bis zum Ende.

b Überprüfen Sie Ihre Lösungen mit Text B.

RICHTIG SCHREIBEN: Verben als Nomen

a Groß- oder klein? Was ist richtig? Markieren Sie.

1. Mir macht das surfen / **Surfen** im Internet viel Spaß.
2. Petra hört beim lernen / Lernen gerne Musik.
3. Mit dem neuen Laptop kann man gut surfen / Surfen.
4. Kann ich mal schnell telefonieren / Telefonieren?
5. Luis braucht zum lesen / Lesen eine Brille.

> Sie wissen: Nomen schreibt man groß. Verben nach einem Artikel werden Nomen. Man schreibt sie auch groß: **das S**urfen, **beim** (= bei dem) **L**ernen; **zum** (= zu dem) **L**esen

🎧 3.63–66 **b** Hören Sie und schreiben Sie.

1. Markus kann gut Klavier spielen, aber ...

einhundertdreiundsiebzig **173**

Mein Deutsch nach Kapitel 11

Das kann ich:

über Medien sprechen

Fragen und antworten Sie.
- ● Welche Medien verwendest du täglich?
- ○ Ich … Und du?
- ● Ich …
- ● Und welche verwendest du nie oder nur selten?

Tipps geben

- Handy-Akku ist immer schnell leer
- Drucker funktioniert nicht, Reparatur ist sehr teuer
- Jemand liest gern, hat aber keinen Platz für Bücher

Geben Sie für jedes Problem einen Tipp.

Kauf dir doch …

Frag doch mal …

Du musst zuerst … und dann …

Meinungen äußern und begründen

Ja, das war der Chef.

Mehr neue Medien oder weniger? Was ist Ihre Meinung? Sie nennen Vorteile, Ihr Partner / Ihre Partnerin Nachteile.

Ich finde es wichtig, dass …

Es ist nicht gut, wenn …

einen Forumsbeitrag schreiben

Forum

Wie lernt ihr Sprachen?
In unserem Deutschkurs machen wir nur wenige Übungen. Wir lesen Texte, hören auch CDs, die Lehrerin erklärt neue Wörter und die Grammatik …

Schreiben Sie eine Antwort auf den Beitrag. Was finden Sie wichtig, was nicht?

Für mich wichtig:
√ man kann allein viel mehr Übungen machen
√ …

Für mich nicht (so) gut:
√ keine Zeit für Übungen im Kurs
√ …

www → A2/K11

Das kenne ich:

Adjektivdeklination im Nominativ/Akkusativ

	der	das	die	die (Plural)
Nom.	Das ist ein/mein alt**er** Laptop.	Das ist ein/mein neu**es** Handy.	Das ist eine/meine neu**e** Zeitung.	Das sind lustig**e** Fotos. meine lustig**en** Fotos.
	Das ist der alt**e** Laptop.	Das ist das neu**e** Handy.	Das ist die neu**e** Zeitung.	Das sind die lustig**en** Fotos.
Akk.	Ich brauche einen/meinen neu**en** Laptop.	Ich suche ein/mein neu**es** Handy.	Ich kaufe eine/meine neu**e** Zeitung.	Ich sehe lustig**e** Fotos. meine lustig**en** Fotos.
	Ich brauche den neu**en** Laptop.	Ich suche das neu**e** Handy.	Ich kaufe die neu**e** Zeitung.	Ich sehe die lustig**en** Fotos.

Adjektive nach *kein* funktionieren wie nach *mein / dein …*

Ausbildung und Zukunftswünsche

12

1 Das mache ich doch selbst!

🎧 3.67–70 **a** Sehen Sie die Bilder A bis D an und ordnen Sie die Sprechblasen den Bildern zu. Hören Sie zur Kontrolle.

Diese Tapete bleibt einfach nicht an der Decke! 1

Was ist denn hier passiert? 2

Habe ich alles? Leiter, Tapeziertisch, Tapete, Farbe ... 3

Jetzt ist der hässliche Fleck schon drei Wochen an der Decke! 4

b Was denken Sie? Wen ruft Selma auf Bild E an?

Ich denke, sie ruft ... an.

🎧 3.71 **c** Hören Sie und vergleichen Sie mit Ihren Vermutungen.

Sprechen über die Zukunft sprechen; über Vor- und Nachteile von Berufen diskutieren; Tipps geben; über Ausbildungsberufe sprechen | **Hören** Gespräch am Arbeitsplatz; Gespräch beim Berufsberater | **Schreiben** Kommentar in einem Forum | **Lesen** Zeitungsartikel über eine Firma; Texte über Traumberufe; Berufsbeschreibungen; Forumsbeiträge | **Beruf** Ausbildung; Anerkennung von Abschlüssen

2 Die Firma Buchholz im Porträt

a Lesen Sie die Überschrift vom Zeitungsartikel und sehen Sie das Foto an. Sammeln Sie Fragen, die zur Überschrift und zum Foto passen.

> Wie viele Personen arbeiten in der Firma?

b Lesen Sie den Artikel. Auf welche Fragen finden Sie eine Antwort?

Die Malerfirma Buchholz wird 50!!!

Den Malerbetrieb Buchholz kennt wahrscheinlich fast jeder in Neuhaching. Der jetzige Chef Peter Buchholz, 62, hat die Firma vor 30 Jahren von seinem Vater übernommen und leitet sie jetzt zusammen mit seinem Sohn Michael. Sie kümmern sich mit fünf Angestellten um alle Malerarbeiten: Sie renovieren Privatwohnungen oder übernehmen Malerarbeiten bei großen Unternehmen, zum Beispiel bei einem Neubau. Eine ganz zentrale Rolle spielt für die Firma Buchholz der persönliche Kontakt zu den Kunden. Dafür ist Elke Buchholz, die Ehefrau von Peter, zuständig. Sie organisiert alles im Hintergrund und bleibt auch bei Stress ruhig und entspannt.
Die Firma arbeitet in und um München, aber die Mitarbeiter sind international: Sie kommen aus Russland, Polen, Italien und natürlich Deutschland.

Am Wochenende lädt die Firma Buchholz zu einem großen Sommerfest mit Essen und Getränken ein. Dort feiern Kunden, Freunde und Nachbarn zusammen das 50-jährige Bestehen der Firma. Es gibt auch internationale Spezialitäten, denn alle Mitarbeiter und ihre Familien bieten typisches Essen aus ihrer Heimat an. Am Abend spielt eine Band und es gibt eine kleine Tanzshow. Die zwei Auszubildenden der Firma machen eine Ausstellung rund um Farben und Malen und erzählen von ihren Erfahrungen.

c Lesen Sie die Aufgaben. Was ist richtig? Kreuzen Sie an: (a), (b) oder (c)?

1. Für wen arbeitet die Firma Buchholz?
   a) Nur für Unternehmen.
   b) Für unterschiedliche Kunden.
   c) Nur für Privatkunden.

2. Die Frau von Peter Buchholz arbeitet …
   a) im Büro der Firma.
   b) auch als Malerin.
   c) für eine andere Firma.

3. Was ist für die Firma besonders wichtig?
   a) Der internationale Erfolg.
   b) Ein gutes Verhältnis zum Kunden.
   c) Viele neue Aufträge.

4. Auf dem Sommerfest …
   a) informieren die Auszubildenden über ihre Arbeit.
   b) kann man bei einer Show mitmachen.
   c) berichten Mitarbeiter über ihre Heimat.

d Aussprache: *nk* und *ng*. Hören Sie und achten Sie auf den Unterschied zwischen *nk* und *ng*.

Wohnung – Getränk   Umgebung – Dank   langsam – dunkel
hängen – schenken   Übungen – Frankreich   singen – trinken

e Hören Sie noch einmal und sprechen Sie nach.

f Arbeiten Sie zu zweit. A sucht in der Wortliste hinten im Buch bekannte Wörter mit *nk*, B sucht Wörter mit *ng*. Schreiben Sie Sätze mit den Wörtern und lesen Sie sie laut vor.

K12-1 **3 Wo sind wir heute Nachmittag?**

🎧 3.73 **a** Hören Sie. Über welche Themen sprechen Anton und Tanja in der Malerfirma? Kreuzen Sie an.

☐ Urlaub ☐ Berufsausbildung
☐ Wetter ☐ Familie
☐ Wochenende ☐ Freizeit

🎧 3.73 **b** Hören Sie das Gespräch noch einmal. Wer macht was? Ergänzen Sie *Anton* oder *Tanja*.

1. .... geht heute Abend ins Fitnessstudio.

2. .... geht morgen in die Berufsschule.

3. Nächstes Jahr beendet .... die Ausbildung.

4. .... macht nächsten Monat Urlaub.

5. Im Dezember fährt .... nach Russland.

c Wann machen Anton und Tanja etwas? Markieren Sie die Zeitangaben in 3b.

d Ordnen Sie die Zeitangaben.

in drei Jahren   übermorgen   morgen   ~~heute~~   nächstes Jahr   nächste Woche
in zwei Wochen   ~~in zehn Jahren~~   nächsten Monat   in einem halben Jahr

| heute | → | | → | | → | | → | | → | | → |

| | → | | → | | → | | → | in zehn Jahren |

e Zukunft ausdrücken – Ergänzen Sie die Sätze in der Tabelle.

FOKUS Zukunft ausdrücken mit Zeitangabe und Präsens

Verb: Position 2

Tanja	**geht**	**morgen** in die Berufsschule.
Im Dezember	⟨ 2 ⟩	Anton ....
Tanja	⟨ 2 ⟩	nächstes Jahr ....

UND SIE?

Schreiben Sie eigene Sätze mit den Zeitangaben aus 3d auf drei Zettel. Sammeln und mischen Sie die Zettel. Ziehen Sie und raten Sie. Wer hat das geschrieben?

Übermorgen gehe ich zum Zahnarzt.

Nächstes Jahr will ich …

…

einhundertsiebenundsiebzig 177

4 Was wolltest du als Kind werden?

a Welche Berufe kennen Sie? Ergänzen Sie.

Architekt/in • Astronaut/in • Bäcker/in • Informatiker/in • Maler/in • Musiker/in • Polizist/in • …

🎧 3.74 **b** Über welche Berufe sprechen Tanja und Paula? Markieren Sie in 4a.

🎧 3.74 **c** Hören Sie noch einmal. Was will Paula nach der Schule machen? Wo will sie auf keinen Fall arbeiten?

5 Traumberufe

a Lesen Sie die Texte. Was wollten die Personen als Kind werden? Warum? Was sind sie geworden? Warum? Markieren Sie in den Texten.

Unsere Angestellten und ihre Traumberufe *Drei von ihnen erzählen.*

Markus Kranz, 45 Jahre
bei TARRE seit 2009
Wenn man mich als Kind gefragt hat. „Was willst du werden?", habe ich immer sofort geantwortet: „Ich werde Fußballer!" Jeden Tag war ich auf dem Fußballplatz. Aus dem Traum wurde leider nichts. Ich habe studiert und bin Ingenieur geworden, weil ich in diesem Beruf kreativ sein kann.

Hüseyin Ölcün, 56 Jahre
bei TARRE seit 2010
Seit Generationen hatte unsere Familie eine Bäckerei. Ich wollte natürlich auch Bäcker werden und habe eine Lehre als Bäcker abgeschlossen. Leider musste mein Vater die Bäckerei schließen. Ich habe dann eine Ausbildung als Elektriker gemacht. Der Beruf gefällt mir, weil ich gern handwerklich arbeite.

Katharina Müller, 38 Jahre
bei TARRE seit 2013
Ich habe mich als Kind schon für Computer interessiert und wollte Informatikerin werden. Und aus dem Traum wurde Realität. Ich bin Informatikerin geworden und arbeite schon seit über 10 Jahren in diesem Beruf. Er macht mir immer noch viel Spaß, weil ich jeden Tag etwas Neues lerne.

b Suchen Sie in den Texten die Formen von *werden* und ergänzen Sie die Tabelle.

FOKUS — das Verb *werden*

Präsens	Ich .... Fußballer.	Nur wenige werden Fußballer.
Präteritum	Aus dem Traum .... nichts.	Ich wurde Elektriker.
Perfekt	Ich bin Informatikerin	Tanja ist Malerin geworden.
mit Modalverb	Was wolltest du als Kind werden?	Ich wollte Bäcker ....

UND SIE?

Was wollten Sie als Kind werden? Warum?

> Ich wollte Polizist werden, weil mein Onkel auch Polizist war.

178 einhundertachtundsiebzig

6 Paula bei der Berufsberatung

a Paula informiert sich über verschiedene Berufe. Arbeiten Sie zu zweit. Jeder liest einen Text und notiert wichtige Informationen. Erzählen Sie dann Ihrer Partnerin / Ihrem Partner, was Sie gelesen haben.

A Maler/in

Wolltest du schon immer mit Farben arbeiten und kreativ sein? Maler haben eine harte, aber abwechslungsreiche Arbeit. Sie sind immer wieder bei neuen Kunden, mal drinnen, mal draußen. Eine Sache spricht vielleicht gegen den Beruf: Man muss früh aufstehen, denn Maler fangen meist schon um sieben Uhr an.

B Tierpfleger/in

Liebst du Tiere? Dann ist die Arbeit als Tierpfleger/in vielleicht passend für dich. Ohne die Liebe zu Tieren geht es sicher nicht, aber du brauchst auch viel Geduld, musst verantwortungsvoll sein und auch Interesse an Medizin haben. Für die Tiere gibt es keine freien Tage, also musst du auch am Wochenende arbeiten.

b Bei der Berufsberatung – Hören Sie das Gespräch. Bei welcher Ausbildung hat Paula gute Chancen?

c Hören Sie noch einmal und kreuzen Sie an: richtig oder falsch?

	R	F
1. Als Tierpfleger muss man sich auch um kranke Tiere kümmern.	◯	◯
2. Der Berufsberater empfiehlt ein Praktikum im Zoo.	◯	◯
3. Nur mit guten Noten kann man Maler werden.	◯	◯
4. Paula möchte bei der Firma Buchholz ein Praktikum machen.	◯	◯
5. Sie interessiert sich für das Gehalt als Azubi bei einer Malerfirma.	◯	◯

d Präpositionen mit Akkusativ – Markieren Sie *für*, *gegen*, *ohne* in 6a und 6c. Ergänzen Sie die Artikel.

FOKUS Präpositionen mit Akkusativ *für*, *gegen*, *ohne*

der Beruf	Eine Sache spricht gegen ...*den*... Beruf.
das Gehalt	Paula interessiert sich für .... Gehalt als Malerin.
die Liebe	Es geht nicht ohne .... Liebe zu Tieren.
die Tiere	Für .... Tiere gibt es keine freien Tage.

UND SIE?

Vorteile und Nachteile von Berufen. Wählen Sie.

Sprechen Sie in kleinen Gruppen über Ihre Berufe.   **oder**   Schreiben Sie über Ihren Beruf.

Vorteile nennen
Für diesen Beruf spricht, dass ...
Ich finde, das ist eine gute Arbeit, weil ...
... ist gut/schön.
Es ist gut/sinnvoll/interessant, dass ...
Mir gefällt, dass ...
Die Vorteile sind ...

Nachteile nennen
Gegen diese Arbeit spricht, dass ...
In diesem Beruf kann man nicht ... / muss man ...
... ist nicht gut/schlecht/langweilig.
Ich finde den Beruf anstrengend/...
Man braucht unbedingt ...
Die Nachteile sind ...

7 Paula braucht Tipps.

a Paula kann sich nicht entscheiden. Lesen Sie die Tipps von Paulas Freunden. Welchen Tipp finden Sie am besten?

- Was soll ich machen???
- An deiner Stelle würde ich noch mal zur Berufsberatung gehen.
- Du könntest im Internet recherchieren.
- Du solltest bei einer Firma anrufen.
- Ich würde ein Praktikum machen.
- Du könntest die Lehrer fragen.
- Ihr solltet das in der Familie besprechen.

b Was sagen die Freunde? Ergänzen Sie die Tabelle. Die Sätze in 7a helfen.

FOKUS Ratschläge geben mit Konjunktiv II

	Konjunktiv II: Position 2		Infinitiv: Ende
Ich	würde	zur Beratung	gehen.
Du	könntest	die Lehrer	fragen.
Ihr	solltet	das in der Familie	besprechen.

	sollen	können	„würde"
ich	sollte	könnte	....
du	....	....	würdest
er/sie	sollte	könnte	würde
wir	sollten	könnten	würden
ihr	....	könntet	würdet
sie/Sie	sollten	....	würden

c Formulieren Sie Tipps mit den Konjunktiv-II-Formen aus 7b.

1. sich gut informieren (sollen) — *Du solltest dich gut informieren.*
2. mit den Eltern sprechen (sollen) — ....
3. ein Praktikum machen (können) — ....
4. eine Ausbildung machen (können) — ....
5. einen Azubi fragen („würden") — *Ich würde* ....
6. einen Berufstest machen („würden") — ....

d Sehen Sie die Zeichnungen an und geben Sie zu jeder Situation zwei Tipps.

A 
B Englischtest: 5
C 
D Mir ist so langweilig.

Du solltest …
Du könntest …

8 Ausbildung im Ausland, Arbeit in Deutschland

a Bilden Sie Kleingruppen und erzählen Sie. Wählen Sie.

Was möchten Sie werden? Welche Ausbildung braucht man dafür?

oder

Welchen Beruf haben Sie gelernt? Können Sie hier in Ihrem Beruf arbeiten? Wenn nein, warum nicht?

b Lesen Sie den Forumsbeitrag von Anton. Welche Vorteile hat die Anerkennung für ihn?

| Anerkennungsfinder | **Berufliche Anerkennung** | Arbeit in Deutschland | Beratungsangebote |

Die Anerkennung hat fast ein Jahr gedauert, aber es war nicht schwer. Zuerst einmal habe ich mich auf der Webseite www.anerkennung-in-deutschland.de informiert. Da habe ich alle wichtigen Informationen und Kontaktadressen gefunden. Dann war ich bei der Beratungsstelle und habe viele Tipps bekommen. Ich musste verschiedene Dokumente sammeln, auch in Russland – das hat natürlich etwas gedauert. Am Ende habe ich alle Dokumente an die Handwerkskammer geschickt und es hat geklappt. Und was bedeutet das für mich? Ich kann zum Beispiel eine eigene Firma aufmachen und mein Chef zahlt mir jetzt mehr. Das ist toll! Was für Erfahrungen habt ihr gemacht?

ANTON KULAGIN
Die Handwerkskammer hat heute meine russische Ausbildung anerkannt!

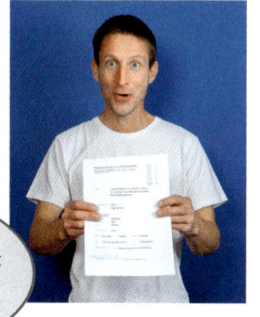

c Lesen Sie den Forumsbeitrag noch einmal und ordnen Sie die Aktivitäten.

Dokumente an die Handwerkskammer schicken ……….   Informationen suchen …_1_…

Dokumente sammeln ……….   die Anerkennung bekommen ……….   zur Beratungsstelle gehen ……….

d Lesen Sie den Kommentar von *susi83*. Beantworten Sie die Fragen.

> *susi83* Herzlichen Glückwunsch zu deiner Anerkennung! Ich bin erst seit drei Monaten in Deutschland. Früher habe ich als Sekretärin gearbeitet, aber das kann ich in Deutschland nicht mehr. Meine Muttersprache ist Farsi. Seit einem Jahr lerne ich Deutsch und jetzt gehe ich dreimal in der Woche zu einem Deutschkurs. Das macht mir viel Spaß. Am Wochenende helfe ich meinen Verwandten in ihrem Restaurant, weil sie dann viele Gäste haben. Nächstes Jahr möchte ich eine Ausbildung beginnen. Ich koche gern und gut und möchte das richtig lernen.

1. Wie oft hat Susi jetzt Deutschunterricht?
2. Warum hilft Susi ihren Verwandten?
3. Was war Susi früher von Beruf?
4. Welche Ausbildung möchte Susi gerne machen?

e Schreiben Sie einen Forumsbeitrag wie in 8b oder einen Kommentar wie in 8d.

VORHANG AUF

K12

Berufe raten – Arbeiten Sie zu zweit und wählen Sie einen Beruf. Die anderen raten: Welcher Beruf ist es? Wählen Sie.

Diskutieren Sie vor der Gruppe, aber nennen Sie den Beruf nicht. A nennt nur Vorteile. B nennt nur Nachteile.

oder

Spielen Sie ein Gespräch aus diesem Beruf.

Ein Nachteil ist, dass man immer früh aufstehen muss.

Was ist denn kaputt?

Der Motor macht komische Geräusche.

ÜBUNGEN

1 Das mache ich doch selbst!

🎧 3.76 **Ordnen Sie den Dialog und hören Sie zur Kontrolle.**

● Malermeister Buchholz. Was kann ich für Sie tun?
○ (1) [b]
● Diese Woche geht gar nichts mehr. Nächste Woche können wir kommen.
○ (2) ☐
● Montag geht leider nicht, aber Dienstag um 15 Uhr.
○ (3) ☐
● Wiesenstraße 17, okay. Frau Kranz, wenn Sie unsere Firma persönlich kennenlernen wollen, dann kommen Sie doch am Samstag auf unser Sommerfest. Unsere Firma wird 50 und das wollen wir feiern.
○ (4) ☐
● Auf Wiederhören.

a) Gut, dann nächste Woche am Montag.
b) Guten Tag, mein Name ist Kranz. Wir haben einen Fleck in unserem Wohnzimmer. Könnten Sie da mal vorbeikommen?
c) Das ist ja eine nette Aktion. Leider können wir da nicht. Aber vielen Dank für die Einladung. Auf Wiederhören.
d) Sehr gut. Unsere Adresse ist Wiesenstraße 17.

🚑 Hilfe? – Hören Sie zuerst und ordnen Sie dann.

2 Die Firma Buchholz im Porträt

a Was passt zusammen? Ordnen Sie zu.

1. (eine Firma) leiten — d) Chef/Chefin sein
2. der Betrieb / das Unternehmen — f) die Firma
3. die Angestellten — g) die Mitarbeiter
4. eine zentrale Rolle spielen — h) sehr wichtig sein
5. entspannt sein — e) nicht gestresst sein
6. die Auszubildenden (Azubis) — a) diese Personen lernen einen Beruf
7. eine Ausstellung machen — b) Bilder, Fotos usw. zeigen
8. viel Berufserfahrung haben — c) schon lange in einem Beruf arbeiten

🎵 3.77 **b Aussprache: Was hören Sie? *ng* oder *nk*? Kreuzen Sie an.**

	1	2	3	4	5	6	7	8
ng	X							
nk		X						

🎵 3.78 **c Hören Sie und sprechen Sie nach.**

ng: Ausbildung, Bewerbung, Erfahrung, Buchhaltung, gegangen, langsam, Zeitung
nk: Bank, Onkel, danken, trinken, pünktlich, schenken, Frankfurt

🎵 3.79 **d Hören Sie und sprechen Sie nach.**

1. Frau Lang hat eine Ausbildung als Krankenschwester gemacht.
2. Herr Brinkmann, kommen Sie bitte pünktlich.
3. Die Firma renoviert Wohnungen in Frankfurt.

ÜBUNGEN

3 Wo sind wir heute Nachmittag?

a Ergänzen Sie die Zeitangaben.

~~Jetzt~~   Nächstes Jahr   Vor zwei Jahren

1. .... hat Tanja die Schule abgeschlossen.
2. *Jetzt* .... macht sie eine Ausbildung als Malerin.
3. .... beendet sie ihre Ausbildung.

b Ordnen Sie die Zeitangaben.

~~heute~~   vor fünf Jahren   in drei Jahren   ~~morgen~~   nächstes Jahr   letzten Monat
nächste Woche   übermorgen   vor zwei Wochen   letzte Woche   ~~früher~~   in einem halben Jahr

←	*jetzt*	→
früher	*heute*	*morgen*

c Schreiben Sie Sätze. Achten Sie auf die Zeitangabe und verwenden Sie die richtige Zeit.

1. Tanja / gestern / in der Berufsschule / sein / .
   Gestern war Tanja in der Berufsschule.

2. nächsten Samstag / ihre Wohnung / renovieren / Familie Kranz / .
   ....

3. kommen / übermorgen / die Malerfirma / zu uns / .
   ....

4. letztes Jahr / eine Ausstellung / die Angestellten / machen / .
   ....

5. letztes Wochenende / die Firma Buchholz / ein Fest / feiern / .
   ....

6. beenden / vor fünf Jahren / seine Ausbildung / Anton / .
   ....

d Schreiben Sie fünf Sätze über sich.

1. *Letzte Woche ... ich ...*   2. *Jetzt ... ich ...*   3. *Ich ... in zwei Jahren ...*

einhundertdreiundachtzig 183

4 Was wolltest du als Kind werden?

a Was sind diese Personen von Beruf? Was wollten sie als Kind werden? Schreiben Sie.

Astronaut/in   Tierpfleger/in   ~~Schauspieler/in~~   Architekt/in   Musiker/in
Informatiker/in   Koch/Köchin   ~~Elektriker/in~~

1. Herr Balser   2. Frau Neuhaus   3. Stefan   4. Michael

1. Herr Balser ist Elektriker. Als Kind wollte er Schauspieler werden.
2. Frau Neuhaus ist …

b Lesen Sie den Text. Kreuzen Sie an: richtig oder falsch?

Vom Azubi zum eigenen Restaurant

Tobias Sendner hat heute mit 38 Jahren sein eigenes Restaurant in Köln. Aber auch er hat einmal als Azubi angefangen. Hier gibt er Tipps und Infos zu Ausbildung und Beruf.

„Koch war nicht mein Traumberuf", sagt er direkt am Anfang des Gesprächs. „Ich wollte eigentlich Hoteldirektor werden."
Eine Ausbildung zum Koch kann man in Restaurants, Großküchen oder Kantinen machen. Er empfiehlt aber die Ausbildung in Hotels mit einem guten Restaurant: „Da kann man am meisten lernen." Er hat seine dreijährige Ausbildung als Koch in einem großen Hamburger Hotel gemacht. Nach seiner Ausbildung hat er lang in London und New York gearbeitet.
Tobias Sendner sagt, dass die Chancen auf dem Arbeitsmarkt für Köche sehr gut sind. Wenn man als Koch Karriere machen will, muss man gut und kreativ kochen können. Aber auch Teamfähigkeit spielt eine große Rolle. Der Beruf ist anstrengend und Arbeit spätabends, an Wochenenden und Feiertagen ist in den meisten Betrieben normal. Die Bezahlung ist vor allem am Anfang nicht sehr gut. Man sollte sich also sehr gut überlegen, ob man diesen Beruf wirklich lernen will.
Für Tobias Sendner ist es heute ein Traumjob: „Ich liebe das kreative Arbeiten, die Zusammenarbeit mit den Kollegen und die Gerüche in der Küche."

	R	F
0. Koch war der Traumberuf von Tobias Sendner.	☐	☒
1. Eine Ausbildung zum Koch kann man nur in Restaurants machen.	☐	☐
2. Tobias Sendner hat auch im Ausland gearbeitet.	☐	☐
3. Als Koch findet man leicht eine Arbeit.	☐	☐
4. Man muss oft samstags und sonntags arbeiten.	☐	☐
5. Man verdient nach der Ausbildung sofort sehr gut.	☐	☐

5 Traumberufe

a Ergänzen Sie die richtige Form von *werden*.

1. Nina, was wolltest du _werden_, als du klein warst?
2. Als ich klein war, wollte ich Polizistin ....
3. Aus dem Traum .... Realität.
4. Nina ist Polizistin ....
5. Ihre Tochter will auch Polizistin .... wie ihre Mutter.

geworden • werden • ~~werden~~ • werden • wurde

b Schreiben Sie Sätze.

1. Viele Mädchen wollen .... werden, denn ....
2. Viele Jungen wollen .... werden, weil ....
3. Als Kind wollte meine Mutter .... werden, denn ....
4. Als Kind wollte ich .... werden, weil ....

6 Paula bei der Berufsberatung

a Ergänzen Sie die passende Präposition: *ohne, für, gegen* oder *mit*.

1. Als Maler muss man viel _mit_ Farben arbeiten.
2. Das spricht .... diese Arbeit: Man verdient nicht viel.
3. .... einen Schulabschluss kann man diese Ausbildung nicht machen.
4. Frau Sand macht sehr viel .... ihren Beruf.
5. Die langen Arbeitszeiten sprechen .... diesen Beruf.
6. .... ein Studium braucht man Abitur.
7. Wir suchen Mitarbeiter .... viel Berufserfahrung.
8. .... Spaß kann man diesen Job nicht machen.

b Vorteile und Nachteile von Berufen. Ergänzen Sie die Tabelle.

~~gutes Gehalt haben~~   nachts arbeiten   viel Urlaub haben
lange Arbeitszeiten haben   eine interessante Arbeit haben
früh aufstehen müssen   nicht viel Gehalt bekommen   abwechslungsreich sein
~~am Wochenende arbeiten müssen~~   viel Freizeit haben   …

Vorteile	Nachteile
gutes Gehalt haben	am Wochenende arbeiten müssen

c Wählen Sie einen Beruf und ergänzen Sie die Sätze.

1. Für .... spricht, dass ....

2. Gegen diesen Beruf spricht, dass ....

3. Ein Vorteil von diesem Beruf ist, dass ....

4. Ein Nachteil ist, dass ....

d Lesen Sie die Beiträge im Forum und ergänzen Sie die Lücken.

Forum   Suche

simone234	Ich will (1) Tier **p f l e g e r i n** werden, aber ich weiß nicht, wie der Alltag für Tierpfleger aussieht. Deshalb interessieren mich eure (2) Erfahr_____.
nadja17	Ich (3) ma____ gerade eine (4) Ausbil_____ und bin jetzt im zweiten Ausbildungsjahr. Wenn du Tierpflegerin werden (5) wil____, brauchst du viel (6) Ged____ und du musst Interesse an (7) Medi_____ haben.
eisbär	Ich bin seit zwölf (8) Jah_____ Tierpfleger. Einen (9) Nach_____ hat dieser Beruf: Arbeit am (10) Wochen_____ ist ganz normal. Mein Tipp: Am (11) bes____ machst du mal ein (12) Prak_____.

7 Paula braucht Tipps.

a Welcher Tipp passt zu welcher Situation? Ordnen Sie zu.

1. Herr Fink kommt am Morgen oft zu spät.
2. Dimitri muss viele Überstunden machen.
3. Vera möchte Freunde in Deutschland finden.
4. Frau Helm ist arbeitslos.
5. Ernesto und Juan sind immer müde.
6. Sylvia hat im Büro oft Rückenschmerzen.

- ⟨1⟩ Sie sollten einen Wecker kaufen. **A**
- ☐ Ihr solltet mehr schlafen. **B**
- ☐ An deiner Stelle würde ich in einen Verein gehen. **C**
- ☐ Du könntest einen Yoga-Kurs machen. **D**
- ☐ Du könntest mit deinem Chef sprechen. **E**
- ☐ Sie sollten zur Agentur für Arbeit gehen. **F**

b Geben Sie den Personen unterschiedliche Tipps.

1. Frau Nagel findet ihre Arbeit langweilig. — Sie könnten … / Sie sollten … / An Ihrer Stelle würde ich …

2. Felix möchte kochen lernen. — Du könntest … / Du solltest … / An deiner Stelle würde ich …

3. Lara und Sara möchten ihre Aussprache verbessern. — Ihr könntet … / Ihr solltet … / An eurer Stelle würde ich …

An Ihrer Stelle würde ich mit dem Chef …

186 einhundertsechsundachtzig

8 Ausbildung im Ausland, Arbeit in Deutschland

a Was passt nicht? Streichen Sie durch.

1. eine Ausbildung — ~~schreiben~~ • machen • abschließen
2. ein Praktikum — machen • arbeiten • beginnen
3. eine Anerkennung — brauchen • bekommen • informieren
4. einen Berufsabschluss — haben • machen • abholen
5. den Beruf — lieben • mögen • bezahlen

b 🎧 3.80 Hören Sie. Woher kommt Acanit und warum ist sie nach Deutschland gekommen?

c 🎧 3.80 Hören Sie noch einmal und kreuzen Sie an: richtig oder falsch?

	R	F
1. Acanit arbeitet schon mehr als drei Jahre im Krankenhaus.	X	☐
2. Sie hat in Uganda noch nicht als Krankenpflegerin gearbeitet.	☐	☐
3. Man hat ihre Ausbildung sofort anerkannt.	☐	☐
4. Sie musste die B2-Prüfung machen.	☐	☐
5. Acanit fühlt sich wohl in Deutschland.	☐	☐

LEICHTER LERNEN: Gespräche im Beruf vorbereiten

a Schreiben Sie Ihre Fragen auf.

b Bereiten Sie zwei von diesen drei Situationen vor.

1. Sie möchten ein Praktikum bei einer Firma machen.
2. Sie haben einen Termin bei der Agentur für Arbeit.
3. Sie möchten nächsten Monat Urlaub nehmen.

☺ Informieren Sie sich im Internet über Firmen und Berufe.

☺ Lassen Sie Ihre Fragen von Muttersprachlern korrigieren und lernen Sie die Fragen.

1. Kann ich bei Ihnen ein Praktikum machen?

RICHTIG SCHREIBEN: -d oder -t am Wortende

Gleich sprechen – anders schreiben. Ergänzen Sie d oder t.

1. Tanja hat ein neues Fahrra_d_.
2. Das Bil_ an der Wan_ gefällt mir gu_.
3. Der Beruf ist sehr interessan_.
4. Die Arbeit als Maler ist anstrengen_ und har_.
5. Tobias hat lang im Auslan_ gearbeitet.

☺ 1. Bei Adjektiven: Wie spricht man das Adjektiv im Komparativ oder mit Endung aus? *(anstrengend – anstrengender)*

2. Bei Nomen: Wie spricht man den Plural aus? *(Wand – Wände)*

Mein Deutsch nach Kapitel 12

Das kann ich:

über Zukunft sprechen

Kino, Hochzeit, Urlaub, Arbeit, …

Ergänzen Sie die Sätze.
- Morgen …
- In zwei Jahren …
- Nächste Woche …

über Traumberufe sprechen

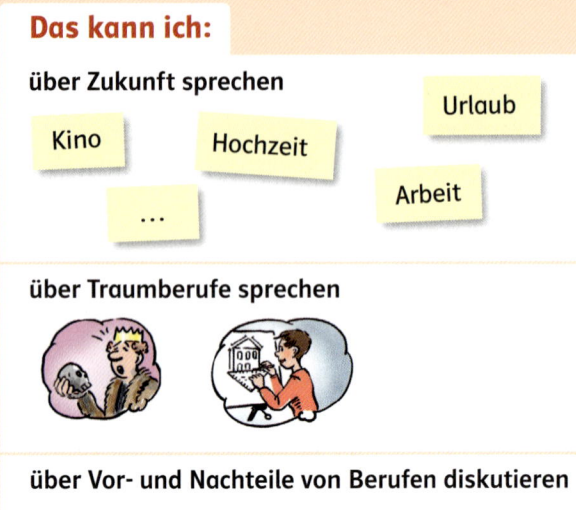

Sprechen Sie.
- ● Was wolltest du als Kind werden?
- ○ Ich wollte … werden.
- ● Warum?

über Vor- und Nachteile von Berufen diskutieren

Bäcker, Polizistin

Wählen Sie einen/Ihren Beruf und diskutieren Sie.
- ● Was spricht für den Beruf …?
- ○ Mir gefällt, dass …?
- ● Und gibt es auch Nachteile?

Tipps geben

Mir ist so langweilig.

Schreiben Sie drei Tipps.

An deiner Stelle würde ich …
Du könntest …
Du solltest …

www → A2/K12

Das kenne ich:

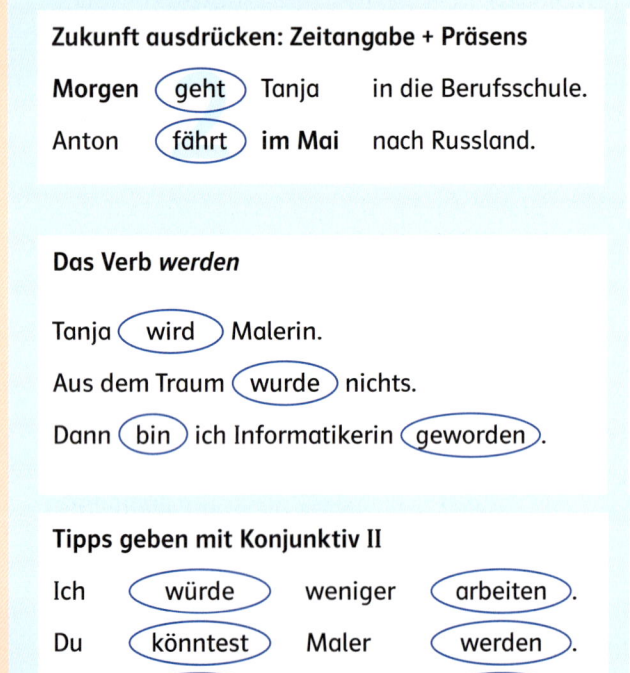

Zukunft ausdrücken: Zeitangabe + Präsens

Morgen (geht) Tanja in die Berufsschule.
Anton (fährt) **im Mai** nach Russland.

Präpositionen mit Akkusativ *für, gegen, ohne*

der Beruf	Die Arbeitszeit spricht **gegen den** Beruf.
das Gehalt	Paula interessiert sich **für das** Gehalt.
die Liebe	Es geht nicht **ohne die** Liebe zu Tieren.
die Tiere	Sophia braucht viel Zeit **für die** Tiere.

Das Verb *werden*

Tanja (wird) Malerin.
Aus dem Traum (wurde) nichts.
Dann (bin) ich Informatikerin (geworden).

	Präsens	Präteritum	Perfekt
ich	werde	wurde	bin geworden
du	wirst	wurdest	bist geworden
er/es/sie	wird	wurde	ist geworden
wir	werden	wurden	sind geworden
ihr	werdet	wurdet	seid geworden
sie/Sie	werden	wurden	sind geworden

Tipps geben mit Konjunktiv II

Ich (würde) weniger (arbeiten).
Du (könntest) Maler (werden).
Ihr (solltet) Urlaub (machen).

ich	sollte	könnte	würde
du	solltest	könntest	würdest
er/es/sie	sollte	könnte	würde
wir	sollten	könnten	würden
ihr	solltet	könntet	würdet
sie/Sie	sollten	könnten	würden

HALTESTELLE

1 Kennen Sie D-A-CH?

a Produkte – Sehen Sie die Bilder an. Was kennen Sie? Aus welchem Land kommt das? Sammeln Sie.

> Die taz ist eine Zeitung aus …

> Ich glaube, die Toblerone kommt aus …

> … kenne ich nicht.

taz.die tageszeitung
D A CH

Tages-Anzeiger
D A CH

DER STANDARD
D A CH

Tagesschau
D A CH

heute ZDF
D A CH

Zeit im Bild
D A CH

Almdudler
D A CH

Alsterwasser
D A CH

Rivella
D A CH

Toblerone
D A CH

Mozartkugeln
D A CH

Lübecker Marzipan
D A CH

🎧 3.81–83 **b** Hören Sie die Umfrage und kreuzen Sie an: D, A oder CH.

🎧 3.81–83 **c** Hören Sie die Gespräche noch einmal. Was machen die Personen? Erzählen Sie.

> Frau Schumig lebt in Hamburg. Sie liest …

HF-1 ## 2 Schreiben

a Wörter aus den Buchstaben von „Fernsehen" – Schreiben Sie die Geschichte weiter. Verwenden Sie in jedem Satz ein Wort aus den Buchstaben von „Fernsehen".

F E R N S E H E N

~~sehr~~   Henne   her   ~~fernsehen~~
~~Rene~~   er   es   Senf   sehen

> Es war schon <u>sehr</u> spät. <u>Rene</u> war müde und wollte noch ein bisschen <u>fernsehen</u>. Plötzlich …

b Arbeiten Sie zu viert. Wählen Sie ein Wort. Bilden Sie möglichst viele Wörter mit den Buchstaben. Schreiben Sie dann einen Text. Verwenden Sie wie in 2a in jedem Satz ein Wort.

N A C H R I C H T E N   S C H A U S P I E L E R I N

T R A U M B E R U F

3 Spielen und wiederholen

Was sagen Sie? Spielen und sprechen Sie in kleinen Gruppen.

Stellen Sie Ihre Spielfigur auf Start. Würfeln Sie und lösen Sie die Aufgabe auf dem Feld.
Aufgabe gelöst = 1 Punkt, Aufgabe nicht gelöst = kein Punkt.

Sie kommen zu einer Leiter: Gehen Sie die Leiter hinauf.

Sie kommen zum Kopf von der Schlange: Gehen Sie zurück zum Ende von der Schlange.
Wer ist zuerst im Ziel? Wer hat die meisten Punkte?

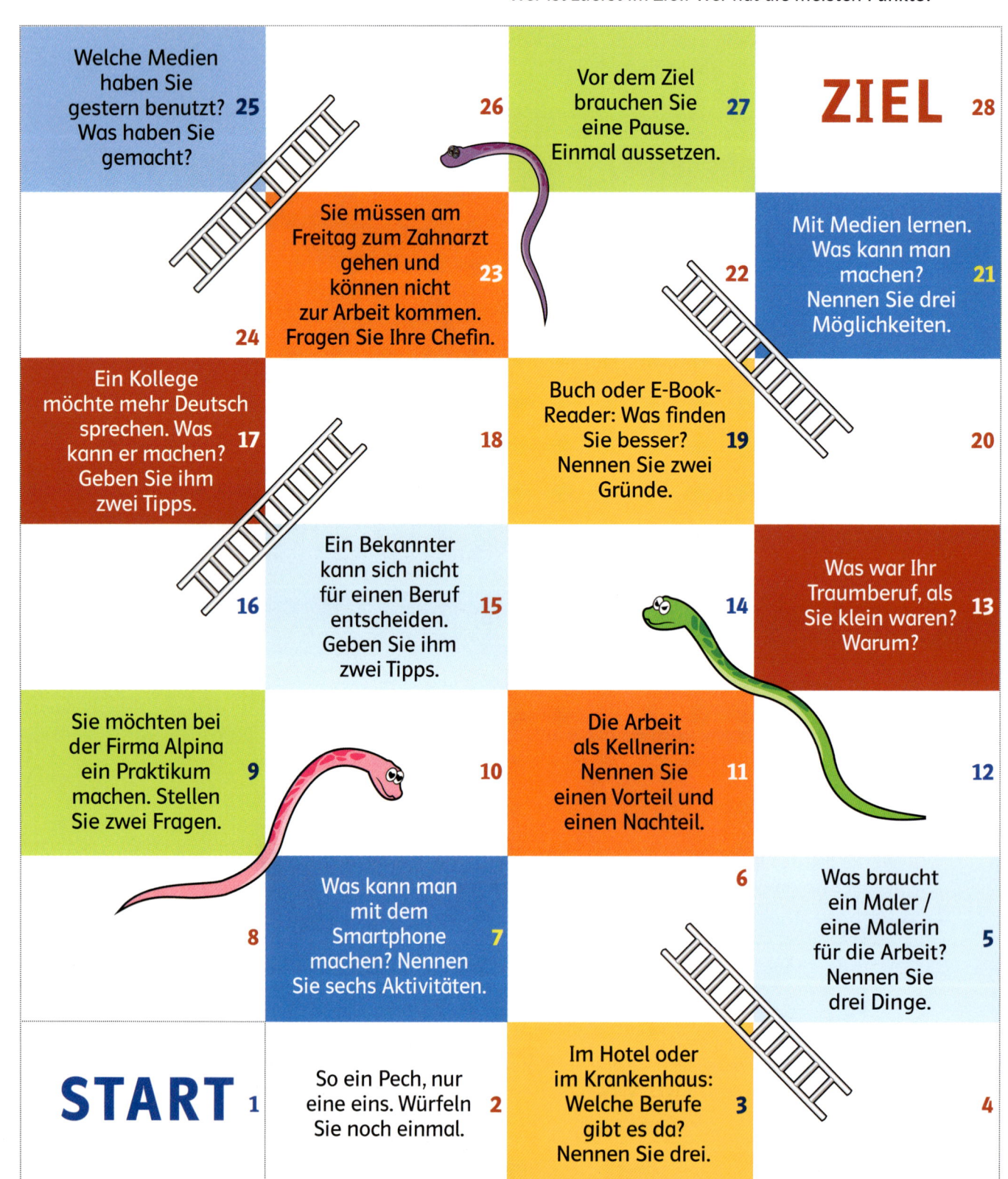

25 Welche Medien haben Sie gestern benutzt? Was haben Sie gemacht?	26	27 Vor dem Ziel brauchen Sie eine Pause. Einmal aussetzen.	28 ZIEL
24	23 Sie müssen am Freitag zum Zahnarzt gehen und können nicht zur Arbeit kommen. Fragen Sie Ihre Chefin.	22	21 Mit Medien lernen. Was kann man machen? Nennen Sie drei Möglichkeiten.
17 Ein Kollege möchte mehr Deutsch sprechen. Was kann er machen? Geben Sie ihm zwei Tipps.	18	19 Buch oder E-Book-Reader: Was finden Sie besser? Nennen Sie zwei Gründe.	20
16	15 Ein Bekannter kann sich nicht für einen Beruf entscheiden. Geben Sie ihm zwei Tipps.	14	13 Was war Ihr Traumberuf, als Sie klein waren? Warum?
9 Sie möchten bei der Firma Alpina ein Praktikum machen. Stellen Sie zwei Fragen.	10	11 Die Arbeit als Kellnerin: Nennen Sie einen Vorteil und einen Nachteil.	12
8	7 Was kann man mit dem Smartphone machen? Nennen Sie sechs Aktivitäten.	6	5 Was braucht ein Maler / eine Malerin für die Arbeit? Nennen Sie drei Dinge.
1 START	2 So ein Pech, nur eine eins. Würfeln Sie noch einmal.	3 Im Hotel oder im Krankenhaus: Welche Berufe gibt es da? Nennen Sie drei.	4

TESTTRAINING

HALTESTELLE **F**

1 Lesen – Lückentext

So sieht die Aufgabe in der Prüfung aus:

Lesen Sie den Text und schließen Sie die Lücken 1 bis 6. Welche Lösung (ⓐ, ⓑ oder ⓒ) passt am besten?

Malerwerkstatt Fauser
Lenaustraße 7
30619 Hannover

Bewerbung …0… Auszubildende   Hannover, 17.6.20…

Sehr geehrter Herr Fauser,

wie ich …1… schon am Telefon mitgeteilt habe, interessiere ich mich für den Ausbildungsplatz in Ihrem Betrieb.

Ich habe schon …2… gerne mit Farben gearbeitet. …3… glaube ich, dass der Beruf Maler das Richtige für mich ist. Die Schule werde ich im Juli abschließen und danach möchte ich bei Ihnen …4….

Anbei schicke ich Ihnen …5… Lebenslauf und mein letztes Zeugnis.

Über eine Einladung zu einem Vorstellungsgespräch würde ich mich sehr freuen.

Mit …6… Grüßen

Manuela Reichenberger

Beispiel

0	1	2	3	4	5	6
☒ als	ⓐ dir	ⓐ immer	ⓐ denn	ⓐ anfangen	ⓐ mein	ⓐ freundlich
ⓑ für	ⓑ Ihnen	ⓑ nie	ⓑ deshalb	ⓑ anfängt	ⓑ meinen	ⓑ freundliche
ⓒ zur	ⓒ Sie	ⓒ viel	ⓒ weil	ⓒ angefangen	ⓒ meiner	ⓒ freundlichen

> → In diesem Prüfungsteil gibt es immer ein bis zwei Aufgaben zu Höflichkeitsformen.
> → Trainieren Sie Anrede- und Grußformeln!

2 Schreiben – formelle Mitteilung

So sieht die Aufgabe in der Prüfung aus:

Wählen Sie Aufgabe A oder Aufgabe B. Zeigen Sie, was Sie können: Schreiben Sie möglichst viel.

Aufgabe A
Sie haben in Ihrer Wohnung Probleme mit der Heizung. Sie haben Ihre Vermieterin Frau Krause am Telefon nicht erreicht und schreiben ihr deshalb eine E-Mail.

Schreiben Sie etwas über folgende Punkte:
- Grund für Ihr Schreiben
- Ihr Problem
- Termin für Reparatur
- Wie Sie erreichbar sind

Aufgabe B
Sie möchten sich bei der Berufsberatung über verschiedene Berufe informieren. Sie schreiben deshalb einen Brief an die Agentur für Arbeit und bitten um einen Termin.

Schreiben Sie etwas über folgende Punkte:
- Grund für Ihr Schreiben
- Welche Berufe?
- Mögliche Termine
- Bitte um Wegbeschreibung

> → Wählen Sie schnell: Welche Aufgabe ist leichter für Sie?
> → Sie müssen immer einen formellen Brief schreiben. Trainieren Sie Anrede- und Grußformeln.
> → Kontrollieren Sie am Ende: Haben Sie zu allen Stichwörtern etwas geschrieben?
> → Korrigieren Sie Ihren Brief noch einmal. Achten Sie auf Verbposition, Endungen, Rechtschreibung …
> → Schreiben Sie in der Prüfung Ihren Text direkt auf den Antwortbogen. So sparen Sie Zeit.

einhunderteinundneunzig **191**

HF-2 3 Sprechen – gemeinsam etwas planen

3.84 a Lesen Sie die Aufgaben und hören Sie den Dialog. Zu welchem Beispiel passt er? Kreuzen Sie an.

So sieht die Aufgabe in der Prüfung aus:

☐ **Beispiel 1**
Situation:
Eine gemeinsame Freundin von Ihnen hat ein Zimmer in einer WG gefunden und zieht bald um. Sie möchten ihr helfen.

Aufgabe:
Planen Sie gemeinsam, was Sie tun möchten.

Hier sind einige Notizen:

- Wann soll der Umzug sein?
- Auto / Kartons?
- Essen / Getränke für die Helfer
- altes Zimmer renovieren
- Fest in der neuen Wohnung?
- …

☐ **Beispiel 2**
Situation:
Ihr Kind kommt in die Schule. Im Kindergarten gibt es ein Abschiedsfest. Sie sollen das Fest zusammen organisieren.

Aufgabe:
Planen Sie gemeinsam, was Sie tun möchten.

Hier sind einige Notizen:

- Termin?
- Wen einladen?
- Essen / Getränke?
- Spiele?
- Geschenke für die Erzieherinnen?
- …

So können Sie üben:

3.84 b Hören Sie den Dialog aus 3a noch einmal. Welche Redemittel hören Sie? Kreuzen Sie an.

1. *den Dialog beginnen*
   ⓐ Du, wir müssen zusammen das Fest organisieren.
   ⓑ Hallo …! Wir sollen zusammen … planen.

2. *um Vorschläge bitten*
   ⓐ Was brauchen wir?
   ⓑ Wie sollen wir das machen?

3. *Vorschläge machen*
   ⓐ Ich finde, wir sollten …
   ⓑ Ich schlage vor, dass wir …
   ⓒ Wir könnten …
   ⓓ Weißt du was? Wir …

4. *auf Vorschläge reagieren*
   +
   ⓐ Wunderbar.
   ⓑ Super, so machen wir das.
   –
   ⓒ Das finde ich nicht gut. … ist besser.
   ⓓ Ich glaube, das passt nicht. Aber wir können …

5. *Kompromisse machen*
   ⓐ Gut, einverstanden.
   ⓑ Okay, dann machen wir das so.

6. *zum nächsten Punkt kommen*
   ⓐ Und wie machen wir das mit …?
   ⓑ Was müssen wir noch organisieren?

7. *den Dialog beenden*
   ⓐ Super, dann haben wir alles, oder?
   ⓑ Gut, dann sind wir fertig!

c Schreiben und spielen Sie einen Dialog zu Beispiel 1 aus 3a. Die Redemittel aus 3b helfen.

> → Fragen Sie in der Prüfung immer nach, wenn Sie etwas nicht verstehen – das ist kein Problem!
> → Wiederholen Sie vor der Prüfung Wortschatz zu den Themen Termine, Essen, Getränke, Feste, Geschenke und Reisen.
> → Sammeln Sie Redemittel wie in Aufgabe 3b. Wiederholen Sie diese Redemittel immer wieder.

Das gefällt mir! 13

1 Das finde ich schön!

a Sehen Sie das Foto an. Was machen Dana und Eleni?

b Was sehen Sie auf dem Foto? Schreiben Sie in Gruppen Wörter auf einen Zettel. Tauschen und ergänzen Sie sie.

die Kette, das T-Shirt

c Hören Sie. Was schenkt Dana Eleni? Was nimmt Dana nicht mit auf den Flohmarkt? (4.02)

d Wie gefallen Ihnen die Dinge? Sprechen Sie.

> Ich finde die Teetassen hübsch. Wirklich? Die gefallen mir überhaupt nicht. …

Sprechen sagen, was einem (nicht) gefällt; Komplimente machen und darauf reagieren; Preise verhandeln; Bilder beschreiben; Vermutungen äußern; über Musik sprechen | **Hören** Gespräche auf dem Flohmarkt; Bildbeschreibung; Online-Buchung | **Schreiben** Bericht über eine Veranstaltung | **Lesen** E-Mail über Upcycling; Facebook-Nachrichten | **Beruf** etwas verkaufen; verhandeln

193

2 Dana und Eleni auf dem Flohmarkt

a Was passt zu den Fotos? Ordnen Sie die Sprechblasen den Fotos zu.

A ☐   B  ☐   C  ☐   D ☐

1. Komm! Gehen wir zum Stand mit der roten Kette!
2. Und die Kette passt super zu dem blauen Kleid!
3. Die Teekanne hier passt perfekt zu meinen neuen Tassen.
4. Mit dem großen Hut siehst du wirklich gut aus!

b Hören Sie. Was kaufen Eleni und Dana, was nicht?

c Markieren Sie in 2a die Adjektivendungen und ergänzen Sie die Tabelle.

FOKUS   Adjektive nach dem bestimmten Artikel im Dativ

der   mit dem groß_en_ Hut

das   zu dem blau_____ Kleid

die   mit der rot_____ Kette

die (Plural)   zu den neu_____ Tassen

Adjektivendungen im Dativ nach unbestimmtem und bestimmtem Artikel immer -en: mit dem/einem groß**en** Hut

d Kombinieren Sie und schreiben Sie Sätze.

der Gürtel der Rock der Anzug das T-Shirt die Jacke die Kette die Schuhe die Ohrringe	passt/passen super zu sieht/sehen gut aus mit ...	dem der den	bunten blauen neuen modernen langen kurzen ...

Mantel   Pullover   Kleid   Hemd   Bluse   Hose   Haare   Augen   ...

Der Gürtel passt super zu dem bunten Kleid!

e Gehen Sie im Kursraum herum. Machen Sie Komplimente und reagieren Sie.

- Der Schal passt super zu deiner roten Jacke!
- Vielen Dank!
- Die neue Brille steht dir sehr gut!
- Freut mich!

UND SIE?

a Zu welchen Themen kann man bei Ihnen Komplimente machen?

b Wählen Sie ein Thema. Spielen Sie Dialoge mit Komplimenten.

13

3 Ein Bild für Ben

a Hören Sie den Dialog. Kauft Dana das Bild?

b Was möchten Sie kaufen oder verkaufen? Zeichnen oder notieren Sie einen Gegenstand und einen Preis. Verhandeln Sie dann mit Ihrem Partner / Ihrer Partnerin.

- Hallo! Was kostet denn …
- ○ Für … möchte ich … Euro.
- … Euro? Ich zahle maximal …
- ○ … Euro? Das ist viel zu wenig. Sagen wir …
- Nein, das finde ich zu viel. … Euro sind in Ordnung.
- ○ … Euro. Das ist mein letztes Angebot.
- Gut, für … Euro kaufe ich … / Nein, danke.

c Hören Sie. Welches Bild beschreibt Dana?

A oben, hinten, links, vorne
"Hallo, Mama! Hast du auch Hunger?"

B in der Mitte, rechts, unten
"Hallo, Schatz! Ich habe heute gekocht! Super, oder?"

d Welche Sätze passen zu welchem Bild? Ordnen Sie zu.

1. Auf dem Bild ist ein Mann. Er hält einen Teller Nudeln mit Tomatensoße in der Hand. Bild ……….
2. Oben sieht man viele rote Flecken. Bild ……….
3. Unten auf dem Boden liegt ein Hund und frisst. Bild ……….
4. Hinten links kann man ein Kochbuch sehen. Bild ……….

e Was sehen Sie noch auf den Bildern? Sprechen Sie.

> **ein Bild beschreiben**
> Auf dem Bild ist/sind …
> Man sieht einen/ein/eine … / Man kann einen/ein/eine … sehen.
> Oben/Unten/Vorne/Hinten/Rechts/Links / In der Mitte … ist/steht/hängt/liegt/sitzt …
> Die Frau / Der Mann / Das Kind / Der Hund … liest/kocht/isst/frisst/sagt …
> Die Küche ist sauber/schmutzig/modern/gemütlich/…

Auf Bild A kommt eine Frau nach Hause. Ihr Mann …

4 Aus Alt mach Neu.

a Sehen Sie die Fotos an. Wie gefallen Ihnen die Dinge? Was war das vorher? Was ist es jetzt? Arbeiten Sie mit dem Wörterbuch.

A   B   C   D

> **Vermutungen äußern**
>
> Wahrscheinlich/Vielleicht war/ist das …   Ich glaube/denke/vermute, das war/ist …
> Es sieht aus wie ein/eine …

> Foto B sieht aus wie ein alter Tennisball. Jetzt ist es vielleicht ein Halter für …

b Was könnte man aus diesen Dingen machen? Sammeln Sie im Kurs.

die Dose   der Korken   die Jeans   die Holzpalette   der Luftballon   der Autoreifen

> Aus einer alten Dose könnte man …

5 Das ist also Upcycling!

a Lesen Sie Elenis Mail. Was möchte Eleni kaufen?

Hallo, Maria,
jetzt muss ich dir doch schnell schreiben, ich habe nämlich am Wochenende "Upcycling" kennengelernt. Das gefällt dir sicher auch gut – du magst doch originelle Sachen! Ich war mit Dana auf dem Flohmarkt und ein Verkäufer hat uns begeistert von diesem neuen Trend erzählt. Seit dem Besuch auf dem Flohmarkt habe ich viel recherchiert und das gefunden:

Neuer Trend Upcycling – Überall kann man heute Upcycling-Produkte finden: auf dem Flohmarkt, im Internet oder in teuren Läden. Was ist Upcycling eigentlich? Wie beim Recycling verwendet man alte Dinge, aber beim Upcycling stellt man aus alten Sachen einfach etwas ganz anderes her, z. B. aus einem Koffer einen Stuhl, aus einem Löffel aus Metall oder Silber einen Ring, aus einer Flasche eine Vase. Alles ist möglich!

Im Internet gibt es tolle Seiten mit vielen Beispielen. Vielleicht bin ich fleißig und probiere es selbst mal 😉. Am Ende habe ich dann noch eine Webseite von einem coolen Designer gefunden. Er macht aus alten Holzpaletten neue Möbel. Ein Tisch von ihm sieht super aus und ist nicht teuer – den will ich unbedingt haben. Fährst du mit mir hin? Das Geschäft ist bei der alten Kirche, nicht weit weg von mir. Melde dich!

b Lesen Sie die E-Mail in 5a noch einmal und kreuzen Sie an: richtig oder falsch?

	R	F		R	F
1. Eleni hat schon oft von Upcycling gehört.	☐	☐	3. Eleni möchte sich ein Upcycling-Produkt kaufen.	☐	☐
2. Upcycling-Produkte gibt es nur im Internet.	☐	☐	4. Eleni wohnt nah bei der Kirche.	☐	☐

196 einhundertsechsundneunzig

c Markieren Sie in 5a die Präpositionen *aus, bei, mit, nach, seit, von, zu*. Hören und ergänzen Sie das Lied. Singen Sie dann mit.

aus, bei, mit, nach, aus, bei, mit, nach,
seit, von, zu, seit, von, zu,
alle haben ....,
alle haben ....,
dem, der, den, dem, der, den.

d Elenis Tag – Schreiben Sie zu den Bildern Sätze mit den Präpositionen. Vergleichen Sie mit einem Partner / einer Partnerin und kontrollieren Sie.

seit	bei	zu	aus	nach	von	mit
Frühstück	Freundinnen	Flohmarkt	Geschäft	Einkauf	Tisch	Hunde

Eleni hat seit dem Frühstück nichts gegessen.

e Arbeiten Sie zu zweit. Jeder schreibt sechs Zettel mit je einer Präposition und einem Nomen. Mischen Sie die Zettel und ziehen Sie nacheinander. Bilden Sie Sätze.

Gestern war ich mit meiner Freundin im Kino.

mit – Freundin

f Aussprache: Was hören Sie: *au* oder *äu/eu*? Kreuzen Sie an und vergleichen Sie im Kurs. Hören Sie dann noch einmal und sprechen Sie nach.

	1.	2.	3.	4.	5.	6.	7.	8.	9.	10.
au	☐	☐	☐	☐	☐	☐	☐	☐	☐	☐
äu/eu	☒	☐	☐	☐	☐	☐	☐	☐	☐	☐

äu und *eu* spricht man *oi*. ☺

g Hören Sie und sprechen Sie nach.

au:	Haus	Raum	Traum	verkaufen	laufen
äu:	Häuser	Räume	träumen	Verkäufer	läuft
eu:	Freundin	Euro	neu	heute	teuer

Die Verkäuferin freut sich: Sie hat heute viel verkauft.
Das neue Kleid ist ein Traum! Aber es war auch teuer: Neunundneunzig Euro!

UND SIE?

Was haben Sie schon selbst gemacht? Sprechen Sie im Kurs.

Geschenk   Essen/Getränk   Kleidung   Möbel   ...

Mit meinen Kindern basteln wir Geschenke. Wir haben zusammen eine Lampe gemacht.

Ich mache im Herbst immer Marmelade.

Was für eine Marmelade machst du denn?

einhundertsiebenundneunzig 197

6 Online kaufen – ganz einfach!

a Was haben Sie schon online gebucht oder gekauft? Erzählen Sie.

> Wenn ich mit dem Zug fahre, buche ich mein Ticket online.

> Ich kaufe oft Kleidung im Internet. Das ist ...

> Also, ich hatte einmal Pech. Ich wollte ...

🎧 4.09 **b** Dana bittet Ben um Hilfe. Hören Sie das Gespräch und beantworten Sie die Fragen.

1. Wohin möchte Dana gehen? 2. Mit wem geht sie dahin?

🎧 4.10 **c** Was muss Dana bei der Online-Buchung machen? Sortieren Sie die Bilder und hören Sie dann das Gespräch zur Kontrolle.

A — Veranstaltung wählen
B — Karten in den Warenkorb legen
C — Plätze aussuchen
D — Postadresse eingeben
E — Datum anklicken
F — Zahlungsart wählen

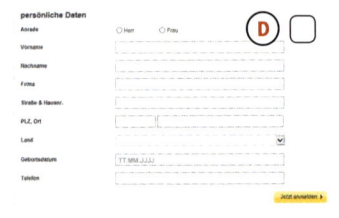

d Lesen Sie die Facebook-Nachrichten von Eleni über verschiedene Konzertbesuche. Welches Foto passt? Ordnen Sie zu.

① Auf dem Stadtfest haben einige Bands gespielt. Die erste Band war toll, ihre Lieder waren auf Deutsch und ich habe viel verstanden 😉 Aber danach war es ziemlich langweilig ...

② Gestern war das Konzert von meiner Nichte Lucia in der Grundschule – sie hat sehr gut gespielt. Sie hat einfach Talent! Von wem sie das wohl hat 😏?

③ Mit Dana auf dem Konzert von Johannes Oerding. Er singt so schöne Lieder und die Stimmung war super! Nächstes Mal werde ich unbedingt wieder hingehen!

UND SIE?

Welche Veranstaltungen haben Sie schon besucht? Schreiben Sie Beiträge wie in 6d. Die Fragen helfen: Wann?, Was?, Wo?, Mit wem?, Wie?

> Am Samstag war unser Sprachschulfest. Alle waren da und ...

7 Das ist meine Musik.

a Welche Musik hören Sie gerne? Wann und wo hören Sie sie? Spielen Sie Ihre Musik im Kurs vor, zum Beispiel mit dem Handy, und erzählen Sie.

Pop Schlager Jazz
Klassik Hip-Hop
Rock Volksmusik

> Ich höre gerne Volksmusik aus meiner Heimat, wenn ich Heimweh habe.

> Volksmusik mag ich nicht. Ich höre morgens gerne Rock. Dann bin ich schnell wach.

🎧 4.11 **b** Hören Sie Ausschnitte aus sechs Liedern. Wie finden Sie sie? Sprechen Sie im Kurs.

über Musik sprechen

Ich finde die Musik schön/langweilig/traurig/romantisch.
Mir ist die Musik zu schnell/laut/langsam/leise.
Mir gefällt der Text / die Stimme / die Melodie (nicht).
Die Stimme ist …
Ich finde die Musiker super. Sie spielen wirklich gut.

c Machen Sie einen Kursspaziergang. Sprechen Sie über jede Frage mit einer anderen Person.

1. Wie oft hören Sie Musik?
2. Welche Musik gefällt Ihnen besonders gut?
3. Wie heißt Ihr Lieblingslied?
4. Welches deutsche Lied gefällt Ihnen?
5. Welches Lied ist in Ihrer Heimat besonders populär?

> Ich höre sehr viel Musik. Zu Hause läuft bei uns immer Musik.

d Minipräsentation – Wer ist Ihr Lieblingssänger / Ihre Lieblingsband? Warum gefällt Ihnen die Musik? Zeigen Sie Fotos, spielen Sie ein Lied vor und erzählen Sie.

eine Minipräsentation machen

Ich möchte euch etwas über … erzählen.
Der Sänger / Die Sängerin / Die Band heißt …
Ich kenne ihn/sie seit …
Die Musik gefällt mir besonders gut, weil …
Mein Lieblingslied von ihm/ihr/ihnen ist …
In dem Lied geht es um …

K13

VORHANG AUF

Spielen Sie Szenen zu den Bildern.

150 Euro?! — Konzert? — Preis? — Ticket kaufen?

Freitag • 20.08. • Stadtpark
www.bobdyll.de

ÜBUNGEN

1 Das finde ich schön!

Wie heißen die Dinge? Schreiben Sie das Wort und den passenden Artikel. Ergänzen Sie dann die Wörter im Plural.

1. die Tasse ; Tassen
2. .... ; ....
3. .... ; ....
4. .... ; ....
5. .... ; ....
6. .... ; ....
7. .... ; ....
8. .... ; ....

2 Dana und Eleni auf dem Flohmarkt

a Wie gefällt den Personen der Rock? Lesen Sie den Chat und notieren Sie ☺☺, ☺, 😐 oder ☹. Schreiben Sie dann einen eigenen Kommentar.

☆ Eleni		✅ Online
Eleni	Ich habe mir einen neuen Rock gekauft: Wie gefällt er euch?	15:41
smiley2000	Mir gefällt er sehr gut, er steht dir bestimmt toll! Und mir wahrscheinlich auch. 😊😊	15:45
leo77	Also die Farben finde ich schön, aber die Form gefällt mir nicht so gut. Na, ich werde ihn ja nicht tragen.	15:46
tin@	Super! Passt er gut zu deiner neuen Jacke? Zieh den Rock doch heute Abend an, dann kann ich dir mehr sagen.	15:52
miss85	Du weißt, ich mag nur schwarze und dunkle Sachen. Mehr muss ich nicht sagen, oder?	15:58

b Welche Adjektivform passt? Markieren Sie.

1. Sari sieht mit dem blaue/blauem/**blauen** T-Shirt super aus.
2. Die schwarze/schwarzen/schwarzer Hose passt auch gut.
3. Die hohe/hohem/hohen Schuhe passen gut zu der kurz/kurze/kurzen Jacke.
4. Die billige/billigen/billigem Sachen gefallen der junge/jungem/jungen Kundin nicht.
5. Der neue/neuen/neuer Anzug steht Pit wirklich gut.
6. Der Anzug gefällt auch den alt/alte/alten Freunden von Pit.

ÜBUNGEN 13

c Auf dem Flohmarkttisch. Ergänzen Sie die Endungen im Dativ.

Dana und Eleni sind auf (1) ein**em** groß.......... Flohmarkt. Sie stehen vor (2) ein.......... klein.......... Tisch. Dana probiert eine Jacke. Die Jacke passt super zu (3) d.......... braun.......... Schuhen und (4) d.......... rot-weiß.......... Pullover. Eleni gefällt ein Hut. Der Hut sieht mit (5) d.......... neu.......... Schal und (6) d.......... hoh.......... Stiefeln toll aus.

d Schreiben Sie Sätze und achten Sie auf die passende Adjektivform.

1. er / toll / aussehen / mit / grün / der Pullover / .
2. schwarz /die Hose / passen / zu / neu / das T-Shirt / .
3. kurz / die Jacke / stehen / dir / gut / .
4. teuer / die Ohrringe / gehören / zu / bunt / die Kette / .
5. braun / der Gürtel / passen / zu / blau / die Bluse / .

1. Er sieht toll mit dem ... aus.

3 Ein Bild für Ben

🎧 4.12 **a** Ordnen Sie den Dialog und hören Sie zur Kontrolle.

● Guten Tag, was kosten bitte die sechs Weingläser hier?
○ 1. **c**
● Und wenn ich die sechs Gläser kaufe?
○ 2. ☐
● Das ist zu teuer. Bekomme ich sie zusammen nicht billiger?
○ 3. ☐
● 15 Euro ist immer noch zu viel. 10 Euro sind in Ordnung.
○ 4. ☐
● Gut, für 12 Euro nehme ich sie.

a) Das macht dann 18 Euro.
b) Für 12 Euro bekommen Sie sie.
c) Ein Weinglas kostet 3 Euro.
d) Na gut, wenn Sie alle nehmen, dann kosten sie 15 Euro.

🚑 Hilfe? – Hören Sie zuerst und ordnen Sie dann.

b Wo passen die Wörter? Lesen Sie die Bildbeschreibung und ergänzen Sie.

~~in der Mitte~~   vorne   rechts   links   unten   links   oben

Das ist ein Bild von einem Flohmarkt.
(1) _In der Mitte_ steht die Verkäuferin,
(2) .... von ihr ist ihre kleine
Tochter und (3) .... liegt ein
Teppich. (4) .... auf dem Tisch steht
ein altes Telefon. (5) .... auf dem
Tisch sind Tassen und Teller. (6) ....
ist eine Lampe. (7) .... ist ein
Plakat, auf dem steht „Flohmarkt".

c Beschreiben Sie das Foto auf Seite 193 mit mindestens fünf Sätzen. Verwenden Sie die Wörter aus 3b. Schreiben Sie.

4 Aus Alt mach Neu.

🎧 4.13   Sie hören ein Gespräch. Was haben die Freunde von Sofia und Moritz gekauft?
Wählen Sie für die Aufgaben 1 bis 5 ein passendes Bild aus A bis I. Wählen Sie jeden Buchstaben nur einmal.

	0	1	2	3	4	5
Person	Leah	Anna	Max	Luisa	Kevin	Nina
Lösung	E					

5 Das ist also Upcycling!

a Was ist das jetzt? Lesen Sie die Beschreibungen und notieren Sie das passende Wort.

eine Tasche   eine Lampe   eine Vase   ~~ein Tisch~~   Ohrringe

1. Das waren früher Bücher zum Lesen. Jetzt liegt ein Buch auf dem anderen und oben ist Glas. Man kann jetzt auf ihm essen. Es ist _ein Tisch_.

2. Aus der Flasche hat man Wein getrunken. Jetzt steht sie auf dem Tisch, aber es sind eine Blume und Wasser drinnen. Es ist _____.

3. Das waren früher Verpackungen für Getränke, z. B. Saft und Milch. Jetzt kann man damit einkaufen und Sachen tragen. Es ist _____.

4. Das war eine Tasse. Jetzt hängt sie über dem Tisch und hat eine Glühbirne. Es ist _____.

5. Das waren früher Bleistifte. Jetzt kann man sie als Schmuck tragen. Es sind _____.

ÜBUNGEN 13

b Präpositionen mit Dativ. Ergänzen Sie die passenden Präpositionen.

Ben kommt heute früh (1) __von__ der Arbeit. Er möchte (2) .... seinem Freund Diego (3) .... einem Fußballspiel gehen. Ben und Diego freuen sich (4) .... Wochen auf das Spiel, denn ihr Lieblingsteam spielt. Sie treffen sich zuerst (5) .... Diego. Dann fahren sie zusammen (6) .... Spiel und (7) .... dem Spiel treffen sie noch Eleni und Dana in der Stadt. Das wird ein super Abend!

von • bei • mit • seit • nach • mit • zu • zum

c Kombinieren und ergänzen Sie und schreiben Sie mit jeder Präposition einen Satz.

| (sich) treffen / arbeiten / gehen / anrufen / kommen / bringen / essen / ... | nach / seit / zu / aus / bei / mit / von / ... | die Party / die Eltern / die Firma / das Restaurant / der Flohmarkt / der Termin / das Geschäft / ... |

Sie kommen nach dem Flohmarkt zu uns.

🎵 4.14 **d** Aussprache: *au* oder *äu/eu* – Welchen Namen hören Sie? Kreuzen Sie an.

1. ⓐ Sabine Meurer
   ☒ Sabine Maurer
2. ⓐ Peter Neumann
   ⓑ Peter Naumann
3. ⓐ Marco Häuser
   ⓑ Marco Hauser
4. ⓐ Sylvia Scheu
   ⓑ Sylvia Schau
5. ⓐ Felix Peuker
   ⓑ Felix Pauker
6. ⓐ Anna Treuer
   ⓑ Anna Trauer

🎵 4.15 **e** Hören Sie und sprechen Sie nach.

1. Meurer, Maurer
2. Neumann, Naumann
3. Häuser, Hauser
4. Scheu, Schau
5. Peuker, Pauker
6. Treuer, Trauer

6 Online kaufen – ganz einfach!

a Ein Freund von Ihnen braucht Hilfe. Schreiben Sie ihm eine Antwort.

> Hallo, hast du kurz Zeit? Ich brauche deine Hilfe. Ich möchte Karten im Internet kaufen, aber ich weiß nicht, wie! Ich bin schon auf der Ticket-Webseite, aber was jetzt???
>
> *Kein Problem, ich helfe gerne. Also, du musst jetzt die Veranstaltung anklicken und dann* ....

Hilfe? – Schreiben Sie über folgende Punkte: Karten in den Warenkorb geben • Plätze aussuchen • Zahlungsart wählen • Datum wählen • Postadresse eingeben

zweihundertdrei 203

b Lesen Sie die Mail von Carlos über einen Online-Einkauf und kreuzen Sie an: richtig oder falsch?

Hallo,
wie geht es dir? Danke für deine Mail, ich freue mich immer, wenn du mir schreibst.
Jetzt muss ich gleich zu der Geburtstagsfeier von meinem Chef. Er feiert in einem teuren Restaurant. Deshalb wollte ich das erste Mal etwas im Internet einkaufen, dort habe ich einen tollen Anzug gesehen. Im Geschäft ist er viel teurer, also habe ich ihn bestellt. Das Bestellen war wirklich nicht schwierig, ich habe Größe und Farbe ausgewählt, dann die Ware in den Warenkorb gelegt und mit meiner Kreditkarte bezahlt. Dann habe ich die Information bekommen, dass der Anzug drei Tage später mit der Post kommt. Aber ich habe nichts bekommen, zwei Wochen lang nicht. Gestern bin ich dann ins Geschäft gegangen und habe den Anzug dort gekauft …
Und rate mal, was heute passiert ist? Meine Nachbarin kommt zu mir, mit meinem Paket in der Hand! Sie war im Urlaub und das Paket war zwei Wochen bei ihr. Sie hat sich sehr nett entschuldigt – das Paket ist vor ihrer Abreise gekommen und sie hat mich nicht mehr gesehen und es vergessen.
Morgen muss ich wieder ins Geschäft und den Anzug zurückgeben. Er war teurer und das Zurückschicken ist mir doch zu schwierig ☺.
Ich muss jetzt gehen, schreib mir bald
Carlos

	R	F
1. Carlos feiert seinen Geburtstag in der Firma.	☐	☒
2. Carlos hat wenig Erfahrung mit dem Bestellen im Internet.	☐	☐
3. Er hat das Paket heute bekommen.	☐	☐
4. Die Nachbarin hat das Paket von Carlos genommen.	☐	☐
5. Carlos möchte den Anzug zurückschicken.	☐	☐

c Schreiben Sie Carlos eine Antwortmail. Berichten Sie von einem (Online-)Einkauf.

Lieber Carlos,

Was haben Sie gekauft? • Warum haben Sie es online gekauft? • Was war das Problem? • Wie haben Sie das Problem gelöst? • Kauften Sie noch mal online ein?

7 Das ist meine Musik.

🎧 4.16 **a** Hören Sie das Gespräch von Dana und Ben über Musik. Wer sagt das? Verbinden Sie.

abends • morgens in der U-Bahn • schnell
Hip-Hop • deutsche Musik • Radio
am Wochenende • kein Lieblingslied
tanzen • viele Lieblingslieder

204 zweihundertvier

ÜBUNGEN 13

b Lesen Sie die Präsentation und ergänzen Sie die fehlenden Wörter.

Ich möchte (1) *euch* etwas über (2) .... Lieblingsband erzählen. Die Band heißt „Die Toten Hosen". „Die Toten Hosen" sind in Deutschland sehr bekannt. Ich kenne (3) .... seit vielen Jahren und war schon auf einigen Konzerten von (4) .... Ich finde (5) .... Musik toll, weil die Texte gut sind und sie eine schöne Melodie haben. (6) .... Lieblingslied von ihnen ist „Tage wie diese". In diesem Lied geht es um besondere Tage. Wenn ich (7) .... höre, bin (8) .... sofort gut gelaunt und singe laut mit.

sie • meine • mein • ihre • ihnen • ich • es • ~~euch~~

LEICHTER LERNEN: Mit Liedern lernen

a Welche deutschen Lieder kennen Sie? Können Sie etwas Text? Notieren Sie einige Beispiele.

Zum Geburtstag viel Glück, zum Geburtstag viel Glück.

Hast du etwas Zeit für mich, dann singe ich ein Lied für dich, von 99 Luftballons.

b Suchen Sie im Internet nach deutschen Liedern und Texten. Wählen Sie kurze Texte und singen Sie diese mit.

> Im Internet gibt es auch viele Videos mit Text. Man kann den Text leichter verstehen und mitsingen.

RICHTIG SCHREIBEN: Wörter mit *i – ie – ih – ieh*

🎧 4.17 **a** Hören Sie. Markieren Sie lang (_) oder kurz (.).

B*i*ld	*ih*r	hinten	Maschine
viele	schick	hier	mit
frisst	Lied	links	sieht
liegt	genießen	Mitte	ihm

> **Regel:**
> Wenn man i kurz spricht, schreibt man *i*.
> Wenn man i lang spricht, schreibt man *i*, *ie*, *ih*, oder *ieh*.

🎧 4.18 **b** Hören Sie und ergänzen Sie *i*, *ie*, *ih* oder *ieh*.

1. V*ie*.....len Dank für ....r Geschenk. D......... L.........der höre ....ch m.........r gerne an.

2. ....ch f.........nde d......... D.........nge ....m K.........osk toll. S......... s.........nd b.........ll.........g.

3. Z.........en Sie doch ....re schwarze Hose an. ....re L.........bl.........ngskette passt gut dazu.

4. S......... hat s.........ch einen T.........sch für ....re M.........n.........-Wohnung gekauft.

zweihundertfünf **205**

Mein Deutsch nach Kapitel 13

Das kann ich:

sagen, was mir (nicht) gefällt

Sprechen Sie.
- Wie findest du den Tisch?
- Er gefällt mir nicht so gut. Ich finde ihn zu klein. Und du?
- Also, ich finde den Tisch …

Preise verhandeln

Spielen Sie einen Dialog.
- Die Lampe gefällt mir.
- Ja, sie ist schön und schon sehr alt.
- Was kostet …

Vermutungen äußern

Zeigen Sie einen Ausschnitt von einem Foto auf Ihrem Handy. Raten Sie: Was ist das?
- Wahrscheinlich ist das ein …
- Nein, das ist kein …
- Vielleicht …

über Musik sprechen

Welche Musik? Lieblingsband? …? Lieblingslied?

Wählen Sie zwei Themen und sprechen Sie.
- Wie heißt deine Lieblingsband?
- Sie heißt …

über eine Veranstaltung schreiben

Schreiben Sie eine kurze Mail an einen Freund / eine Freundin.

Liebe/r …,
gestern war ich …

www → A2/K13

Das kenne ich:

Adjektive nach dem bestimmten Artikel im Dativ

	maskulin	neutrum	feminin	Plural
mit	dem großen Hut	dem blauen Kleid	der alten Kette	den neuen Tassen

Tipp: nach unbestimmtem und bestimmtem Artikel immer -en!

Präpositionen mit Dativ (Zusammenfassung)

- ab — Ab nächster Woche bin ich im Urlaub.
- aus — Sie kommt aus dem Büro.
- bei — Am Nachmittag ist sie bei ihrer Freundin.
- mit — Am Abend ist sie mit ihrem Mann im Kino.
- nach — Nach dem Kino gehen sie in ein Restaurant.
- seit — Seit dem Frühstück hat sie fast nichts gegessen.
- von — Sie gehen vom Restaurant nach Hause.
- zu — Ihr Mann muss noch kurz zur Bank.

Diese Präpositionen haben immer Dativ:
ab, aus, bei, mit, nach, seit, von, zu

Diese Präpositionen haben immer Akkusativ:
bis, durch, für, gegen, ohne

Diese Präpositionen haben Dativ oder Akkusativ:
an, auf, hinter, in, neben, über, unter, vor, zwischen

WOHIN? → Akkusativ: Er geht auf den Turm.
WO? • Dativ: Er steht auf dem Turm.

206 zweihundertsechs

Radtour um den Bodensee 14

Der Bodenseeradweg: circa 220 km durch drei Länder

1 Es geht los!

a Sehen Sie die Bilder an. Was wissen Sie über Länder und Städte am Bodensee? Sammeln Sie.

🎧 4.19
b Hören Sie das Gespräch. Wo sind Senia und Ron? Wohin fahren sie heute? Notieren Sie und vergleichen Sie mit Ihrem Partner / Ihrer Partnerin.

c Haben Sie schon mal eine Radtour gemacht? Möchten Sie gerne eine machen? Erzählen Sie.

Ich habe letztes Jahr …

Ich möchte gerne …

Sprechen sich bei der Touristeninformation erkundigen; Vorschläge machen; Meinungen austauschen; etwas genau beschreiben | **Hören** Gespräch im Tourismusbüro; Beschreibungen von Fotos; Gespräche auf Reisen | **Schreiben** Nachricht/E-Mail/WhatsApp an Freunde; Blog über Reiseerlebnisse | **Lesen** wichtige Informationen in Reiseprospekten; Berichte über eine Reise | **Beruf** im Tourismusbüro

2 Was kann man in Bregenz machen?

a In der Pension liegen Prospekte. Auf welche Fragen finden Sie in den Texten eine Antwort? Notieren Sie A oder B und beantworten Sie dann die Fragen.

.... Kann man in der Pfänderbahn das Fahrrad mitnehmen?

.... Wann gibt es Führungen auf der Seebühne?

.... Wie lange dauert die Fahrt auf den Pfänder?

.... Wie viel kostet die Führung auf der Seebühne?

.... Wie viel kostet ein Ticket für die Pfänderbahn?

.... Wie viele Besucher haben bei den Festspielen Platz?

A

Eine Bühne im See und Platz für 7.000 Besucher am Ufer: Das gibt es nur bei den Bregenzer Festspielen. Wie geht das? Wir zeigen Ihnen, was die Zuschauer nicht sehen können.
Die Führung dauert 50 Minuten.
Preis pro Person: 7 €. Kinder bis 10 Jahre kostenlos.
Führungen täglich außer Montag.

B

Ein Blick über den Bodensee – vom Pfänder

Die moderne Seilbahn bringt Sie in 6 Minuten von Bregenz auf den Berg, täglich von 8:00 bis 19:00 Uhr zur vollen und halben Stunde. Vom Zentrum gehen Sie bequem in nur 5 Minuten zur Talstation.

b Hören Sie das Gespräch von Senia und Ron mit der Angestellten im Tourismusbüro. Beantworten Sie die offenen Fragen aus 2a.

c Im Tourismusbüro – Sprechen Sie mit Ihrem Partner / Ihrer Partnerin. Tauschen Sie dann die Rollen.

sich bei der Touristeninformation erkundigen

Wann fährt … ab? / Wann gibt es …?	Das Schiff fährt um … / Abfahrt ist um …
Wie lange dauert …?	… dauert eine Stunde / eineinhalb Stunden. Es dauert ungefähr …
Wie viel kostet …? / Wie teuer ist …?	… € für Erwachsene / … € für Kinder / Der Preis ist … € für … / … haben freien Eintritt.
Wo ist die Abfahrt? / Wo beginnt …?	Der Treffpunkt ist … / Die Schiffe fahren …

Gast

Sie (2 Erwachsene, 1 Kind) möchten mit dem Schiff eine kleine Rundfahrt auf dem Bodensee machen.
Fragen Sie: Abfahrtszeit? Dauer? Preis?

Sie (1 Erwachsener, 2 Kinder, Alter: 13 und 9) möchten eine Stadtführung in Bregenz machen.
Fragen Sie: Beginn? Preis? Dauer? Treffpunkt?

Angestellte/r

Abfahrt vom Hafen Bregenz 11:00, 12:30, 14:00 Uhr, Dauer eine Stunde.
Preis: 10,80 € Erwachsene / 5,40 € Kinder

Beginn Stadtführung 16:00 Uhr beim Tourismusbüro (Rathausstr. 35a),
Dauer 1,5 Stunden.
Preis: 6,50 € Erwachsene / 4,50 € Kinder von 12–18 Jahren / Kinder unter 12 Jahren frei

3 Die Tagestour nach Arbon

a Sehen Sie die Bilder an. Was müssen Sie vor einer Tagestour machen? Schreiben Sie die Ausdrücke zu den Bildern.

die Luft in den Reifen prüfen   Geld wechseln   den Ausweis einstecken   die Sachen packen   die Übernachtung bezahlen   ein Zimmer reservieren

A ☐ ....
B ☐ ....
C ☐ ....
D ☐ ....
E ☐ ....
F ☐ ....

🎧 4.21 **b** Hören Sie das Gespräch von Senia und Ron. Was haben sie schon gemacht? Kreuzen Sie die passenden Bilder an.

c Wer macht was? Spielen Sie das Gespräch. Sprechen Sie über alle Bilder aus 3a.

| Hast du das Zimmer für heute reserviert? | Ja. Und du, hast du … | Nein, aber das mache ich … |

d Sehen Sie das Foto an. Was ist passiert?

🎧 4.22 **e** Wie geht es weiter? Hören Sie das Gespräch mit Luka. Welche Nachricht ist richtig? Kreuzen Sie an.

☐ So ein Mist, so ein Glück: Hatte eine Panne, keine Luft im Reifen, weit weg von einem Ort. Zwei Radler haben mir geholfen. Bin mit ihnen bis Arbon gefahren. Alles bestens. Tolle Ferien!

☐ So ein Glück: Hatte eine Panne, keine Luft im Reifen, der Schlauch kaputt. Viele sind vorbeigefahren, aber zwei haben mir geholfen. Sie hatten das Werkzeug dabei. Habe ihnen Geld für den Schlauch gegeben.

UND SIE?

Wohin möchten Sie gerne fahren? Bereiten Sie eine Reise vor. Spielen Sie Dialoge.

Geld   Gepäck   Pass   Essen und Getränke …

zweihundertneun 209

4 Ein schöner Tag

a Wer macht was? Lesen Sie die Texte. Kreuzen Sie an: richtig oder falsch?

Grüezi, Markus,
bin in der Schweiz. Ich hatte gestern eine Panne und musste heute einen neuen Schlauch für meine Helfer kaufen – in einem Velogeschäft. So sagt man in der Schweiz. Ich lasse auch mein Fahrrad reparieren, die Bremse ist nicht in Ordnung. Darum gehe ich jetzt mal „in die Badi", das Schwimmbad, und erhole mich 😊!
Schöne Grüße, Luka

☆ **Ron** ✅ Online

Ein halber Tag Pause in Arbon. Senia hat Geburtstag und wir sind zu Mittag in ein Restaurant am See gegangen. Es hat wunderbar geschmeckt: Fisch aus dem Bodensee! Aber die Rechnung! Ich hatte nicht genug Franken und Senia musste zahlen. Wie peinlich! 15:41

Alles Gute zum Geburtstag, Senia! Lass dich verwöhnen! GLG Linda 09:03

Danke! Schön, dass du an mich denkst. Und weißt du wo ich gerade bin? Beim Coiffeur! Ich lasse die Haare schneiden, schön kurz. Die Friseurin ist super. Foto folgt bald! 09:05

	R	F
1. Luka kann nicht weiterfahren. Das Fahrrad ist kaputt.	☐	☐
2. Alle drei gehen zusammen schwimmen.	☐	☐
3. Senia ist mit ihrer Freundin zum Friseur gegangen.	☐	☐
4. Senia feiert mit Ron ihren Geburtstag.	☐	☐
5. Ron konnte die Rechnung nicht bezahlen.	☐	☐

In der Schweiz sind manche Wörter anders:
das Velo = das Fahrrad
der Coiffeur = der Friseur
die Badi = das Schwimmbad
Grüezi! = Hallo! / Guten Tag!

b Lesen Sie die Texte in 4a noch einmal. Markieren Sie die Sätze mit *lassen* in den Texten.

c Sehen Sie die Zeichnungen an. Ergänzen Sie die Tabelle.

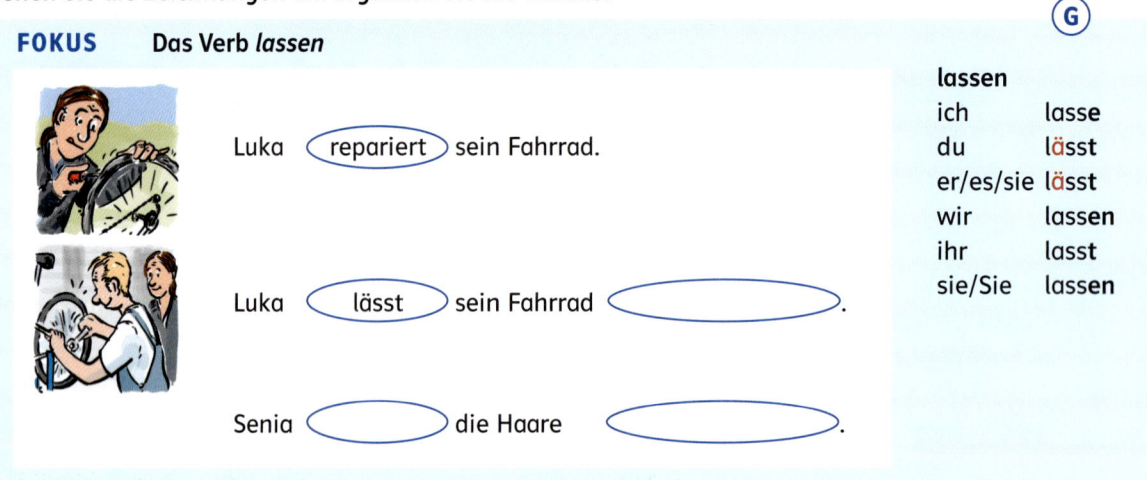

FOKUS — Das Verb *lassen*

Luka (repariert) sein Fahrrad.

Luka (lässt) sein Fahrrad (_____).

Senia (_____) die Haare (_____).

lassen	
ich	lasse
du	lässt
er/es/sie	lässt
wir	lassen
ihr	lasst
sie/Sie	lassen

d Schreiben Sie Sätze mit *lassen*.

1. Das Auto ist kaputt. Ron / in der Werkstatt / das Auto / reparieren
2. Die Haare sind zu lang. Senia / beim Friseur / die Haare / schneiden
3. Ich bin unterwegs. Die Hose ist schmutzig. Ich / die Hose / waschen
4. Luka braucht einen neuen Pass. Luka / ein Passfoto / machen

1. Das Auto ist kaputt. Ron lässt das Auto in der Werkstatt reparieren.

e Kettenübung – Was lassen Sie machen? Was machen Sie selbst? Sprechen Sie zu dritt.

das Auto reparieren   das Fahrrad putzen   das Bad putzen
das Auto waschen   die Wäsche waschen   das Zimmer renovieren   ...

> Lässt du dein Auto reparieren?

> Ja, ich lasse es reparieren. Lässt du dein Auto reparieren?

> Nein, ich repariere es selbst. Lässt du dein Fahrrad putzen?

5 Was machen wir morgen?

a Lesen Sie die Texte aus dem Reiseprospekt. Zu welchen Texten passen die Ausdrücke? Notieren Sie K (Konstanz) oder M (Insel Mainau).

__M__ 1. mit dem Schiff fahren   .... 2. ein Museum besuchen   .... 3. Gärten und Blumen ansehen

.... 4. es gibt viele Touristen   .... 5. durch die Stadt bummeln   .... 6. einkaufen

A Die deutsche Stadt Konstanz liegt am Bodensee direkt an der Grenze zur Schweiz. Die Stadt hat für jeden etwas: bummeln durch die Altstadt, shoppen in den Geschäften, Ruhe in den Parks oder am See genießen, die Geschichte in den Museen kennenlernen, in einem Lokal am See Kaffee trinken und noch vieles mehr.

B Die Insel Mainau ist ein Muss für alle Blumenfreunde. Eine Million Menschen kommen jedes Jahr auf die Insel, spazieren durch die Gärten und bewundern die Blumen. Von Konstanz fahren täglich mehrere Schiffe zur Insel, die Fahrt dauert eine knappe halbe Stunde. Preis hin und zurück inklusive Eintritt: € 31,70

🎧 4.23 **b** Hören Sie das Gespräch. Was macht Senia? Was macht Ron? Warum?

c Meinungen austauschen. Lesen Sie die Ausdrücke. Welche sind positiv (+), welche nicht (–)? Notieren Sie + oder –.

Meinungen austauschen

Das finde ich schön. __+__   Ich glaube, das ist langweilig. ....   Ich mache das gerne. ....

Ich weiß nicht. ....   Das ist nichts für mich. ....   Ich will das kennenlernen. ....

Mich interessiert das nicht. ....   Das finde ich besser. ....   Ich möchte lieber … ....

Ich habe gehört, dass es schön ist. ....   Da sind für mich zu viele Leute. ....

UND SIE?

Wählen Sie eine Urlaubsaktivität, die Sie gut finden. Ihr Partner / Ihre Partnerin wählt eine andere. Machen Sie Notizen für das Gespräch. Verwenden Sie Ausdrücke von oben. Tauschen Sie Ihre Meinungen aus.

• einen Ausflug mit dem Fahrrad oder mit dem Bus machen
• eine Stadt ansehen oder in den Park gehen
• ins Kino gehen oder zu Hause einen Filmabend machen

> Mit dem Fahrrad kann man mehr sehen.
> Der Bus ist bequemer.
> Das ist nicht so teuer.
> Radfahren ist zu gefährlich.

6 Was ist denn da auf dem Foto?

a Senia zeigt Ron und Mira ihre Fotos. Hören Sie das Gespräch. Was gehört zusammen? Ordnen Sie zu. Vergleichen Sie mit Ihrem Partner / Ihrer Partnerin.

1. Mira spricht mit Senia und Ron,
2. Das ist Luka mit seinem Rad,
3. Hier siehst du die Wirtin,
4. Das ist ein Freund aus Köln,
5. Das ist ein Haus in Konstanz,
6. Hier sieht man viele Leute,

a) der auch auf dem Schiff war.
b) die ihr ein paar Fotos zeigen.
c) die im Hafen auf ein Schiff warten.
d) die ein tolles Frühstück gemacht hat.
e) das keine Luft mehr hat.
f) das über 500 Jahre alt ist.

b Lesen und vergleichen Sie die Sätze. Markieren Sie wie im Beispiel und zeichnen Sie die Pfeile ein.

FOKUS Relativpronomen im Nominativ

Das ist ein Freund. **Er** war auch auf dem Schiff.
Das ist ein Freund, **der** auch auf dem Schiff war.

Das ist Luka mit seinem Rad. Es hat keine Luft mehr.
Das ist Luka mit seinem Rad, das keine Luft mehr hat.

Hier sieht man die Wirtin. Sie hat ein tolles Frühstück gemacht.
Hier sieht man die Wirtin, die ein tolles Frühstück gemacht hat.

Hier sieht man viele Leute. Sie warten im Hafen auf ein Schiff.
Hier sieht man viele Leute, die im Hafen auf ein Schiff warten.

> Das Relativpronomen im Nominativ ist wie der bestimmte Artikel.

c Ergänzen Sie die Relativpronomen *der, das, die*.

1. Senia und Ron machen eine Radtour, ... eine Woche dauert.
2. Sie treffen auf dem Weg Luka, ... eine Panne hat.
3. Ron nimmt ein Schiff, ... zur Insel Mainau fährt.
4. Senia und Ron treffen viele Leute, ... auch eine Radtour machen.
5. Sie sehen die Fotos an, ... ihnen gut gefallen.

d Kombinieren Sie. Schreiben Sie Relativsätze.

Auf dem Foto sieht man …

einen Weg
eine Frau
einen See
eine Radfahrerin
Boote
…

ist direkt am See
ist groß und schön
fährt auf einem Radweg
hat viele Einkaufstaschen
trägt ein buntes Kleid
…

Auf dem Foto sieht man eine Frau, die auf einem Radweg fährt.

7 Die Reise geht zu Ende.

a Lesen Sie die Texte. Was haben die Personen auf ihrer Reise erlebt? Was hat ihnen gefallen, was nicht? Sprechen Sie.

> Liebe Oma,
> ich war gestern in Konstanz unterwegs! Wirklich eine wunderschöne Stadt. Es gibt viele schöne Plätze am See und am Rhein. Und am Abend war ich mit Ron essen. Ich sage nur: Bodenseefisch! Einfach prima. Heute fahren wir bis Überlingen, morgen dann weiter nach Lindau. Das Wetter ist nicht gerade gut, aber wir haben viel Spaß.
> Liebe Grüße, Senia

Ron auf Tour
Beine hochlegen und bequem sitzen – das tut gut. Und trotzdem fahren wir. Außen ist es nass und kalt, aber das ist jetzt egal. Nach einer Woche auf dem Fahrrad tut Zug fahren richtig gut. Die Tour um den Bodensee ist zu Ende. Die Landschaft ist schön. Lindau, Bregenz und Arbon sind ganz nett, aber für mich zu klein. Ich möchte da nicht leben.

Ron hat die Landschaft gut gefallen.

b 4.25 Aussprache: Satzakzent. Welche Information ist der Person in diesem Satz wichtig? Was betont sie besonders? Hören und unterstreichen Sie.

1. Senia und Ron sind in sieben Tagen mit dem <u>Fahrrad</u> um den Bodensee gefahren.
2. Senia hat sich die Stadt Konstanz allein angesehen.
3. Ron wollte an diesem Tag lieber mit dem Schiff zur Insel Mainau fahren.
4. Auf dem Schiff hat Ron einen alten Freund aus Köln getroffen.
5. An Senias Geburtstag hatte Ron im Restaurant zu wenig Geld für die Rechnung.

c 4.25 Sprechen Sie die Sätze nach.

d Welche Information ist Ihnen wichtig? Markieren Sie Ihren Akzent in den Sätzen aus 7b und sprechen Sie den Satz. Ihr Partner / Ihre Partnerin wiederholt die wichtige Information.

Senia und Ron sind in <u>sieben</u> Tagen mit dem Fahrrad um den Bodensee gefahren.   —   In sieben Tagen.

e Was haben Sie auf Reisen erlebt? Sammeln Sie im Kurs und schreiben Sie dann eine E-Mail, eine Postkarte oder eine Blognachricht. Schreiben Sie etwas zu jeder Frage.

- Wann war das?
- Wo war das?
- Mit wem waren Sie unterwegs?
- Was ist passiert?

das Gepäck nicht finden • den falschen Weg nehmen • den Zug verpassen • kein Trinkgeld geben • neue Freunde kennenlernen • nicht einkaufen können • schöne Sachen kaufen • sehr gut essen • zu wenig Geld haben • Waren importieren und Zoll bezahlen ...

VORHANG AUF

K14

Sie wollen mit zwei anderen Personen einen Ausflug am Wochenende machen. Wählen Sie ein Ziel in der Umgebung und machen Sie zu jedem Punkt Notizen. Spielen Sie dann das Gespräch.

Wohin wollen Sie fahren?	Wo wollen Sie übernachten?	Warum haben Sie dieses Ziel gewählt?
Wie lange?	Was kann man dort machen?	Was ist besonders gut?
Wie wollen Sie fahren?	Wie teuer ist das?	

ÜBUNGEN

1 Es geht los!

a Länder und Städte am Bodensee – Ergänzen Sie.

fließt   groß   Städte   ~~Ländern~~   Wasser   Menschen   lang

Der Bodensee liegt zwischen den (1) _Ländern_ Deutschland (D), Österreich (A) und Schweiz (CH) und ist 536 Quadratkilometer (2) .... Der Rhein ist der größte Fluss, er (3) .... durch den Bodensee. Bregenz (A), Kreuzlingen, Arbon (CH), Konstanz, Überlingen, Friedrichshafen, Lindau (D) sind (4) .... am Bodensee. Das (5) .... im Bodensee ist sehr sauber. Aus dem Bodensee kommt das Trinkwasser für circa vier Millionen (6) .... Der Radweg um den Bodensee ist circa 220 km (7) ....

b Was machen Senia und Ron? Schreiben Sie. Beginnen Sie die Sätze mit dem unterstrichenen Teil.

1. <u>Senia und Ron</u> / eine Radtour / um den Bodensee / wollen / machen / .
2. sie / ankommen / mit dem Zug / <u>am ersten Tag</u> / in Lindau / .
3. sie / nach der langen Fahrt / einen Kaffee / trinken / <u>zuerst</u> / .
4. bis Bregenz / sie / <u>dann</u> / fahren / nach einer Pause / .

1. Senia und Ron wollen eine Radtour …

2 Was kann man in Bregenz machen?

a Ergänzen Sie die Wörter und schreiben Sie sie mit Artikel.

1. R_ndf_hrt   _die Rundfahrt_
2. F_hr_ng   ....
3. Tr_ffp_nkt   ....
4. _bf_hrt   ....
5. Bl_ck   ....
6. _ntr_tt   ....
7. Pr_ _s   ....
8. D_ _ _r   ....

🎧 4.26 **b** Was passt zusammen? Ordnen Sie den Dialog und hören Sie zur Kontrolle.

● Wann gibt es eine kleine Rundfahrt mit dem Schiff?
○ 1. _c_
● Und wie lange dauert sie?
○ 2. ☐
● Wo ist die Abfahrt?
○ 3. ☐
● Und wie viel kostet das?
○ 4. ☐
● Gibt es ein Ticket für Familien?
○ 5. ☐
● Kann ich die Tickets bei Ihnen kaufen?
○ 6. ☐

a) Im Hafen. Der ist nicht weit von hier. Circa 5 Minuten zu Fuß.
b) Nein, leider nicht. Aber Kinder unter 6 Jahren sind frei.
c) Ungefähr eine Stunde.
d) Ja, gerne. Oder Sie kaufen sie vor der Abfahrt im Hafen.
e) Um 12:30 Uhr und dann wieder um 14:00 Uhr.
f) 10,80 € für Erwachsene, 5,40 € für Kinder.

🚑 Hilfe? – Hören Sie zuerst und ordnen Sie dann.

ÜBUNGEN 14

c Sie wollen eine Stadtführung machen. Schreiben Sie die Fragen.

1. _Wann gibt es_ .... Heute Nachmittag um vier.
2. .... Circa zwei Stunden.
3. .... 5, 50 € pro Person.
4. .... Treffpunkt ist beim Rathaus.

dauern • ~~geben~~ • kosten • sein

d Eine Rundfahrt machen – Schreiben Sie ein Gespräch.

Sie wollen eine Rundfahrt machen: zwei Erwachsene und 1 Kind (8 Jahre alt). Sie haben Fragen: Beginn? Abfahrt? Preis?	Rundfahrt mit dem Bus, Abfahrt 11:00 Uhr beim Bahnhof, Dauer eine Stunde, 8 € pro Person, Kinder 6 €, Kinder unter 6 Jahren frei

Tourist: Wann beginnt die nächste …?
Angestellte: …

3 Die Tagestour nach Arbon

a Sammeln Sie passende Wörter und Ausdrücke.

eine Radtour machen  — **übernachten**  — **in ein anderes Land fahren**

eine Radtour machen: das Fahrrad …

das Dokument • ein Zimmer buchen • das Fahrrad • Geld wechseln • die Grenze • die Luft • der Pass • die Pension • der Ausweis • der Reifen • ein Zimmer

b Was machen Senia und Ron? Was haben sie schon gemacht? Schreiben Sie Sätze.

☐ Dokumente einstecken (R+S)
☑ Fahrräder kontrollieren (R)
☐ Geld wechseln!!! (R)
☑ in der Pension bezahlen (S)
☐ packen (R+S)
☐ Essen/Getränke kaufen (R+S)

1. _Ron und Senia stecken_ ....
2. _Ron hat_ ....
3. ....
4. ....
5. ....
6. ....

c Senia erzählt von der Tagestour nach Arbon. Schreiben Sie die Sätze.

1. auf dem Radweg / einen anderen Radfahrer / treffen / mit einer Panne / wir / .
2. Ron / einen Schlauch / haben / und / reparieren / mit Luka / das Fahrrad / .
3. anrufen / ich / in der Pension / und / für Luka / ein Zimmer / reservieren / .
4. wir / ohne Probleme / dann / zusammen / nach Arbon / fahren / .
5. Luka / am nächsten Morgen / einen neuen Schlauch / für Ron / kaufen / .

1. Auf dem Radweg haben wir…

zweihundertfünfzehn **215**

4 Ein schöner Tag

a Was macht Herr Gasser? Kreuzen Sie an.

1. Er ☒ wäscht das Auto.
   ☐ lässt das Auto waschen.

2. Er ☐ putzt die Fenster.
   ☐ lässt die Fenster putzen.

3. Er ☐ renoviert das Zimmer.
   ☐ lässt das Zimmer renovieren.

4. Er ☐ wäscht die Haare.
   ☐ lässt die Haare waschen.

5. Er ☐ macht ein Foto.
   ☐ lässt ein Foto machen.

b Ein Traumtag – Was lassen die Personen machen? Schreiben Sie.

1. Herr und Frau Gasser / das Frühstück / ins Zimmer / bringen / .
2. am Vormittag / Frau Gasser / die Haare / schneiden / .
3. zu Mittag / ein gutes Menü / kochen / sie / .
4. am Abend / sich / zum Theater / beide / fahren / .

1. Herr und Frau Gasser lassen das Frühstück ins Zimmer bringen.

5 Was machen wir morgen?

a Lesen Sie die Aufgaben 1 bis 4 und die Anzeigen A bis D. Welche Anzeige passt zu welcher Aufgabe? Für eine Aufgabe gibt es keine Lösung.

A www.klimahatweh.de

Klimawirbel! *Ein Blick in die Zukunft*

Es wird wärmer, jedes Jahr, in kleinen Schritten. Das Ökosysteme und die Landwirtschaft spüren es schon jetzt. Das hat auch am Bodensee Folgen.
Ausstellung im Sea Life Centre, Hafenstr. 23
Di. bis So., 14:00 bis 19:00 Uhr

B www.darocktdersee.de

Rock am See

Rock am See ist zurück! Beim großen Open Air im Bodenseestadion spielt die bekannte US-Rockband Kings of Leon. 10 Stunden Programm nonstop mit sieben Bands, unter ihnen die Broilers.
Fr., 4. August, Bodenseestadion nonstop von 13:00–23:00 Uhr

C www.museum600.de

Konstanz vor 600 Jahren

Wie lebten die Menschen damals in der Stadt und an den Ufern des Bodensees? Die aktuelle Ausstellung im Rosgartenmuseum zeigt, dass die Menschen ähnliche Probleme hatten wie wir heute.
Täglich außer Montag von 10:00–18:00 Uhr
Rosgartenmuseum, Rosgartenstraße 3–5

D www.vogelschar.com

Sonne, See und bunte Vögel

Jeden Freitag um 9:00 Uhr gibt es eine Schifffahrt von Konstanz zum Naturpark Wollmatinger Ried: Die Pflanzen- und Vogelwelt dort ist einzigartig.
Ab dem 26. Juni bis 11. September jeden Freitag um 9:00 Uhr, Dauer circa 2 Stunden.

1. Corinna und ihre Tochter möchten am Bodensee Tiere beobachten. ☐
2. Herr Esterle interessiert sich besonders für die Schiffe im Hafen. ☐
3. Ben und Jan fahren nach Konstanz, weil sie gerne Musik hören. ☐
4. Ricarda möchte sehen, was in der Natur anders geworden ist. ☐

ÜBUNGEN 14

🎧 4.27 **b Zwei Freunde planen ihren Tag – Ordnen Sie den Dialog und hören Sie zur Kontrolle.**

● Und was machen wir morgen?
○ 1. *d*
● Und was machen wir dort? Ich glaube, das ist ziemlich langweilig.
○ 2. ☐
● Ich weiß nicht. Wann ist das denn?
○ 3. ☐
● Von mir aus. Dann können wir gleich zu „Rock am See" gehen. Zehn Stunden Musik, ab 13:00 Uhr.
○ 4. ☐
● Na komm schon! Du gehst doch oft zu Konzerten.
○ 5. ☐
● Wir kaufen Tickets und gehen dann einfach am Nachmittag mal hin. Ist das okay?
○ 6. ☐

a) Aber das ist zu lang! Es gibt ja nicht nur gute Bands.
b) Nein. Da gibt es ganz viele Vögel. Ich will das sehen. Ich habe gehört, dass dieser Ausflug sehr schön ist.
c) Ja, am späten Nachmittag. Das finde ich besser!
d) Schau mal, hier. Mit dem Schiff in den Naturpark. Das finde ich schön!
e) Was? Zehn Stunden Musik? Das ist nichts für mich.
f) Am Freitag. Abfahrt ist um neun. Bis Mittag sind wir wieder zurück. Komm doch mit.

Hilfe? – Hören Sie zuerst und ordnen Sie dann zu.

c Sie wollen eine Stadt ansehen, Ihr Freund nicht. Reagieren Sie auf seine Meinung. Ergänzen Sie das Gespräch.

● Der Park ist so schön. Ich möchte in der Sonne sitzen und lesen. Ich will nicht in die Stadt fahren.
○ *Aber man kann in der Stadt so viel machen. Ich möchte ...*
● Was soll ich denn in der Stadt machen? Häuser ansehen? Einkaufen? Das ist langweilig.
○ ....
● Du möchtest eine Ausstellung ansehen? Mich interessiert das nicht.
○ ....
● In der Stadt sind für mich zu viele Leute. Ich gehe lieber in den Park.
○ ....

6 Was ist denn da auf dem Foto?

a Ergänzen Sie die Relativpronomen *der*, *das*, *die*.

1. Konstanz ist eine alte Stadt, *die* direkt am Bodensee liegt.

2. Es gibt in Konstanz viele Häuser, ... schon sehr alt sind.

3. Es gibt natürlich auch einen Hafen, ... ziemlich bekannt ist.

4. Ron und Senia haben in einem kleinen Hotel übernachtet, ... sehr nett war.

5. Ron hat in Konstanz einen alten Freund getroffen, ... in Köln wohnt.

6. Senia schreibt eine Karte, ... den Hafen von Konstanz zeigt.

zweihundertsiebzehn 217

b Verbinden Sie die Sätze. Machen Sie aus dem zweiten Satz einen Relativsatz.

1. Ines und Tom machen eine Radtour, *die vier Tage dauert*.
   Die Radtour dauert vier Tage.

2. Sie fahren um den Bodensee, ...
   Er liegt zwischen drei Ländern.

3. Unterwegs treffen sie viele andere Leute, ...
   Sie machen auch Ferien.

4. Tom hat einem anderen Radfahrer geholfen, ...
   Er hatte eine Panne.

5. Tom und Ines haben ein tolles Hotel gefunden, ...
   Es war sehr teuer.

6. Ines hat die Altstadt von Konstanz angesehen, ...
   Die Altstadt hat ihr gut gefallen.

7 Die Reise geht zu Ende.

a Radtour an der Donau. Was haben Silvia und Lena erlebt? Schreiben Sie eine Geschichte.

eine Woche Urlaub machen, von Passau nach Wien fahren

schöne Orte besuchen, sich erholen

nach drei Tagen Wetter schlecht, total nass werden

mit dem Schiff zurückfahren, die Ruhe genießen

Silvia und Lena haben eine Woche ...

♪ 4.28 **b** Was ist besonders betont? Unterstreichen Sie. Hören Sie zur Kontrolle und sprechen Sie nach.

1. Ich <u>fliege</u> am Montag nach Berlin – ich fahre nicht!
2. Ich fliege am Montag nach Berlin – nicht erst am Dienstag.
3. Ich fliege am Montag nach Berlin – nicht nach München.
4. Ich fliege am Montag nach Berlin – nicht mein Chef.

♪ 4.29 **c** Satzakzent – Hören Sie. Welches Wort ist besonders betont? Unterstreichen Sie.

1. Luka ist <u>dieses</u> Jahr mit dem Fahrrad um den Bodensee gefahren.
2. Luka ist dieses Jahr mit dem Fahrrad um den Bodensee gefahren.
3. Luka ist dieses Jahr mit dem Fahrrad um den Bodensee gefahren.
4. Luka ist dieses Jahr mit dem Fahrrad um den Bodensee gefahren.
5. Luka ist dieses Jahr mit dem Fahrrad um den Bodensee gefahren.

♪ 4.29 **d** Hören Sie noch einmal. Was bedeutet der Satz mit dieser Betonung? Ordnen Sie 1 bis 5 zu.

☐ Ja, das hat er wirklich gemacht! **A**   ☐ Nicht mit dem Auto! **B**

☐ Nicht Markus! **C**   ☐ **1** Nicht letztes Jahr! **D**   ☐ Nicht um einen anderen See! **E**

ÜBUNGEN 14

e Erlebnisse auf Reisen. Ergänzen Sie die Wörter.

| Home | Aktuell | **Gästebuch** | *Pension Huber* |

MiaD

Früh am Morgen habe ich die (1) __Übernachtung__ bezahlt und bin zum (2) .... gegangen. Aber ich habe meine kleine (3) .... vergessen und hatte kein (4) ...., kein Ticket und keine (5) .... bei mir. Ich wollte in den Zug (6) ...., da hat jemand laut „Frau Dankl" gerufen. Ich war so (7) .... Danke, Frau Huber!!!

…

Carlito99

Ihre Pension liegt so (1) ...., Frau Huber! Und kein Verkehr auf der Straße, die (2) .... ist herrlich. Außerdem sind Sie die beste (3) ...., die ich kenne. Ich hatte auf dem Weg eine (4) ...., die Kleidung war total (5) .... Und was haben Sie gemacht? „Ich muss sowieso (6) ...., dann kann ich Ihre (7) .... gleich mitwaschen." Danke, danke.

Bahnhof   froh
einsteigen
Dokumente
Tasche   Geld
~~Übernachtung~~

Panne
schmutzig
Wäsche   Ruhe
waschen   Wirtin
wunderbar

LEICHTER LERNEN: Texte planen

a Was machen Sie? Markieren Sie und vergleichen Sie mit Ihrem Partner / Ihrer Partnerin.

1. Sammeln Sie wichtige Punkte. Machen Sie eine Mindmap oder eine Liste.
2. Wenn Sie ein Modell haben, markieren Sie wichtige Ausdrücke. Schreiben Sie diese Ausdrücke auf.
3. Suchen Sie dann wichtige Wörter und Ausdrücke im Wörterbuch.
4. Bringen Sie Ihre Punkte in eine passende Reihenfolge.
5. Wie wollen Sie den Empfänger oder die Empfängerin ansprechen? Du oder Sie?
6. Verwenden Sie das Rechtschreibprogramm „Deutsch" auf dem Computer.
7. Überlegen Sie: Braucht der Text eine Überschrift? Dann formulieren Sie eine passende Überschrift.

b Sie haben in der Pension Huber übernachtet. Was war besonders nett? Schreiben Sie einen Eintrag in das Gästebuch. Verwenden Sie die Tipps in Aufgabe a.

Die schönen Tage bei Ihnen sind leider vorbei.

RICHTIG SCHREIBEN: g oder k?

🎧 4.30 **a** Ergänzen Sie *g* oder *k*. Hören Sie zur Kontrolle.

Der Radwe_g_ _eht bei der _reuzung _eradeaus weiter, nach zwei _ilometern _ommt man zu einem _roßen _arten. Dort _ann man _leich nach rechts fahren. Nach einer _leinen _irche _ibt es ein _eschäft und eine Bank. Da _önnen Sie _arten _aufen und _eld wechseln. _napp vor der _renze _ibt es noch eine _neipe. Da bekommen Sie _uten _uchen und _affee.

🎧 4.31 **b** Hören Sie und schreiben Sie.

zweihundertneunzehn **219**

Mein Deutsch nach Kapitel 14

Das kann ich:

mich im Tourismusbüro erkundigen

Sie möchten eine Stadtführung machen: Uhrzeit? Dauer? Preis? Treffpunkt?

Sie möchten eine Ausstellung besuchen: Wann geöffnet (Tage, Uhrzeit)? Preis?

Fragen und antworten Sie.
- ● Guten Tag! Was kann ich für Sie tun?
- ○ Ich habe eine Frage: Gibt es heute eine Stadtführung?
- ● Ja, um …

mich auf eine kurze Reise vorbereiten

Was muss man vor einer Reise machen? Sammeln Sie fünf Aktivitäten.

> Man muss früh genug ein Zimmer reservieren.

etwas machen lassen

Ahmed – Schuhe putzen
Pierre – Auto reparieren
Per und Ines – Passfotos machen
Ines – Wäsche waschen

Was machen die Personen nicht selbst? Schreiben Sie.

> *Pierre lässt das Auto reparieren.*

Meinungen austauschen

eine Rundfahrt mit einem Schiff
EINE RADTOUR IM URLAUB
durch die Stadt bummeln und shoppen
ein **Museum** besuchen

Sprechen Sie. Wie finden Sie das? Ihr Partner/Ihre Partnerin hat eine andere Meinung.
- ● Eine Rundfahrt mit dem Schiff? Ich glaube, das ist langweilig.
- ○ Langweilig? Nein, das finde ich schön.

etwas genauer beschreiben

Ergänzen Sie die Relativpronomen.

Hier sieht man Senia und Ron, ... eine Fahrrad-tour machen. Und das ist Luka, ... eine Panne hat.

Ron repariert das Fahrrad, ... kaputt ist.

Sie fahren in eine Pension, ... sehr nett ist.

www → A2/K14

Das kenne ich:

Ⓖ

Das Verb *lassen*

Der Mann (lässt) ein Passfoto (machen).

ich	lass**e**	wir	lass**en**
du	läss**t**	ihr	lass**t**
er/es/sie	läss**t**	sie/Sie	lass**en**

Relativpronomen im Nominativ

der … ein Tag, der sehr schön (war).
das … ein Geschäft, das sehr schön (ist).
die … eine Stadt, die groß (ist).
die … zwei Freunde, die Urlaub (machen).

Relativsätze

Das ist Ron. Er (hat) eine Radtour (gemacht).

Das ist Ron, der eine Radtour (gemacht) (hat).

220 zweihundertzwanzig

HALTESTELLE G

1 Beruf – Zwei interessante Berufe

a Textpuzzle – Ordnen Sie die Textabschnitte dem richtigen Beruf zu und bringen Sie sie in die richtige Reihenfolge.

Susanne Frick
Beruf: Orchestermusikerin
Arbeiten, wenn andere frei haben

Anne Giese
Beruf: Reiseleiterin
Arbeiten, wo andere Urlaub machen

Text 1 [F] [ ] [ ] [ ]   Text 2 [C] [ ] [ ] [ ]

A Letztes Jahr war sie in China und Japan. Das Musizieren macht ihr großen Spaß, aber es ist auch harte Arbeit.

B Im Hotel gibt sie den Gästen wichtige Informationen für ihren Urlaub. Aber nicht nur intensiver Kontakt zu den Gästen gehört zu ihrer Arbeit.

C Anne Giese kann fünf Fremdsprachen fließend und hat eine Ausbildung als Hotelkauffrau abgeschlossen. Sie arbeitet als Reiseleiterin und war schon in vielen Ländern.

D Nach dem Studium hat sie in vielen Orchestern gespielt. Sie spielt Geige und hat schon viele interessante Auslandsreisen gemacht.

E Auch viel Büroarbeit gehört zu diesem Job. Als Reiseleiterin ist sie auch Krankenschwester, Psychologin, Beraterin usw.

F Schon als Kind wollte Susanne Frick Musikerin werden. Nach dem Abitur hat sie in Berlin Musik studiert und dort auch ihr Studium abgeschlossen.

G Arbeit bedeutet für sie langes Proben mit dem Orchester. Und abends spielt sie, wenn andere frei haben. Aber es ist trotzdem ihr Traumjob.

H Letztes Jahr war sie in Marokko, dieses Jahr in Tunesien. Sie empfängt die Urlauber am Flughafen und begleitet sie ins Hotel.

b Sind Reiseleiterin oder Musikerin Traumjobs für Sie? Warum (nicht)?

Reiseleiterin ist für mich kein Traumjob. Man …

Ich finde, Reiseleiterin ist ein toller Job. Man …

c In welchen Berufen muss man abends oder an Wochenenden arbeiten? Warum?

Als Arzt oder Ärztin muss man auch am Wochenende oder nachts arbeiten, weil auch nachts oder am Wochenende Unfälle passieren.

zweihunderteinundzwanzig 221

2 Sprechtraining

a Satzpuzzle

Jede Gruppe (4–6 Personen) bildet zusammen einen Satz.
Beispiel: Vier Personen bilden den Satz *Die Uhr – gefällt –
mir – sehr gut*. Die Gruppe geht im Kursraum herum
und alle sprechen ihr Wort oder ihren Satzteil mehrmals
gleichzeitig. Die anderen raten: Wie heißt der Satz?

b Echo-Dialoge

Lesen Sie die folgenden Dialoge vor. Schreiben und spielen Sie dann eigene Dialoge mit den Sätzen unten.
Betonen Sie die **fett** gedruckten Wörter.

Dialog 1
- Die Vase hat **100 Euro** gekostet.
- Wie bitte? **100 Euro**?
- Ja. **100 Euro**.

Dialog 2
- Wir haben eine Fahrradtour **um den Bodensee** gemacht.
- Was? **Um den Bodensee**?
- Ja. **Um den Bodensee**.

Anne ist **Reiseleiterin**.

Ich habe gestern **fünf Stunden** Deutsch gelernt.

Letztes Jahr war ich **in China**.

Ich treffe mich heute **mit Max**.

Ich finde den Rock **elegant**.

Meine Oma ist letzte Woche **90 Jahre** alt geworden.

3 Spielen und wiederholen

a Montagsmaler

Bilden Sie zwei Gruppen. Jede Gruppe schreibt 10 Dinge auf,
die es auf dem Flohmarkt oder im Kursraum gibt.
Eine Person aus der anderen Gruppe bekommt diese Liste
und zeichnet die Wörter. Die anderen aus dieser Gruppe raten,
was das ist.
Nach zwei Minuten ist die andere Gruppe dran.
Die Gruppe, die die meisten Wörter geraten hat, hat gewonnen.

b Verrückte Wörter – Die *kursiv* gedruckten Wörter sind an der falschen Stelle. Wo passen sie?

1. Auf dem Flohmarkt
Am Sonntag hab ich meine Freundin auf dem Flohmarkt
gekauft. Meine Freundin hat eine Jacke *gegessen*. Aber sie
hat nicht *getroffen*. Ich habe eine schöne Lampe *anprobiert*.
Später haben wir einen Döner *gepasst*.

2. Besuchen Sie Hinterklecksbach!
Unsere Stadt ist *lecker*.
Hier ist es nie *schön*.
Das Wetter ist immer *langweilig*.
Die Leute sind *klein*.
Das Essen ist *freundlich*.

c Verrückte Wörter – Schreiben Sie einen kleinen Text wie in 3b. Tauschen Sie Ihren Text mit dem Nachbarpaar.

TESTTRAINING

HALTESTELLE **G**

🎧 4.32 **1 Hören – Gespräche**

So sieht die Aufgabe in der Prüfung aus:
Sie hören vier Gespräche. Zu jedem Gespräch gibt es zwei Aufgaben. Entscheiden Sie bei jedem Gespräch, ob die Aussage dazu ☐Richtig☐ oder ☐Falsch☐ ist und welche Antwort (ⓐ, ⓑ oder ⓒ) am besten passt.

Beispiel
Sie hören ein Gespräch zwischen Nachbarinnen.   ~~Richtig~~   ☐ Falsch

Was soll Carola tun?
ⓐ Beate zum Flughafen fahren.
ⓧ Die Blumen gießen.
ⓒ Sich um den Vogel kümmern.

1 Hajo arbeitet in einer Fahrradwerkstatt.   ☐ Richtig   ☐ Falsch

2 Was möchte Hajo von Carina?
ⓐ Dass sie ihr Fahrrad zu ihm bringt.
ⓑ Dass sie einen neuen Fahrradschlauch kauft.
ⓒ Dass sie ihm bei der Reparatur hilft.

3 Herr Münzer war Gast in der Pension Seeblick.   ☐ Richtig   ☐ Falsch

4 Frau Greiner soll ihm …
ⓐ Ausflugstipps geben.
ⓑ sein Handy schicken.
ⓒ den Weg beschreiben.

5 Malte und Sophie gehen zusammen in ein Konzert.   ☐ Richtig   ☐ Falsch

6 Sophie möchte, dass Malte …
ⓐ die Eintrittskarten kauft.
ⓑ sie abholt.
ⓒ ihr eine CD leiht.

7 Marina und Leo wohnen zusammen.   ☐ Richtig   ☐ Falsch

8 Was braucht Leo noch?
ⓐ Eine Lampe für das Schlafzimmer.
ⓑ Stühle für die Küche.
ⓒ Einen Tisch für das Arbeitszimmer.

> → Lesen Sie die Aufgaben genau durch und überlegen Sie: Wie ist die Situation?
> → Die erste Aufgabe ist immer allgemein zu der Situation, die zweite zu einem Detail.

HG-2 **2 Sprechen – über ein Foto sprechen**

So sieht die Aufgabe in der Prüfung aus:
Teil A
Sie haben in einer Zeitschrift ein Foto gefunden.
Berichten Sie Ihrer Gesprächspartnerin / Ihrem Gesprächspartner kurz:
– Was sehen Sie auf dem Foto?
– Was für eine Situation zeigt dieses Bild?

Teilnehmer/in A ⒶTeilnehmer/in B** Ⓑ

Teil B
Unterhalten Sie sich jetzt über das Thema Musik. Erzählen Sie: Welche Erfahrungen haben Sie damit?

So können Sie üben:

a Sehen Sie die Fotos an. Welche Sätze passen wo? Ordnen Sie zu.

1. Auf dem Bild sind drei Kinder. ...A...
2. Ich denke, die Stimmung ist gut. ....
3. Links steht das Publikum. ....
4. Das ist vielleicht ein Schulkonzert. ....

5. Ich glaube, die Personen spielen Klassik. ....
6. Ich sehe einen Mann mit einer Gitarre. ....
7. Das Konzert ist draußen. ....
8. Das Mädchen in der Mitte hat Jeans an. ....

b Wählen Sie ein Foto von oben und beschreiben Sie es. Die Sätze in 2a helfen Ihnen.

c Erzählen Sie jetzt: Wie wichtig ist Musik für Sie? Die Redemittel helfen.

> **Für mich persönlich ist** Musik **sehr wichtig.**
> **Ich** gehe **gerne** in Konzerte.
> **Aber manchmal finde ich** die Tickets zu teuer.
> **Früher** habe ich viel mit meiner Oma gesungen, **und heute** singe ich oft mit meiner Tochter.

d Beschreiben Sie Ihrem Partner / Ihrer Partnerin ein Foto und sprechen Sie dann über das Thema *Einkaufen*. Die Fragen unten und die markierten Teile der Redemittel in 2c helfen.

Ⓐ Ⓑ

Kleider kaufen: Wo? Mit wem? Wie oft? Wie teuer? …

224 zweihundertvierundzwanzig

Ich muss zum Amt.

15

der Führerschein

1 Was habe ich falsch gemacht?

a Sehen Sie das Foto an. Was ist passiert? Warum? Vermuten Sie.

| betrunken sein | zu schnell fahren | das Bremslicht kaputt | bei Rot fahren | Dokumente nicht gültig |

> Ich glaube, der Mann ist zu schnell …

🎧 4.33 **b** Hören Sie das Gespräch zwischen der Polizistin und Anton Kulagin. Stimmt Ihre Vermutung aus 1a?

🎧 4.33 **c** Hören Sie noch einmal. Was ist das Problem mit dem Führerschein?

Sprechen Informationen weitergeben; Probleme und Konsequenzen nennen; nachfragen und um Wiederholung bitten; über eigene Erfahrungen sprechen | **Hören** Informationsgespräch in der Fahrschule; Beratung zu Problemen mit Behörden | **Schreiben** Text über den eigenen Führerschein | **Lesen** Brief von einer Behörde; Tipps zu Behördengängen | **Beruf** im Büro der Fahrschule; in einer Behörde; Integrationslotse

225

2 Der Führerschein

a Herr Kulagin schreibt einem Freund eine SMS. Was möchte Herr Kulagin machen?

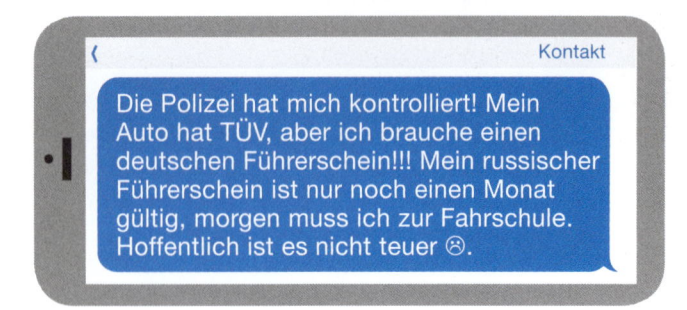

> Die Polizei hat mich kontrolliert! Mein Auto hat TÜV, aber ich brauche einen deutschen Führerschein!!! Mein russischer Führerschein ist nur noch einen Monat gültig, morgen muss ich zur Fahrschule. Hoffentlich ist es nicht teuer ☹.

b 4.34 Hören Sie das Gespräch. Über welche Themen sprechen die Personen? Kreuzen Sie an.

- a Preis für Fahrstunde
- b Prüfung
- c Termin für Fahrstunde
- d Anmeldung
- e Theoriekurs
- f ausländischer Führerschein

c 4.34 Was fragt Herr Kulagin? Hören Sie noch einmal: richtig oder falsch?

R F
1. Herr Kulagin fragt, wie teuer die Fahrstunden sind. ☐ ☐
2. Er möchte wissen, wie viele Stunden er machen muss. ☐ ☐
3. Er fragt, wann die Prüfung ist. ☐ ☐
4. Er fragt, wie lange die theoretische Prüfung dauert. ☐ ☐
5. Er will wissen, wie schnell man den Führerschein bekommt. ☐ ☐

Indirekte Fragen mit Fragewort

Hauptsatz	Nebensatz
Wann **ist** die Prüfung?	Er fragt, wann die Prüfung **ist**.

d Unterstreichen Sie in den Nebensätzen in 2c Fragewort und Verb. Schreiben Sie die direkte Frage.

Wie teuer sind die Fahrstunden?

e Lesen Sie das Beispiel in der Tabelle. Ergänzen Sie dann die indirekten Fragesätze.

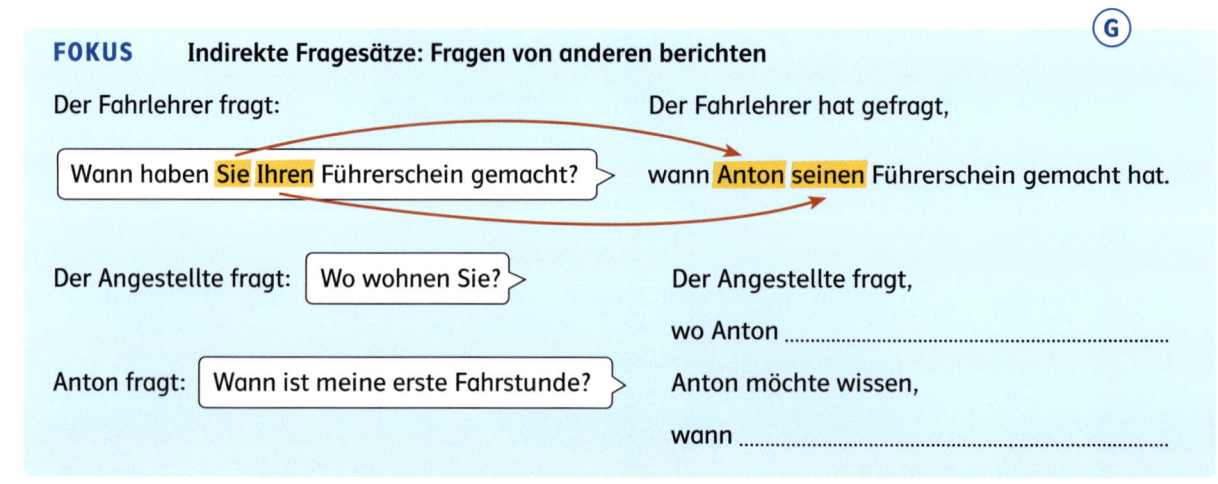

FOKUS Indirekte Fragesätze: Fragen von anderen berichten

Der Fahrlehrer fragt: Wann haben Sie Ihren Führerschein gemacht?
Der Fahrlehrer hat gefragt, wann Anton seinen Führerschein gemacht hat.

Der Angestellte fragt: Wo wohnen Sie?
Der Angestellte fragt, wo Anton _____

Anton fragt: Wann ist meine erste Fahrstunde?
Anton möchte wissen, wann _____

3 Der nächste Besuch

a Was möchte Anton noch wissen? Formulieren Sie indirekte Fragesätze.

- Wie teuer ist die Fahrprüfung?
- Wie kann ich mich anmelden?
- Wann beginnt die Prüfung?
- Wie lange dauert die Prüfung?

Er möchte wissen, …
Er will wissen, …
Er fragt, …

b Schreiben Sie Zettel mit indirekten Fragen. Beginnen Sie immer mit „Weißt du, …?". Sammeln Sie die Zettel ein und verteilen Sie sie neu. Fragen und antworten Sie.

Weißt du, was Dana von Beruf ist? | Ja, klar, sie ist … | Nein, keine Ahnung.

c Höflich fragen mit indirekten Fragesätzen – Fragen Sie Ihren Partner / Ihre Partnerin höflich. Tauschen Sie dann die Rollen.

höflich nachfragen
Könnten Sie mir sagen, …   Ich möchte gerne fragen, …
Entschuldigung, wissen Sie, …   Ich möchte gerne wissen, …

Kunde	Angestellte/r in der Fahrschule
Wie teuer sind die Fahrstunden? Welche Autos bieten Sie an? Wann ist der Theoriekurs?	Eine Fahrstunde 35,– €, Sonderfahrt 40,– €. Verschiedene Modelle, man kann wählen. Um 20 Uhr, montags und mittwochs.
Wie lange dauert eine Nachtfahrt? Wie viele Stunden braucht man? Wo kann man sich anmelden?	Etwas länger, 60 Minuten. Zwischen 20 und 30 Stunden. Online oder im Büro.

Guten Tag. Ich habe ein paar Fragen. Könnten Sie mir sagen, wie teuer …

♪ 4.35 **d** Hören Sie Fragen mit normaler Betonung und als höfliche Nachfragen. Welche Satzmelodie hören Sie? Zeichnen Sie Pfeile.

1. Was bedeutet das? →
2. Was heißt das? ↑
3. Wie sagt man das auf Deutsch?
4. Können Sie mir das bitte erklären?
5. Wo ist das genau?

♪ 4.36 **e** Hören Sie jetzt alle Fragen als höfliche Nachfragen und sprechen Sie nach.

f Lesen Sie die Gespräche im Amt. Tauschen Sie die Rollen.

Dialog 1
● Wir brauchen noch Ihre Meldebestätigung.
○ Meldebestätigung? Was bedeutet das?
● Eine Bestätigung ist ein Dokument.
○ Und was ist die Meldebestätigung genau?
● Ein Dokument, dass Sie offiziell hier wohnen.
○ Ah, vielen Dank.

Dialog 2
● Wir müssen Ihren Termin verschieben.
○ „Verschieben"? Was heißt das, bitte?
● Ihr Termin ist am Donnerstag, nicht am Montag.
○ Ah! Danke. Und brauchen Sie auch … Wie sagt man das auf Deutsch? Passport?
● Den Reisepass? Ja, bitte, bringen Sie ihn mit.

UND SIE?

Schreiben Sie eine E-Mail. Wählen Sie.

Schreiben Sie an einen deutschen Freund / eine deutsche Freundin. Erklären Sie, wie man in Ihrem Land einen Führerschein bekommt (Alter, Fahrstunden, Prüfung, …).

oder

Sie möchten einen Kurs machen und brauchen Informationen. Schreiben Sie an das Kursbüro und stellen Sie indirekte Fragen (Wann? Wo? Wie lange? Wie teuer? …).

4 Ein Brief vom Bürgeramt

a Sie bekommen einen Brief von einer Behörde und verstehen vieles nicht. Was machen Sie? Sprechen Sie.

> Ich bitte einen Freund, dass er den Brief übersetzt.

b Lesen Sie den Brief. Was muss Frau Kulagina machen? Kreuzen Sie die richtige Antwort an.

1. ☐ Frau Kulagina muss mit ihrem Mann zum Bürgeramt gehen.
2. ☐ Frau Kulagina muss Dokumente und ein Foto zum Bürgeramt bringen.
3. ☐ Frau Kulagina muss einen neuen Antrag stellen.

Ausländerbehörde Kauflingen
Rathausplatz 3
72432 Kauflingen

Frau Sofia Kulagina
Gartenweg 47c
72396 Kauflingen

Kauflingen, 30. April

Ihr Antrag auf Verlängerung einer Aufenthaltserlaubnis nach §8 AufenthG

Sehr geehrte Frau Kulagina,

wir haben Ihren Antrag auf Verlängerung einer Aufenthaltserlaubnis nach §8 Aufenthaltsgesetz erhalten. Wir haben festgestellt, dass noch folgende Unterlagen fehlen:
- ☒ 1 aktuelles biometrisches Passfoto
- ☒ Einkommensnachweise (die letzten 3 Lohnabrechnungen) von Ihnen und Ihrem Ehegatten
- ☒ Mietvertrag mit Angabe von aktueller Miethöhe und Größe des Wohnraums
- ☐ Ihre Arbeitsgenehmigung im Original
- ☐ die Bestätigung Ihrer Krankenversicherung

Bitte legen Sie diese Dokumente innerhalb von 10 Tagen vor.

Mit freundlichen Grüßen

F.G. Reisinger

Bürgeramt, Meldeabteilung, Tel. 0743 / 23984-149

c Herr und Frau Kulagin suchen online Informationen. Ordnen Sie den Fragen die richtigen Antworten zu.

1. Ist ein aktuelles Passfoto wichtig?
2. Was ist ein Einkommensnachweis? Wo bekommt man ihn?
3. Was bedeutet „Größe des Wohnraums"?
4. Muss man das wirklich innerhalb von 10 Tagen machen?
5. Wo kann man Hilfe bekommen?

a) Das bedeutet, wie viele Quadratmeter die Wohnung hat. Das steht im Mietvertrag.
b) Ja, das ist wichtig. Sie müssen die Frist einhalten oder eine Verlängerung beantragen.
c) Hilfe bekommen Sie von unseren Integrationslotsen: Sie geben Ihnen in vielen Sprachen Auskunft.
d) Ja, das Foto muss aktuell sein und biometrisch. Der Fotograf weiß, was Sie brauchen.
e) Das ist eine Bestätigung, wie viel Sie pro Monat verdienen oder im letzten Jahr verdient haben. Sie bekommen diese bei Ihrem Arbeitgeber / in Ihrer Firma.

5 Da kann ich Ihnen helfen!

K15-1

a Beim Integrationslotsen – Herr und Frau Kulagin suchen Rat. Hören Sie das Gespräch: richtig oder falsch?

4.37

	R	F
1. Frau Kulagina möchte wissen, ob sie ein neues Passfoto braucht.	☐	☐
2. Frau Kulagina braucht eine Bestätigung, wie viel sie in den letzten drei Monaten verdient hat.	☐	☐
3. Herr Melzer fragt, ob er den Mietvertrag sehen kann.	☐	☐
4. Herr Kulagin weiß nicht, wann er zum Bürgeramt gehen muss.	☐	☐
5. Frau Kulagina fragt Herrn Melzer, ob er zum Termin beim Bürgeramt mitkommen kann.	☐	☐

b Was fragen die Personen? Markieren Sie das in den Sätzen von 5a. Ergänzen Sie dann die Tabelle.

FOKUS Indirekte Fragesätze mit *ob*

Brauche ich ein neues Foto? ➤ Frau Kulagina möchte wissen, ob sie ein neues Foto (braucht).

Kann ich den Mietvertrag sehen? ➤ Herr Melzer fragt, ob .... den Mietvertrag (sehen) ....

Ja/Nein-Fragen → indirekte Fragesätze mit **ob** 😊
W-Fragen → indirekte Fragesätze mit **W-Wort**

c Herr und Frau Kulagin haben noch mehr Fragen. Schreiben Sie wie im Beispiel.

- Muss ich allein zur Behörde gehen? (1)
- Kann mein Mann mitkommen? (2)
- Kostet die Beratung Geld? (3)
- Kann ich am Freitag einen Termin haben? (4)
- Dauert der Termin lang? (5)

Frau Kulagina fragt, ob sie allein …
Die beiden möchten wissen, …

d Spielen Sie in kleinen Gruppen. Flüstern Sie Ihrem Partner / Ihrer Partnerin eine Frage ins Ohr. Der nächste fragt nach. Sie sagen die Frage laut als indirekter Fragesatz. Dann geht es weiter.

> Estella möchte wissen, wie spät es ist.
> Was hat Estella gefragt?
> Wie spät ist es?

UND SIE?

Probleme und Lösungen – Wählen Sie.

Sie haben ein Problem. Sie brauchen Hilfe. Wer hilft Ihnen? Was fragen Sie?

oder

Sie hatten ein Problem. Was war das Problem genau? Wer hat wie geholfen? Was haben Sie gefragt?

> Wenn ich einen wichtigen Termin beim Arzt habe, dann …

> Ich habe meine Bankkarte verloren. Ich bin sofort zur Bank gegangen. …

K15-2 **6 Das muss ich noch erledigen.**

a Sehen Sie die Bilder an. Was gibt es in welchem Amt? Ordnen Sie die Wörter den Orten zu. Es gibt mehrere Möglichkeiten.

A Krankenkasse   B Agentur für Arbeit   C Bürgeramt   D Konsulat

…B… die Arbeitserlaubnis • ……… das Formular • ……… der Schalter • ……… der Stempel •

……… die Wartenummer • ……… das Visum • ……… die Versichertenkarte • ……… das Standesamt •

……… die Meldebestätigung • ……… die Heiratsurkunde

4.38–41 b Wo finden die Gespräche statt? Hören Sie und notieren Sie.

Dialog 1 ……………………………………………………………   Dialog 3 ……………………………………………………………

Dialog 2 ……………………………………………………………   Dialog 4 ……………………………………………………………

c Sie müssen etwas erledigen und sprechen mit einem Mitarbeiter / einer Mitarbeiterin. Wer sagt was? Schreiben Sie die Sätze in eine Tabelle.

Nachfragen/Verständnissicherung

1. Entschuldigung, das habe ich nicht verstanden.
2. Wie heißt das, bitte?
3. Haben Sie noch eine Frage?
4. Ich verstehe … nicht.
5. Wo liegt das Problem?
6. Wissen Sie jetzt, was Sie tun müssen?
7. Können Sie mir das erklären, bitte?
8. Bitte sprechen Sie ein bisschen langsamer.
9. Soll ich es noch mal wiederholen?
10. Was ist das genau, bitte?
11. Was bedeutet …?
12. Wie sagt man … auf Deutsch?

Das sagt der Mitarbeiter / die Mitarbeiterin.
Haben Sie noch eine Frage?

So frage ich nach.
Entschuldigung, das habe ich …

d Spielen Sie Gespräche in einem Amt. Stellen Sie höfliche Nachfragen.

e Kettenübung – Verwenden Sie die Ausdrücke aus 6c. Sie sprechen ein Wort undeutlich oder zu schnell. Ihr Partner / Ihre Partnerin fragt nach.

Ich muss morgen zum Standesamt.

Wie bitte? Ich habe das nicht verstanden.

Zum Standesamt.

Ach so, zum Standesamt. Ich habe einen Brief aus Luxemburg bekommen.

Ich habe das nicht verstanden. Bitte noch einmal.

UND SIE?

Ein Erlebnis mit einer Behörde – Schreiben Sie kurz darüber.

- Wann war das?
- Was mussten Sie machen?
- Wo war das?
- Gab es eine Lösung?
- War die Lösung gut oder schlecht für Sie?
- …

Ich war im Konsulat. Ich wollte dort fragen, wie ich einen neuen Pass bekomme.

7 Termine bei Behörden vorbereiten

a Lesen Sie die Tipps. Welche fünf Tipps finden Sie besonders wichtig? Nummerieren Sie von 1 bis 5 (1 = nicht wichtig, 5 = sehr wichtig). Vergleichen Sie mit Ihrem Partner / Ihrer Partnerin.

.... 1 Überlegen Sie genau, was Sie brauchen und fragen wollen. Machen Sie sich Notizen.

.... 2 Suchen Sie gleich Hilfe, wenn Sie ein Problem haben oder nicht genau wissen, was sie machen müssen. Das ist nicht schlimm.

.... 3 Kommen Sie rechtzeitig und pünktlich zu den Terminen.

.... 4 Klären Sie an der Information, wohin Sie genau gehen müssen.

.... 5 Bitten Sie die Beamten höflich um Erklärung oder Wiederholung, wenn Sie etwas nicht verstehen.

.... 6 Sammeln Sie alle wichtigen Dokumente in einer Mappe.

.... 7 Bleiben Sie ruhig, auch wenn es Probleme gibt.

.... 8 Oft dauert es lang. Nehmen Sie sich Zeit und bleiben Sie geduldig.

.... 9 Wenn Sie von der Behörde ein Schreiben bekommen haben, nehmen Sie es zum Termin mit.

b Hören Sie das Gespräch mit dem Integrationslotsen, Herrn Melzer. Was ist für ihn besonders wichtig? Kreuzen Sie in 7a an.

c Geben Sie einem Freund Tipps, was er bei wichtigen Terminen machen soll.

| An deiner Stelle würde ich ... | Du solltest einfach ... | Du könntest doch ... |

VORHANG AUF

Gehen Sie zu zweit zu einer Station. Spielen Sie das Gespräch. Tauschen Sie dann die Rollen. Gehen Sie anschließend zur nächsten Station.

FAHRSCHULE
Sie wollen sich in einer Fahrschule anmelden und einen Führerschein machen.

BÜRGERAMT
Sie sind beim Bürgeramt, aber haben nicht alle Dokumente dabei.

KRANKENKASSE
Sie haben Ihre Versicherungskarte verloren und brauchen eine neue.

POLIZEI
Die Polizei hält Sie in Ihrem Auto an: Verkehrskontrolle.

BEIM INTEGRATIONSLOTSEN
Sie haben einen Brief bekommen, den Sie nicht verstehen. Fragen Sie Ihren Helfer / Ihre Helferin.

zweihunderteinunddreißig 231

ÜBUNGEN

1 Was habe ich falsch gemacht?

Wie heißt das auf Deutsch? Schreiben Sie die Wörter.

1. der _Lastwagen_
2. das _____
3. das _____
4. die _____
5. die _____
6. der _____
7. der _____
8. die _____

2 Der Führerschein

a Lesen Sie die Fragen und den Text und ordnen Sie zu. Wo steht das im Text?

a) Wie viele Stunden brauchen Fahrschüler normalerweise?
b) Wann darf man auch schon mit 17 Jahren fahren?
c) Wie viele Fragen gibt es in der theoretischen Prüfung?
d) Wie lange dauert die praktische Prüfung?
e) Was braucht man noch für den Führerschein?

Wichtige Infos zum Führerschein

1. _c_ Du bist 17 und freust dich auf deinen Führerschein? Dann hier ein paar Informationen für dich. Zuerst suchst du dir eine gute Fahrschule und meldest dich an. Vergiss nicht, dass du auch einen Erste-Hilfe-Kurs und einen Sehtest machen musst.
2. ___ Du musst mindestens 12 Sonderfahrten machen, aber du solltest mit 25 bis 30 Stunden rechnen, so viele Fahrstunden nehmen Schüler meistens. Du musst auch viel lernen und kannst dann die beiden Prüfungen machen – dein Fahrlehrer sagt dir, wann du so weit bist. Die praktische Prüfung dauert in
3. ___ der Regel 45 Minuten, manchmal auch etwas kürzer. Die theoretische Prüfung findet am Computer
4. ___ statt. Du musst 30 Fragen beantworten und darfst maximal 10 Fehlerpunkte haben. Wenn du schon mit
5. ___ 17 Jahren die Prüfungen schaffst, darfst du zusammen mit einem Erwachsenen fahren. Allein darfst du aber erst fahren, wenn du 18 bist.
                                                                Nähere Informationen findest du hier.

b Schreiben Sie die Fragen aus 2a als indirekte Fragesätze.

Ich möchte wissen, …

1. _wie viele Stunden Fahrschüler_ ......
2. ......
3. ......
4. ......
5. ......

c Ergänzen Sie das passende Fragewort.

1. Sarah möchte wissen, _wo_ die nächste Fahrschule ist.
2. Sie fragt ihre Freundin, ... Telefonnummer die Fahrschule hat.
3. Dann ruft sie in der Fahrschule an und fragt, ... sie die erste Fahrstunde nehmen kann.
4. Sie fragt, ... teuer eine Fahrstunde ist.
5. Sie möchte auch wissen, ... der Fahrlehrer ist.
6. Am Abend fragt Sarahs Freundin, ... Informationen Sarah bekommen hat.

wann • welche • wie • wer • welche • ~~wo~~

Beachten Sie:
direkte → indirekte Frage
du → ich oder er/sie
wir/ihr → sie
deine → meine oder seine/ihre

d Anna fragt Max. Formulieren Sie die Fragen als indirekte Fragesätze.

direkte Fragen	indirekte Fragen
1. Wie lange arbeit**est** **du** morgen, Max?	1. Anna fragt Max, wie lange er morgen arbeitet.
2. Wann hast du Zeit für ein Treffen?	
3. Was können wir machen?	
4. Wen laden wir zur Party ein?	
5. Wo treffen wir deine Freunde?	

3 Der nächste Besuch

a Ein Gespräch mit der neugierigen Nachbarin. Wie heißen die Fragen? Notieren Sie den indirekten Fragesatz.

1. Die Nachbarin, Frau Bielicki, fragt Anton, _wie lange er_ ....

   Anton sagt, dass er schon seit drei Jahren Deutsch lernt.

2. Sie möchte wissen, ...

   Anton erzählt, dass er aus Novosibirsk in Russland kommt.

3. Sie will von Anton wissen, ...

   Er antwortet, dass seine Frau und er vor einem Jahr nach Deutschland gezogen sind.

4. Sie fragt ihn, ...

   Anton erklärt, dass er in einer kleinen Firma als Maler arbeitet.

5. Anton fragt Frau Bielicki, ...

   Sie antwortet, dass sie Englisch und ein bisschen Spanisch spricht.

Hilfe? – Das sind die direkten Fragen: Wann sind Sie nach Deutschland gezogen? • Welche Sprachen sprechen Sie? • Wie lange lernen Sie schon Deutsch? • Wo arbeiten Sie? • Woher kommen Sie?

🎧 4.43 **b** Hören Sie das Gespräch in der Touristeninformation.
Notieren Sie die Reihenfolge der Fragen.

.... Wie komme ich zum Rathaus?

.... Wann fährt der letzte Zug nach Hamburg?

.... Wo kann ich günstig übernachten?

.... Welche Sehenswürdigkeiten soll man ansehen?

..1.... Wo kann ich Geld wechseln?

c Schreiben Sie die Fragen aus 2b höflich.

Könnten Sie mir bitte sagen, …   Ich möchte gerne wissen, …   Ich möchte fragen, …

Entschuldigen Sie, wissen Sie, …

1. Könnten Sie mir bitte sagen, wo …

d Ordnen Sie die E-Mail an eine Fahrschule.

.... Können Sie mich informieren, wie teuer eine Fahrstunde ist?

.... Mit freundlichen Grüßen

.... Dann möchte ich fragen, wann bei Ihnen Prüfungen stattfinden.

.... Ana Ramovic

.... ich möchte bald den Führerschein machen und habe deshalb einige Fragen an Sie.

.... Außerdem möchte ich gerne wissen, wann und wo der Theoriekurs stattfindet.

..1.... Sehr geehrte Damen und Herren,

.... Zuerst interessieren mich die Fahrstunden.

e Schreiben Sie die Mail aus 3d.

Sehr geehrte Damen und Herren, …

4 Ein Brief vom Bürgeramt

a Welches Verb passt? Markieren Sie.

1. die Aufenthaltserlaubnis	**verlängern** • schreiben • einhalten
2. den Antrag	verdienen • stellen • wissen
3. den Einkommensnachweis	bedeuten • helfen • vorlegen
4. einen Vertrag	verdienen • bedeuten • unterschreiben
5. Dokumente	fragen • vorlegen • stellen
6. die Frist	einhalten • suchen • warten
7. Auskunft	stellen • machen • geben

ÜBUNGEN 15

b Was ist was? Verbinden Sie die Wörter mit den passenden Stellen im Brief.

Adresse vom Absender — Ausländerbehörde Kauflingen
Rathausplatz 3
80432 Kauflingen

Ort und Datum

Frau Sofia Kulagina
Gartenweg 47c
Anrede 72396 Kauflingen   Kauflingen, 30. April

Ihr Antrag auf Verlängerung einer Aufenthaltserlaubnis nach §8 AufenthG

Adresse vom Empfänger   Sehr geehrte Frau Kulagina,

Gruß   wir haben Ihren Antrag auf Verlängerung einer Aufenthaltserlaubnis nach §8 Aufenthaltsgesetz erhalten. Wir haben festgestellt, dass noch folgende Unterlagen fehlen:
☒ 1 aktuelles biometrisches Passfoto
☒ Einkommensnachweise (die letzten 3 Lohnabrechnungen) von Ihnen und Ihrem
Postleitzahl   Ehegatten
☒ Mietvertrag mit Angabe von aktueller Miethöhe und Größe des Wohnraums
☐ Ihre Arbeitsgenehmigung im Original
☐ die Bestätigung Ihrer Krankenversicherung
Unterschrift   Bitte legen Sie diese Dokumente innerhalb von 10 Tagen vor.

Mit freundlichen Grüßen

F.G. Reisinger

Bürgeramt, Meldeabteilung, Tel. 0743 / 23984-149

---

c Wo steht was? Schreiben Sie die Mail aus 3d als Brief an Maria Molinari in der Fahrschule ABC, Musterstraße 1 in 10111 Musterstadt. Schreiben Sie auch Ihren Namen und Ihre Adresse.

- Achten Sie auf die Anrede (Herr, Frau).
- Schreiben Sie alle Angaben an die richtige Position.
- Unterschreiben Sie mit Vor- und Familiennamen.

5 Da kann ich Ihnen helfen!

a Lesen Sie die Sätze und formulieren Sie die Fragen direkt.

1. Die Kollegin fragt, ob Frau Kulagina schon im Amt war.
2. Sie möchte wissen, wie lange Frau Kulagina warten musste.
3. Sie fragt Frau Kulagina, ob Herr Melzer ihr geholfen hat.
4. Sie möchte wissen, wann Frau Kulagina wieder zum Amt muss.
5. Frau Kulagina fragt, ob Frau Hofer angerufen hat.

   1. Waren Sie schon im Amt?

b Ergänzen Sie die Fragewörter mit W-Wort oder ob.

1. Der Integrationslotse möchte wissen, *welche* .... Fragen Frau Kulagina hat.

2. Er fragt, ... sie schon allein im Amt war.

3. Herr Melzer weiß noch nicht, ... er am Mittwoch Zeit hat.

4. Er fragt Frau Kulagina, ... sie auch am Donnerstag gehen kann.

5. Frau Kulagina versteht nicht, ... sie mitbringen soll.

6. Herr Melzer erklärt ihr, ... sie zum Amt kommt.

ob • wie • ob • ~~welche~~ • was • ob

zweihundertfünfunddreißig **235**

6 Das muss ich noch erledigen.

a Was passt zusammen? Verbinden Sie. Schreiben Sie die Sätze.

1. Entschuldigung, das habe — g) ich nicht verstanden.
2. Können Sie mir — e) das erklären, bitte?
3. Bitte sprechen Sie — f) ein bisschen langsamer.
4. Was ist das — a) das auf Deutsch?
5. Wie sagt man — a) das auf Deutsch?
6. Was bedeutet — d) „Meldebestätigung"?
7. Was meinen — c) Sie damit genau?

1. Entschuldigung, das habe ich nicht verstanden.

♪ 4.44 **b** Höfliche Nachfragen – Hören Sie die Nachfragen aus 6a und sprechen Sie mit.

c Lesen Sie die E-Mail. Wählen Sie für die Aufgaben 1 bis 5 die richtige Lösung ⓐ, ⓑ oder ⓒ.

Liebe Tanja,
ich schicke dir viele Grüße aus meiner neuen Heimatstadt Freiburg. Nikos und ich sind vor zwei Monaten angekommen und fühlen uns schon wohl hier. Zuerst waren wir im Hotel, aber dann konnten wir zu meiner Cousine ziehen und vor einer Woche sind wir in eine kleine Wohnung umgezogen.
Wir haben beide noch keine Arbeit gefunden, aber wir hatten in den ersten Wochen viel Stress. Wir mussten uns anmelden und bei den Behörden alles regeln. Meine Cousine hatte leider keine Zeit. Wir sprechen gut Deutsch, aber allein wollten wir es nicht machen. Zum Glück gibt es hier einen Service mit einem Integrationslotsen, der hilft bei den Behördenterminen. Wir hatten eine Helferin, Frau Koch, die hat uns begleitet, und so hat alles gut geklappt.
Jetzt müssen wir uns um Arbeit kümmern. Nikos hat sich schon bei einer Firma vorgestellt, aber wir wissen noch nicht, ob sie ihn nehmen. Ich lese täglich die Angebote im Internet, aber es war noch keine passende Stelle als Hotelkauffrau dabei. Ich habe jetzt einen Minijob in einem Geschäft, deshalb verdiene ich auch schon etwas.
Nächsten Monat wollen wir Freunde in Stuttgart besuchen und im September möchten Nikos und ich eine Radtour am Bodensee machen. Du hast die Tour letztes Jahr gemacht, oder?
Schreib mir bald! Viele Grüße
Evangelia

---

1. Evangelia wohnt jetzt …
   ⓐ in einer eigenen Wohnung.
   ⓑ bei einer Verwandten.
   ⓒ in einem Hotel.

2. Die Behördentermine haben Evangelia und Nikos …
   ⓐ mit ihrer Cousine erledigt.
   ⓑ ohne Hilfe geschafft.
   ⓒ mit Frau Koch gemacht.

3. Nikos …
   ⓐ hat schon Arbeit gefunden.
   ⓑ wartet auf die Antwort von einer Firma.
   ⓒ hat bald ein Bewerbungsgespräch.

4. Evangelia …
   ⓐ hat die Bewerbung als E-Mail geschickt.
   ⓑ hat eine Stelle im Hotel.
   ⓒ jobbt schon einige Stunden.

5. Die Fahrradtour …
   ⓐ machen sie im Sommer.
   ⓑ möchten sie zu zweit machen.
   ⓒ planen sie mit Tanja zusammen.

7 Termine bei Behörden vorbereiten

a Hören Sie das Gespräch zwischen Sofia Kulagina und Herrn Melzer über die Wohnungssuche. Welche Tipps gibt Herr Melzer? Kreuzen Sie an.

1. ☐ Sie könnten selbst eine Anzeige in die Zeitung geben.
2. ☐ An Ihrer Stelle würde ich im Internet suchen.
3. ☐ Schauen Sie auch im Supermarkt an den Infotafeln.
4. ☐ An Ihrer Stelle würde ich auch Kollegen fragen.
5. ☐ Sie könnten sich auch bei Ihrer Hausverwaltung melden.

b Wählen Sie eine Person. Schreiben Sie der Person eine E-Mail und geben Sie Tipps.

1. Claudio kann schon gut Deutsch lesen und schreiben, aber er spricht nicht gerne Deutsch.

2. Ayshe möchte gern mehr Sport machen, aber sie hat kein Geld für ein Fitnessstudio.

3. Dmitri und Anna wissen nicht, wie sie eine Arbeit suchen können.

*Hallo, Claudio,
ich finde es toll, dass du Deutsch lernst. Du hast gesagt, dass du nicht gern Deutsch sprichst. ...*

LEICHTER LERNEN: Gemeinsam lernen

a Gemeinsam oder allein lernen – wie machen Sie das (gerne)? Kreuzen Sie an.

	allein	zu zweit	in einer Gruppe
Wörter lernen (z. B. mit Karten)	☐	☐	☐
Aufgaben zu Grammatik und Wortschatz machen	☐	☐	☐
Texte lesen und Fragen beantworten	☐	☐	☐
Texte hören und Fragen beantworten	☐	☐	☐
sich unterhalten	☐	☐	☐
Rollenspiele machen, Dialoge üben	☐	☐	☐
Sprachspiele machen (z. B. *Montagsmaler*)	☐	☐	☐

b Suchen Sie einen Partner / eine Partnerin. Vergleichen Sie Ihre Antworten und machen Sie einen Termin zum gemeinsamen Lernen.

RICHTIG SCHREIBEN: Briefe korrigieren

Finden und korrigieren Sie die neun Fehler im Brief.

Michael Müller
80889 München
Müllerstraße 24

München, 15.05.20..

Sehr geherter Herr Müller,

vielen Dank für ihre Antwort. Wir freuen uns, dass Sie zum Termin um 12. Juni kommen können. Bitte schreiben Sie Uns, ob Sie ein Hotelzimmer brauchen und wann sie ankommen. Wir haben für Sie und Eure Kollegen ein interessantes Programm geplant. Das Programm schicken wir Ihnen Anfang Juni. Bitte melden Sie sich bei uns, wenn Sie noch Fragen haben.

Mit freundlischen grüßen

Barbara Eichinger

Mein Deutsch nach Kapitel 15

Das kann ich:

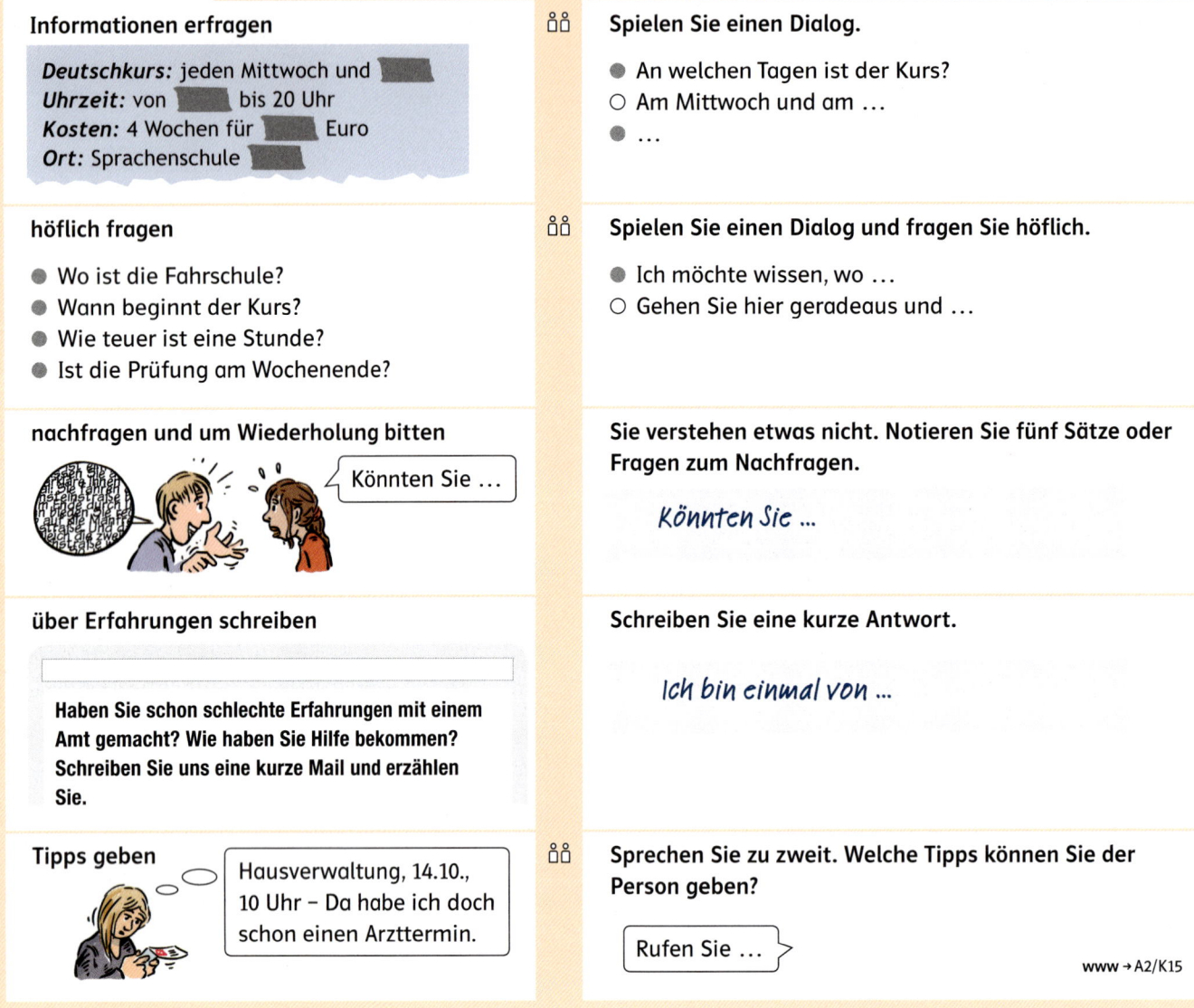

Informationen erfragen

Deutschkurs: jeden Mittwoch und ▬
Uhrzeit: von ▬ bis 20 Uhr
Kosten: 4 Wochen für ▬ Euro
Ort: Sprachenschule ▬

Spielen Sie einen Dialog.
- An welchen Tagen ist der Kurs?
- ○ Am Mittwoch und am …
- …

höflich fragen
- Wo ist die Fahrschule?
- Wann beginnt der Kurs?
- Wie teuer ist eine Stunde?
- Ist die Prüfung am Wochenende?

Spielen Sie einen Dialog und fragen Sie höflich.
- Ich möchte wissen, wo …
- ○ Gehen Sie hier geradeaus und …

nachfragen und um Wiederholung bitten

„Könnten Sie …"

Sie verstehen etwas nicht. Notieren Sie fünf Sätze oder Fragen zum Nachfragen.

Könnten Sie …

über Erfahrungen schreiben

Haben Sie schon schlechte Erfahrungen mit einem Amt gemacht? Wie haben Sie Hilfe bekommen? Schreiben Sie uns eine kurze Mail und erzählen Sie.

Schreiben Sie eine kurze Antwort.

Ich bin einmal von …

Tipps geben

Hausverwaltung, 14.10., 10 Uhr – Da habe ich doch schon einen Arzttermin.

Sprechen Sie zu zweit. Welche Tipps können Sie der Person geben?

„Rufen Sie …"

www → A2/K15

Das kenne ich:

Indirekter Fragesatz mit Fragewort

Anton: „**Wann** ist die Prüfung?"

Anton will wissen, **wann** die Prüfung ist.

Fahrlehrer: „**Wann** haben Sie Ihren Führerschein gemacht?"

Der Fahrlehrer hat gefragt, **wann** Anton seinen Führerschein gemacht hat.

Indirekter Fragesatz mit *ob*

Frau Kulagina: „Brauche ich ein neues Foto?"

Frau Kulagina möchte wissen, **ob** sie ein neues Foto braucht.

Bei Ja/Nein-Fragen ergänzt man im indirekten Fragesatz *ob*.

Herr Melzer: „Kann ich den Mietvertrag sehen?"

Herr Melzer fragt, **ob** er den Mietvertrag sehen kann.

238 zweihundertachtunddreißig

Wir feiern! 16

1 So viele Feste!

a Sehen Sie die Fotos an und ordnen Sie die Wörter zu.

Sportfest ....   Firmenfeier ..A..   Ostern ....   Hochzeit ....   Einschulung ....

b 🎧 4.46 Hören Sie das Gespräch von Lena und Andreas. Welche Fotos nimmt Lena für die Homepage? Kreuzen Sie an.

Foto A ☐   Foto B ☐   Foto C ☐   Foto D ☐   Foto E ☐

c Welche Fotos würden Sie für eine Homepage wählen? Warum?

> Mir gefällt Foto C gut. Das ist originell und das finde ich auch wichtig.

> Ich würde Fotos mit Kindern nehmen. Das sind schöne Erinnerungen.

Sprechen ein Fest planen; Vorschläge machen, ablehnen und annehmen; Vermutungen äußern; über Feste und Feiern sprechen | **Hören** private Gespräche über Feste; Umfrage im Radio | **Schreiben** Einladung; E-Mail über ein Fest; Glückwunschkarte | **Lesen** Einladung; E-Mail über eine Hochzeitstradition; Forumsbeiträge über Feste | **Beruf** Fest für Kollegen planen

K16–1 **2 Wir machen ein Straßenfest.**

a Was ist ein Straßenfest? Waren Sie schon einmal auf einem Straßenfest? Sammeln Sie im Kurs.

4.47 **b** Ein Straßenfest planen – Hören Sie und verbinden Sie.

1. Ich möchte gute Musik,
2. Alle sollen Essen mitbringen,
3. Wir hängen überall die Einladung auf,
4. Aber wir brauchen noch Spiele für die Kinder,
5. Wir brauchen Bänke und Tische,

a) damit wir draußen sitzen und essen können.
b) ich will unbedingt tanzen!
c) die wollen auch ihren Spaß haben.
d) damit wir ein leckeres Büfett haben.
e) damit alle Bescheid wissen.

4.47 **c** Lena, Jonas und Markus: Wer macht was? Hören Sie noch einmal. Gruppe A notiert, was Lena macht, Gruppe B, was Jonas macht, und Gruppe C, was Markus macht. Ergänzen Sie dann gemeinsam die To-do-Liste.

```
To-do-Liste
Wer?      Lena                         Jonas        Markus
Was?      Musik → Michael fragen       ...          ...
```

d Lesen Sie die Sätze im Kasten und ergänzen Sie noch einen Satz aus 2b.

FOKUS Absichten ausdrücken mit *damit*

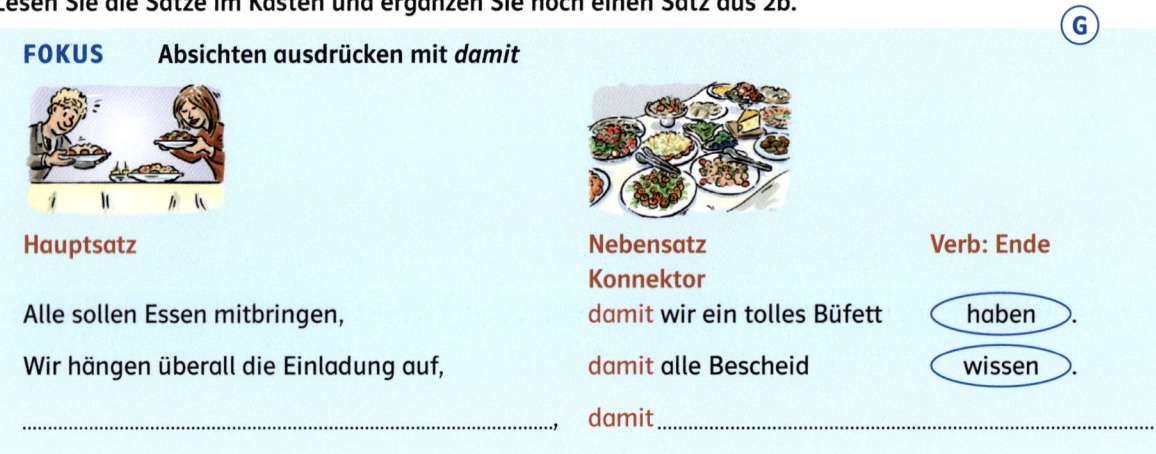

Hauptsatz	Nebensatz Konnektor	Verb: Ende
Alle sollen Essen mitbringen,	damit wir ein tolles Büfett	haben.
Wir hängen überall die Einladung auf,	damit alle Bescheid	wissen.
....,	damit	

e Kombinieren Sie und schreiben Sie Sätze mit *damit*. Lesen Sie die Sätze vor.

Ich / Wir / ...
einen Kuchen backen / Freunde einladen / Lieder singen / Spiele organisieren / ein Geschenk kaufen / ...

damit

meine Tochter / die Nachbarn / du / er/sie / ...

sich freuen / Spaß haben / genug zu essen haben / reden/tanzen/... können / ...

Ich lade meine Freunde ein, damit wir zusammen Spaß haben.

UND SIE?

Was machen Sie, damit …? Schreiben Sie einen Satz auf einen Zettel. Mischen Sie die Zettel und lesen Sie sie vor. Die anderen raten: Wer hat das geschrieben?

— Ich mache viel Sport, damit ich fit werde.
— Das ist von Amir, oder?
— Ja, das ist von mir.

3 Die Einladung

a Lesen Sie die Einladung und notieren Sie vier Fragen auf einen Zettel. Sammeln Sie die Fragen und beantworten Sie sie im Kurs.

> SOMMERFEST
>
> **Liebe Nachbarinnen und Nachbarn,**
> bald ist es wieder so weit!
> **Am Samstag, den 25. Juni ab 15 Uhr,**
> machen wir wieder ein großes Fest in unserer Straße.
> Bitte bringt alle Essen für unser Büfett und Getränke mit!
> Musik, Tische, Bänke und Spiele für die Kinder organisieren wir.
> Bitte gebt uns bis zum 20.06. Bescheid, ob ihr kommen könnt.
> Und wir brauchen auch noch freiwillige Helfer: Bitte bei uns melden!
> Wenn es regnet, feiern wir in einem Festzelt.
> Wir freuen uns schon!
> Lena, Jonas und Markus

- Wo ist das Fest?
- In unserer Straße.
- Wann …?

b Ihr Chef oder Ihr Kollege wird 50. Wie wollen Sie feiern? Überlegen Sie zu zweit. Ordnen, ergänzen und schreiben Sie dann die Einladung. Es gibt mehrere Möglichkeiten.

- ……… … organisieren wir, aber bringt bitte … mit.
- ……… Liebe/Viele/Herzliche Grüße,
- __1__ Liebe Kolleginnen und Kollegen,
- ……… Das Fest ist um … in/im …
- ……… Bitte gebt uns bis … Bescheid, ob ihr kommen könnt.
- ……… … wird am … 50 Jahre alt! Das müssen wir feiern!

Liebe Kolleginnen und Kollegen,

unser Kollege Luka wird am …

4 Aussprache: Vokale am Wort- und Silbenanfang

♪ 4.48 **a** Hören Sie und markieren Sie die kleinen Pausen vor den Vokalen wie im Beispiel.

1. ⓐ |an Weihnachten
   ⓑ |an |Ostern
2. ⓐ bis acht Uhr
   ⓑ bis drei Uhr
3. ⓐ mit Freunden
   ⓑ mit euch
4. ⓐ Mittagessen
   ⓑ Mittagspause

♪ 4.48 **b** Hören Sie noch einmal und sprechen Sie nach.

♪ 4.49 **c** Markieren Sie wie im Beispiel. Hören Sie und sprechen Sie nach.

1. |Unser Straßenfest war |ein |Erfolg! Das Essen war super und die Musik auch.
2. Wir heiraten endlich! Unsere Hochzeit ist am ersten Oktober. Wir laden alle unsere Freunde ein.

UND SIE?

Planen Sie eine Feier. Die Fragen und die Redemittel helfen. Mit wem feiern Sie? Wählen Sie.

mit Nachbarn **oder** mit Freunden **oder** mit Kolleginnen und Kollegen in der Arbeit

Termin?   Gäste?   Ort?   Programm?   Essen und Trinken?   Musik?   …

Vorschläge machen	Vorschläge ablehnen	Vorschläge annehmen
Ich habe eine Idee: Wir …	Ich weiß nicht …	Ja, das finde ich gut.
Ich schlage vor, dass wir …	Das ist aber keine gute Idee.	Prima, einverstanden!
Wir könnten doch …	Ich bin dagegen.	Ich bin dafür.
Sollen wir …?	Wollen wir nicht lieber …?	Schön, so machen wir das!

5 Eine Traumhochzeit?!

a Ines und Daniel feiern ihre Hochzeit. Sehen Sie die Bildgeschichte an und suchen Sie die richtige Reihenfolge. Sprechen Sie über die mögliche Handlung.

A B C

D E F

b Lesen Sie Lenas E-Mail und kontrollieren Sie die Reihenfolge der Geschichte aus 5a.

Liebe Theresa,
gestern war ich auf der Hochzeit von Ines und Daniel – es war eine romantische Hochzeit und die Stimmung war toll. Aber für einige Gäste war es eigenartig, dass Ines und Daniel über eine Stunde gar nicht auf ihrem eigenen Hochzeitsfest waren! Warum? Tja, hier gibt es so eine Hochzeitstradition, die „Brautentführung". Hast du schon mal davon gehört? Freunde vom Brautpaar bringen die Braut heimlich an einen anderen Ort. Der Bräutigam muss sie dann suchen und zum Fest zurückbringen.
Bei Ines war es so: Nach dem Essen haben alle getanzt. Es war kurz vor zehn, da habe ich gesehen, wie Ines zusammen mit einigen Freunden weggeht. Daniel hat gerade mit seiner Mutter getanzt. Als Ines nach einer halben Stunde noch nicht zurück war, bin ich zu Daniel gegangen. Er hat gar nicht gemerkt, dass seine Ehefrau nicht da war ... 😉 In dem Moment kriegt er auch eine SMS mit einem Foto: Ines in einem Lokal! Daniel hat sofort gewusst, wo das ist. Ich bin dann mit ihm zu dem Lokal gefahren. Dort musste Daniel noch ein Lied singen und die Rechnung bezahlen! Zuletzt durfte das Brautpaar endlich wieder zurück zur eigenen Hochzeitsfeier. Ines mag diese Tradition, aber mir gefällt sie eigentlich nicht.
Gibt es bei euch auch eine besondere Tradition?
Melde dich mal wieder und liebe Grüße
Lena

c Wie finden Sie eine „Brautentführung"? Was ist daran lustig? Was sind die Nachteile?

UND SIE?

a Wie feiert man bei Ihnen Hochzeit? Was ist typisch, welche besonderen Traditionen gibt es?
Sprechen Sie über folgende Themen: Kleidung, Essen, Musik, Gäste, Geschenke und Traditionen.

b Wie haben Sie oder Ihre Freunde/Verwandten die Hochzeit gefeiert? Schreiben Sie eine E-Mail an einen Partner / eine Partnerin.

242 zweihundertzweiundvierzig

6 Herzlichen Glückwunsch!

a Sehen Sie sich den Geschenketisch an. Was bekommt das Hochzeitspaar? Vermuten Sie.

Vermutungen äußern	auf Vermutungen reagieren
Ich denke/glaube, das ist …	Das denke/glaube ich nicht/auch.
Wahrscheinlich/Vielleicht ist es …	Ja, das stimmt.
Es könnte ein/e … sein.	Oder es ist vielleicht …
Für mich sieht es aus wie ein/eine …	Du hast recht.

b Hören Sie ein Gespräch über die Geschenke. Stimmen Ihre Vermutungen aus 6a?

c Lesen Sie die Karten. Wie kann man gratulieren? Sammeln Sie die Ausdrücke an der Tafel.

Liebes Hochzeitspaar,
für eure gemeinsame Zukunft wünschen wir euch alles Liebe und Gute.
Eure alten Schulfreunde
Sven   Martin
Barbara   Anna

Wir wünschen dir und deinem Mann das Allerbeste für diesen wichtigen Schritt. Unsere Familie freut sich sehr über das neue Familienmitglied!
Tante Gabi und
Onkel Olaf

Mein lieber Daniel,
ich gratuliere herzlich zu deiner Hochzeit mit deiner Traumfrau Ines. Töpfe habt ihr ja schon genug, aber mein Geschenk ist hoffentlich neu in eurer Küche ;-).
Viel Glück für euer gemeinsames Leben!
Dein Onkel Gerd

Wir wünschen euch alles Liebe und Gute.

d Bilden Sie Sätze. Würfeln Sie und sprechen Sie. Verwenden Sie jedes Verb einmal.

- ⚀ mein
- ⚁ dein
- ⚂ sein
- ⚃ unser
- ⚄ euer
- ⚅ ihr

- ⚀ Tante
- ⚁ Vater
- ⚂ Kind
- ⚃ Schwester
- ⚄ Onkel
- ⚅ Freunde

schenken   besuchen   eine Karte schreiben
anrufen   einladen   feiern mit

⚀ + ⚄   Ich schenke meinem Onkel ein Buch.

e Ihre Freunde heiraten. Schreiben Sie eine Glückwunschkarte. Die Karten aus 6c helfen.

UND SIE?

Was war Ihr schönstes Geschenk? Wann und von wem haben Sie es bekommen und warum hat es Ihnen besonders gefallen? Woher hat der/die Schenkende das Geschenk und wie ist er/sie auf die Idee gekommen? Erzählen Sie und formulieren Sie Vermutungen.

7 Feste in Deutschland

a Welche Feste kennen Sie? Was sagt man da? Schreiben Sie unter die Fotos.

Silvester — ~~Ostern~~ — Weihnachten — Frohe Ostern! — Ein gutes neues Jahr! — Schöne Weihnachten!

A: Ostern
Frohe Ostern!

B: ....
....

C: ....
....

b Wie feiert man diese Feste in Deutschland? Sammeln Sie im Kurs.

- An Ostern suchen die Kinder Ostereier.
- Silvester gibt es ein Feuerwerk.

Wann?
an Ostern, an Weihnachten, an Silvester
oder Ostern, Weihnachten, Silvester

c Lesen Sie die Forumsbeiträge. Um welche Feste geht es? Ergänzen Sie die Beiträge.

Forum Feste — Suche

Welches deutsche Fest hast du dieses Jahr erlebt? Erzähl uns davon!

1. **Eleni:** Dieses Jahr hat mich mein Mitbewohner Fabian an ……………………… zu seiner Familie mitgenommen. Seine Schwester und ihre Kinder waren auch da. Am Nachmittag haben wir zusammen den Baum geschmückt. Dann waren wir alle zusammen in der Kirche. Abends gab es endlich die Geschenke. Sie hatten sogar eins für mich, das war wirklich sehr nett! Später haben wir Lieder gesungen. Am 24. Dezember abends gab es Würstchen mit Kartoffelsalat und am 25. einen sehr leckeren Braten. Ich habe eine besonders große Portion bekommen ☺.

2. **Selma:** Wir haben ……………………… mit zwei anderen Familien im Garten gefeiert. Das war sehr schön. Mein Mann ist ganz früh aufgestanden und hat dort ganz viele Schokoladeneier und Süßigkeiten versteckt, die Kinder hatten richtig Spaß beim Suchen. Danach waren wir alle zusammen in einem Café bei einem Brunch.

3. **Senia:** Ich habe dieses Jahr ……………………… bei Freunden in Berlin gefeiert. Zuerst haben wir zu Hause gegessen. Dann sind wir zu der Party am Brandenburger Tor gegangen. Alle haben gerufen: „Ein gutes neues Jahr!" oder „Prost Neujahr!". Die Musik und die Stimmung waren super und das Feuerwerk war auch toll, aber es war sehr voll! Das Feuerwerk hat mich an Diwali erinnert, das ist das Lichterfest in Indien.

d Lesen Sie noch einmal und vergleichen Sie mit Ihrer Sammlung aus 7b. Welche Informationen sind neu für Sie?

UND SIE?

Wann und wie haben Sie das neue Jahr gefeiert? Erzählen Sie.

8 Feste international

a Sehen Sie die Bilder an. Hören Sie eine Umfrage im Radio. Ordnen Sie die Anrufe den Fotos zu. Wo finden die Feste statt?

A ☐ Diwali
B ☐ Karneval in Rio de Janeiro
C ☐ Zuckerfest
D ☐ Chanukka

b Hören Sie noch einmal und kreuzen Sie an: Was gehört für die Personen zu einem schönen Fest?

	Musik	Essen/Trinken	viel Besuch	Geschenke
1. Amina	☐	☐	☐	☐
2. David	☐	☐	☐	☐
3. Uma	☐	☐	☐	☐
4. Monica	☐	☐	☐	☐

c Feste – Was passt zusammen? Ordnen Sie zu und schreiben Sie Sätze. Es gibt mehrere Möglichkeiten.

1. Ich möchte wissen,
2. Ein Fest ist für mich schön,
3. Ich durfte bei Festen immer ganz lang aufbleiben,
4. Wir laden immer sehr viele Gäste ein,
5. Wir kochen immer sehr viel,
6. Für mich ist wichtig,

als / dass / ob / damit / weil / wenn

a) ich dort viele Leute treffen kann.
b) es viele Geschenke gibt.
c) alle satt werden.
d) ich noch ein Kind war.
e) ihr an dem Fest etwas Besonderes esst.
f) das bei uns normal ist.

1. Ich möchte wissen, ob ihr an dem Fest etwas Besonderes esst.

d Welches Fest mögen Sie am liebsten? Was gehört für Sie zu einem schönen Fest? Was ist anders als bei deutschen Festen? Sprechen Sie.

> Ich mag Karneval am liebsten, weil …

> Für mich gehört zu einem schönen Fest auf jeden Fall, dass …

> Bei uns feiern die Männer und die Frauen manchmal getrennt.

VORHANG AUF

K16

Wählen Sie ein Fest und ein Thema. Planen und spielen Sie Dialoge.

A B C

Themen
- jemand einladen
- über Geschenke sprechen
- von dem Fest erzählen und nachfragen

zweihundertfünfundvierzig 245

ÜBUNGEN

1 So viele Feste!

a Markieren Sie die Aktivitäten wie im Beispiel.

ÜPLURT|KUCHENESSEN|MNJRDSGESCHENKEBEKOMMENÖPDFBCINDIESCHULEGEHENÄPICDX EINENPREISGEWINNENÄXYGWRTDSEIERSUCHENCHSJARTZUSAMMENSINGENTALKORTANZENPL UMKGRILLENMUZERSAGRATULIERENLOKUSTEMUSIKHÖRENBULLEINLECKERESESSENMACHENKLUPOS

b Welche Aktivitäten aus 1a passen zu welchem Fest? Schreiben Sie. Manchmal gibt es mehrere Möglichkeiten.

Einschulung: ....

Sportfest: ....

Sommerfest: ....

Firmenfeier: *Kuchen essen* ....

Hochzeit: ....

Ostern: ....

2 Wir machen ein Straßenfest.

🎧 4.56

a Hören Sie und kreuzen Sie an: richtig oder falsch?

	R	F
1. Das Straßenfest ist am Samstag.	☐	☐
2. Das Fest		
ⓐ dauert von 8 bis 24 Uhr.	☐	☐
ⓑ ist auch für kleine Kinder.	☐	☐
ⓒ kostet Eintritt.	☐	☐

b Jonas schreibt vom Straßenfest. Ergänzen Sie die E-Mail.

Hallo Oma,

danke für deine E-Ma*i l*! Super, dass du je____ auch einen Computer ha___!

Mir ge___ es gut, ab___ ich bin ein biss_____ müde. Ges_____ war unser Straßen_____.

Am Anf_____ waren nur wenig Leu___ da und es war langwe_____. Aber dann habe ich mit

den Kin_____ Spiele gemacht, und wir hat____ richtig Sp___! Spä_____ hat Michael

Mu_____ gemacht und wir haben get_____. Das Büfett war auch sehr le_____.

Und wie geht es d___? Schre_____ du bald wie ____?

Lie___ Grü___,

Jonas

246 zweihundertsechsundvierzig

ÜBUNGEN 16

c Ein Fest in der Sprachenschule organisieren. Schreiben Sie Sätze mit *damit*.

1. Wir müssen eine Band organisieren, damit / Musik / haben / wir / .
   Wir müssen eine Band organisieren, damit wir Musik haben.

2. Wir müssen ein Plakat machen und aufhängen, damit / wissen / Bescheid / alle / .
   ....

3. Jemand muss Getränke kaufen, damit / genug zu trinken / haben / wir / .
   ....

4. Wir müssen Stühle und Tische in den Garten stellen, damit / draußen / kann / sitzen / man / .
   ....

5. Jemand muss Spiele organisieren, damit / auch die Kinder / haben / Spaß / .
   ....

d Ergänzen Sie die Sätze frei.

1. Wir feiern ein Fest, damit ....
2. Ich rufe dich an, damit ....
3. Ich lerne Deutsch, damit ....
4. Ich suche eine neue Arbeit, damit ....

3 Die Einladung

a Lesen Sie und kreuzen Sie an ⓐ, ⓑ oder ⓒ.

Fontane-Grundschule

Einladung ...0... Schulfest

Liebe Eltern,

auch in diesem Jahr findet wieder ...1... beliebtes Schulfest statt:
Es ist ...2... Samstag, den 17. Juli von 16 bis 20 Uhr.
Wir freuen uns wie immer, ...3... Sie mitmachen!
Sie ...4... zum Beispiel Kuchen oder Getränke verkaufen, Spiele organisieren oder beim Aufräumen helfen.

Bitte kreuzen Sie unten an, wie Sie helfen möchten, und geben Sie den Zettel ...5... Kind mit.

Mit ...6... Grüßen

Marita Heym, Schulleiterin

0. ⓐ am	1. ⓐ unser	2. ⓐ am	3. ⓐ als	4. ⓐ können	5. ⓐ Ihr	6. ⓐ freundlichen
ⓑ ins	ⓑ unseren	ⓑ im	ⓑ damit	ⓑ möchten	ⓑ Ihrem	ⓑ geehrten
ⓧ zum	ⓒ unseres	ⓒ um	ⓒ wenn	ⓒ wollen	ⓒ Ihres	ⓒ super

zweihundertsiebenundvierzig **247**

b Ordnen Sie den Dialog und hören Sie zur Kontrolle.

● So, Jens, endlich ist unsere Wohnung fertig!
○ 1. c

● Ein Fest – das ist eine gute Idee! Dann können wir gleich alle Nachbarn kennenlernen!
○ 2. ☐

● Ich weiß nicht … So viel Platz haben wir nicht. Warum feiern wir nicht zweimal? Zuerst mit den Nachbarn, später mit unseren Freunden.
○ 3. ☐

● Ich schlage vor, dass wir sie am nächsten Samstag einladen.
○ 4. ☐

● Stimmt, der Termin am nächsten Samstag ist schlecht. Dann nächsten Freitag?
○ 5. ☐

a) Nächsten Freitag haben hoffentlich die meisten Nachbarn Zeit. Gut, einverstanden! Komm, wir schreiben gleich die Einladung!

b) Schön, zwei Feste, so machen wir das! Wann sollen wir die Nachbarn einladen?

c) Ja, das finde ich auch gut. Ich möchte unsere Nachbarn schon lange mal treffen. Aber dann könnten wir doch auch gleich unsere Freunde einladen, oder?

d) Nein, ich bin dagegen, nächsten Samstag ist doch das Fußballspiel.

e) Ja, zum Glück, Eva! Und sie ist sehr schön geworden! Ich finde, das müssen wir mit unseren neuen Nachbarn feiern!

Hilfe? – Hören Sie zuerst und ordnen Sie dann.

c Schreiben Sie die Einladung von Eva und Jens. Die Stichwörter helfen.

- neu im Haus
- kennenlernen
- Fest am Freitag, 17.6., ab 18 Uhr
- bitte bis Mittwoch Bescheid geben
- sich freuen

Liebe Nachbarinnen und Nachbarn,

....

....

....

....

....

....

Viele Grüße,
Eva Weise und Jens Matschke

4 Aussprache: Vokale am Wort- und Silbenanfang

Markieren Sie die Vokale am Wortanfang. Hören Sie und sprechen Sie nach.

Das Fest von Eva und Jens war schön. Fast alle Nachbarn sind gekommen. Einige haben etwas zu essen oder zu trinken mitgebracht. Es gab Apfelsaft und Orangensaft, Wasser und Wein. Die Suppe war sehr lecker, die Salate waren auch sehr gut, und zum Nachtisch gab es Eis. Später haben alle noch getanzt. Am Ende haben viele gesagt: Wir freuen uns, dass ihr unsere neuen Nachbarn seid!

ÜBUNGEN 16

5 Eine Traumhochzeit?!

a Welches Wort passt wo? Schreiben Sie die Ausdrücke in eine Tabelle ins Heft und ergänzen Sie weitere.

~~der Bräutigam~~   der Brautstrauß   der Nachbar   Geld an den Anzug des Bräutigams stecken
die Vorspeise   das Geschirr   die Braut   die Suppe   die Hochzeitstorte
die Hände und Füße bemalen   die Kolleginnen   zusammen tanzen   der DJ
das Büfett   die Verwandten   das Hochzeitsvideo   der Schmuck   die Braut entführen
die Hochzeitstorte zusammen schneiden
das Geld   eine Hochzeitsreise machen   das Brautpaar   …

Personen	Essen	Geschenke	Traditionen
der Bräutigam			

b Lesen Sie die Nachricht über die Hochzeit und ergänzen Sie passende Wörter aus 5a.

der Deutschkursblog

Eine Nachricht für alle, die am Samstag nicht bei der Hochzeit von Furkan und Berna sein konnten: Es war ein tolles Fest! Das (1) __Brautpaar__ war wunderschön, wie man auf dem Foto sieht 😊. Die (2) …………………………… von den beiden sind extra aus der Türkei gekommen. Sie haben Furkan ganz viel (3) …………………………… an den Anzug gesteckt – jetzt können die beiden ihre (4) …………………………… nach Norwegen machen! Sie haben noch mehr schöne Geschenke bekommen: (5) …………………………… für sie: eine tolle Kette, und ein Freund von ihnen hat ein leckeres (6) …………………………… gemacht. Das Essen war fantastisch! Und natürlich haben wir alle (7) ……………………………………………….

6 Herzlichen Glückwunsch!

🎧 4.59

a Vermutungen äußern – Markieren Sie die passenden Ausdrücke. Hören Sie dann zur Kontrolle.

● Hier sind eure Geschenke! Aber zuerst müsst ihr (1) sprechen/**raten**, was das ist, ja?
○ Na gut. Also, ich (2) frage/denke mal, das da vorn ist eine CD?
● Nein, das (3) sehe/glaube ich nicht! Das ist doch ein Bild!
● Ja, (4) genau/fast. Das ist ein Bild.
● Und das in der Mitte (5) könnte/möchte eine Tasse sein.
○ Ja, das (6) stimmt/geht.
● Ihr habt (7) richtig/recht! Und das da hinten?
○ Für mich (8) sieht/geht es aus wie Socken.
● Socken? Das (9) gebe/denke ich nicht. Aber (10) sicher/vielleicht ist es ein Schal?
● Ja, es ist ein Schal.

zweihundertneunundvierzig 249

b Zwei Glückwunschkarten – Ordnen Sie zu und schreiben Sie.

Hoffentlich gefällt euch das Buch!   zu deiner Hochzeit mit Daniel möchte ich dir diese Vase schenken.

Ich hoffe, er schenkt dir oft schöne Blumen!   Alles Gute für dich und deinen Mann!

herzlichen Glückwunsch zur Hochzeit! Ich wünsche euch, dass eure Liebe immer größer wird!

Liebe Ines,

Deine Oma

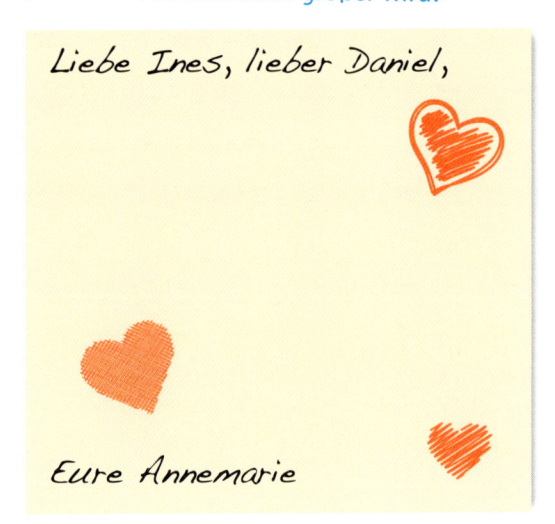

Liebe Ines, lieber Daniel,

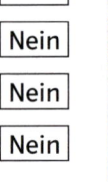

Eure Annemarie

c Daniels E-Mail – Ergänzen Sie, wo nötig, die Endungen.

Hallo Martin,

es ist so schade, dass du nicht zu (1) unser**er** Hochzeit kommen konntest! Es war ein tolles Fest! Zum Glück verstehen sich (2) mein......... Familie und die Familie von Ines sehr gut – und alle haben uns geholfen! Ines Schwester Lena hat alles ganz toll organisiert – Feste organisieren ist ja (3) ihr......... Beruf 😊. Und (4) ihr......... Bruder Michael hat die Musik gemacht – DJ ist (5) sein......... Hobby. Vielen Dank auch noch mal für (6) euer......... tolles Geschenk – diese Lampe war ja schon lange (7) mein......... Wunsch!

Wie geht es dir und (8) dein......... Freundin? Ihr wolltet uns doch mal besuchen! Wie sind denn (9) eur......... Pläne im September? Da wohnen wir dann schon in (10) unser......... neuen Wohnung und ihr könnt in (11) unser......... Gästezimmer schlafen! Liebe Grüße, Daniel

7 Feste in Deutschland

P
🎧 4.60

Sie hören ein Interview. Hören Sie den Text zweimal. Wählen Sie für die Aufgaben 1 bis 5 |Ja| oder |Nein|.

Beispiel Jakob spielt morgen im Radio. |Ja| |N̶e̶i̶n̶|

1. Jakob schreibt auch Musik. |Ja| |Nein|
2. In Jakobs Band spielen fünf Musiker. |Ja| |Nein|
3. Jakob mag Schnee. |Ja| |Nein|
4. Jakob feiert Weihnachten mit seiner Familie. |Ja| |Nein|
5. Jakob ist mit seinem Beruf zufrieden. |Ja| |Nein|

8 Feste international

Tian Xu erzählt vom chinesischen Neujahrsfest. Ergänzen Sie die passenden Konnektoren.

In China haben wir am Neujahrsfest viele Traditionen. Die Kinder lieben dieses Fest besonders,

(1) _weil_ sie Geld als Geschenk bekommen. Schon vor dem Fest putzen wir das ganze Haus,

(2) .... das Glück dort einen schönen Platz findet. Am Neujahrstag besucht man Freunde und

Verwandte und wünscht ihnen ein gutes neues Jahr. Man isst süße Sachen. Bei uns glaubt man,

(3) .... das neue Jahr dann auch süß wird. Und man spielt viel zusammen.

Am zweiten Tag im neuen Jahr besuchen verheiratete Töchter ihre Eltern und Verwandten. Es gibt ein

schönes Essen, (4) .... sie kommen.

Neujahr ist ein sehr wichtiges Fest für uns. Deshalb war ich letztes Jahr ganz traurig, (5) ....

ich hier in Deutschland war und nicht mit meiner Familie feiern konnte. Meine Eltern haben mich schon

gefragt, (6) .... ich nächstes Jahr kommen kann. Ich hoffe, das klappt!

~~weil~~ • dass • wenn • als • ob • damit

LEICHTER LERNEN: Prüfungen vorbereiten

Sprechen Sie zu zweit über die Tipps: Was machen Sie schon? Welche Tipps möchten Sie noch ausprobieren?

Informieren Sie sich:
Wie sieht die Prüfung aus?
Hier finden Sie Modelltests:
www.telc.net
www.goethe.de
www.klett-sprachen.de/tests

Sehen Sie die Videos zu den mündlichen Prüfungen an.

Do: 30 Min. Hören, Wörter wiederholen
Fr: 10 Min. Wörter wiederholen
Sa: 30 Min. Schreiben

Machen Sie einen Lernplan. Lernen Sie lieber öfter eine halbe Stunde als drei Stunden auf einmal. Wiederholen Sie regelmäßig.

Was isst du gerne?
Spaghetti mit Tomatensoße.

Lernen Sie zusammen. Üben Sie Fragen und Antworten. Schreiben Sie etwas und korrigieren Sie die Texte der Partner.

Vor der Prüfung: Bleiben Sie ganz ruhig. Sie haben so viel gelernt, wie Sie konnten. Konzentrieren Sie sich jetzt nur auf die Aufgaben.

RICHTIG SCHREIBEN: Komma vor Nebensätzen

In dem Text fehlen vier Kommas. Ergänzen Sie die Kommas.

Ich sehe meine Eltern selten weil ich in einer anderen Stadt wohne. Aber ich fahre immer nach Hause, wenn mein Vater Geburtstag hat. Ich frage ihn oft ob er einen besonderen Wunsch hat. Meistens sagt er dann dass er kein Geschenk will. Manchmal schenke ich ihm doch ein Buch, damit er mal etwas liest. Er hat sich sehr gefreut als ich ihm letztes Jahr ein Buch über Deutschland geschenkt habe.

> Vor Nebensätzen, also vor den Konnektoren *weil*, *dass*, *wenn*, *als*, *ob*, *damit* steht immer ein Komma!

Mein Deutsch nach Kapitel 16

Das kann ich:

Absichten ausdrücken

Sprechen Sie.
- Ich möchte für unser Fest einen DJ, damit …
- Alle sollen …
- …

ein Fest planen

Spielen Sie einen Dialog.
- Endlich ist unsere Wohnung fertig – das müssen wir feiern!
- Ja, das finde ich auch! Wann …
- …

Vermutungen äußern

Fragen und antworten Sie.
- Was ist das denn?
- Das könnte …
- …

über ein Fest sprechen

Hochzeit   Geburtstag   Straßenfest
Karneval
Zuckerfest   Neujahr
Weihnachten

Wählen Sie ein Fest und sprechen Sie.
- Wir feiern Neujahr am …
  Wir …
  Und ihr?
- Wir feiern das so: …

eine Glückwunschkarte schreiben

Schreiben Sie eine Glückwunschkarte.

Liebe/r …,
…

www → A2/K16

Das kenne ich:

G

Absichten ausdrücken mit *damit*

Hauptsatz	Nebensatz Konnektor
Alle sollen Essen mitbringen,	**damit** wir ein tolles Büfett (haben).
Wir hängen überall die Einladung auf,	**damit** alle Bescheid (wissen).

Nebensätze (Zusammenfassung)

Wir (laden) immer sehr viele Gäste (ein),	**weil** das bei uns normal (ist).
Für mich (ist) wichtig,	**dass** wir viel Besuch (bekommen).
Ein Fest (ist) für mich schön,	**wenn** alle fröhlich (sind).
Ich (durfte) bei Festen immer lang (aufbleiben),	**als** ich noch ein Kind (war).
Ich (möchte) wissen,	**ob** es viele Geschenke (gibt).
Wir (kochen) immer sehr viel,	**damit** genug Essen da (ist).

252   zweihundertzweiundfünfzig

HALTESTELLE

Station 1

a Ergänzen Sie die Mindmap zum Thema *Schule*.

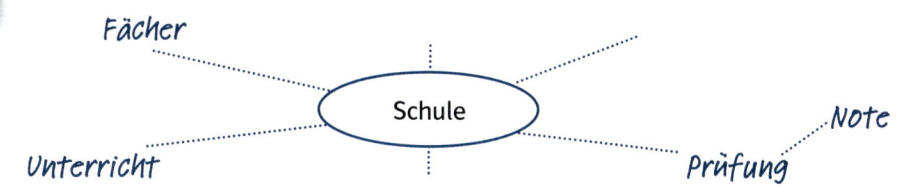

Fächer — Schule — Note
Unterricht — Prüfung

b Noch mehr? Suchen Sie ein anderes Paar und vergleichen Sie Ihre Mindmaps. Finden Sie drei Gemeinsamkeiten und drei Unterschiede.

Station 2

a Welche Reaktion passt? Ordnen Sie zu und hören Sie dann den Dialog zur Kontrolle.

1. Eleni, hast du einen Moment Zeit?
2. Ich habe gestern Brot und Käse gekauft. Und jetzt ist nichts mehr da.
3. Das ärgert mich wirklich. Kannst du nicht deine eigenen Sachen essen?
4. Schon gut. Aber jetzt gehst du einkaufen!

a) Entschuldige, bitte. Ich hatte so Hunger.
b) Ich hatte leider nichts mehr. Es war so stressig in der Arbeit, deshalb war ich nicht einkaufen.
c) Ja, klar. Was ist denn?
d) Natürlich. Ich gehe gleich los.

b Noch mehr? Wählen Sie ein Thema und spielen Sie einen Dialog wie in 2a.

Streit in der WG   Stress im Büro   Probleme mit dem Chef / der Chefin

Station 3

a Nutzen Sie diese Geräte/Medien täglich? Wenn ja, wie lange? Notieren Sie Ihre Antwort und sprechen Sie mit einem Partner / einer Partnerin.

	Fernseher	Laptop	Zeitung	Smartphone	Tablet	Telefon	CD-Player
ich	täglich ☐ .... Min.	täglich ☐ .... Min.	täglich ☐ .... Min.	täglich ☐ .... Min.	täglich ☐ .... Min.	täglich ☐ .... Min.	täglich ☐ .... Min.
du / Sie	täglich ☐ .... Min.	täglich ☐ .... Min.	täglich ☐ .... Min.	täglich ☐ .... Min.	täglich ☐ .... Min.	täglich ☐ .... Min.	täglich ☐ .... Min.

b Noch mehr? Welches Gerät/Medium ist Ihnen am wichtigsten? Warum? Schreiben Sie einen Text.

Station 4

a Schreiben Sie *Memory*-Karten. Schreiben Sie einen Beruf und einen kurzen Satz über den Beruf auf zwei Karten. Spielen Sie *Memory*.

der Maler / die Malerin

Ein Maler arbeitet draußen und drinnen.

b Noch mehr? Sprechen Sie über die Berufe auf den Karten: Wo arbeitet man? Wie sind die Arbeitszeiten? Was sind die Vorteile/Nachteile?

Station 5

Sie trägt eine rote Bluse und …

a Arbeiten Sie zu zweit. Sehen Sie eine Minute die Kleidung der Leute im Kurs an. Dann schließt A die Augen und B beschreibt die Kleidung von einer Person. A rät, wer das ist. Dann beschreibt A.

b Noch mehr? Was muss man da anziehen? Was kann man da nicht anziehen? Sprechen Sie.

Bewerbungsgespräch   Geburtstagsparty   Hochzeit   Grillparty

Station 6

a Planen Sie einen Besuchstag für Ihren Kursort. Machen Sie ein Poster und präsentieren Sie Ihr Programm im Kurs. Wer wählt „Ihren" Tag?

Graz
vormittags: Glockenspiel, Dom, Uhrturm
mittags: Markt am Lendplatz
nachmittags: Schlossbergbahn,

Mönchengladbach
Rundgang zu Fuß
(vom Geropark bis zum Abteigarten)
Mittagessen: Sportsbar Gladbach
danach: Spaziergang an der Niers

b Noch mehr? Welche Sehenswürdigkeiten gibt es in Ihrer Heimatstadt oder Ihrem Heimatland? Schreiben Sie eine E-Mail und geben Sie Tipps für einen Besuch dort.

Station 7

a Schreiben Sie zu den Themen *Familie* und *Beruf* direkte und indirekte Fragen. Suchen Sie ein anderes Paar und stellen Sie Ihre Fragen.

Sprechen deine Kinder Deutsch?
Wie viele Stunden arbeitest du?

Ich möchte wissen, ob deine Kinder Deutsch sprechen.
Kannst du mir sagen, wie viele Stunden du arbeitest?

b Noch mehr? Wählen Sie zu zweit ein anderes Thema und fragen Sie höflich. Fragen Sie nach, wenn Sie etwas nicht verstehen.

Wohnung   Aufenthalt in Deutschland   Heimatland   Fremdsprachen   Schule

Station 8

HH–2

a Würfeln Sie. Erzählen Sie etwas zu dem Fest.

Weihnachten ⚀   Hochzeit ⚁   Ostern ⚂   Silvester ⚃   Geburtstag ⚄   Karneval ⚅

b Noch mehr? Sie sind auf einem Fest aus 8a. Spielen Sie Dialoge. Die anderen raten: Welches Fest ist das?

254 zweihundertvierundfünfzig

TESTTRAINING

HALTESTELLE **H**

1 Lesen – Zeitungsartikel und Briefe

So sieht die Aufgabe in der Prüfung aus:
Lesen Sie die drei Texte. Zu jedem Text gibt es zwei Aufgaben. Entscheiden Sie bei jedem Text, ob die Aussage Richtig oder Falsch ist und welche Antwort (a, b oder c) am besten passt.

> → Lesen Sie zuerst die Aufgaben und dann die Texte.
>
> → Es sind immer drei Texte: Ein Zeitungsartikel, ein allgemeiner Brief an mehrere Personen und ein persönlicher Brief.
>
> → Die erste Aufgabe ist zu einer allgemeinen Information, die zweite Aufgabe zu einem Detail.

Die Stadtteilmütter – Hilfe zur Integration!

Der Berliner Stadtteil Neukölln bekommt 33 neue Stadtteilmütter. Sie werden bald in Neukölln unterwegs sein und ihre 46 bereits aktiven Kolleginnen unterstützen. Das teilte das Bezirksamt Neukölln am Mittwoch mit.

Das Projekt Stadtteilmütter gibt es seit elf Jahren. Die Stadtteilmütter beraten Familien in sogenannten Problemvierteln. Seit einigen Jahren gibt es auch in anderen Stadtteilen von Berlin und in vielen anderen Städten in Deutschland Stadtteilmütter, weil sie mit ihrer Arbeit schon vielen Menschen geholfen haben.

Neue Stadtteilmütter bekommen am Anfang einen Kurs, der mehrere Monate dauert. Dann unterstützen die Frauen vor allem Familien mit Migrationshintergrund und geben ihnen Tipps zu Erziehung, Bildungsmöglichkeiten und Gesundheit.

1 Die Stadtteilmütter haben viel Erfolg.   Richtig   Falsch

2 Die Stadtteilmütter
 a arbeiten nur in Neukölln.
 b helfen Familien.
 c brauchen keine Ausbildung.

Liebe Mieterinnen und Mieter des Hauses Taunusstraße 25,

wie Sie vielleicht schon gehört haben, findet am kommenden Wochenende wieder das Taunusstraßenfest statt. Bitte machen Sie deshalb spätestens ab Freitagabend die Parkplätze vor dem Haus frei. Ab Montagmorgen können Sie dann wieder wie gewohnt vor dem Haus parken.

Außerdem werden nächsten Montag die Heizungen kontrolliert und entlüftet. Bitte machen Sie deshalb am Montag ab 8 Uhr Ihre Heizungen an. Wenn Sie am Montag zwischen 8 und 11 Uhr nicht zu Hause sind, geben Sie bitte einem Nachbarn einen Schlüssel, damit die Firma in Ihre Wohnung kann.

Mit freundlichen Grüßen
Ihre Hausverwaltung

3 Die Hausverwaltung lädt zu einem Fest ein.   Richtig   Falsch

4 Die Hausbewohner sollen
 a am Wochenende nicht vor dem Haus parken.
 b ihre Heizungen am Montag ausschalten.
 c der Hausverwaltung einen Schlüssel geben.

zweihundertfünfundfünfzig **255**

Terminbestätigung

Dies ist eine automatisch erstellte E-Mail. Bitte antworten Sie nicht auf diese Mail.

Sehr geehrter Herr Schürrle,
hiermit bestätigen wir den von Ihnen heute gebuchten Termin am 13. November um 9:15 Uhr für die Ausstellung eines neuen Reisepasses im Bürgeramt Mitte.
Sie brauchen folgende Unterlagen:
– ein aktuelles Foto,
– Ihren alten Reisepass.
Die Verwaltungsgebühr beträgt 59 Euro. Sie können bar oder mit Karte und PIN bezahlen.
Falls Sie an diesem Termin nicht können, sagen Sie bitte ab. Schicken Sie dazu eine E-Mail mit Ihrem Namen und dem Termin an absage@terminverwaltung-berlin.de.
Mit freundlichem Gruß
Ihre Terminverwaltung des Landes Berlin

5 Herr Schürrle braucht einen neuen Pass. ☐ Richtig ☐ Falsch

6 Er soll
    ⓐ diese E-Mail beantworten.
    ⓑ ein Foto mitbringen.
    ⓒ einen neuen Termin machen.

2 Schreiben – Mitteilung

So sieht die Aufgabe in der Prüfung aus:
Sie haben eine Nachricht von Justin bekommen. Sie kennen Justin aus einem Fotokurs. Er fragt Sie, ob Sie am Wochenende mit ihm einen Ausflug machen und auch fotografieren möchten. Antworten Sie.
Hier finden Sie **vier** Punkte. Wählen Sie **drei** aus. Schreiben Sie zu jedem dieser drei Punkte ein bis zwei Sätze.
Vergessen Sie nicht den passenden **Anfang** und den **Gruß** am Schluss.
Schreiben Sie circa 40 Wörter.

- Wohin?
- Wie fahren?
- Wann?
- Kamera?

→ Lesen Sie die Situation genau und überlegen Sie: Müssen Sie formell (*Sie* + Familienname) oder privat (*du* + Vorname) schreiben? Das muss im ganzen Text gleich sein!

→ Sie bekommen vier Leitpunkte. Welchen Leitpunkt finden Sie schwer? Lassen Sie diesen Punkt weg!

→ Trainieren Sie Anrede- und Grußformeln. Sie sind immer gleich.

→ Kontrollieren Sie am Ende: Haben Sie zu allen Stichwörtern etwas geschrieben?

→ Korrigieren Sie Ihren Brief noch einmal. Achten Sie auf Verbposition, Endungen und Rechtschreibung.

→ Schreiben Sie in der Prüfung Ihren Text direkt auf den Antwortbogen. So sparen Sie Zeit.

Grammatik

Inhaltsverzeichnis

Verben	IX
Nomen und Artikel	XII
Adjektive	XII
Fragewörter	XIII
Pronomen	XIV
Präpositionen und Kasus	XIV
Hauptsätze verbinden	XV
Hauptsätze und Nebensätze	XV
Verben mit Präpositionen	XIX
Unregelmäßige Verben	XX

Verben

1 Verben und Kasus

a Verben mit Dativ

Nach einigen Verben steht immer der Dativ.

du/Sie/ihr	Ich danke dir/Ihnen/euch.
ich	Meine Tochter hilft mir immer.
der Freund	Ich helfe dem/einem Freund.
das Team	Ich danke dem/einem Team.
die Kollegin	Ich helfe der/einer Kollegin.
die Kollegen (Pl.)	Ich helfe den/– Kollegen.

Wichtige Verben mit Dativ: antworten, danken, gefallen, gehören, glauben, gratulieren, helfen, passen, schmecken, wehtun, zuhören

b Verben mit Dativ und Akkusativ

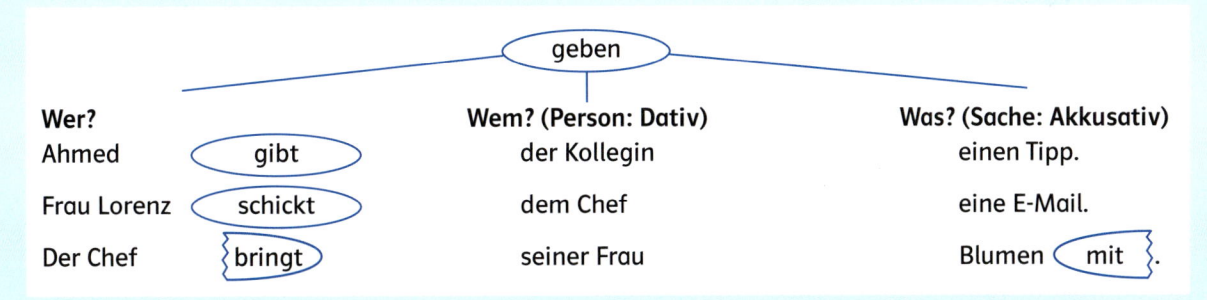

Wer?		Wem? (Person: Dativ)	Was? (Sache: Akkusativ)
		geben	
Ahmed	gibt	der Kollegin	einen Tipp.
Frau Lorenz	schickt	dem Chef	eine E-Mail.
Der Chef	bringt	seiner Frau	Blumen mit.

Wichtige Verben mit Dativ und Akkusativ: bringen, erklären, geben, schenken, schicken, sagen, wünschen, zeigen

2 Die Verben *legen/liegen, stellen/stehen, setzen/sitzen, hängen/hängen*

Aktion		Position	
Wohin? → Präposition + Akkusativ		**Wo? → Präposition + Dativ**	
Wir legen den Teppich	in den Flur.	Die Katze liegt	auf dem Teppich.
Sie stellt die Vase	ans (an das) Fenster.	Die Vase steht	am (an dem) Fenster.
Er hängt die Lampe	an die Decke.	Die Lampe hängt	an der Decke.
Ich setze das Plüschtier	ins (in das) Wohnzimmer.	Der Hund sitzt	im (in dem) Wohnzimmer.

3 Verben mit Präpositionen

a Verben mit Präpositionen + Akkusativ

denken an	Thomas denkt oft an andere Sachen.
warten auf	Dennis wartet auf den Bus.
sich interessieren für	Jonas interessiert sich nicht für Mathematik.
sich ärgern über	Herr Klinke ärgert sich nicht über den Lärm.

b Verben mit Präpositionen + Dativ

diskutieren mit	Sylvia diskutiert mit ihrer Freundin.
erzählen von	Katja erzählt von ihrem Wochenende.

4 Besondere Verben

a Das Verb *werden*

Formen

	Präsens	Präteritum	Perfekt
ich	werde	wurde	bin geworden
du	wirst	wurdest	bist geworden
er/es/sie	wird	wurde	ist geworden
wir	werden	wurden	sind geworden
ihr	werdet	wurdet	seid geworden
sie/Sie	werden	wurden	sind geworden

Als Kind *wollte* ich Fußballerin *werden*.
Aus dem Traum *wurde* nichts.
Dann *bin* ich Informatikerin *geworden*.

b Das Verb *lassen*

Der Mann lässt ein Passfoto machen.
Sie lässt sich die Haare schneiden.

Formen

ich	lasse	wir	lassen
du	lässt	ihr	lasst
er/es/sie	lässt	sie/Sie	lassen

5 Formen der Verben: Präteritum

a regelmäßige und unregelmäßige Verben

	regelmäßig	unregelmäßig			
	sagen	denken	wissen	geben	kommen
ich	sagte	dachte	wusste	gab	kam
du*	sagtest	dachtest	wusstest	gabst	kamst
er/es/sie/man	sagte	dachte	wusste	gab	kam
wir	sagten	dachten	wussten	gaben	kamen
ihr*	sagtet	dachtet	wusstet	gabt	kamt
sie/Sie	sagten	dachten	wussten	gaben	kamen

* Die 2. Person Singular und Plural braucht man nicht so oft.

GRAMMATIK

b Modalverben

	können	müssen	wollen	dürfen	Die Endungen
ich	konnte	musste	wollte	durfte	sind wie bei
du	konntest	musstest	wolltest	durftest	hatte:
er/es/sie/man	konnte	musste	wollte	durfte	haben →
wir	konnten	mussten	wollten	durften	ich hatte
ihr	konntet	musstet	wolltet	durftet	du hattest
sie/Sie	konnten	mussten	wollten	durften	…

Theo (durfte) das Fahrrad von seinem Freund (nehmen).

Er (musste) es aber am Abend (zurückbringen).

6 Formen der Verben: Konjunktiv II

a Formen

	Modalverben		
	können	sollen	„würde"
ich	könnte	sollte	würde
du	könntest	solltest	würdest
er/es/sie	könnte	sollte	würde
wir	könnten	sollten	würden
ihr	könntet	solltet	würdet
sie/Sie	könnten	sollten	würden

b Funktion von Konjunktiv II: Höflichkeit ausdrücken

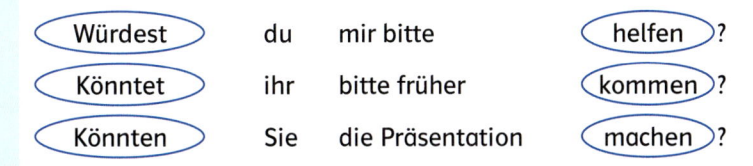

(Würdest)	du	mir bitte	(helfen)?
(Könntet)	ihr	bitte früher	(kommen)?
(Könnten)	Sie	die Präsentation	(machen)?

c Funktion von Konjunktiv II: Tipps geben

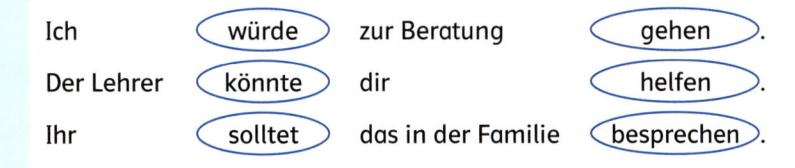

Ich	(würde)	zur Beratung	(gehen).
Der Lehrer	(könnte)	dir	(helfen).
Ihr	(solltet)	das in der Familie	(besprechen).

7 Zukunft ausdrücken: Zeitangabe + Präsens

Morgen	(geht)	Tanja	in die Berufsschule.
Anton	(fährt)	**nächste Woche**	nach Russland.
Am Samstag	(besuche)	ich	dich.

elf XI

Nomen und Artikel

1 Possessivartikel im Dativ

der Mitarbeiter – von dem Mitarbeiter
das Team – von dem Team
die Mitarbeiterin – von der Mitarbeiterin
die Freunde – mit den Freunden

Die Wahl von unserem Mitarbeiter …
Frau Barth spielt in unserem Volleyballteam.
Die Wahl von unserer Mitarbeiterin des Jahres …
Aman ist gerne mit seinen Freunden zusammen.

2 Possessivartikel: *mein, dein, sein, ihr, unser, euer, ihr/Ihr*

Singular	Nominativ	Akkusativ	Dativ
der	mein	meinen	meinem
das	mein	mein	meinem
die	meine	meine	meiner
Plural			
die	meine	meine	meinen

3 Demonstrativartikel: *dieser, dieses, diese*

	mask.	neutr.	fem.	Plural
Nom.	dieser	dieses	diese	diese
Akk.	diesen	dieses	diese	diese
Dat.	diesem	diesem	dieser	diesen

● Wie findest du **diesen** Vorschlag?
○ Nicht schlecht, aber ich habe eine andere Idee.

● **Diese** Tour ist sehr interessant.
○ Ja, und nicht so teuer.

Adjektive

1 Adjektive: Komparativ und Superlativ

praktisch	praktischer	am praktischsten
spät	später	am spätesten
schnell	schneller	am schnellsten
lang	länger	am längsten
groß	größer	am größten
gesund	gesünder	am gesündesten
dunkel	dunkler	am dunkelsten
hoch	höher	am höchsten
teuer	teurer	am teuersten

! Es gibt drei ganz unregelmäßige Formen:

gern(e)	lieber	am liebsten
gut	besser	am besten
viel	mehr	am meisten

2 Vergleiche

Die Busfahrkarte ist so **teuer** wie das U-Bahn-Ticket.
Aber der Bus ist nicht so **schnell** wie die U-Bahn.
Die U-Bahn ist schneller als der Bus.

GRAMMATIK

3 Adjektive vor Nomen

a Adjektive nach dem unbestimmten Artikel und Possessivartikel

	Singular			Plural
	der	das	die	die
Nom.	Das ist ein/mein neu**er** Anzug.	Das ist ein/mein neu**es** Hemd.	Das ist eine/meine neu**e** Krawatte.	Das sind neu**e** Stiefel / meine neu**en** Stiefel.
Akk.	Ich suche einen/meinen neu**en** Anzug.	Ich suche ein/mein neu**es** Hemd.	Ich suche eine/meine neu**e** Krawatte.	Ich suche neu**e** Stiefel / meine neu**en** Stiefel.
Dat.	mit einem/meinem neu**en** Anzug	mit einem/meinem neu**en** Hemd	mit einer/meiner neu**en** Krawatte	mit neu**en** / meinen neu**en** Stiefeln

Adjektive mit *kein, keine* funktionieren wie mit *mein/meine*: bei meinem/keinem Freund, bei meiner/keiner Freundin.

b Adjektive nach dem bestimmten Artikel

	Singular			Plural
	der	das	die	die
Nom.	Das ist der neu**e** Stift.	Das ist das neu**e** Handy.	Das ist die neu**e** Maus.	Das sind die neu**en** Fotos.
Akk.	Ich brauche den neu**en** Stift.	Ich brauche das neu**e** Handy.	Ich kaufe die neu**e** Maus.	Ich brauche die neu**en** Fotos.
Dat.	Ich habe Spaß mit dem neu**en** Stift.	Ich habe Spaß mit dem neu**en** Handy.	Ich habe Spaß mit der neu**en** Maus.	Ich habe Spaß mit den neu**en** Fotos.

Adjektive nach *dieser, dieses, diese* funktionieren wie mit *der, das, die*.
Die Endungen im Dativ sind nach allen Artikelwörtern immer **-en**.

Fragewörter

Was für ein …?

Nominativ	Singular	Was für ein Anzug / ein Hemd / eine Hose ist das?
	Plural	Was für Stiefel sind das?
Akkusativ	Singular	Was für einen Anzug / ein Hemd / eine Hose suchst du?
	Plural	Was für Stiefel suchst du?

Was für ein Hemd ziehst du zu Michaels Hochzeit an?

dreizehn XIII

Pronomen

1 Reflexivpronomen im Akkusativ

Reflexivpronomen im Akkusativ

Ich fühle mich in meiner Klasse wohl.	ich	setze mich
Freust du dich, dass morgen Schule ist?	du	setzt dich
Hamid langweilt sich in der Schule.	er/es/sie	setzt sich
Komm, wir müssen uns beeilen!	wir	setzen uns
Kinder, setzt euch!	ihr	setzt euch
Die Kinder konzentrieren sich.	Sie/sie	setzen sich

2 Relativpronomen im Nominativ

Formen

der	… ein Tag, **der** sehr schön (war).
das	… ein Geschäft, **das** sehr schön (ist).
die	… eine Stadt, **die** groß (ist).
die	… zwei Freunde, **die** gemeinsam Urlaub (machen).

Das Relativpronomen im Nominativ ist wie der bestimmte Artikel.

Präpositionen und Kasus

1 Präpositionen mit Dativ

aus	Sie kommt **aus dem** Büro.
bei	Am Nachmittag ist sie **bei ihrer** Freundin.
mit	Am Abend ist sie **mit ihrem** Mann im Kino.
nach	**Nach dem** Kino gehen sie noch in ein Restaurant.
seit	**Seit dem** Frühstück hat sie fast nichts gegessen.
von	Sie gehen **vom** Restaurant zehn Minuten nach Hause.
zu	Ihr Mann muss noch kurz **zur** Bank.
ab	Frau Peters hat **ab nächster** Woche Urlaub.

2 Präpositionen mit Akkusativ

für	Paula interessiert sich **für den** Beruf Malerin.
gegen	Die Arbeitszeit spricht **gegen den** Beruf.
ohne	Es geht nicht **ohne die** Liebe zu Tieren.
bis	**Bis nächsten** Montag muss die Arbeit fertig sein.
durch	Der Fluss fließt **durch das** Zentrum von Berlin

3 Wechselpräpositionen

Nach diesen Präpositionen kann der **Dativ** oder der **Akkusativ** stehen:
an, auf, hinter, in, neben, über, unter, vor, zwischen

| unter | neben | an | hinter | in | vor | auf | über | zwischen |

| Wohin? | → | Präposition + Akkusativ | Er geht **auf** den Turm. |
| Wo? | • | Präposition + Dativ | Er steht **auf** dem Turm. |

4 Präpositionen und Kasus – Überblick

immer mit Dativ	immer mit Akkusativ	mit Dativ oder Akkusativ
ab, aus, bei, mit, nach, seit, von, zu	bis, durch, für, gegen, ohne	in, an, auf, vor, hinter, über, unter, neben, zwischen

Hauptsätze verbinden

Folge ausdrücken mit *deshalb*

Hauptsatz 1	Hauptsatz 2 Konnektor	Verb: Position 2	
Dana hat Hunger,	deshalb	isst	sie etwas.
Fabian schreibt morgen einen Test,	deshalb	lernt	er heute viel.

Hauptsätze und Nebensätze

1 Verbstellung in Nebensätzen

In allen Nebensätzen steht das konjugierte Verb am Ende.

a Nebensatz im Präsens

Hauptsatz	Nebensatz Konnektor		Verb: Ende	
Dana hat Zeit,	weil	sie Mittagspause	hat	.
Er sagt,	dass	seine Frau zu viel	arbeitet	.
Ich komme zu dir,	wenn	du fertig	bist	.

b Nebensatz im Perfekt und im Präsens mit Modalverb

Hauptsatz	Nebensatz Konnektor		Verb: Ende	
Eleni hat so viele Möbel,	weil	sie in einem Möbelhaus	gejobbt	hat.
Theo sagt,	dass	die Mieter Haustiere	haben	dürfen.
Du musst Mitglied sein,	wenn	du ein Fahrrad	ausleihen	willst.

c Nebensatz vor dem Hauptsatz

Nebensatz vor Hauptsatz: Der Hauptsatz beginnt mit dem konjugierten Verb.

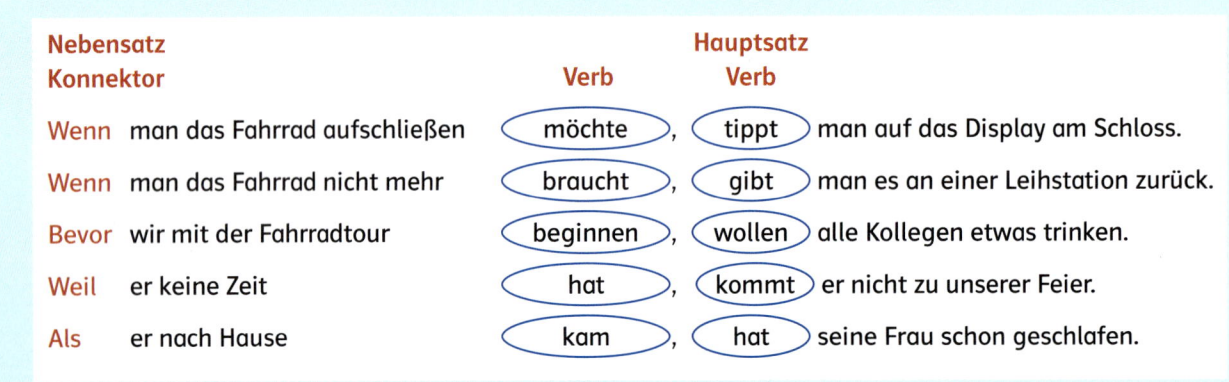

Nebensatz Konnektor		Verb	Hauptsatz Verb	
Wenn	man das Fahrrad aufschließen	möchte,	tippt	man auf das Display am Schloss.
Wenn	man das Fahrrad nicht mehr	braucht,	gibt	man es an einer Leihstation zurück.
Bevor	wir mit der Fahrradtour	beginnen,	wollen	alle Kollegen etwas trinken.
Weil	er keine Zeit	hat,	kommt	er nicht zu unserer Feier.
Als	er nach Hause	kam,	hat	seine Frau schon geschlafen.

Nebensätze mit *wenn* und *als* stehen sehr oft vor dem Hauptsatz.

2 Konnektoren

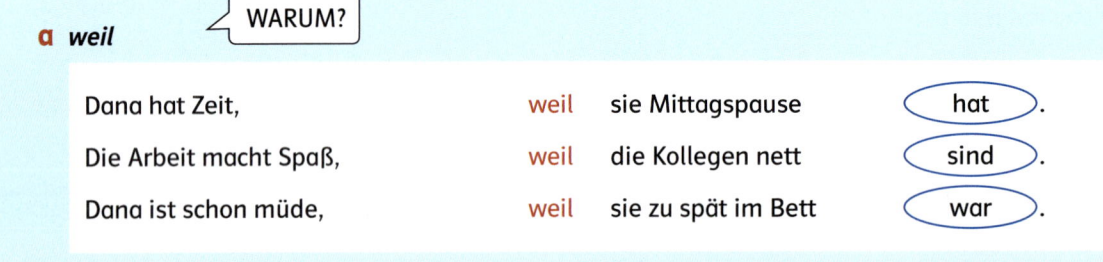

a weil — WARUM?

Dana hat Zeit,	weil	sie Mittagspause	hat.
Die Arbeit macht Spaß,	weil	die Kollegen nett	sind.
Dana ist schon müde,	weil	sie zu spät im Bett	war.

b dass

Ich finde/glaube/denke,	dass	Jana die Auszeichnung	verdient	hat.
Er sagt,	dass	Frau Barth zu viel	arbeitet.	
Hast du gehört,	dass	Theo Jana nervig	findet?	

c wenn

Ich besuche dich,	wenn	ich am Wochenende Zeit	habe.	
Man braucht eine EC- oder Kreditkarte,	wenn	man StadtRAD	nutzen	möchte.

XVI sechzehn

GRAMMATIK

d bevor

Ruf den Fahrradverleih an,	bevor du	losfährst.
Frag bitte,	bevor du meinen Computer	benutzt.

e (immer) wenn und als

Mehrmals in der Vergangenheit
Marek hat (immer) Gummibärchen bekommen, wenn seine Eltern eingekauft haben.

Mehrmals in der Gegenwart
Marek bekommt (immer) Gummibärchen, wenn seine Eltern einkaufen.

Einmal in der Vergangenheit
Marek hat Gummibärchen bekommen, als seine Eltern (letzte Woche) eingekauft haben.

Als Tung geheiratet hat, war er 23 Jahre alt.

f damit

Alle sollen Essen mitbringen,	damit	wir ein tolles Büfett haben.
Wir hängen überall die Einladung auf,	damit	alle Bescheid wissen.

3 Indirekter Fragesatz

a Indirekter Fragesatz mit Fragewort

Hauptsatz	Hauptsatz	
Anton fragt:	„Wann ist die Prüfung?"	

Hauptsatz	Nebensatz	Verb: Ende
Anton will wissen,	wann die Prüfung	ist.

Hauptsatz	Hauptsatz	
Der Fahrlehrer fragt:	„Wann haben Sie Ihren Führerschein gemacht?"	

Hauptsatz	Nebensatz	Verb: Ende
Der Fahrlehrer hat gefragt,	wann Anton seinen Führerschein	gemacht hat.

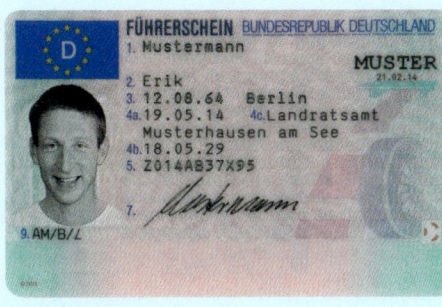

Anton will wissen, wann er einen deutschen Führerschein bekommt.

siebzehn XVII

b Indirekter Fragesatz mit *ob*

Hauptsatz	Hauptsatz
Frau Kulagina fragt:	„Brauche ich ein neues Foto?"

Hauptsatz	Nebensatz		
	Konnektor		Verb: Ende
Frau Kulagina möchte wissen,	ob	sie ein neues Foto	braucht.

Hauptsatz	Hauptsatz
Herr Melzer fragt:	„Kann ich den Mietvertrag sehen?"

Hauptsatz	Nebensatz		
	Konnektor		Verb: Ende
Herr Melzer fragt,	ob	er den Mietvertrag	sehen kann.

Bei Ja/Nein-Fragen ergänzt man im indirekten Fragesatz *ob*.

Weißt du, ob Mark auf der Grillparty war?

4 Relativsätze (Relativpronomen im Nominativ)

Das ist Ron. Er macht eine Radtour.

Das ist Ron, der eine Radtour macht.

Das Essen schmeckt gut. Das Essen ist gesund.

Das Essen, das gesund ist, schmeckt gut.

Ich muss das Essen, das auf dem Teller ist, immer aufessen.

5 Nebensätze (Überblick)

Hauptsatz	Nebensatz		Verb: Ende
	Konnektor		
Wir laden immer sehr viele Gäste ein,	weil	das	bei uns normal ist.
Für mich ist wichtig,	dass	wir	viel Besuch bekommen.
Ein Fest ist für mich schön,	wenn	alle	fröhlich sind.
Ich durfte bei Festen immer lang aufbleiben,	als	ich	noch ein Kind war.
Ich wollte immer wissen,	wer	Weihnachten	die Geschenke bringt.
Ich möchte wissen,	ob	es	viele Geschenke gibt.
Wir kochen immer sehr viel,	damit	genug Essen	da ist.
Ich frage dich,	bevor	ich deinen Computer	benutze.

XVIII achtzehn

Verben mit Präpositionen

Mit Akkusativ

achten	auf	Achten Sie auf den Verkehr!
antworten	auf	Er hat nicht auf meinen Brief geantwortet.
sich beschweren	über	Ich möchte mich über den Verkäufer beschweren.
sich ärgern	über	Herr Klinke ärgert sich über den Lärm in der Klasse.
berichten	über	Berichten Sie bitte kurz über den Text.
denken	an	Ich habe gestern an dich gedacht.
diskutieren	über	Über diesen Quatsch möchte ich nicht diskutieren.
sich entscheiden	für	Warum haben Sie sich für diesen Beruf entschieden?
sich erinnern	an	Erinnerst du dich noch an deinen Englischlehrer?
sich informieren	über	Wir haben uns über den Kurs informiert.
sich interessieren	für	Interessierst du dich für diesen Film?
sich kümmern	um	Die Oma kümmert sich nachmittags um ihren Enkel.
sprechen	über	Wir sprechen morgen über den Plan.
sich verlieben	in	Sie hat sich in ihn verliebt.
sich vorbereiten	auf	Ich bereite mich auf den Test vor.
warten	auf	Wie lange warten Sie schon auf den Bus?

Mit Dativ

anfangen	mit	Wann fängst du mit dem Training an?
anmelden	bei	Rafael hat sich bei einem Verein angemeldet.
beginnen	mit	Morgen beginne ich mit dem Kurs.
chatten	mit	Sonja chattet oft mit ihrer Freundin.
diskutieren	mit	Mehmet diskutiert gern mit seinem Onkel.
einladen	zu	Ich möchte dich zu meiner Party einladen.
sich entschuldigen	bei	Entschuldige dich bitte bei ihr.
sich erkundigen	nach	Er hat sich nach dem Preis erkundigt.
erzählen	von	Sie hat mir viel von ihrem Urlaub erzählt.
gehören	zu	Schöne Musik gehört für mich zu einem Fest.
reden	mit	Hast du schon mit deiner Schwester geredet?
sprechen	mit	Sprich mit deinem Chef!
streiten	mit	Sie streitet oft mit ihrem Bruder.
teilnehmen	an	Wie viele Leute nehmen an dem Kurs teil?
sich treffen	mit	Morgen treffe ich mich mit meiner Tante.
telefonieren	mit	Wie oft telefonierst du mit deiner Mutter?
träumen	von	Ich träume von einem Urlaub in Australien.
sich unterhalten	mit	Eleni unterhält sich gern mit Dana.

Unregelmäßige Verben

DSüd = Süddeutschland; A = Österreich; CH = Schweiz

Infinitiv	Präsens	Präteritum	Perfekt
abfahren	er fährt ab	fuhr ab	ist abgefahren
abgeben	er gibt ab	gab ab	hat abgegeben
abschließen	er schließt ab	schloss ab	hat abgeschlossen
anbieten	er bietet an	bot an	hat angeboten
anerkennen	er erkennt an	erkannte an	hat anerkannt
anfangen	er fängt an	fing an	hat angefangen
angeben	er gibt an	gab an	hat angegeben
ankommen	er kommt an	kam an	ist angekommen
annehmen	er nimmt an	nahm an	hat angenommen
anrufen	er ruft an	rief an	hat angerufen
ansehen	er sieht an	sah an	hat angesehen
ansprechen	er spricht an	sprach an	hat angesprochen
anziehen	er zieht an	zog an	hat angezogen
auffallen	er fällt auf	fiel auf	ist aufgefallen
aufschreiben	er schreibt auf	schrieb auf	hat aufgeschrieben
aufstehen	er steht auf	stand auf	ist aufgestanden
ausgeben	er gibt aus	gab aus	hat ausgegeben
ausgehen	er geht aus	ging aus	ist ausgegangen
ausleihen	er leiht aus	lieh aus	hat ausgeliehen
aussehen	er sieht aus	sah aus	hat ausgesehen
aussprechen	er spricht aus	sprach aus	hat ausgesprochen
aussteigen	er steigt aus	stieg aus	ist ausgestiegen
ausziehen	er zieht aus	zog aus	hat ausgezogen *(Kleidung)*
ausziehen	er zieht aus	zog aus	ist ausgezogen *(aus der Wohnung)*
backen	er backt/bäckt	backte/buk	hat gebacken
beginnen	er beginnt	begann	hat begonnen
bekommen	er bekommt	bekam	hat bekommen
beraten	er berät	beriet	hat beraten
besprechen	er bespricht	besprach	hat besprochen
bieten	er bietet	bot	hat geboten
bitten	er bittet	bat	hat gebeten
bleiben	er bleibt	blieb	ist geblieben
braten	er brät	briet	hat gebraten
bringen	er bringt	brachte	hat gebracht
dabeihaben	er hat dabei	hatte dabei	hat dabeigehabt
dabei sein	er ist dabei	war dabei	ist dabeigewesen
denken	er denkt	dachte	hat gedacht
dürfen	er darf	durfte	hat gedurft/dürfen
einladen	er lädt ein	lud ein	hat eingeladen
einnehmen	er nimmt ein	nahm ein	hat eingenommen
einsteigen	er steigt ein	stieg ein	ist eingestiegen
eintragen	er trägt ein	trug ein	hat eingetragen
eintreffen	er trifft ein	traf ein	ist eingetroffen
empfehlen	er empfiehlt	empfahl	hat empfohlen
entscheiden	er entscheidet	entschied	hat entschieden
erfinden	er erfindet	erfand	hat erfunden
erhalten	er erhält	erhielt	hat erhalten
essen	er isst	aß	hat gegessen
fahren	er fährt	fuhr	ist gefahren
fernsehen	er sieht fern	sah fern	hat ferngesehen

GRAMMATIK

Infinitiv	Präsens	Präteritum	Perfekt
finden	er findet	fand	hat gefunden
fliegen	er fliegt	flog	ist geflogen
fließen	er fließt	floss	ist geflossen
fressen	er frisst	fraß	hat gefressen
geben	er gibt	gab	hat gegeben
gefallen	es gefällt	gefiel	hat gefallen
gehen	er geht	ging	ist gegangen
gelten	er gilt	galt	hat gegolten
genießen	er genießt	genoss	hat genossen
gewinnen	er gewinnt	gewann	hat gewonnen
gießen	er gießt	goss	hat gegossen
haben	er hat	hatte	hat gehabt
halten	er hält	hielt	hat gehalten
hängen	er hängt	hing	hat gehangen (*DSüd, A, CH:* ist gehangen)
heißen	er heißt	hieß	hat geheißen
helfen	er hilft	half	hat geholfen
hinfahren	er fährt hin	fuhr hin	ist hingefahren
hinkommen	er kommt hin	kam hin	ist hingekommen
kennen	er kennt	kannte	hat gekannt
klingen	er klingt	klang	hat geklungen
kommen	er kommt	kam	ist gekommen
können	er kann	konnte	hat gekonnt/können
lassen	er lässt	ließ	hat gelassen/lassen
laufen	er läuft	lief	ist gelaufen
leihen	er leiht	lieh	hat geliehen
lesen	er liest	las	hat gelesen
liegen	er liegt	lag	hat gelegen (*DSüd, A, CH:* ist gelegen)
losfahren	er fährt los	fuhr los	ist losgefahren
losgehen	er geht los	ging los	ist losgegangen
lügen	er lügt	log	hat gelogen
mitbringen	er bringt mit	brachte mit	hat mitgebracht
mitkommen	er kommt mit	kam mit	ist mitgekommen
mitnehmen	er nimmt mit	nahm mit	hat mitgenommen
mögen	er mag	mochte	hat gemocht
müssen	er muss	musste	hat gemusst/müssen
nachschlagen	er schlägt nach	schlug nach	hat nachgeschlagen
nehmen	er nimmt	nahm	hat genommen
nennen	er nennt	nannte	hat genannt
raten	er rät	riet	hat geraten
recht haben	er hat recht	hatte recht	hat recht gehabt
reiten	er reitet	ritt	ist geritten
riechen	er riecht	roch	hat gerochen
rufen	er ruft	rief	hat gerufen
scheinen	er scheint	schien	hat geschienen
schlafen	er schläft	schlief	hat geschlafen
schließen	er schließt	schloss	hat geschlossen
schneiden	er schneidet	schnitt	hat geschnitten
schreiben	er schreibt	schrieb	hat geschrieben
schreien	er schreit	schrie	hat geschrien
schwimmen	er schwimmt	schwamm	ist geschwommen
sehen	er sieht	sah	hat gesehen
sein	er ist	war	ist gewesen

einundzwanzig XXI

Infinitiv	Präsens	Präteritum	Perfekt
singen	er singt	sang	hat gesungen
sitzen	er sitzt	saß	hat gesessen
			(*DSüd, A, CH:* ist gesessen)
spazieren gehen	er geht spazieren	ging spazieren	ist spazieren gegangen
sprechen	er spricht	sprach	hat gesprochen
springen	er springt	sprang	ist gesprungen
stattfinden	es findet statt	fand statt	hat stattgefunden
stehen bleiben	er bleibt stehen	blieb stehen	ist stehen geblieben
stehen	er steht	stand	hat gestanden
			(*DSüd, A, CH:* ist gestanden)
sterben	er stirbt	starb	ist gestorben
streiten	er streitet	stritt	hat gestritten
teilnehmen	er nimmt teil	nahm teil	hat teilgenommen
tragen	er trägt	trug	hat getragen
treffen	er trifft	traf	hat getroffen
trinken	er trinkt	trank	hat getrunken
tun	er tut	tat	hat getan
übernehmen	er übernimmt	übernahm	hat übernommen
übrig bleiben	er bleibt übrig	blieb übrig	ist übrig geblieben
umsteigen	er steigt um	stieg um	ist umgestiegen
umziehen	er zieht um	zog um	ist umgezogen
unterhalten	er unterhält	unterhielt	hat unterhalten
unternehmen	er unternimmt	unternahm	hat unternommen
unterschreiben	er unterschreibt	unterschrieb	hat unterschrieben
unterstreichen	er unterstreicht	unterstrich	hat unterstrichen
verbinden	er verbindet	verband	hat verbunden
vergessen	er vergisst	vergaß	hat vergessen
vergleichen	er vergleicht	verglich	hat verglichen
verlieren	er verliert	verlor	hat verloren
verschieben	er verschiebt	verschob	hat verschoben
versprechen	er verspricht	versprach	hat versprochen
verstehen	er versteht	verstand	hat verstanden
vorkommen	er kommt vor	kam vor	ist vorgekommen
vorlesen	er liest vor	las vor	hat vorgelesen
vorschlagen	er schlägt vor	schlug vor	hat vorgeschlagen
waschen	er wäscht	wusch	hat gewaschen
wegbringen	er bringt weg	brachte weg	hat weggebracht
wegfahren	er fährt weg	fuhr weg	ist weggefahren
weggehen	er geht weg	ging weg	ist weggegangen
wegwerfen	er wirft weg	warf weg	hat weggeworfen
werden	er wird	wurde	ist geworden
werfen	er wirft	warf	hat geworfen
wiederkommen	er kommt wieder	kam wieder	ist wiedergekommen
wiedersehen	er sieht wieder	sah wieder	hat wiedergesehen
wissen	er weiß	wusste	hat gewusst
wollen	er will	wollte	hat gewollt/wollen
ziehen	er zieht	zog	hat gezogen
zu sein	es ist zu	war zu	ist zu gewesen
zurechtkommen	er kommt zurecht	kam zurecht	ist zurechtgekommen
zurückfahren	er fährt zurück	fuhr zurück	ist zurückgefahren
zurückgeben	er gibt zurück	gab zurück	hat zurückgegeben
zurückgehen	er geht zurück	ging zurück	ist zurückgegangen
zurückkommen	er kommt zurück	kam zurück	ist zurückgekommen

Alphabetische Wortliste

In der Liste finden Sie die Wörter aus den Kapiteln von Linie 1 A2.
Hier finden Sie das Wort:
z. B. **absol<u>u</u>t** 4/3b, 49

absol<u>u</u>t   4/   3b,   49
  | | | |
 Wort Kapitel Nummer der Aufgabe Seite

Wortakzent: kurzer Vokal . oder langer Vokal _.
A̱mpel
Ba̲hn

Bei unregelmäßigen Verben: 3. Person Singular Präsens, Präteritum und Perfekt:
bi̱tten (um + A.), bi̱ttet, ba̲t, hat gebe̱ten

Bei Nomen: das Wort, der Artikel und die Pluralform: **Abtei̱lung**, die, -en
Singular: die Abteilung
Plural: die Abteilungen

Bei verschiedenen Bedeutungen eines Wortes: das Wort und Beispiele:
besti̱mmen (1) *(Das Auto bestimmt oft den Alltag.)* 5/5a, 69
besti̱mmen (2) (über + A.) *(Niemand soll über mein Glück bestimmen.)* 7/7b, 103

Fett gedruckte Wörter gehören zum Wortschatz für die Goethe/telc/ÖSD-Prüfungen A2. Diese Wörter müssen Sie auf jeden Fall lernen.

Abkürzungen und Symbole

¨	Umlaut im Plural bei Nomen
(Sg.)	nur Singular (bei Nomen)
(Pl.)	nur Plural (bei Nomen)
+ A.	mit Akkusativ
+ D.	mit Dativ

Kapitelwortschatz unter
www.klett-sprachen.de/linie1/kapitelwortschatzA2

---

a̱bbuchen 5/4a, 68
Abendprogramm, das, -e 6/2c, 80
A̱bfahrtszeit, die, -en 14/2c, 208
a̱blehnen 16/Und Sie?, 241
abschalten 2/8c, 21
a̱bschleppen 5/6a, 70
A̱bschleppwagen, der, – 5/6a, 70
a̱bschließen, schließt a̱b, schloss a̱b, hat a̱bgeschlossen 12/5a, 178
A̱bschluss, der, ¨-e 9/8b, 135
A̱bsicht, die, -en 16/2d, 240
absol<u>u</u>t 4/3b, 49
Abtei̱lung, die, -en 3/2a, 34
abwechslungsreich 12/6a, 179
Adjektivendung, die, -en 4/4b, 50
Ägypten 1/8a, 7
ägyptisch 1/8a, 7
ä̱hnlich 9/8c, 135
A̱hnung, die, -en 15/3b, 227
A̱kku, der, -s 11/5a, 165
Aktio̱n, die, -en 2/5b, 18
akti̱v 3/2a, 34
Akze̱nt, der, -e 14/7d, 213
allerbe̱ste (*Wir wünschen dir das Allerbeste!*) 16/6c, 243
a̱ls (1) (*Ich war später als sonst im Büro.*) 5/2a, 66
a̱ls (2) (*Als ich meine Frau kennengelernt habe, war mein Leben schön.*) 7/4b, 100
A̱ltstadt, die, ¨-e 14/5a, 211
A̱mpel, die, -n 5/1b, 65
A̱mt, das, ¨-er 15, 225
anb<u>ei</u> 8/7a, 117
a̱nerkennen, erkennt a̱n, erkannte a̱n, hat a̱nerkannt 12/8b, 181
A̱nerkennung, die, -en 12/8b, 181
A̱nfangszeit, die, -en 7/Und Sie?a, 101
a̱nfreunden (sich) (mit + D.) 10/7a, 149
A̱ngabe, die, -n 15/4b, 228

a̱ngeben, gibt a̱n, gab a̱n, hat a̱ngegeben 2/1c, 15
A̱ngeberspiel, das, -e 5/2e, 66
A̱ngehörige, der/die, -n 7/4b, 100
A̱ngestellte, der/die, -n 12/2b, 176
anhalten, hält a̱n, hielt a̱n, hat a̱ngehalten 15/Vorhang auf, 231
a̱nklicken 11/6a, 166
Anleitung, die, -en 5/1c, 65
a̱nmachen 1/4b, 4
a̱nmelden (sich) 15/3a, 227
a̱nnehmen, nimmt a̱n, nahm a̱n, hat a̱ngenommen 10/2c, 144
A̱nprobe, die, -n 4/3b, 49
anprobieren 4/3b, 49
a̱nschauen 9/4a, 132
anschließend 9/1b, 129
A̱nschluss, der, ¨-e 11/3b, 163
a̱nsprechen, spricht a̱n, sprach a̱n, hat a̱ngesprochen 10/1d, 143
a̱nstellen 7/1c, 97
A̱ntrag, der, ¨-e 15/4b, 228
a̱nziehen, zieht a̱n, zog a̱n, hat a̱ngezogen 4, 47
A̱nzug, der, ¨-e 4/2a, 48
Apartment, das, -s 1/8a, 7
Apfel-Zwiebel-Joghurtsoße, die, -n 6/9a, 85
Apfelwein, der, -e 3/8a, 39
App, die, -s 11/6a, 166
Aqu<u>a</u>rium, das, Aqu<u>a</u>rien 6/3c, 81
A̱rbeitgeber, der, – 15/4c, 228
A̱rbeitserfahrung, die, -en 7/Und Sie?c, 102
A̱rbeitserlaubnis, die, -se 15/6a, 230
A̱rbeitsgenehmigung, die, -en 15/4b, 228
A̱rbeitskleidung, die, -en 4/8a, 53
A̱rbeitskollege, der, -n 4/8a, 53
A̱rbeitsleben, das (Sg.) 5/Und Sie?, 70
A̱rbeitsplan, der, ¨-e 3/2a, 34

Architekt<u>u</u>r, die (Sg.) 6/8a, 84
Are̱na, die, Are̱nen 3/8a, 39
Ä̱rger, der (Sg.) 10/2c, 144
ä̱rgern (sich) (über + A.) 9/4a, 132
Argume̱nt, das, -e 5/Und Sie?, 69
Arti̱kel, der, – (*ein Artikel in der Zeitung*) 12/2b, 176
Astron<u>au</u>t, der, -en 12/4a, 178
Äthi<u>o</u>pien 10/7a, 149
Atmosphä̱re, die (Sg.) 3/8a, 39
auch wenn 15/7a, 231
auf einmal 1/4b, 4
aufbleiben, bleibt <u>auf</u>, blieb <u>auf</u>, ist <u>auf</u>geblieben 16/8c, 245
Aufenthalt, der, -e 7/2b, 98
Aufenthaltserlaubnis, die, -se 15/4b, 228
Aufenthaltsgesetz, das, -e 15/4b, 228
aufessen, isst <u>auf</u>, aß <u>auf</u>, hat <u>auf</u>gegessen 1/8a, 7
auffallen (1), fällt <u>auf</u>, fiel <u>auf</u>, ist <u>auf</u>gefallen (*Du fällst richtig auf.*) 4/4a, 50
auffallen (2), fällt <u>auf</u>, fiel <u>auf</u>, ist <u>auf</u>gefallen (*Was fällt Ihnen auf?*) 8/4c, 114
aufmachen 12/8b, 181
aufpassen 1/8a, 7
aufschließen, schließt <u>auf</u>, schloss <u>auf</u>, hat <u>auf</u>geschlossen 5/4b, 68
Auftrag, der, ¨-e 12/2c, 176
Augenblick, der, -e 4/3b, 49
Ausbildungsberuf, der, -e 12/1c, 175
Ausdruck, der, ¨-e 6/5a, 82
auseinanderschneiden, schneidet auseinander, schnitt auseinander, hat auseinandergeschnitten 10/Und Sie?, 145
Ausflugsplanung, die, -en 8/4b, 114
ausgezeichnet 4/3b, 49
Aushang, der, ¨-e 8/1c, 111
Aushilfe, die, -n 8/6c, 116
Ausland, das (Sg.) 3/2a, 34

dreiundzwanzig   XXIII

Ausländerbehörde, die, -n 15/4b, 228
ausländisch 15/2b, 226
ausleihen, leiht aus, lieh aus, hat ausgeliehen 5/4b, 68
auspacken 8/6e, 116
ausreichend 9/8b, 135
ausruhen (sich) 8/3a, 113
ausschalten 9/4a, 132
Ausschnitt, der, -e 6/2b, 80
Aussehen, das (Sg.) 4/8a, 53
außen 14/7a, 213
Außendienst, der, -e 3/2a, 34
außer 14/2a, 208
außerdem 8/3a, 113
außerhalb 5/5a, 69
äußern 1/1c, 1
Äußerung, die, -en 7/1c, 97
Ausstellung, die, -en 6/3c, 81
aussuchen 13/6c, 198
austauschen 10/6c, 148
ausverkauft 6/7b, 83
Auswanderungsmotiv, das, -e 7/1c, 97
ausziehen (1), zieht aus, zog aus, hat ausgezogen (Bitte ziehen Sie die Schuhe aus.) 1/8a, 7
ausziehen (2), zieht aus, zog aus, ist ausgezogen (Eleni ist aus ihrer Wohnung ausgezogen.) 2/2b, 16
Auszubildende, der/die, -n 12/2b, 176
Autobahn, die, -en 8/6c, 116
Autofahren, das (Sg.) 5/2c, 66
Automat, der, -en 5/4a, 68
automatisch 5/4a, 68
Autoreifen, der, - 13/4b, 196
Autoverkehr, der (Sg.) 5/5a, 69
Azubi, der/die, -s 12/6c, 179
Babysitter, der, - 3/3c, 35
Badeanzug, der, ¨-e 4/2a, 48
Badminton (Sg.) 3/7c, 38
Bahn, die, -en 5/2a, 66
Bananenpudding, der, -s 6/Vorhang auf, 85
Band, die, -s 8/7a, 117
Bank, die, ¨-e (Er sitzt auf einer Bank.) 16/2b, 240
Bankkarte, die, -n 15/Und Sie?, 229
Bastelarbeit, die, -en 9/3a, 131
basteln 13/Und Sie?, 197
bauen 5/5a, 69
Baum, der, ¨-e 6/3b, 81
Beamte, der, -n 15/7a, 231
beantragen 15/4c, 228
Bedingung, die, -en 5/4c, 68
beeilen (sich) 9/2c, 130
befriedigend 9/8b, 135
befristet 7/2b, 98
begehren (Hier finden Sie alles, was das Herz begehrt.) 3/8a, 39
begeistert 13/5a, 196
begründen 1/1c, 1
Begründung, die, -en 1/3d, 3
Behörde, die, -n 9/8b, 135
Behördengang, der, ¨-e 15/1c, 225
Beitrag, der, ¨-e 4/8b, 53
belegt (belegte Brötchen) 8/6b, 116
beliebt 5/5b, 69
Benzin, das (Sg.) 5/5a, 69
bequem 5/3c, 67
Beratung, die, -en 12/7b, 180
Beratungsangebot, das, -e 12/8b, 181
Beratungsgespräch, das, -e 11/1d, 161
Beratungsstelle, die, -n 7/6b, 102

Berg, der, -e 14/2a, 208
Berufsausbildung, die, -en 12/3a, 177
Berufsberater, der, - 12/6c, 179
Berufsberatung, die, -en 12/6b, 179
Berufsbeschreibung, die, -en 12/1c, 175
Berufserfahrung, die, -en 12/2b, 176
Berufsschule, die, -n 12/3b, 177
Berufstest, der, -s 12/7c, 180
Berühmtheit, die, -en 6/6b, 83
Bescheid geben 16/3b, 241
Bescheid sagen 1/5f, 5
Bescheid wissen 8/3d, 113
Beschreibung, die, -en 2/7b, 20
beschweren (sich) (über + A.) 10/5f, 147
besetzt 5/1b, 65
besonderer, besondere 6/1a, 79
besprechen, bespricht, besprach, hat besprochen 8/1c, 111
Bestätigung, die, -en 15/3f, 227
Bestehen, das (Sg.) 12/2b, 176
Bestellung, die, -en 6/Vorhang auf, 85
bestens (alles bestens) 14/3e, 209
bestimmen (1) (Das Auto bestimmt oft den Alltag.) 5/5a, 69
bestimmen (2) (über + A.) (Niemand soll über mein Glück bestimmen.) 7/7b, 103
bestimmt (Er liegt bestimmt im Schrank.) 2/4d, 17
Besucher, der, - 14/2a, 208
betonen 14/7b, 213
Betonung, die, -en 1/6d, 6
Betreuung, die (Sg.) 9/3a, 131
Betreuungsangebot, das, -e 9/1d, 129
Betriebsausflug, der, ¨-e 3/2a, 34
Betriebszeitung, die, -en 3/1b, 33
betrunken 15/1a, 225
bevor 8/6c, 116
Bewerbungsgespräch, das, -e 1/4b, 4
Bewohner, der, - 10/1a, 143
bewölkt 8/5a, 115
bewundern 14/5a, 211
Beziehung, die, -en 10/6, 148
BH, der, -s 4/2a, 48
Bigos, das, - 6/Vorhang auf, 85
Bildbeschreibung, die, -en 13/1d, 193
Bildgeschichte, die, -n 16/5a, 242
Bildschirm, der, -e 11/4a, 164
Bio-Limonade, die, -n 6/9a, 85
Biologie, die (Sg.) 9/6a, 133
biometrisch 15/4b, 228
bis (Üben, bis das Ergebnis stimmt.) 11/6a, 166
bitten (um + A.), bittet, bat, hat gebeten 4/1d, 47
bitter (Es war sehr bitter für mich, dass ich von meiner Familie getrennt war.) 7/4b, 100
blitzen 8/5a, 115
Blogeintrag, der, ¨-e 1/8a, 7
Blognachricht, die, -en 14/7e, 213
blond 4/8a, 53
Blumenfreund, der, -e 14/5a, 211
Blumensamen, der, - 10/7a, 149
Bluse, die, -n 4, 47
Boden, der, ¨- 1/8a, 7
böse 10/2c, 144
Boutique, die, -n 4/Und Sie?, 48
Bowling, das (Sg.) 8/2a, 112
Branche, die, -n 4/8a, 53
Braten, der, - 16/7c, 244
Bratkartoffel, die, -n 3/8a, 39
Braut, die, ¨-e 16/5b, 242

Brautentführung, die, -en 16/5b, 242
Bräutigam, der, -e 16/5b, 242
Brautpaar, das, -e 16/5b, 242
Breite, die, -n 2/7b, 20
Bremse, die, -n 14/4a, 210
Bremslicht, das, -er 15/1a, 225
Briefkasten, der, ¨- 7/4b, 100
bringen, bringt, brachte, hat gebracht (auf die Bühne bringen) 6/6b, 83
Brücke, die, -n 6/5a, 82
Brunch, der, -(e)s 16/7c, 244
buchen 13/6a, 198
Büfett, das, -s 16/2b, 240
bügeln 2/8e, 21
Bühne, die, -n (auf die Bühne bringen) 6/6b, 83
Bulette, die, -n 6/9a, 85
bummeln 14/5a, 211
Bundesland, das, ¨-er 9/8a, 135
bunt 4/5d, 51
Busfahren, das (Sg.) 5/2c, 66
Busfahrkarte, die, -n 5/3b, 67
Cappuccino, der, -/-s 6/9a, 85
CD-Player, der, - 11/1b, 161
CD-ROM, die, -s 11/7a, 167
Celsius (Es hat heute minus fünf Grad Celsius.) 8/5a, 115
Chance, die, -n 12/6b, 179
Chanukka 16/8a, 245
Chaos, das (Sg.) 8/5b, 115
Chat, der, -s 4/4a, 50
chatten 11/1d, 161
checken (die E-Mails checken) 11/7d, 167
Checkliste, die, -n 8/1c, 111
Chemie, die (Sg.) 9/6a, 133
circa (Abkürzung ca.) 2/7b, 20
Coiffeur, der, -e 14/4a, 210
Computertechnik, die, -en 8/1a, 111
Costa Rica 7/1b, 97
Couchtisch, der, -e 2/2e, 16
Cousine, die, -n 7/1b, 97
Currywurst, die, ¨-e 6/3a, 81
dabei sein, ist dabei, war dabei, ist dabei gewesen 1/5f, 5
dabeihaben, hat dabei, hatte dabei, hat dabeigehabt 14/3e, 209
dafür (1) (Gute Idee! Ich bin dafür.) 6/2b, 80
dafür (2) (Kontakt zu Kunden? Dafür ist Frau Buchholz zuständig.) 12/2b, 176
dagegen 6/2b, 80
dahin 13/6b, 198
dahinten 4/3b, 49
damals 7/4b, 100
Damenmode, die (Sg.) 4/2c, 48
Damenschuh, der, -e 4/2c, 48
damit (1) (Fahrradfahren ist super. Damit kann man den Autoverkehr reduzieren.) 5/5a, 69
damit (2) (Wir brauchen Bänke und Tische, damit wir draußen essen können.) 16/2b, 240
Dank, der (Sg.) 8/7a, 117
dankbar 1/4b, 4
daran 16/Und Sie?, 242
darauf 13/1d, 193
darüber 15/Und Sie?, 230
darum 14/4a, 210
davon 16/5b, 242
Decke (1), die, -n (Die Katze liegt unter der Decke auf dem Sofa.) 2/4b, 17

Decke (2), die, -n *(Die Lampe hängt an der Decke.)* 2/5a, 18
Demonstration, die, -en 5/8a, 71
Denkblase, die, -n 4/1a, 47
denn (1) *(Man muss aufpassen, denn man kann schnell Fehler machen.)* 1/8a, 7
denn (2) *(Wann ist denn die Party?)* 3/3c, 35
deshalb 10/3a, 145
Designer, der, – 13/5a, 196
Deutschlernen, das (Sg.) 3/Und Sie?, 34
Diabetiker, der, – 6/8a, 84
dick 1/8a, 7
die meisten 2/6b, 19
Dienstleistungsbetrieb, der, -e 3/8a, 39
Diesel, der (Sg.) 5/5a, 69
direkt (1) *(Das Haus liegt direkt am See.)* 14/5a, 211
direkt (2) *(direkte Frage)* 15/2d, 226
diskutieren 2/Vorhang auf, 21
Display, das, -s 5/4a, 68
Diwali 16/7c, 244
doch *(Ich wünsch mir ein neues Haus, nur für mich, doch nie allein.)* 7/7b, 103
Dokument, das, -e 3/7e, 38
Döner, der, – 6/3a, 81
Dönerladen, der, ⸚ 6/8a, 84
donnern 8/5a, 115
doof 4/4a, 50
Doppelgänger, der, – 6/6b, 83
doppelt 5/5a, 69
Dorfleben, das (Sg.) 7/2b, 98
dorthin 8/2a, 112
downloaden 11/7d, 167
Draisinenbahnhof, der, ⸚e 8/6c, 116
Draisinentour, die, -en 8/2a, 112
Draisinenverleih, der, -e 8/6c, 116
dran sein, ist dran, war dran, ist dran gewesen 2/Vorhang auf, 21
dreimal 2/1c, 15
dreitägig 6/3a, 81
drin 8/5b, 115
drinnen 12/6a, 179
Drucker, der, – 11/1b, 161
Druckerpatrone, die, -n 11/3b, 163
Du-Form, die (Sg.) 1/Und Sie?, 2
dumm, dümmer, am dümmsten 11/5a, 165
durch 6/1a, 79
dürfen, darf, durfte, hat gedurft *(Was darf es sein?)* 6/9b, 85
durstig 8/6c, 116
duzen 1/2d, 2
E-Book-Reader, der, – 11/1b, 161
echt (1) *(Er ist echt nett.)* 1/4b, 4
echt (2) *(Sie müssen unbedingt einen echten Döner essen.)* 6/3a, 81
egal 4/8a, 53
Ehe, die, -n 7/2b, 98
Ehegatte, der, -n 15/4b, 228
Ehepartner, der, – 1/8a, 7
eigenartig 16/5b, 242
eigentlich 3/3c, 35
Einbürgerung, die, -en 6/6b, 83
eineinhalb 14/2c, 208
eingeben, gibt ein, gab ein, hat eingegeben 13/6c, 198
einhalten, hält ein, hielt ein, hat eingehalten 15/4c, 228
Einkauf, der, ⸚e 13/5d, 197
Einkaufstasche, die, -n 14/6d, 212
einkehren 3/8a, 39
Einkommensnachweis, der, -e 15/4b, 228

einräumen 1/1b, 1
einrichten 2/Vorhang auf, 21
einschalten 11/3b, 163
Einschulung, die, -en 16/1a, 239
einstecken 14/3a, 209
Eintrag, der, ⸚e 1/8a, 7
Eintrittskarte, die, -n 6/1c, 79
einverstanden 10/2c, 144
einwandern 7/4b, 100
einzeichnen 14/6b, 212
einzeln 9/3a, 131
einzigartig 3/8a, 39
Einzug, der (Sg.) 2/1c, 15
Eiscafé, das, -s 6/8a, 84
Eishockey (Sg.) 3/7c, 38
elegant 4/5c, 51
Elektrobastler, der, – 11/2d, 162
Elektrogerät, das, -e 2/8c, 21
elektronisch 11/2d, 162
Elternsprecher, der, – 9/7b, 134
Endstation, die, -en 8/6c, 116
Energieklasse, die, -n 2/7b, 20
eng 4/7c, 52
Enkel, der, – 10/6b, 148
entdecken 6/8a, 84
entscheiden, entscheidet, entschied, hat entschieden 1/4c, 4
Ereignis, das, -se 8/1c, 111
erfolgreich 3/2a, 34
Erfolgsgeschichte, die, -n 12/8b, 181
erforderlich 6/8a, 84
erfragen 3/1b, 33
erhalten, erhält, erhielt, hat erhalten 15/4b, 228
erholen (sich) 14/4a, 210
erinnern (sich) (an + A.) 16/7c, 244
Erinnerung, die, -en 4/8a, 53
Erklärung, die, -en 15/7a, 231
erkundigen (sich) (nach + D.) 14/2c, 208
erleben 14/7a, 213
Erlebnis, das, -se 6/8a, 84
Erlebnisbad, das, ⸚er 3/8a, 39
erledigen 10/5b, 147
erreichen 7/4b, 100
ersetzen 11/5a, 165
etwas *(Die Tür ist etwas offen.)* 10/3a, 145
europäisch 7/4c, 100
ewig 5/2a, 66
Exportabteilung, die, -en 3/7b, 38
Fabrik, die, -en 1/1c, 1
Fach, das, ⸚er 9/3a, 131
Fachgeschäft, das, -e 3/8a, 39
Fahrlehrer, der, – 15/2e, 226
Fahrprüfung, die, -en 15/3a, 227
Fahrradfahren, das (Sg.) 5/2c, 66
Fahrradstadt, die, ⸚e 5/5a, 69
Fahrradweg, der, -e 5/5a, 69
Fahrschule, die, -n 15/2a, 226
Fahrstunde, die, -n 15/2b, 226
Fahrt, die, -en 6/3c, 81
Falafel, die, -n 6/Und Sie?, 84
familiär 1/2c, 2
Fantasiereise, die, -n 7/Vorhang auf, 103
FAQ, die, -s 9/8b, 135
Fass, das, ⸚er 6/9a, 85
Faulenzer, der, – 10/3a, 145
fehlend 7/7b, 103
Ferien, die (Pl.) 14/3e, 209
Fernseher, der, – 1/4b, 4
Fernsehturm, der, ⸚e 6/2b, 80
fertig *(Ich bin fix und fertig.)* 1/4b, 4
Festspiele (Pl.) 14/2a, 208

feststellen 15/4b, 228
Festzelt, das, -e 16/3a, 241
fett 1/8a, 7
Feuerwerk, das, -e 16/7b, 244
fix *(Ich bin fix und fertig.)* 1/4b, 4
flanieren 6/8a, 84
Fleck, der, -en 12/1a, 175
fleißig 13/5a, 196
fließen, fließt, floss, ist geflossen 6/1a, 79
Flohmarkt, der, ⸚e 2/7a, 20
Flötenunterricht, der (Sg.) 3/6a, 37
Flughafentour, die, -en 8/2a, 112
Flugzeug, das, -e 3/2a, 34
flüstern 15/5d, 229
Folge, die, -n 10/3c, 145
folgen 14/4a, 210
Forum, das, Foren 4/8a, 53
Forumsbeitrag, der, ⸚e 4/1d, 47
Fotoapparat, der, -e 8/6c, 116
Fotograf, der, -en 15/4c, 228
Fotowand, die, ⸚e 7, 197
Fragesatz, der, ⸚e 15/2e, 226
Fragewort, das, ⸚er 15/2d, 226
frei *(Ich wünsche mir, wirklich frei zu sein.)* 7/7b, 103
freiwillig 16/3a, 241
freundschaftlich 1/2c, 2
Frikadelle, die, -n 6/9a, 85
frisch 6/8a, 84
Frist, die, -en 15/4c, 228
froh 2/2d, 16
fröhlich 7/7a, 103
Frühstückstisch, der, -e 9/1b, 129
fühlen (sich) 6/8a, 84
Fundbüro, das, -s 4/2c, 48
Fußballer, der, – 12/5b, 178
Fußballplatz, der, ⸚e 12/5a, 178
Fußballspiel, das, -e 5/8b, 71
Futter, das (Sg.) 10/1a, 143
Futternapf, der, ⸚e 10/3a, 145
ganz *(Meine ganze Familie ist sehr sportlich.)* 3/7b, 38
Ganztagsschule, die, -n 9/8b, 135
gar *(Die Hose gefällt mir gar nicht.)* 4/3b, 49
Garantie, die, -n 11/2b, 162
Gartenstuhl, der, ⸚e 2/7c, 20
Gasinstallateur, der, -e 7/4b, 100
Gästebuch, das, ⸚er 6/8a, 84
gastfreundlich 1/8a, 7
Gastgeschenk, das, -e 1/8a, 7
Gasthaus, das, ⸚er 6/8a, 84
gebraucht 2/7b, 20
Gebühr, die, -en 5/4a, 68
Geburt, die, -en 8/1a, 111
Gedanke, der, -n 8/3a, 113
Geduld, die (Sg.) 10/6c, 148
geduldig 15/7a, 231
gefährlich 5/3c, 67
Gefallen, der, – 10/Und Sie?, 146
Gefrierfach, das, ⸚er 2/7b, 20
Gegenstand, der, ⸚e 1/5e, 5
Gegenstandkarte, die, -n 1/5e, 5
gegenüber 6/5a, 82
Gegenwart, die (Sg.) 7/6b, 102
Gehalt, das, ⸚er 12/6c, 179
Geheimnis, das, -se 6/8a, 84
gehen (1) (um + A.), geht, ging, ist gegangen *(In dem Lied geht es um …)* 13/7d, 199
gehen (2), geht, ging, ist gegangen *(zu Ende gehen)* 14/7, 213

WORTLISTE

fünfundzwanzig XXV

gekühlt 8/7a, 117
gelaunt 3/Und Sie?, 35
Gemüsemaultasche, die, -n 6/9a, 85
Gemüseschublade, die, -n 2/7b, 20
gemütlich 1/4b, 4
Generation, die, -en 10/7a, 149
genießen, genießt, genoss, hat genossen 3/8a, 39
genug 2/7a, 20
genügend 6/7b, 83
Geografie, die (Sg.) 9/6a, 133
gepflegt 4/8a, 53
Gerät, das, -e 11/1b, 161
Gericht, das, -e 6/9a, 85
Gerücht, das, -e 3/Vorhang auf, 39
Gerüchteküche, die (Sg.) 3/Vorhang auf, 39
Gesamtschule, die, -n 9/7b, 134
Geschäftsleitung, die, -en 3/2a, 34
Geschenketisch, der, -e 16/6a, 243
Geschichte (1), die, -n *(Schreiben Sie eine Geschichte zu dem Foto.)* 4/Vorhang auf, 53
Geschichte (2), die (Sg.) *(Wir erzählen Ihnen etwas über die Geschichte von Berlin.)* 6/8a, 84
Geschichte (3), die (Sg.) *(Morgen schreibe ich einen Test in Geschichte.)* 9/6a, 133
Geschirr, das, -e 2/8d, 21
Gesprächsthema, das, -themen 5/2a, 66
gestellt *(häufig gestellte Fragen)* 9/8b, 135
gestreift 4/4a, 50
getrennt 7/4b, 100
Gewinner, der, - 3/2, 34
Gewitter, das, - 8/5a, 115
gießen, gießt, goss, hat gegossen 2/8d, 21
Glückwunschkarte, die, -n 16/6e, 243
Glühbirne, die, -n 2/8a, 21
googeln 11/7d, 167
Graffito, das, Graffiti 6/1a, 79
gratis 5/3d, 67
grau 2/7c, 20
Grenze, die, -n 7/4b, 100
Großeinkauf, der, ¨e 3/6a, 37
Grüezi 14/4a, 210
Grund, der, ¨e 1/3e, 3
Grundschule, die, -n 9/3a, 131
Gulasch, das, -s 6/9a, 85
gültig 15/1a, 225
Gummibärchen, das, - 7/4b, 100
Gummistiefel, der, - 4/7a, 52
Gürtel, der, - 4/2a, 48
guttun, tut gut, tat gut, hat gutgetan 14/7a, 213
Gymnastik, die (Sg.) 3/7c, 38
Hafen, der, ¨ 14/2c, 208
halten, hält, hielt, hat gehalten *(in der Hand halten)* 13/3c, 195
Halter, der, - 13/4a, 196
Handkäs, der, - 3/8a, 39
Handlung, die, -en 16/5a, 242
Handschuh, der, -e 4/2a, 48
Handtasche, die, -n 4/7c, 52
Handwerker, der, - 7/4b, 100
handwerklich 15/a, 178
Handwerkskammer, die, -n 12/8b, 181
Handy-Geschäft, das, -e 11/2a, 162
Handyhändler, der, - 11/2d, 162
Handypause, die, -n 11/4a, 164
hängen (1), hängt, hing, hat gehangen *(Was hängt an der Decke?)* 2/4d, 17

hängen (2), hängt, hängte, hat gehängt *(Wohin hängen wir die Lampe?)* 2/5a, 18
hart, härter, am härtesten *(Die Arbeit als Maler ist hart.)* 12/6a, 179
häufig 5/6d, 70
Hauptsache, die (Sg.) *(Hauptsache, du fühlst dich wohl!)* 4/8a, 53
Hauptsatz, der, ¨e 1/3c, 3
Hauptspeise, die, -n 6/9b, 85
Haus, das, ¨er *(aus dem Haus gehen)* 9/5c, 133
Hausaufgabenbetreuung, die, -en 9/3a, 131
hausgemacht 6/8a, 84
Haushaltsgerät, das, -e 2/2e, 16
Haustür, die, -en 1/8a, 7
heimlich 16/5b, 242
Heimspiel, das, -e 3/8a, 39
Heimweh, das (Sg.) 7/2b, 98
heiraten 4/4a, 50
Heiratsurkunde, die, -n 15/6a, 230
heiß 8/5a, 115
Helfer, der, - 14/4a, 210
hellblond 4/8a, 53
Hemd, das, -en 4, 47
Herd, der, -e 2/1a, 15
Hering, der, -e 6/9b, 85
Herrenmode, die (Sg.) 4/2c, 48
Herrenschuh, der, -e 4/2c, 48
herrlich 8/5b, 115
herstellen 13/5a, 196
herumgehen, geht herum, ging herum, ist herumgegangen 13/2e, 194
Herz (1), das, -en *(alles, was Ihr Herz begehrt)* 3/8a, 39
Herz (2), das, -en *(Das Geschäft liegt im Herzen von Frankfurt.)* 3/8a, 39
hey 11/7d, 167
hiermit 9/7b, 134
hilfsbereit 3/2a, 34
hinausschauen 9/4a, 132
hingehen, geht hin, ging hin, ist hingegangen 13/6d, 198
hinter 2/4b, 17
Hintergrund, der, ¨e 12/2b, 176
Hitze, die (Sg.) 8/5b, 115
Hobbyfotograf, der, -en 7/1a, 97
hoch (1), höher, am höchsten *(Der Schlafzimmerschrank ist 2 Meter hoch.)* 2/7c, 20
hoch (2), höher, am höchsten *(Unsere Produkte haben eine hohe Qualität.)* 6/9a, 85
hochlegen 14/7a, 213
Hochzeitsbild, das, -er 4/7, 52
Hochzeitsfeier, die, -n 16/5b, 242
Hochzeitspaar, das, -e 16/6a, 243
Hochzeitstradition, die, -en 16/1c, 239
hoffen 5/5a, 69
Höflichkeit, die (Sg.) *(Höflichkeit ausdrücken)* 10/4c, 146
Höhe, die, -n 2/7b, 20
Holz, das, ¨er 2/7b, 20
Holzpalette, die, -n 13/4b, 196
Honig, der (Sg.) 6/9a, 85
Hort, der, -e 9/3c, 131
Hose, die, -n 4, 47
hübsch 4/7c, 52
Hummus, der (Sg.) 6/Vorhang auf, 85
Hut, der, ¨e 4, 47
Illusion, die, -en 7/2b, 98

Imbissbude, die, -n 6/1a, 79
immer wenn 7/4b, 100
importieren 14/7e, 213
Improtheater, das, - 6/6b, 83
indirekt *(indirekte Fragesätze)* 15/2e, 226
indisch 6/8a, 84
Industrie, die, -n 7/4b, 100
Information, die, -en *(Geh und frag an der Information.)* 4/2c, 48
Informationsgespräch, das, -e 15/1c, 225
Informationstafel, die, -n 4/1d, 47
informieren (1) *(Bitte informieren Sie uns, wenn Sie Vegetarier sind.)* 6/8a, 84
informieren (2) (sich) (über + A.) *(Sie informiert sich über ihre neue Stelle.)* 9/8b, 135
Infotafel, die, -n 8/1, 111
Inland, das (Sg.) 3/2a, 34
innerhalb 15/4b, 228
Insel, die, -n 14/5a, 211
Insider-Restaurant, das, -s 6/8a, 84
installieren 3/2a, 34
Integrationskurs, der, -e 7/6d, 102
Integrationslotse, der, -n 15/4c, 228
intelligent 9/4a, 132
Interesse, das, -n 7/4b, 100
interessieren (sich) (für + A.) 9/4a, 132
interkulturell 1/1c, 1
Internetseite, die, -n 6/8a, 84
investieren 5/5a, 69
inzwischen 7/Vorhang auf, 103
Iran, der 10/Und Sie?, 149
irgendwann 7/7b, 103
Italienischkurs, der, -e 11/6a, 166
Jacke, die, -n 4/2a, 48
Jackett, das, -s 4, 47
Jahrhundert, das, -e 5/5a, 69
Jazz, der (Sg.) 13/7a, 199
Jazztanz, der, ¨e 3/7c, 38
je 3/2a, 34
jein 7/2b, 98
jetzig *(Der jetzige Chef hat die Firma von seinem Vater übernommen.)* 12/2b, 176
Job-Interview, das, -s 4/8a, 53
Jugendmannschaft, die, -en 3/2a, 34
Jumbojet, der, -s 8/2a, 112
Kaffeemaschine, die, -n 2/1a, 15
Kaffeetasse, die, -n 10/5f, 147
Kalendereintrag, der, ¨e 3/1b, 33
kalt stellen 8/6c, 116
Kälte, die (Sg.) 8/5a, 115
Kamera, die, -s 11/2c, 162
Kanne, die, -n 2/7b, 20
kariert 4/7c, 52
Karneval, der, -e und -s 16/8a, 245
Karton, der, -s 2/4d, 17
Kasse, die, -n 1, 1
Kassiererin, die, -nen 1, 44
Kasus, der, - 9/4e, 133
Kaufhaus, das, ¨er 4/2, 48
kaum 5/5b, 69
Kaution, die, -en 2/6b, 19
Kette, die, -n 4/2a, 48
Kfz, das, - *(Abkürzung Kraftfahrzeug)* 5/1a, 65
Kilometer, der, - 3/8a, 39
Kinderabteilung, die, -en 4/2c, 48
Kinderhort, der, -e 9/3a, 131
Kirche, die, -n 13/5a, 196
Kissen, das, - 2/1a, 15
Klamotten, die (Pl.) 4/4a, 50
klappen 7/4b, 100

klären 7/4a, 100
Klasse, die, -n *(Am Montagabend ist Elternabend von Svenjas Klasse.)* 3/6a, 37
Klassenfahrt, die, -en 9/7b, 134
Klassik, die (Sg.) 13/7a, 199
Kleid, das, -er 4, 47
Kleiderfrage, die, -n 4/1d, 47
Kleidung, die (Sg.) 4/1c, 47
Kleidungsstück, das, -e 4/2a, 48
Kleingruppe, die, -n 12/8a, 181
klingeln 1/8a, 7
klingen, klingt, klang, hat geklungen 1/6d, 6
klug, klüger, am klügsten 5/7a, 71
knapp 14/5a, 211
Kneipe, die, -n 6/1a, 79
Kochbuch, das, ¨-er 13/3d, 195
Kochrezept, das, -e 6/8b, 84
kommen (1), kommt, kam, ist gekommen *(Wohin kommen die Sachen?)* 2/5b, 18
kommen (2) (auf + A.), kommt, kam, ist gekommen *(Wie kommst du auf die Idee?)* 16/Und Sie?, 243
Kommentar, der, -e 12/8d, 181
Konfliktgespräch, das, -e 10/1d, 143
Konjunktiv-II-Form, die, -en 12/7c, 180
Konjunktiv, der, -e 10/4c, 146
Konsequenz, die, -en 15/1c, 225
Konsulat, das, -e 15/6a, 230
Kontaktadresse, die, -n 12/8b, 181
Kontinent, der, -e 10/7a, 149
konzentrieren (sich) 9/2c, 130
konzentriert 3/2a, 34
Konzertbesuch, der, -e 13/6d, 198
Kopfhörer, der, – 11/5b, 165
Korken, der, – 13/4b, 196
Kosmetik, die (Sg.) 4/2c, 48
Kraftfahrzeug, das, -e 5/1a, 65
Krankenhaus, das, ¨-er 1/1c, 1
Krankenkasse, die, -n 15/6a, 230
Krankenversicherung, die, -en 15/4b, 228
Krankschreibung, die, -en 10/5f, 147
krass 4/4a, 50
Krawatte, die, -n 4, 47
kreativ 12/5a, 178
Kreditkarte, die, -n 5/4a, 68
Kritik, die, -en 8/7b, 117
kulinarisch 6/8, 84
kümmern (sich) (um + A.) 12/2b, 176
Kundentoilette, die, -n 4/2c, 48
kündigen 11/3a, 163
Kunst (1), die, ¨-e *(Kunst und Graffiti an der Berliner Mauer)* 6/1a, 79
Kunst (2), die (Sg.) *(Im Fach Kunst habe ich eine Eins.)* 9/6a, 133
Kuppel, die, -n 6/1a, 79
kurios 6/8a, 84
Kursausflug, der, ¨-e 8/Und Sie?, 112
Kursbüro, das, -s 15/Und Sie?, 227
Kursspaziergang, der, ¨-e 13/7c, 199
Kursspeisekarte, die, -n 6/Vorhang auf, 85
kurz, kürzer, am kürzesten 10/5c, 147
lächeln 9/4a, 132
Lammfleisch, das (Sg.) 6/9a, 85
Landschaft, die, -en 14/7a, 213
Landung, die, -en 8/2a, 112
lang, länger, am längsten *(fast ein halbes Jahrhundert lang)* 5/5a, 69
Länge, die, -n 3/8a, 39
langweilen (sich) 9/2c, 130
Lärm, der (Sg.) 9/4a, 132

lassen (1), lässt, ließ, hat gelassen *(Lass etwas auf dem Teller liegen.)* 1/8a, 7
lassen (2), lässt, ließ, hat gelassen *(Lass uns einen Ausflug machen.)* 8/2a, 112
lassen (3), lässt, ließ, hat gelassen *(Lass dich verwöhnen!)* 14/4a, 210
laufen (1), läuft, lief, ist gelaufen *(Wie läuft's? – Danke, gut.)* 1/3a, 3
laufen (2), läuft, lief, ist gelaufen *(Bei uns läuft immer Musik.)* 13/7c, 199
Lebensmittelgeschäft, das, -e 6/Und Sie?, 84
Lehre, die, -n 7/2b, 98
Lehreralltag, der (Sg.) 9/1d, 129
Lehrperson, die, -en 9/2c, 130
leihen, leiht, lieh, hat geliehen 5/4, 68
Leihfahrrad, das, ¨-er 6/4a, 81
Leihstation, die, -en 5/4a, 68
leiten 12/2b, 176
Leiter, die, -n *(auf der Leiter stehen)* 2/8a, 21
Lernkarte, die, -n 9/4e, 133
Lernpartner, der, – 11/6c, 166
Lesepate, der, -n 10/7a, 149
letzter, letzte 1/Und Sie?, 6
Lichterfest, das, -e 16/7c, 244
Lieblingsband, die, -s 13/7d, 199
Lieblingsfach, das, ¨-er 9/6b, 133
Lieblingsplatz, der, ¨-e 10/3a, 145
Lieblingssänger, der, – 13/7d, 199
liefern 3/2a, 34
Lieferwagen, der, – 2/2b, 16
Linie, die, -n 1/6b, 6
Lkw, der, -s *(Abkürzung Lastkraftwagen)* 5/1a, 65
Lob, das (Sg.) 8/7b, 117
loben 1/8a, 7
Lohnabrechnung, die, -en 15/4b, 228
lohnen (sich) 6/3a, 81
Lokal, das, -e 6/6b, 83
löschen 11/7d, 167
losfahren, fährt los, fuhr los, ist losgefahren 8/6c, 116
losgehen, geht los, ging los, ist losgegangen *(Es geht los.)* 14/1, 207
Lösung, die, -en 3/8b, 39
Luft, die (Sg.) 14/3a, 209
Luftballon, der, -s 13/4b, 196
lügen, lügt, log, hat gelogen 7/2b, 98
Luxemburg 15/6e, 230
Mail, die, -s 7/3a, 99
mailen 11/7e, 167
Makler, der, – 2/6b, 19
Maler, der, – 12/2c, 176
Malerarbeit, die, -en 12/2b, 176
Malerbetrieb, der, -e 12/2b, 176
Malerfirma, die, -firmen 12/2b, 176
Malzbier, das, -e 6/9a, 85
mancher, manche 14/4a, 210
mangelhaft 9/8b, 135
Mantel, der, ¨- 4/2a, 48
Mappe, die, -n 15/7a, 231
Marke, die, -n 2/7b, 20
Maschine, die, -n 2/7b, 20
Mathe 3/6a, 37
Mathematik, die (Sg.) 9/4a, 132
Mathematikstunde, die, -n 9/1d, 129
Mathetest, der, -s 9/1c, 129
Matheunterricht, der (Sg.) 9/4a, 132
Matjesfilet, das, -s 6/9a, 85
Mauer, die, -n 6/1a, 79

Medien-Thema, das, -Themen 11/Vorhang auf a, 167
Mediennutzung, die (Sg.) 11/1d, 161
Medium, das, Medien 11/1, 161
Medizin, die (Sg.) 12/6a, 179
Mehrwertsteuer, die, -n 6/9a, 85
meinen 3/5c, 36
Meinung, die, -en 1/8c, 7
meist 9/8b, 135
meistens 7/6c, 102
Meldeabteilung, die, -en 15/4b, 228
Meldebestätigung, die, -en 15/3f, 227
melden (sich) 13/5a, 196
Melodie, die, Melodien 13/7b, 199
Menü, das, -s 3/2a, 34
merken *(Er hat nicht gemerkt, dass seine Frau nicht da war.)* 16/5b, 242
Metall, das, -e 2/7c, 20
Miethöhe, die (Sg.) 15/4b, 228
Mietvertrag, der, ¨-e 15/4b, 228
Migration, die (Sg.) 7/Vorhang auf, 103
Migrationsgeschichte, die, -n 7/4, 100
Mikrowelle, die, -n 2/1a, 15
mindestens 7/3d, 99
Mindmap, die, -s 5/1a, 65
Minipräsentation, die, -en 13/7d, 199
minus 8/5a, 115
Missfallen, das (Sg.) 4/1d, 47
mitarbeiten (bei + D.) 3/2a, 34
Mitarbeiterzeitung, die, -en 3/7a, 38
Mitbewohner, der, – 2/6b, 19
Mitglied, das, -er 3/Vorhang auf, 39
Mithilfe, die (Sg.) 8/3d, 113
Mittagsbetreuung, die, -en 9/3a, 131
Mittagsimbiss, der, -e 9/3a, 131
Mittagspause, die, -n 1/3a, 3
Mitte, die (Sg.) 9/4a, 132
mitten *(Hier fühlt man sich wie in einem Dorf mitten in Berlin.)* 6/8a, 84
Möbelhaus, das, ¨-er 2/2b, 16
Möbelstück, das, -e 2/1c, 15
Mode, die, -n 4/2c, 48
Modell, das, -e 11/3a, 163
modisch 4/5d, 51
möglich 1/3e, 3
Moldawien 7/4b, 100
Moment, der, -e 1/1b, 1
Monatsbeitrag, der, ¨-e 3/Vorhang auf, 39
Monatskarte, die, -n 5/2a, 66
Mühe, die, -n 8/7a, 117
Müll, der (Sg.) 2/8d, 21
multikulturell 6/6b, 83
Mut, der (Sg.) *(Mut machen)* 7/7b, 103
Muttersprache, die, -n 12/8b, 181
Mütze, die, -n 4/2a, 48
Myanmar 7/1c, 97
Nachbargruppe, die, -n 10/Und Sie?, 145
nacheinander 13/5e, 197
nachher 4/4a, 50
Nachmittagsbetreuung, die, -en 9/3a, 131
Nacho, der, -s 6/8a, 84
Nachricht, die, -en *(Ich lese die aktuellen Nachrichten in der Zeitung.)* 11/4a, 164
nachsehen, sieht nach, sah nach, hat nachgesehen 11/6c, 166
Nachspeise, die, -n 6/Vorhang auf, 85
Nachteil, der, -e 5/Und Sie?, 69
Nachtfahrt, die, -en 15/3c, 227
nah, näher, am nächsten 6/3b, 81
Nähe, die (Sg.) *(in der Nähe)* 6/2b, 80
nämlich 1/8a, 7
nass 8/5a, 115

Natur, die (Sg.) 8/7b, 117
Navi, das, -s 11/1c, 161
Nebel, der, – 8/5a, 115
neben (1) *(Neben dem Computer steht ein Telefon.)* 2/4b, 17
neben (2) *(Neben ihrer Arbeit hat Frau Barth nur wenig Zeit.)* 3/2a, 34
nebenan 2/6b, 19
Nebensatz, der, ¨e 1/3c, 3
neblig 8/5a, 115
nehmen (1), nimmt, nahm, hat genommen *(den Bus nehmen)* 5/1c, 65
nehmen (2), nimmt, nahm, hat genommen *(eine Tablette nehmen)* 10/3d, 145
nehmen (3), nimmt, nahm, hat genommen *(wichtig nehmen)* 11/4a, 164
nehmen (4) (sich), nimmt, nahm, hat genommen *(sich Zeit nehmen)* 15/7a, 231
nennen, nennt, nannte, hat genannt 5/4c, 68
nerven 1/8a, 7
nervig 3/5c, 36
Netzwerk, das, -e *(soziale Netzwerke)* 11/Und Sie?, 163
Neubau, der, -ten 12/2b, 176
neugierig 2/6b, 19
Neujahr, das (Sg.) *(Prost Neujahr!)* 16/7c, 244
Neukauf, der, ¨e 11/2d, 162
neulich 1/8a, 7
Nichte, die, -n 13/6d, 198
Nichtschwimmerbecken, das, – 3/8a, 39
niedrig 2/6b, 19
niemand 7/7b, 103
nirgends 5/2a, 66
normal 1/8a, 7
normalerweise 4/1d, 47
Notarzt, der, ¨e 7/4b, 100
Note, die, -n 7/4b, 100
Notfall, der, ¨e 5/3b, 67
nötig 4/8a, 53
nur noch 6/7b, 83
nutzen 11/Und Sie?, 163
nutzen 5/4b, 68
Nutzung, die, -en 11/4b, 164
o. k. *(Abkürzung von okay)* 13/1d, 193
ob 15/5a, 229
Ober, der, – 8/3a, 113
Objekt, das, -e 13/4a, 196
offen 1/5e, 5
öffentlich *(öffentliche Verkehrsmittel)* 5/5a, 69
Ohrring, der, -e 13/2d, 194
Online-Buchung, die, -en 13/1d, 193
Operation, die, -en 7/4b, 100
Optiker, der, – 7/6b, 102
Orangensaft, der, ¨e 11/5c, 165
Organisation, die, -en 8/7b, 117
Organisationsteam, das, -s 8/7a, 117
Orientierungstafel, die, -n 4/2c, 48
Original, das, -e 15/4b, 228
originell 13/5a, 196
Osterei, das, -er 16/7b, 244
Ostern *(Frohe Ostern.)* 16/1a, 239
Päckchen, das, – 10/7a, 149
Paket, das, -e 10/4d, 146
Panne, die, -n 14/3e, 209
Papierkorb, der, ¨e 11/3b, 163
Parfüm, das, -s 4/2c, 48
Parfümerie, die, -n 4/2c, 48
Parkhaus, das, ¨er 8/1b, 111

Parkplatz, der, ¨e 5/1c, 65
Parkverbot, das, -e 5/6a, 70
Passfoto, das, -s 14/4d, 210
Pech, das (Sg.) 13/6a, 198
peinlich 1/8a, 7
Pension, die, -en 14/2a, 208
Personenkarte, die, -n 1/5e, 5
Pfeil, der, -e 14/6b, 212
Pflanze, die, -n 2/1a, 15
Pfund, das, -e 10/4a, 146
Pkw, der, -s *(Abkürzung Personenkraftwagen)* 5/1a, 65
Planung, die, -en 8/1a, 111
Planungsgespräch, das, -e 8/1c, 111
Plastik, das (Sg.) 2/7b, 20
Platz (1), der, ¨e *(Gehen Sie über den Platz und dann rechts.)* 6/5d, 82
Platz (2), der, ¨e *(Alle Plätze sind besetzt.)* 5/1b, 65
Player, der, – 11/5b, 165
plötzlich 1/4b, 4
plus 11/2b, 162
Polizist, der, -en 12/4a, 178
Pommes frites, das, – 6/9a, 85
Pop, der, -s 13/7a, 199
populär 13/7c, 199
Portion, die, -en 16/7c, 244
Portokosten, die (Pl.) 2/7b, 20
Postadresse, die, -n 13/6c, 198
posten 11/7d, 167
Praktikantin, die, -nen 1/5d, 5
praktisch 2/7b, 20
Prämie, die, -n 3/2a, 34
präsentieren 9/1b, 129
Präteritumform, die, -en 7/3a, 99
Preis, der, -e *(einen Preis gewinnen)* 3/5c, 36
preiswert 2/7c, 20
prima 1/8a, 7
Privatkunde, der, -n 12/2c, 176
Privatschule, die, -n 9/8c, 135
Privatwohnung, die, -en 12/2b, 176
Produkt, das, -e 2/7c, 20
Programm (1), das, -e *(Er bekommt das Programm für den Ausflug per Mail.)* 8/3d, 113
Programm (2), das, -e *(Das Programm im Fernsehen ist schrecklich langweilig.)* 11/5a, 165
Projekt, das, -e 3/2a, 34
Prozent, das, -e 11/2c, 162
prüfen 11/3b, 163
Publikum, das (Sg.) 6/6b, 83
Pullover, der, – 4/4a, 50
Punkt, der, -e *(Es gibt nur Punkte, keine Noten.)* 9/8c, 135
qualifiziert 9/3a, 131
Qualität, die (Sg.) 6/9a, 85
Quatsch, der (Sg.) 4/3b, 49
Rabatt, der, -e 11/2c, 162
Rad, das, ¨er *(Ich fahre mit dem Rad zur Arbeit.)* 5/4a, 68
Radfahrer, der, – 14/6d, 212
Radio, das, -s 5/8, 71
Radioinformation, die, -en 5/1c, 65
Radler, der, – 14/3e, 209
Radstation, die, -en 5/4a, 68
Radweg, der, -e 5/1b, 65
Rat, der (Sg.) *(Rat suchen)* 15/5a, 229
Ratschlag, der, ¨e 6/3c, 81
Realität, die, -en 12/5a, 178
recherchieren 12/7a, 180

recht haben, hat recht, hatte recht, hat recht gehabt 16/6a, 243
rechtzeitig 9/8b, 135
Recycling, das (Sg.) 13/5a, 196
Rede, die, -n 8/7b, 117
Redemittel, das, – 4/3e, 49
reduzieren 5/5a, 69
reflexiv *(reflexive Verben)* 9/2d, 130
Reflexivpronomen, das, – 9/2d, 130
Regal, das, -e 2/1a, 15
Regel (1), die, -n *(Jede Branche hat ihre eigenen Regeln.)* 4/8a, 53
Regel (2), die, -n *(In der Regel bin ich pünktlich im Büro.)* 9/8b, 135
regelmäßig (1) *(regelmäßige Verben)* 2/6b, 19
regelmäßig (2) *(regelmäßig Wörter wiederholen)* 5/7a, 71
Regen, der (Sg.) 8/1c, 111
Regie, die, -n 6/6b, 83
Regierung, die, -en 5/5a, 69
reich 7/2b, 98
Reifen, der, – 14/3a, 209
Reihe, die, -n *(In der zweiten Reihe links sitzt Dennis.)* 9/4a, 132
Reisebürokauffrau, die, -en 7/2b, 98
Reiseerlebnis, das, -se 14/1c, 207
Reisepass, der, ¨e 15/3f, 227
Reiseprospekt, der, -e 14/5a, 211
Reisezeitschrift, die, -en 5/5a, 69
Relativpronomen, das, – 14/6b, 212
Relativsatz, der, ¨e 14/6d, 212
Renovierung, die, -en 8/1a, 111
Reparatur, die, -en 11/2a, 162
Rindfleisch, das (Sg.) 6/9a, 85
Ring, der, -e 13/5a, 196
Rock, der, ¨e *(einen Rock tragen)* 4/2a, 48
Rolle, die, -n *(eine Rolle spielen)* 12/2b, 176
Rose, die, -n 4/8a, 53
Rot *(bei Rot fahren)* 15/1a, 225
rufen, ruft, rief, hat gerufen 1/4b, 4
ruhig *(Du kannst ruhig Du sagen.)* 1/2d, 2
rund (1) *(Im Einkaufszentrum finden Sie rund 170 Geschäfte.)* 3/8a, 39
rund (2) *(Ich möchte alles rund um die Schule wissen.)* 9/8, 135
Rundfahrt, die, -en 14/2c, 208
Rundgang, der, ¨e 6/8a, 84
runterfahren, fährt runter, fuhr runter, hat runtergefahren *(den Computer runterfahren)* 11/7d, 167
Rutsche, die, -n 3/8a, 39
Sache, die, -n 1/2b, 2
Safari, die, -s 6/6b, 83
Sahne, die (Sg.) 6/8a, 84
Salon, der, -s 6/8a, 84
salzig 8/7b, 117
Sammlung, die, -en 16/7d, 244
Sänger, der, – 13/7d, 199
satt 6/8a, 84
sauber 2/8c, 21
Schalter, der, – 6/7b, 83
scharf, schärfer, am schärfsten 6/8a, 84
schauen 4/3b, 49
Schenkende, der/die, -n 16/Und Sie?, 243
schick 4/4a, 50
Schifffahrt, die, -en 6/2b, 80
Schiffstour, die, -en 6/2b, 80
Schinken, der, – 10/3a, 145
Schirm, der, -e 8/5b, 115
Schlafzimmerschrank, der, ¨e 2/7c, 20
Schlager, der, – 13/7a, 199

WORTLISTE

Schlange, die, -n *(Vor der Kasse ist eine lange Schlange.)* 1/3d, 3
Schlauch, der, ¨e 14/3e, 209
schlimm 2/7b, 20
Schloss (1), das, ¨er *(Das Schloss am Fahrrad ist kaputt.)* 5/4a, 68
Schloss (2), das, ¨er *(Wir machen einen Ausflug zum Schloss Freudenberg.)* 8/2a, 112
Schlossbesichtigung, die, -en 8/4a, 114
Schmuck, der (Sg.) 4/2c, 48
schmücken 16/7c, 244
schmutzig 13/3e, 195
Schnee, der (Sg.) 7/Vorhang auf, 103
Schneiderei, die, -en 4/Und Sie?, 48
schneien 8/5a, 115
Schokoladenei, das, -er 16/7c, 244
schön *(Mein erster Tag war ganz schön stressig.)* 1/4b, 4
schrecklich 11/4a, 164
Schreiben, das, – *(ein Schreiben beantworten)* 1/1b, 1
Schrippe, die, -n 6/8a, 84
Schritt, der, -e 16/6c, 243
Schuh, der, -e 1/8a, 7
Schulabschluss, der, ¨e 9/8a, 135
Schüler, der, – 6/6b, 83
Schulferien, die (Pl.) 9/3a, 131
Schulfreund, der, -e 16/6c, 243
Schulkind, das, -er 9/3a, 131
Schulkonzert, das, -e 10/5f, 147
Schulpflicht, die (Sg.) 9/8b, 135
Schulprojekt, das, -e 3/2a, 34
Schulschluss, der (Sg.) 9/3a, 131
Schulsystem, das, -e 9/8a, 135
Schultag, der, -e 9/2a, 130
Schulzeit, die (Sg.) 9/3a, 131
schwanger 7/2b, 98
Schwarzbier, das, -e 6/9a, 85
Schwein, das, -e 6/9a, 85
schwer *(Ich wohne außerhalb und komme nur schwer zur Arbeit.)* 5/5a, 69
Schwesterherz, das, -en 1/3a, 3
schwierig 10/1d, 143
Schwimmerbecken, das, – 3/8a, 39
Schwimmkurs, der, -e 3/8a, 39
sehen, sieht, sah, hat gesehen *(Ja, ich sehe das auch so.)* 3/2a, 34
Seilbahn, die, -en 14/2a, 208
Seite, die, -n *(an meiner Seite)* 7/7b, 103
Sekretärin, die, -nen 12/8d, 181
Selbstabholer, der, – 2/7b, 20
Selbsthilfe, die (Sg.) 11/2d, 162
selbstverständlich 10/5b, 147
Senior, der, Senioren 8/3a, 113
Service, der, -s *(Der Service hier im Restaurant ist nicht sehr gut.)* 6/9a, 85
setzen (1) *(Wohin setzen wir den Hund?)* 2/5a, 18
setzen (2) (sich) *(Sie setzt sich immer neben Frau Peppler.)* 9/2c, 130
shoppen 14/5a, 211
Shopping-Erlebnis, das, -se 3/8a, 39
Show, die, -s 12/2c, 176
Sie-Form, die (Sg.) 1/Und Sie?, 2
siezen 1/Vorhang auf, 7
Silber, das (Sg.) 13/5a, 196
Silvester 16/7a, 244
sinnvoll 12/Und Sie?, 179
Skateboardfahren, das (Sg.) 4/4a, 50
skaten 4/4a, 50
Slip, der, -s 4/2a, 48

so *(Der Bus ist nicht so schnell wie die U-Bahn.)* 5/3b, 67
Socke, die, -n 4, 47
sogar 16/7c, 244
Solaranlage, die, -n 3/2a, 34
Sommerfest, das, -e 12/2b, 176
Sommertag, der, -e 6/3b, 81
Sonderfahrt, die, -en 15/2e, 226
sonst 5/2a, 66
sorgen (für + A.) 1/5f, 5
sortieren 1/4d, 4
Soße, die, -n 3/8a, 39
sowieso 11/4a, 164
sozial *(soziale Netzwerke)* 11/Und Sie?, 163
Spalte, die, -n 11/Und Sie?, 163
sparen 5/5a, 69
Spätzle, das, – 6/9a, 85
spazieren 14/5a, 211
Spaziergang, der, ¨e 6/3b, 81
Speck, der (Sg.) 6/9a, 85
Spezialität, die, -en 6/8a, 84
Spezialitätenrestaurant, das, -s 6/9a, 85
Spiegel, der, – 2/1a, 15
Spielangebot, das, -e 9/3a, 131
spielen *(eine Rolle spielen)* 12/2b, 176
Spielplatz, der, ¨e 9/3a, 131
spitzenklasse 6/8a, 84
spontan 6/6b, 83
Sportfest, das, -e 16/1a, 239
sportlich 3/7b, 38
Sportveranstaltung, die, -en 3/8b, 39
Sportverein, der, -e 3/2a, 34
Sprachprogramm, das, -e 11/6a, 166
Sprachschulfest, das, -e 13/Und Sie?, 198
springen, springt, sprang, ist gesprungen 10/3a, 145
spülen 2/8d, 21
Spülmaschine, die, -n 2/1a, 15
Sri Lanka 7/1b, 97
staatlich 9/8b, 135
Stadion, das, Stadien 5/8b, 71
Stadtbesichtigung, die, -en 8/Vorhang auf, 117
Stadtfest, das, -e 13/6d, 198
Stadtmitte, die (Sg.) 6/2b, 80
Stadtrundfahrt, die, -en 6/2b, 80
Stadtrundgang, der, ¨e 6/8, 84
Stadtteil, der, -e 6/1a, 79
Stand, der, ¨e 13/2a, 194
Standesamt, das, ¨er 15/6a, 230
stark, stärker, am stärksten 5/7a, 71
Start, der, -s 3/8a, 39
starten 11/3c, 163
Stau, der, -s 5/1a, 65
Staubsauger, der, – 2/2e, 16
stecken *(Sie steckt eine Rose ins Haar.)* 4/8a, 53
stehen bleiben, bleibt stehen, blieb stehen, ist stehen geblieben 6/8a, 84
stehen, steht, stand, hat gestanden *(Das Kleid steht dir ausgezeichnet.)* 4/3b, 49
Stelle, die (Sg.) *(an deiner Stelle)* 12/7a, 180
stellen (1) *(Wohin stellen wir den Schrank?)* 2/5a, 18
stellen (2) *(Ich möchte eine Frage stellen.)* 15/Und Sie?, 227
stellen (3) *(Frau Kulagina muss einen Antrag stellen.)* 15/4b, 228
Stellungnahme, die, -n 1/1c, 1
Stempel, der, – 15/6a, 230
Stichpunkt, der, -e 3/2a, 34

Stiefel, der, – 4/2a, 48
still 9/4a, 132
Stimme, die, -n 13/7b, 199
stimmt *(Das Schloss ist heute geschlossen. – Stimmt. Dann gehen wir zum Bowling.)* 8/4c, 114
Stimmung, die, -en 13/6d, 198
Stoff, der, -e 4/3b, 49
stören 10/2, 144
Straßenfest, das, -e 16/2, 240
Strecke, die, -n 5/5a, 69
streiten (sich), streitet, stritt, hat gestritten 10/6c, 148
Streitgespräch, das, -e 10/1d, 143
stressig 1/4b, 4
Strom, der (Sg.) 2/7b, 20
Strumpf, der, ¨e 4/2a, 48
Strumpfhose, die, -n 4, 47
Stuhlkreis, der, -e 9/2a, 130
Stundenplan, der, ¨e 9/6a, 133
stundenweise 3/2a, 34
Suche, die, -n 2/4, 17
Sülze, die, -n 6/9a, 85
Supergerät, das, -e 11/5c, 165
Superlativ, der, -e 5/6e, 70
surfen *(im Internet surfen)* 11/1d, 161
süß-sauer 6/8a, 84
sympathisch 10/6c, 148
System, das, -e 1/4b, 4
T-Shirt, das, -s 4, 47
Tagesordnung, die, -en 9/7b, 134
Tagestour, die, -en 14/3, 209
Talent, das, -e 13/6d, 198
Talstation, die, -en 14/2a, 208
Tansania 6/Vorhang auf, 85
Tanzshow, die, -s 12/2b, 176
Tapete, die, -n 12/1a, 175
Tapeziertisch, der, -e 12/1a, 175
Technik, die, -en 3/2a, 34
Teekanne, die, -n 13/2a, 194
Teetasse, die, -n 13/1d, 193
Teil, der, -e 1/2b, 2
teilen *(einen Kommentar teilen)* 7/4b, 100
Temperatur, die, -en 8/Und Sie?, 115
temporal 7/6c, 102
Tennisball, der, ¨e 13/4a, 196
Teppich, der, -e 2/1a, 15
Texmex 6/8c, 84
Texmex-Restaurant, das, -s 6/8a, 84
theoretisch 15/2c, 226
Theoriekurs, der, -e 15/2b, 226
Ticketreservierung, die, -en 6/1c, 79
Tiefe, die, -n 2/7b, 20
Tier, das, -e 3/8b, 39
Tierpfleger, der, – 12/6a, 179
tippen *(auf das Display tippen)* 5/4a, 68
Tischtennisgruppe, die, -n 3/7e, 38
Tischtennisjugend, die (Sg.) 3/3c, 35
Tischtennistraining, das, -s 3/6a, 37
Tomatensaft, der, ¨e 6/9a, 85
Topf, der, ¨e 16/6c, 243
Tourbeginn, der (Sg.) 6/8a, 84
Tourismusbüro, das, -s 14/2b, 208
Tradition, die, -en 1/8a, 7
traditionell 6/8a, 84
tragen, trägt, trug, hat getragen *(Möbel tragen)* 2/2d, 16
Traumberuf, der, -e 12/5, 178
Traumfrau, die, -en 16/6c, 243
Traumhochzeit, die, -en 16/5, 242
traurig 7/7a, 103
Trend, der, -s 5/5a, 69

Trinkgeld, das, -er 14/7e, 213
trocken 8/5a, 115
trotzdem 1/8a, 7
Tschechien 7/4b, 100
Tuch, das, ¨er 4/8a, 53
türkisch 6/8a, 84
turnen 3/7c, 38
Turnschuh, der, -e 4/4d, 50
Tüte, die, -n 6/8a, 84
Tutorin, die, -nen 11/6a, 166
typisch 3/8b, 39
U-Bahn-Ticket, das, -s 5/3b, 67
u.v.m. 3/8a, 39
überhaupt 13/1d, 193
Übernachtung, die, -en 14/3a, 209
übernehmen, übernimmt, übernahm, hat übernommen 12/2b, 176
überrascht 1/7a, 6
Überraschung, die, -en 8/7a, 117
übersetzen 15/4a, 228
Überstunde, die, -n 3/2a, 34
übrig bleiben, bleibt übrig, blieb übrig, ist übrig geblieben 3/8b, 39
Übung, die, -en 11/6a, 166
Ufer, das, – 14/2a, 208
Umgebung, die, -en 3/7a, 38
umgekehrt 10/7a, 149
umsonst 6/2d, 81
umsteigen, steigt um, stieg um, ist umgestiegen 5/1b, 65
Umzug, der, ¨e 2/2, 16
Umzugserfahrung, die, -en 2/1c, 15
unbedingt 2/Vorhang auf, 21
unbekannt 7/4a, 100
uncool 4/3b, 49
undeutlich 15/6e, 230
Unfall, der, ¨e 5/8a, 71
unfreundlich 1/6d, 6
ungefähr 3/1a, 33
ungenügend 9/8b, 135
unglaublich 7/2b, 98
unmöglich 5/5a, 69
Unpünktlichkeit, die (Sg.) 9/4a, 132
unregelmäßig (unregelmäßige Verben) 2/6b, 19
unruhig 9/2c, 130
unsicher 4/8a, 53
Untergeschoss, das, -e 4/2c, 48
unterhalten (sich), unterhält, unterhielt, hat unterhalten 9/4a, 132
Unterhaltungsangebot, das, -e 6/8a, 84
Unterhose, die, -n 4/2a, 48
Unterkunft, die, ¨e 2/6b, 19
Unterlage, die, -n 15/4b, 228
Unternehmen, das, – 12/2b, 176
unternehmen, unternimmt, unternahm, hat unternommen 10/6c, 148
Unterschied, der, -e 12/2d, 176
unterschreiben, unterschreibt, unterschrieb, hat unterschrieben 1/4b, 4
unterstrichen 8/3c, 113
Untersuchung, die, -en *(Untersuchungen zeigen, dass …)* 5/5a, 69
Unterwäsche, die (Sg.) 4/2c, 48
Upcycling-Objekt, das, -e 13/5b, 196
Upcycling-Produkt, das, -e 13/5a, 196
Upcycling, das (Sg.) 13/5, 196
Urlaubsaktivität, die, -en 14/Und Sie?, 211
Vase, die, -n 13/6a, 196
Vegetarier, der, – 6/8a, 84
vegetarisch 6/9a, 85
Velo, das, -s 14/4a, 210

Velogeschäft, das, -e 14/4a, 210
Veranstaltung, die, -en 6/7b, 83
verantwortlich 2/8c, 21
verantwortungsvoll 12/6a, 179
Verbkarte, die, -n 1/5e, 5
Verbliste, die, -n 1/4c, 4
Verbrauch, der (Sg.) 5/5a, 69
verbrauchen 2/7b, 20
Verein, der, -e 3/3c, 35
Vergangenes (Sg.) 8/3c, 113
Verhältnis, das, -se 12/2c, 176
verhandeln 2/7d, 20
Verkauf, der, ¨e 2/1c, 15
Verkaufsanzeige, die, -n 2/1c, 15
Verkaufsgespräch, das, -e 4/1d, 47
Verkehr, der (Sg.) 5/1, 65
Verkehrskontrolle, die, -n 15/Vorhang auf, 231
Verkehrsmittel, das, – 5/3c, 67
Verlängerung, die, -en 15/4b, 228
verlieren, verliert, verlor, hat verloren 7/5c, 101
vermissen 7/2b, 98
vermuten 13/4a, 196
Vermutung, die, -en 4/1b, 47
verpassen 5/1b, 65
verrückt 4/8a, 53
verschenken 2/5d, 18
verschicken 2/7b, 20
verschieben, verschiebt, verschob, hat verschoben 15/3f, 227
Versichertenkarte, die, -n 9/7c, 134
verspätet 5/8b, 71
Verspätung, die, -en 1/Vorhang auf, 7
versprechen, verspricht, versprach, hat versprochen 6/8a, 84
verstecken 16/7c, 244
verstehen (sich) (mit + D.), versteht, verstand, hat verstanden *(Sie versteht sich gut mit ihren Kolleginnen.)* 10/6c, 148
versuchen 4/4a, 50
verteilen 2/Vorhang auf, 21
verwenden 9/3d, 131
verwöhnen 14/4a, 210
Videoblog, der, -s 7/1a, 97
Vietnam 7/4b, 100
Visum, das, Visa 15/6a, 230
Vogel, der, ¨ 2/6b, 19
Vokabeltrainer, der, – 11/6a, 166
Volksmusik, die (Sg.) 13/7a, 199
voll (1) *(Der Ausflug war ein voller Erfolg.)* 8/7a, 117
voll (2) *(Die Seilbahn fährt täglich zur vollen Stunde.)* 14/2a, 208
Volleyball 3/3b, 35
Volleyballteam, das, -s 3/2a, 34
Volleyballtraining, das, -s 3/6a, 37
Vollzeit, die (Sg.) 3/2a, 34
von wegen 10/7a, 149
vor allem 8/3a, 113
vorbei sein, ist vorbei, war vorbei, ist vorbei gewesen 8/7a, 117
vorbeifahren, fährt vorbei, fuhr vorbei, ist vorbeigefahren 14/3e, 209
vorbeikommen, kommt vorbei, kam vorbei, ist vorbeigekommen 4/4a, 50
Vorbereitungsgruppe, die, -n 8/1c, 111
vorher 1/8a, 7
vorlegen 15/4b, 228
Vorschlag, der, ¨e 2/5d, 18

vorschlagen, schlägt vor, schlug vor, hat vorgeschlagen 8/2a, 112
Vorsicht, die (Sg.) 4/8a, 53
Vorspeise, die, -n 6/Vorhang auf, 85
vorspielen 13/7a, 199
Vorteil, der, -e 5/Und Sie?, 69
Vorverkauf, der, ¨e 3/8a, 39
W-Wort, das, ¨er 15/5b, 229
wach 13/7a, 199
Wagen (1), der, – *(Ein Zug hat mehrere Wagen.)* 8/4c, 114
Wagen (2), der, – *(Petra kommt immer mit ihrem Wagen zur Arbeit.)* 8/6c, 116
Wahl, die, -en 3/2a, 34
Wahnsinn, der (Sg.) 11/7d, 167
wahr 3/5a, 36
während 9/3a, 131
wahrscheinlich 9/4a, 132
Wald, der, ¨er 7/2b, 98
Wand, die, ¨e 2/5a, 18
Warenkorb, der, ¨e 13/6c, 198
Wartenummer, die, -n 15/6a, 230
was für ein 4/5, 51
Wasserinstallateurin, die, -nen 7/4b, 100
Webseite, die, -n 12/8b, 181
wechseln 14/3a, 209
Wecker, der, – 10/3a, 145
wegbringen, bringt weg, brachte weg, hat weggebracht 2/8d, 21
weggehen, geht weg, ging weg, ist weggegangen 7/2b, 98
wegwerfen, wirft weg, warf weg, hat weggeworfen 2/5d, 18
weich 10/3a, 145
weil 1/3b, 3
weinen 7/4b, 100
Weinkarte, die, -n 6/9a, 85
Weiße, die, – *(Berliner Weiße)* 6/9a, 85
weit *(Die Hose ist viel zu weit.)* 4/3b, 49
weiterer, weitere 2/8d, 21
weiterfahren, fährt weiter, fuhr weiter, ist weitergefahren 14/4a, 210
weitergehen, geht weiter, ging weiter, ist weitergegangen *(Wie geht die Geschichte weiter?)* 14/3e, 209
weiterüben 8/4d, 114
Welt, die, -en 5/5a, 69
wenigstens 1/8a, 7
wenn 5/4b, 68
Werbetext, der, -e 11/5c, 165
Werbung, die (Sg.) 11/5c, 165
Werkzeug, das, -e 14/3e, 209
Wetter-Smalltalk, der, -s 8/5b, 115
Wetterbericht, der, -e 8/5c, 115
WG-Bewohner, der, – 2/1c, 15
WG-Fest, das, -e 10/4a, 146
WG-Zimmer, das, – 2/Vorhang auf, 21
Wichtigkeit, die (Sg.) 10/6c, 148
Wiederholung, die, -en 13/5c, 197
wieso 5/3b, 67
Wind, der, -e 8/5a, 115
windig 8/5a, 115
winken 7/7b, 103
Wirtin, die, -nen 14/6a, 212
Wochenendarbeit, die (Sg.) 5/6f, 70
Wochenkalender, der, – 3/6a, 37
wohl 13/6d, 198
wohlfühlen (sich) 4/8a, 53
Wohnheim, das, -e 7/4b, 100
Wohnraum, der, ¨e 15/4b, 228
Wohnsituation, die, -en 7/4a, 100
Wolke, die, -n 8/5a, 115

XXX   dreißig

WORTLISTE

Wortliste, die, -n 12/2f, 176
Wortschatz-App, die, -s 11/6a, 166
Wortschatz, der, ¨-e 7/4a, 100
wunderschön 14/7a, 213
Wunschhandy, das, -s 11/2d, 162
wütend 10/2c, 144
Zahlungsart, die, -en 13/6c, 198
Zahnarzt, der, ¨-e 10/5f, 147
Zahnschmerzen, die (Pl.) 10/3d, 145
Zeile, die, -n 7/7b, 103
zeitlich 8/3a, 113
Zeitungsanzeige, die, -n 11/1d, 161
Zeitungsartikel, der, – 10/1d, 143
zentral 3/8a, 39
Ziegenkäse, der, – 6/9a, 85
ziehen, zieht, zog, ist gezogen *(Sie zieht in eine WG.)* 2/Vorhang auf, 21
Ziel, das, -e 3/8a, 39

ziemlich 1/3a, 3
Zoll, der, ¨-e 14/7e, 213
Zoo, der, -s 3/8a, 39
zu *(Ich wünsche mir, frei zu sein.)* 7/7b, 103
zu Fuß 5/Und Sie?, 67
zu sein, ist zu, war zu, ist zu gewesen *(Bei Eleni ist die Tür noch zu.)* 10/3a, 145
Zuckerfest, das, -e 16/8a, 245
zufrieden 2/2d, 16
Zukunft, die (Sg.) 7/7b, 103
Zukunftswunsch, der, ¨-e 12, 175
Zulassung, die, -en 7/4b, 100
zuletzt 16/5b, 242
zumachen 1/6c, 6
zurechtkommen, kommt zurecht, kam zurecht, ist zurechtgekommen 4/8a, 53
zurückbleiben, bleibt zurück, blieb zurück, ist zurückgeblieben 1/8a, 7

zurückbringen, bringt zurück, brachte zurück, hat zurückgebracht 16/5b, 242
zurückgeben, gibt zurück, gab zurück, hat zurückgegeben 5/4a, 68
zurückgehen, geht zurück, ging zurück, ist zurückgegangen 7/3d, 99
zurückkommen, kommt zurück, kam zurück, ist zurückgekommen 5/5a, 69
zurückrufen, ruft zurück, rief zurück, hat zurückgerufen 10/6a, 148
zurückwinken 7/7b, 103
Zusammenarbeit, die (Sg.) 1/2c, 2
zusammengehören 14/6a, 212
Zusammenleben, das (Sg.) 10/1d, 143
Zuschauer, der, – 14/2a, 208
zuständig 12/2b, 176

Quellen

Fotos, die im Folgenden nicht aufgeführt sind: Hermann Dörre, Dörre Fotodesign, München

- S. 1   A: Shutterstock (Dmitry Kalinovsky), B: Imago (Geisser)
- S. 6   A: Jana Kilimann
- S. 8   oben: A: Shutterstock (Spotmatik Ltd), B: Shutterstock (wavebreakmedia), C: Shutterstock (Iakov Filimonov), D: Shutterstock (Pavel L Photo and Video), E: Shutterstock.com (Ollyy), F: Shutterstock.com (Robert Kneschke), G: Shutterstock (Kzenon), H: Fotolia.com (dmitrimaruta) unten: A: imogo (Chromorange), B: Shutterstock.com (DarkBird), C: Shutterstock (Monkey Business Images), D: Shutterstock (auremar)
- S. 11   Shutterstock (ArtFamily)
- S. 12   Shutterstock (Undrey)
- S. 13   Shutterstock (Monkey Business Images)
- S. 15   Möbelwagen: Shutterstock (Baloncici), Bild: Shutterstock (4Max), Regal: Shutterstock (FreshPaint), Uhr: Shutterstock (Aniriana), Kaffeemaschine: Shutterstock (J.Y. Loke), Pflanze: Shutterstock (Pekka Nikonen), Mikrowelle: Shutterstock (Oleksiy Mark), Lampe: Shutterstock (OZaiachin), Spülmaschine: Fotolia.com (Piotr Pawinski), Katze: Shutterstock (cynoclub), Schrank: Fotolia.com (Petair), Herd: Shutterstock (Maksym Bondarchuk), Teppich: Shutterstock (ImagePost), Spiegel: Shutterstock (George Dolgikh), Kühlschrank: Shutterstock (Petr Novotny), Bett: Shutterstock (Photobac), Sofa: Shutterstock (Pix11), Kissen: Shutterstock (Africa Studio)
- S. 17   A-E: Sinikka Huth
- S. 20   oben: Shutterstock (FreshPaint), Shutterstock (J.Y. Loke), Shutterstock (Petr Novotny) Zeichnungen Stühle: Annalisa Scarpa-Diewald
- S. 24   Shutterstock (BESTGREENSCREEN)
- S. 26   A: Shutterstock (Pix11), B: Shutterstock (Maxx-Studio), Fotolia.com (Petair), C: Shutterstock (INSAGO), unten: Fotolia.com (aytuncoylum)
- S. 27   Fotolia.com (digitalefotografien)
- S. 28   s. S. 15
- S. 30   von oben: Fotolia.com (industrieblick), Fotolia.com (Robert Kneschke), Fotolia.com (Andrey Popov)
- S. 31   Fotolia.com (Picture-Factory)
- S. 33   A: Shutterstock (LUCARELLI TEMISTOCLE)
- S. 33   F: Hermann Dörre und Shutterstock (zhangyang13576997233)
- S. 37   rechts: Shutterstock (De Visu)
- S. 38   links: © Eintracht Frankfurt Fußball AG, rechts: FTV1860
- S. 41   3b von oben: Shutterstock (Goran Bogicevic), Shutterstock (StockLite), Shutterstock (Monkey Business Images)
- S. 48   Ring: Fotolia, unten von links: Shutterstock (racorn), Shutterstock (Wayne0216), Shutterstock (Georgejmclittle), Shutterstock (Levent Konuk), Shutterstock (George P. Choma)
- S. 50   1: Shutterstock (SandraViolla), 2: Shutterstock (Karkas), 3: Shutterstock (Karkas), 4: Shutterstock (sergarck), 5: Shutterstock (Mitrofanova), 6: Shutterstock (Karkas), 7: Shutterstock (CHAIWATPHOTOS), 8: Shutterstock (Iasha), 9: Shutterstock (Heath Doman), 10:Shutterstock (Nadiia Korol)
- S. 52   Kinderzeichnung: Kyara Brenninkmeijer
- S. 53   von oben: Shutterstock (CHAjAMP), Shutterstock (zcw), Shutterstock (2j architecture), Shutterstock (g-stockstudio), Shutterstock (schankz), Shutterstock (HaveZein) unten von links: Shutterstock (Pressmaster), Shutterstock (Volodymyr Baleha), Shutterstock (luanateutzi)
- S. 54   Shutterstock (Daniel M Ernst), Shutterstock (Jaimie Duplass)
- S. 56   A: Shutterstock (Karkas), B: Shutterstock (Borislav Bajkic), C: Shutterstock (NDT), D: Shutterstock (Petr Jilek), E: Shutterstock (Leila B.), F: Shutterstock (Photobac)
- S. 57   Shutterstock (Halfpoint)
- S. 58   Shutterstock (StockLite)
- S. 59   Shutterstock (wavebreakmedia), Shutterstock (GaudiLab)
- S. 61   A: Fotolia.com (Bernd Leitner), B: Fotolia.com (Rawpixel), C: Fotolia.com (S.Alias)
- S. 64   Shutterstock (Antonio Guillem)
- S. 68   DB Rent GmbH

S. 69 Shutterstock (Rocksweeper)
S. 71 A: Shutterstock (Vereshchagin Dmitry), B: Shutterstock (Joseph Sohm), C: Shutterstock (Christian Mueller)
S. 74 A oben: Shutterstock (SergiyN), A unten: Shutterstock (Fabio Mancino Photography), B oben: Shutterstock (Noppasin), B unten: Shutterstock (Nils Z), C oben: Shutterstock (meunierd), C unten: Shutterstock (ksl)
S. 75 Shutterstock (Kzenon)
S. 77 A: Shutterstock (Julia Kuznetsova), B: Shutterstock (Jorg Hackemann), C: Shutterstock (Mariia Golovianko), D: Shutterstock (connel), E: Shutterstock (Art Konovalov), F: Shutterstock (g215)
S. 79 A: Shutterstock (PlusONE), B: Shutterstock (Tupungato), C: Shutterstock (ptnphoto), D: Shutterstock (joyfull), E: Shutterstock (ilolab)
S. 80 Shutterstock (Dmitrijs Dmitrijevs)
S. 82 A: Imago (Martin Bäuml), B: Imago (Westend61), C: Shutterstock (Sean Pavone), D: Shutterstock (Bocman1973)
S. 83 SO36 Berlin, © Hertha BSC
S. 84 A: Shutterstock (evantravels), B: Shutterstock (Peter Bernik)
S. 86 von links: Shutterstock (joyfull), imago (Westend 61), Shutterstock (Boris Stroujko)
S. 88 Shutterstock (Claudio Divizia)
S. 90 Shutterstock (Antonio Guillem)
S. 93 A: Shutterstock (CandyBox Images), B: Shutterstock (Kzenon), C: Shutterstock (Dmitrijs Dmitrijevs), D: Shutterstock (Volodymyr Baleha)
S. 94 Münzen: Fotolia.com (asafeliason), wie Spielverlauf von oben links: 1: Fotolia.com (Angelika Bentin), 2: Shutterstock (Oleksiy Mark), 3: Fotolia.com (malydesigner), 4: Fotolia.com (djama), 5: Fotolia.com (Iuliia Sokolovska), 6: Fotolia.com (pure-life-pictures), 7: Fotolia.com (stokkete)
S. 97 C: Shutterstock (wavebreakmedia), D: Shutterstock (milias1987), E: Shutterstock (kurhan), F: Shutterstock (racorn), G: Shutterstock (Alexander Raths)
S. 98 von oben: Shutterstock (MagSpace), Shutterstock (kurhan)
S. 100 von oben: Hermann Dörre, Shutterstock (StockLite), Shutterstock (Alexander Shin), Fotolia.com (DragonImages)
S. 103 Pianist: Siegfried Bruckbauer, Noten: Shutterstock (Carolynn Yoe)
S. 104 oben: s. S. 97, Mitte von links: Shutterstock (Alberto Zornetta), Shutterstock (2j architecture), Shutterstock (szefei)
S. 105 Shutterstock (Dmitry Kalinovsky)
S. 106 A: Fotolia.com (Kzenon), B: Shutterstock (Pushish Images), C: Shutterstock (Dragon Images), D: Shutterstock (Rasica), E: Shutterstock (ZouZou)
S. 111 C Babyfoto: Shutterstock (FamVeld)
S. 112 A: Fotolia.com (Jörg Hackemann), B: FREUDENBERG Gesellschaft Natur + Kunst gemeinnütziger e.V., C: Fotolia.com (tarasov_vl), D: picture-alliance (dpa)
S. 114 s. S. 112
S. 115 A: Fotolia.com (Syda Productions), B: Shutterstock (Jorg Hackemann), C: Shutterstock (YanLev), D: Shutterstock (Andreas Zerndl)
S. 118 Schiff: Shutterstock (Natalia V Guseva), A: Shutterstock (Diego Cervo), B: Shutterstock (wavebreakmedia), C: Shutterstock (Syda Productions), D: Shutterstock (Andrey Arkusha)
S. 119 Shutterstock (Rawpixel)
S. 121 oben: A-D: Shutterstock (Komissar007), E: Shutterstock (Creation) unten: A: Fotolia.com (Sondem), B: Fotolia.com (standret), C: Shutterstock (Nebojsa Markovic)
S. 126 A: Fotolia.com (eyetronic), B: Imago (blickwinkel), C: Imago (McPHOTO), D: Fotolia.com (IndustryAndTravel)
S. 129 Shutterstock (Luis Carlos Torres);
S. 130 Imago (Christian Ditsch);
S. 131 Shutterstock (style-photography);
S. 134 Shutterstock (Monkey Business Images);
S. 135 Fotolia.com (Zlatan Durakovic);
S. 140 A: Shutterstock (canadastock), B: Shutterstock (clearlens), C: Shutterstock (borzywoj), D: Shutterstock (Mihai-Bogdan Lazar), Laura: Shutterstock (Jiri Hera), Stefan: Shutterstock (Monkey Business Images), Tanja: Shutterstock (Goodluz);

- S. 141 1: Shutterstock (Pressmaster), 2: Shutterstock (Ollyy), 3: Shutterstock (Max Topchii), 4: Shutterstock (Magdanatka);
- S. 143 D: Shutterstock (Tompet);
- S. 149 A: Markus Pauly, B links: Shutterstock (JPC-PROD), B rechts: Shutterstock (agusyonok);
- S. 150 Shutterstock (Room27), jojo: Shutterstock (airdone), katinka: Shutterstock (IronFlame), sonnenschein: Shutterstock (Studio Barcelona);
- S. 152 oben: iStockphoto (Wuka);
- S. 153 Shutterstock (Pressmaster);
- S. 154 1: Shutterstock (Goodluz), 2: Shutterstock (Dubova), 3: Shutterstock (Goodluz), unten: Shutterstock (eurobanks);
- S. 157 A: Shutterstock (wavebreakmedia), B: Shutterstock (runzelkorn), C: Shutterstock (Monkey Business Images), D: Shutterstock (Kzenon);
- S. 158 Shutterstock (Jiri Miklo);
- S. 159 Shutterstock (Georgejmclittle);
- S. 164 A: Shutterstock (BestPhotoStudio), B: Shutterstock (Ruslan Guzov);
- S. 166 A: Shutterstock (Goodluz), B: Shutterstock (karelnoppe), C: Shutterstock (Nadino);
- S. 170 Shutterstock (Syda Productions);
- S. 172 Shutterstock (Jasminko Ibrakovic);
- S. 176 Shutterstock (wavebreakmedia);
- S. 178 Hüseyin: Shutterstock (Goodluz), Katharina: Shutterstock (racorn);
- S. 179 Maler: Shutterstock (kurhan), Tierpfleger: Fotolia.com (nadezhda1906);
- S. 184 Shutterstock (wavebreakmedia);
- S. 186 Shutterstock (belizar);
- S. 187 iStockphoto (Jason Doiy);
- S. 189 von links oben: taz Verlags u. Vertriebs GmbH taz - die tageszeitung, Berlin, Tages-Anzeiger Tamedia, Wien DER STANDARD, Schweizer Radio und Fernsehen © SRF, ZDF Quelle: ZDF, ORF MARKETING & CREATION GmbH & Co KG, OMC © ORF 2015, Rivella AG © Rivella AG, CH-3531 Rothrist, Carlsberg Deutschland GmbH Carlsberg Deutschland GmbH, Mondelez Europe Services GmbH Mirabell, Mondelez International, Fotolia.com (B. Wylezich), Shutterstock (VectorTradition), Shutterstock (Spreadthesign);
- S. 190 Shutterstock (vable);
- S. 194 C: Annalisa Scarpa;
- S. 196 von oben links: Britta Roock Stefan Bartylla; Annalisa Scarpa, Stefanie Dengler, Recreate Studio www.recreate.za.net, Shutterstock (Take Photo), Shutterstock (koosen), Shutterstock (Alex Ander), Shutterstock (YolLusZam1802), Shutterstock (Ruslan Semichev), Shutterstock (Picsfive);
- S. 198 A: Shutterstock (Fh Photo), C: Shutterstock (Nikirov), c: Shutterstock (wavebreakmedia);
- S. 200 von links oben: Shutterstock (topseller), Shutterstock (Lev Kropotov), Shutterstock (Africa Studio), Shutterstock (Steve Collender), Shutterstock (Karkas), Shutterstock (imagehub), Shutterstock (Cherkas), Shutterstock (Karkas), iStockphoto (peangdao);
- S. 201 Shutterstock (davidundderriese);
- S. 202 von links oben: Shutterstock (photosync), Shutterstock (M. Unal Ozmen), Shutterstock (Khadunova Yanina), Shutterstock (Patricklee), iStockphoto (tunart), Shutterstock (Ivan Vukovic), Shutterstock (oksana2010), Shutterstock (LanKS), Shutterstock (Nadiia Korol), iStockphoto (Spanishalex);
- S. 206 von links oben: Shutterstock (Vasily Kovalev), Shutterstock (StudioSmart), Shutterstock (Alexey V Smirnov), Shutterstock (vasabii), Shutterstock (twistah);
- S. 207 B: Shutterstock (IGOR ROGOZHNIKOV);
- S. 208 A: Shutterstock (st.djura), B: Shutterstock (puchan);
- S. 210 iStockphoto (PatrickHutter);
- S. 211 A: Shutterstock (haveseen), B: Shutterstock (LENS-68);
- S. 212 d: Shutterstock (photobank.ch);
- S. 213 Annalisa Scarpa;
- S. 214 Shutterstock (puchan);
- S. 215 von links oben: Shutterstock (Dudarev Mikhail), Fotolia.com (Zerbor), Shutterstock (st.djura);
- S. 217 Fotolia.com (pure-life-pictures);
- S. 221 Shutterstock (Julenochek), Shutterstock (bodrumsurf);

S. 224 von links oben: Fotolia.com (Sergey Novikov), Shutterstock (pcruciatti), Fotolia.com (ViewApart), Shutterstock (MJTH);
S. 225 Führerschein: Berlin Bundesdruckerei GmbH;
S. 226 Fotolia.com (Matthias Stolt);
S. 233 Shutterstock (Kzenon);
S. 234 Shutterstock (massimofusaro), Fotolia.com (Kzenon);
S. 239 A: Shutterstock (Kzenon), B: Shutterstock (dreamerve), C: Shutterstock (Halfpoint), D: Fotolia.com (weseetheworld), E: Annalisa Scarpa;
S. 240 Imago (Werner Otto);
S. 241 Schrift: Fotolia.com (guukaa), Girlande: Shutterstock (Ihnatovich Maryia);
S. 244 A: Shutterstock (oliveromg), B: Fotolia.com (Kzenon), C: Fotolia.com (flyinger);
S. 245 A: iStockphoto (szefei), B: Shutterstock (Migel), C: Imago (Xinhua), D: Shutterstock;
S. 246 Shutterstock (Andreas Zerndl);
S. 247 Fotolia.com (Robert Kneschke);
S. 249 Shutterstock (Photoinjection);
S. 250 von links oben: Shutterstock (molodcovart), Shutterstock (iktash), iStockphoto (filmfoto);
S. 254 1: Shutterstock (Africa Studio), 2: Shutterstock (bluesnote), 3: Shutterstock (Ufuk ZIVANA), 4: Shutterstock (Nguyen Kim Thien), 5: Shutterstock (nito), 6: Shutterstock (Janece Flippo)

Zahlen, Zeiten, Maße, Gewichte

Kardinalzahlen

1	eins	13	dreizehn	60	sechzig
2	zwei	14	vierzehn	70	siebzig
3	drei	15	fünfzehn	80	achtzig
4	vier	16	sechzehn	90	neunzig
5	fünf	17	siebzehn	100	(ein)hundert
6	sechs	18	achtzehn	101	(ein)hundert(und)eins
7	sieben	19	neunzehn	200	zweihundert
8	acht	20	zwanzig	213	zweihundertdreizehn
9	neun	21	einundzwanzig	1 000	(ein)tausend
10	zehn	30	dreißig	1 000 000	eine Million (-en)
11	elf	40	vierzig	1 000 000 000	eine Milliarde (-n)
12	zwölf	50	fünfzig		

Zeiten

1. Stunde und Uhrzeiten
Uhr, die, -en
Uhrzeit, die, -en
Stunde, die, -n
Viertelstunde, die, -n
Minute, die, -n
Sekunde, die, -n

2. Tag und Tageszeiten
Tag, der, -e — täglich
Morgen, der, – — morgens
Vormittag, der, -e — vormittags
Mittag, der, -e — mittags
Nachmittag, der, -e — nachmittags
Abend, der, -e — abends
Nacht, die, ¨-e — nachts

3. Woche und Wochentage
Montag, der, -e — montags — Feiertag, der, -e
Dienstag, der, -e — dienstags — Festtag, der, -e
Mittwoch, der, -e — mittwochs — wöchentlich
Donnerstag, der, -e — donnerstags
Freitag, der, -e — freitags
Samstag/Sonnabend, der, -e — samstags/sonnabends
Sonntag, der, -e — sonntags

4. Monate
Januar — August
Februar — September
März — Oktober
April — November
Mai — Dezember
Juni
Juli — monatlich

5. Jahr und Jahreszeiten
Jahr, das, -e
Jahreszeit, die, -en
jährlich
Winter, der, –
Frühling, der, -e / Frühjahr, das, -e
Sommer, der, –
Herbst, der, -e

Maße und Gewichte

Zentimeter, der, –	cm		Liter, der, –	l
Meter, der, –	m	1 m = 100 cm	Gramm, das, –	g
Kilometer, der, –	km	1 km = 1000 m	Kilogramm, das, –	kg
Quadratmeter, der, –	qm/m²		1 kg = 1000 g	

Linie 1 im Netz

Weiteres Material finden Sie kostenlos auf unserer Internetseite, zum Beispiel:

Online-Übungen zum Üben und Wiederholen unter www.klett-sprachen.de/linie1/uebungenA2

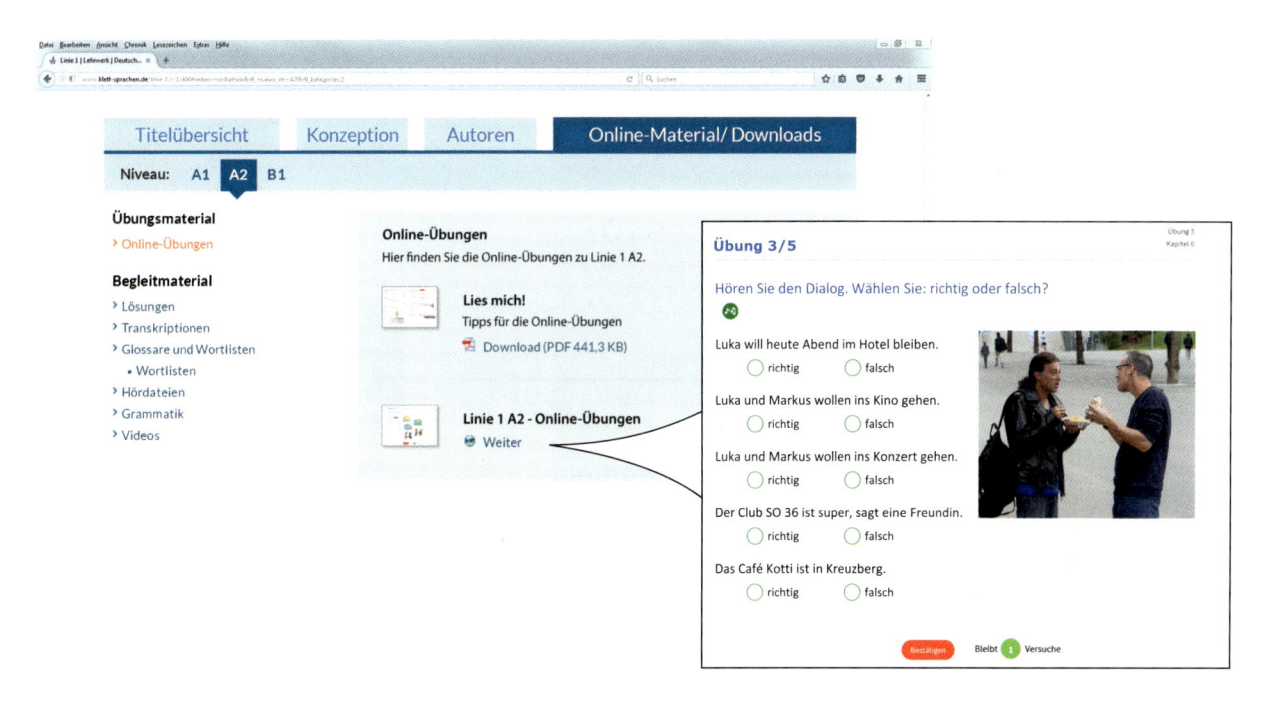

Kapitelwortschatz unter www.klett-sprachen.de/linie1/kapitelwortschatzA2

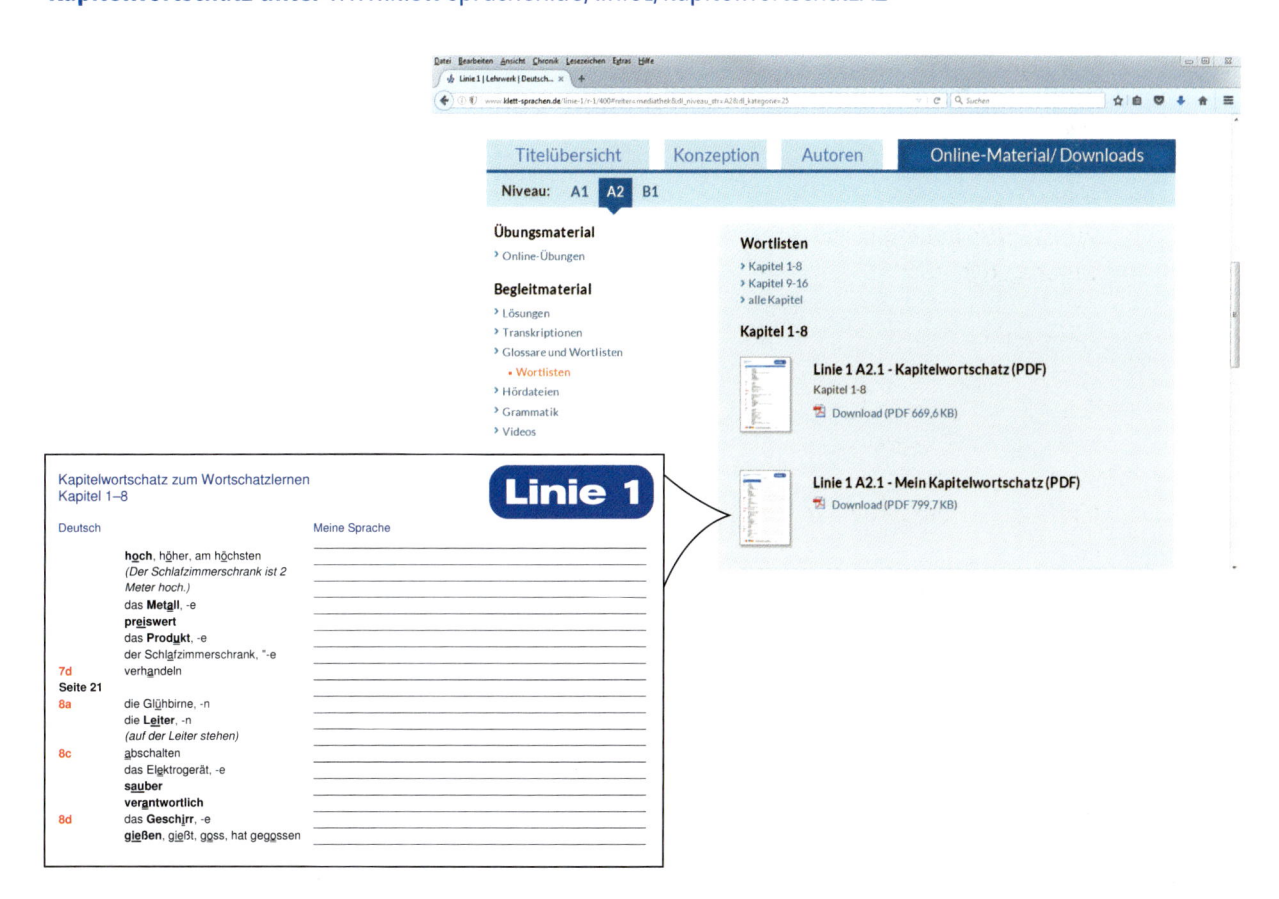

siebenunddreißig XXXVII

Video-Clips zu Linie 1

Scannen Sie den QR-Code und sehen Sie das Video zum Kapitel.

Kapitel 1   Kapitel 2

Kapitel 3   Kapitel 4

Kapitel 5   Kapitel 6

Kapitel 7   Kapitel 8

Kapitel 9   Kapitel 10

XXXVIII achtunddreißig

Kapitel 11 Kapitel 12

Kapitel 13 Kapitel 14

Kapitel 15 Kapitel 16

Die Rollen und die Darsteller

Eleni Dumitru:	Jenny Roth	Ron:	Benjamin Stadler
Ben Bieber:	Helge Sturmfels	Marie:	Dora Baresel
Dana:	Anna Preyss	Ina:	Sarah Diewald
Maria:	Annalisa Scarpa-Diewald	Weitere Mitwirkende:	Ada und Milla
Schülerinnen:	Rossana und Victoria Martins Ribeiro	**Produktion:**	Bild & Ton, München
Markus:	Florian Marano	**Schnitt:**	Andreas Scherling
Paula:	Ruth Althammer		Christoph Tampe
Selma:	Christina Marano	**Drehbuch und Regie:**	Theo Scherling
Dennis:	Bruno Marano	**Zeichnungen:**	Theo Scherling
Senia:	Leila Almeida Forgas	**Musik:**	Annalisa Scarpa-Diewald

Links

Audiodateien zum Download unter www.klett-sprachen.de/linie1/audioA2 Code: L1-a2&Xa
Videodateien zum Download unter www.klett-sprachen.de/linie1/videoA2 Code: L1-a2&Yb

Prüfungsaufgaben in A2

Die Testtrainings in Linie 1 A2 bereiten auf die Prüfungen Deutsch-Test für Zuwanderer (DTZ), telc Deutsch A2 und Goethe-Zertifikat A2 vor. Sie finden sämtliche Aufgabenformate dieser Prüfungen entweder in den Übungsteilen der Kapitel oder in den Testtrainings. Die Prüfung ÖSD-Zertifikat A2 und auch alle anderen Modeltests finden Sie auf unserer Homepage: www.klett-sprachen.de/tests

Übersicht der Prüfungsaufgaben

	Deutsch-Test für Zuwanderer	telc Deutsch A2	Goethe-Zertifikat A2
Hören			
Teil 1	Testtraining E, 1, S. 159	Testtraining A, 1, S. 31	Testtraining E, 1, S. 159
Teil 2	Testtraining E, 1, S. 159	Testtraining E, 1, S. 159	K13, ÜT, 4, S. 202[1]
Teil 3	Testtraining G, 1, S. 223	K6 ÜT, 6, S. 90[1]	K2, ÜT, 6b, S. 25
Teil 4	Testtraining C, 1, S. 95 + K9, ÜT, 8, S. 141		K5, ÜT, 5a, S. 75 + K16, ÜT, 7, S. 250
Lesen			
Teil 1	Testtraining B, 1, S. 63	Testtraining B, 1, S. 63	K4, ÜT, 8, S. 58
Teil 2	Testtraining D, 1, S. 127	K5, ÜT, 6, S. 75 + K12, ÜT, 4b, S. 184	Testtraining B, 1, S. 63
Teil 3	Testraining H, 1, S. 255	Testtraining D, 1, S. 127	K15, ÜT, 6c, S. 236
Teil 4	K11, ÜT, 2b, S. 169		Testtraining D, 1, S. 127 + K14, ÜT, 5, S. 216
Teil 5	Testtraining F, 1, S. 191 + K16, ÜT, 3, S. 247		
Schreiben			
Teil 1	Testtraining F, 2, S. 191	Testtraining D, 2, S. 128	Testtraining B, 2, S. 64
Teil 2		Testraining H, 2, S. 256	Testraining H, 2, S. 256
Sprechen			
Teil 1	Testtraining A, 2, S. 32	Testtraining A, 2, S. 32	Testtraining B, 3, S. 64
Teil 2	Testtraining C, 2, S. 95/96	Testtraining G, 2, S. 224	KV zu Testtraining G im LHB
Teil 3	Testtraining F, 3, S. 192	Testtraining E, 2, S. 160	Testtraining E, 2, S. 160

---

[1] Die Prüfungsaufgaben im Übungsteil haben manchmal weniger Aufgaben als die Original-Prüfungen. Aber auch so kann man die Testaufgaben gut kennenlernen und trainieren.